現代日本新宗教論

入信過程と自己形成の視点から

渡辺雅子 著
Watanabe Masako

御茶の水書房

はしがき

本書は、おおむね一九七〇年代後半から一九九〇年代前半に執筆した現代日本の新宗教に関する論文（初出一覧参照）を、その後の運動の展開や研究の進展についての情報により、加筆修正してまとめたものである。この間、新宗教研究は集団や組織に焦点をあてる時代から、個人に着目する時代へと変化した。また、かつては乏しかったジェンダーの視点もクローズアップされてきた。本書に収録された教祖および信者個人に焦点をおきジェンダーに注目する研究は、こうした新しい動きが本格化する前に着手したものである。

著者は、新宗教をめぐる大きな問い、すなわち、人はなぜ、どのようにして新宗教に入信するのか、入信することによってどのように生き方が変わるのか、という課題に関心をもってきた。また、新宗教の活動の中心を女性信者が担っていることはつとに指摘されるところであるが、新宗教が女性の自己形成にどのようにかかわっているのかという点にも関心を抱き続けてきた。一言でいって、本書を通底する視点は、入信過程と自己形成にある。両視点は密接に関連しあっているが、第Ⅰ部では三つの教団について入信過程を中心に論述し、第Ⅱ部では他の三つの教団における女性の自己形成に関連する論考を収録している。第Ⅲ部は同一の集団を扱った四つの章から構成されるが、入信過程、自己形成双方の視点を含んでいる。

次に、本書の各部各章を簡単に紹介しておこう。

第Ⅰ部「新宗教への入信」は、新宗教への入信の要因、信念体系受容による生き方の変化にかかわる四章から成っている。

第一章（新宗教受容過程における重要な他者の役割）では、立正佼成会会員の調査から、新宗教への入信過程を個人や家族が体験した剥奪体験、社会的ネットワーク、宗教へと水路づける「重要な他者」の役割に注目して分析する。

第二章（新宗教信者のライフコースと入信過程）では、大本の信者を対象に、そのライフコースを辿ることで、新宗教への入信過程、危機的出来事とそれへの対処のあり方を分析する。

第三章（新宗教信者の体験談にみる人生の再解釈）は、日本の新宗教史上カリスマ性が高いといわれる教祖をいただく天照皇大神宮教を対象として、機関誌に掲載された体験談を分析し、苦難＝試錬を軸に自らの人生を再解釈し、救いへと導く論理について考察する。

第四章（入信の動機と過程）では、既存の研究文献をもとに、入会の動機とその時代的変化、入信の過程、入信の効果について研究成果を整理する。

第Ⅱ部「新宗教と女性の自己形成」は三章から構成される。

第一章（十五年戦争と新宗教の女性）では、戦時中に教勢を拡大した霊友会を取り上げ、その機関紙に掲載された女性が執筆した記事のうち、銃後の女性の使命や役割に関する記事を分析し、女性がどのように戦争へと動員されていったのか、戦争の拡大に伴い論調がどう変化していったか、他面、女性が彼女らの活発な銃後活動から自己形成に対してどのような影響を受けたかを考察する。

第二章（分派教団における女性教祖の形成過程）では、霊友会からの分派教団である妙智會を取り上げ、夫婦（男女）共働型の教祖モデルをもつ霊友会を原型にするため、故人である夫の存在を教祖化する過程をつうじて女性教祖として形成されていく過程を、教団アイデンティティの確立過程とも関連させて分析する。

第三章（新宗教における女性修行生の自己形成と性別役割）は、新宗教の中でも長い歴史をもつ金光教を対象とし、教会で住み込んで修行をする男女修行生の調査に基づき、修行生となるプロセス、修行生活の実態、修行生活で出会う困難の分析から、同じく「教師」資格をもちながら、性差によって自己形成のあり方が異なっており、修行生活において直面する困難にも性別役割分担が反映されていることを明らかにする。

第Ⅲ部「新霊性運動の展開」は、北田蓮華が主宰する自生会を事例とする一連の論考から成る。第Ⅰ部と第Ⅱ部では救済宗教の特徴をもつ教団的宗教を扱っているのに対し、第Ⅲ部は著者が二〇数年にわたって調査・観察を継続してきた新しい宗教運動、新霊性運動の一事例を扱っている。

第一章（自生会の展開過程と教えの形成）では、一九七一年に神がかりを体験した一主婦が成巫し、自生会をつくり活動を行っていく様相を克明に辿り、またその教えを概観する。

第二章（スピリチュアル・リーダーの登場）では、一九八一年に自生会会員に対して行った調査結果をもとに、相互作用の成立と展開、「お伺い」における変容の諸相、教えの受容と自己変革についてみ、従来の伝統的な巫者とは異なるスピリチュアル・リーダーが誕生していく過程を、数量的に、また質的にも考察する。

第三章（信者集団と弟子サークルの形成）では、自生会の中核的な弟子サークルが形成されていく過程を追跡する。

第四章（弟子たちの生活史にみる自己変容）では、自生会の中心的メンバーの三人をとりあげ、生活史を考察することで、自己変容の実際の様相をみる。

本書の特徴は、第一に入信過程と自己形成に焦点をおいたことであって、これにより教団組織本位の研究がとらええなかった動的実態に迫ることができたのではないかと思う。特徴の第二は、この視点で資料を収集するにあたり、綿密な質的調査を主軸としたことである。具体的には、質問紙による面接調査と個別聞き取り調査（第Ⅰ部第一章、同第二章、第Ⅱ部第三章、第Ⅲ部）、教団発行の機関紙誌などの第一次的記録資料の調査（第Ⅰ部第三章、第Ⅱ部第一章、同第二章）を行なったが、後者の場合でも関係者からの聞き取り調査を実施した。以上の考察を通じて、現代日本の新宗教の実態に関する理解に意味ある貢献をなしえたとすれば、著者の喜びこれに過ぎるものはない。

現代日本新宗教論　目　次

はしがき

目次

第Ⅰ部　新宗教への入信

第Ⅱ部　新宗教と女性の自己形成

現代日本新宗教論

——入信過程と自己形成の視点から——

第Ⅰ部　新宗教への入信

第一章　新宗教受容過程における「重要な他者」の役割
——立正佼成会会員の場合——

一　はじめに

日本では数多くの新宗教がたくさんの信者を獲得している。これらの新宗教には、ことに戦後の混乱の中で人々の心をつかみ、その後急速に発展していったものが多い。ここで扱う立正佼成会（以下、佼成会と略記）は、一九三八（昭和一三）年に、霊友会から脱会した庭野日敬（一九〇六～一九九九）、長沼妙佼（一八八九～一九五七）によって創始され、戦後、急速に伸びた新宗教で、創価学会に次ぐ規模と信者数を公称する教団である。

形骸化した既成仏教は、個人の悩みに答え、その人の人生に大きな転機を促すものとしては機能しえない。一方、新宗教は一部では問題視されながらも確実に人々の心をとらえていったのである。このような宗教に入信することによって人柄が変わった例や、一見、何の利得にもならないのに無償で活動している人々を目にする。そこで、これらの人々をこのように動機づけ変えていったものは何か、という問いが生じてくる。ここではその例として佼成会の信者をとりあげ、入信による態度変容のプロセスを探ることによって、その問いに答えようとするものである。

ここで扱うデータは、一九七四（昭和四九）年七月に茨城県北茨城市大津町において行った調査から得たものである。

写真1　立正佼成会茨城教会の外観〔1974年、著者撮影〕

大津町は茨城県の北端に位置し、総世帯数一七五七、人口七〇三四（一九七四年二月時点）、一九五〇年以降の世帯数は横這いの状態で人口は漸減の傾向にある。大津町は漁業を中心に発達してきた町で、総就業者のうち漁業関係従事者が約三分の一、商業関係従事者が約三分の一、その他の自営業者および勤務者が約三分の一という構成となっている。大津町は北町、西町、仲町、東町より成り、港湾付近の仲町、東町に漁業関係従事者が多い。主な漁法はまき網漁業で、水揚げされる魚は、いわし、さば等が主である。このように、漁業を中心とする町であるので、神社信仰が盛んであり、かつ、佼成会、天理教、創価学会、霊友会等の現世利益をその中核にもつ新宗教が入りこんでいる地域である。

大津町には佼成会の最初の地方支部である茨城教会がある。この地に佼成会の信仰の種が蒔かれたのは一九四五年にさかのぼる。敗色の濃くなった頃、大津町には風船爆弾（戦争末期に和紙の風船に爆弾をつるし、偏西風を利用してアメリカ本土を爆撃しようとしたもの）を放流する陸軍の秘密基地があり、そこで車両部隊のトラックの運転手をしていた長沼妙

写真2　立正佼成会茨城教会の建物〔立正佼成会提供〕

佼の甥の長沼広至が、いさば屋（鰯の加工業者）をしていた野崎修代（一九一一〜一九八七）を導いた［野崎 1988 : 67 - 85］。翌一九四六年に彼女を支部長とする野崎支部が会員一一名をもって発足、一九六一年に茨城教会となった。茨城教会は、水戸、日立、小名浜をはじめとして東北、北関東各地へ何人もの教会長を輩出した教会である。茨城教会では他教会と異なり、発足当時から長きにわたって教会長の移動がなく(1)、彼女の人柄とあいまって、地域との結びつきが強い。

　教会の組織は、教会―支部―法座―組―班という構成をもち、各々に、教会長、支部長、法座主任、組長、班長がいる。茨城教会は七支部より成り、一九七四年一〇月時点の会員世帯数は八四七〇世帯である。大津支部は一七八八世帯で、そのうち大津町に居住する会員世帯は八八四世帯である。これを佼成会の法座構成単位の地区別にみると、北地区一四六世帯、西仲地区三三四世帯、東地区四〇四世帯となる。この地区は大体行政区分と一致しているので、住民総世帯数に対する割合を出すと、大津町全体では五〇・三%、字別にみると、北町の三五・一%、西町および仲町の二六・五%、東町の九

写真3　教会長兼教団理事の野崎修代による法座での指導
〔1977～79年の間、立正佼成会提供〕

五・一％となる。しかし実際には、一世帯に何人も会員がいる場合、その数だけの会員世帯があるかの外見を呈することもあり、また本人が知らずに会員として登録されている場合もあるので、この割合はもっと下まわることとなるが、佼成会が地域社会に浸透し、佼成会の会員が地域住民の多くを占める地域であるといえるだろう。

この章は、会員の比率がとくに高い東町に属する富岡地区五四世帯（アパート居住世帯を除く全世帯の悉皆調査。調査拒否一世帯を除く）に佼成会の東地区の役員（組長以上、ただし富岡地区以外）九世帯を加えた六三世帯に対して行った調査結果の一部を資料とする。富岡地区は、佼成会一四、創価学会五、天理教七、本人不認知の佼成会九、新宗教不加入世帯一九よりなるが、(2) ここでは主に本人認知の佼成会会員世帯一四に東地区役員の九世帯を加えた計二三世帯の資料を用いる。事例数が少ないという点では資料的に限定性があるが、これらの事例を質的に分析することによって、宗教的信念体系の受容による態度変容の一般的枠組を構築する礎石を呈示することを意図している。

二　鍵概念――苦難・準拠集団・重要な他者

M・インガーは、人間が宗教を求める原因として苦難、フラストレーションを挙げているが、そういった状況に立ち至った時に、宗教はそれらに直面するのを助ける働きをもつ［Yinger 1970：127］。T・オディも、人間生存の三つの根本的な条件であるところの、偶然性、無力さ、欠乏（その結果、欲求の剥奪と欲求不満が生ずる）といった事実に対して宗教は人間が順応するのを手助けする働きをもつと同様のことを述べている［O, Dea（訳）1968：8-9］。

自分の力ではどうにもならない苦難にぶつかった時、「なぜ自分はこのように苦しい目にあわなければならないのか」といった意味の問題が生じてくる。その苦難に対し、意味付けを与えること、換言すれば、それはある究極的な見地からは意味深いこととみなされ得ることを提示することが宗教の役割である。これには二つの手順が含まれる。第一に、その苦難の責は何に帰されるべきであるか、その原因を確定すること、第二に、いかなる償いの行為によって、その苦難をとり除くことができるか、という方法をさし示すことである(3)［Weber（訳）1968：122］。このような意味への欲求をもつ者は、満ち足りている者ではなく、「現在は償うことの出来ないほど損なわれている」［Hoffer（訳）1969：17］と感じている人々である。

T・シブタニは、これまでの準拠集団の概念の用法には混乱があるとし、それを三つに整理している。第一は比較の基準を与える集団としての準拠集団、第二は人々が所属したいと望んでいる集団としての準拠集団、第三はそのパースペクティブが行為者によって採用されているところの集団、すなわち、そのパースペクティブが行為者の準拠枠を構成する集団という用法である［Shibutani 1972：16］。シブタニは、これらの用法は関連してはいるが、一緒に取り扱うことは混乱を助長するとして第三の用法に限って用いている。ここでもそれを採用して第三の意味で準拠集団という語を用いよう。

シブタニによると、パースペクティブとは人間の世界についての秩序づけられた見方であり、それをとおして人が環境を知覚する鋳型を構成する。換言すれば、判断はパースペクティブに支えられており、異なった視角をもつ人は同一の状況を環境に選択的に反応して異なるように規定するのである。しかしながら、人々は日常生活において多くの役割を演じ、その結果として、それらに対応して多くのパースペクティブを有している。したがって、そのパースペクティブが行為者の準拠枠を構成する集団としての準拠集団といっても、個人は異なる場面で異なった役割を演じるのであるから、必ずしもすべての場合に同じ集団が準拠集団となるわけではない。ある領域についてはある集団が、他の領域については他の集団が準拠集団となるのである。このようなパースペクティブは、たいていは、それらによる解釈が人の経験の小片に限られるという点において、部分的であり断片的である。それゆえに、それらは矛盾せずにすむが[4]、いったんパースペクティブがこのような部分性・断片性を越えて包括性をもった世界観といった点に達すると、同種類のパースペクティブの両立は不可能となる。このように一般化されたレベルの一つのパースペクティブへのコミットメントは、他のそれへのコミットメントを禁止するものなのである[5]。

宗教は、究極的意味の問題にかかわるがゆえに、このようなレベルにまで達したパースペクティブであるといえる。C・グロックらは、このようなパースペクティブを一般的なパースペクティブ（broad perspective）と呼び、「究極的意味に関連したいくつかの所説をめぐって組織化され、それによって人が彼の経験一般を知覚し理解する一般原理を与えるもの」［Glock and Stark 1965 : 7］と定義づけている。このようなパースペクティブと関連して宗教的回心（以下回心と略記）が起こるのであるが、これは「すべてに浸透する世界観を採用するようになる過程、または一つのこのようなパースペクティブから他のそれへの変化」［Glock and Stark 1965 : 7］である。

しかしながら、パースペクティブの受容には二つの区別されなければならない段階がある。一つは、今までもっていたパースペクティブの根本的変化と、それによる新しい一般的なパースペクティブによる新たなる組織化を随伴するものであり、もう一つは、その受容が単に周辺的なものにとどまり、すでにもっていたパースペクティブを秩序だてたり、補強するのみにおわるものである。(6) 前者をパースペクティブの転換的受容、後者を強化的受容と名づけよう。つまり前者は既存のパースペクティブの転換的変化を伴うのに対して、後者は単にそれの強化におわるものである。ここでは、パースペクティブの転換的受容、すなわち回心を問題にする。強化的受容も条件によっては転換的受容に移行しうるものであり、かつ、極端な形態を考察することによって他方も説明可能であると考えるからである。

従来、回心の説明として剥奪による説明が有力な位置を占めてきた。しかし、剥奪の経験は回心のための必要条件であっても十分条件ではない。回心は真空の中で起きるものではなく、社会的状況の中で起こるものである。そこで、回心と剥奪の経験との間の間隙を埋めるものとして、対人関係（interpersonal relations）、とくに個人にとっての「重要な他者（significant other）」(7) に焦点をあてることが必要となる。剥奪の経験それ自体、対人関係によって生起する場合もあるし、そうではなくても、対人関係における問題性のゆえに剥奪の度合いにさらなる苛酷さが加わる場合もある。

このように、剥奪自体、対人関係と密接なかかわりをもつが、これまでのパースペクティブによっては納得のいく解決のできない困難事は、ある場合には新しいパースペクティブへのコミットメントに導く。このような新しいパースペクティブの採用は自分自身や事象に関する再吟味と再定義を可能にするが、その受容にあたっても対人関係は大きな役割をもつ。なぜならば、一般的には個人が人生や自分自身をみる別の仕方に気づくのは新しいコミュニケーション水路に加わってからである。そして、このような集団の中で共有されたパースペクティブが内面化されるのは社会的参加を通してである。シブタニは「準拠集団――そのパースペクティブが採用されている集団の規範に対する同調性――は、彼の対人関係の機能であるとの仮説が展開されてきた。集団の文化がどの程度、知覚的経験の組織の鋳型として役立つかということは、その視野を共有している他の人々への関係と彼らへの個人的忠誠心によっている」[Shibutani 1972：23]と述べ、また同様の文脈で、「新しい意味と自己概念は、心からの対人関係が確立された新しい〈重要な他者〉によって強化される。いかなるリアリティの概念も社会過程であるから、環境にアプローチする新しい方法は尊敬する他者の支持を獲得することなしには一時的なものになりがちである。……他者の同情的支持は、すべての回心にとっての重要な部分である」[Shibutani 1961：527]として、対人関係、とくに「重要な他者」の重要性について言及している。このように、パースペクティブの転換は「重要な他者」の存在なしには起こりえないし、かつ持続しえないのである。

ここでは宗教的パースペクティブの受容を準拠集団の選択の結果起こるものとしてとらえ、それには対人関係、ことに「重要な他者」の役割に着目する必要があると考える。この受容の過程は分析上、図1のように、入会過程、準拠集団としての選択過程、およびその影響過程の三段階に区分される。分析の上ではこのように分かれるが、現実には選択過程と影響過程とは分かちがたく結びついているので、一緒にしてとり扱うことにする。

三　入会過程

（一）基本的属性と入会時期

図1で示したように、佼成会に入会すること自体は、佼成会を準拠集団として選択すること、すなわち、そのパースペクティブの転換的受容を意味しない。しかし、これは準拠集団選択の前段階をなすものであり、かつ、何らかの決断を伴って行なわれた場合には、[8] 第二段階へのステップを考えるにあたって見逃すことができないものである。

ここで以下で用いるA、A′、B、HLの会員分類記号について述べておきたい。Aとは富岡地区役員七名を指し、会計一、副主任兼組長一、組長四、班長一よりなる。Bは富岡地区平会員七名である。A′は東地区役員九名で、支部長一、主任一、組長七から構成される。H（高）L（低）の区分は対象者属性スコアの高低により分類されているが、具体的には、AA′のHは、守護神勧請者、Lは本尊勧請者である。なお、Bには総戒名のあるものとないものとが含まれるが区別はしない。[9]

入会過程の分析に入る前に、サンプルに偏りがあるという限定をふまえて、[10] ここで扱う二三例をみてみよう。佼成会は中年の女性が多いといわれるが、ここでもその傾向が表れている。一九七四年調

図1　分析枠組

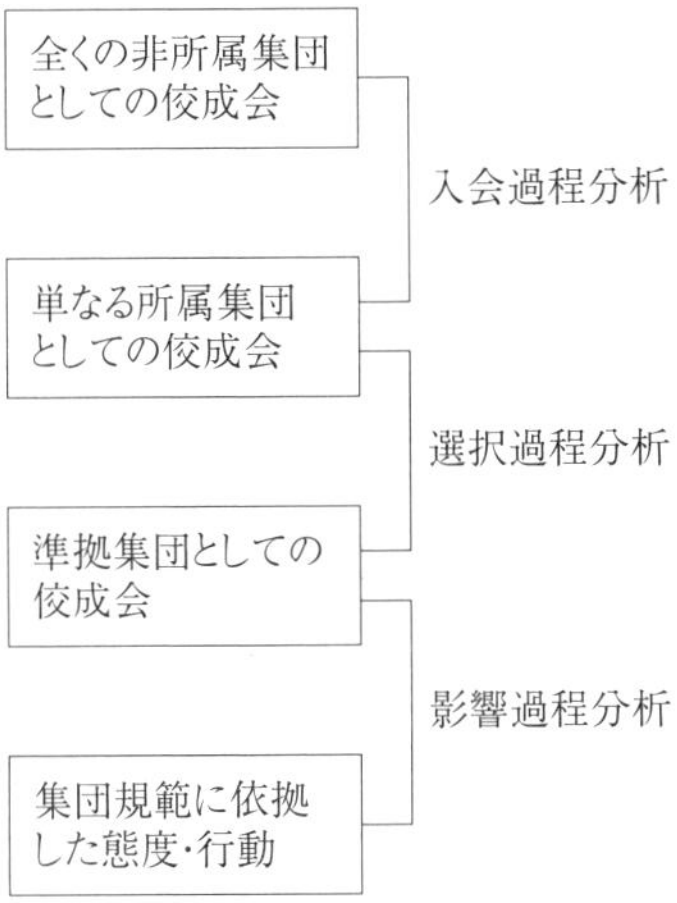

査当時の年齢については、AA′では五〇歳代一二名、四〇歳代三名のすべては女性であり、男性は六〇歳代の一名にとどまる。Bにおいても、すべて女性で、六〇歳代一名、五〇歳代三名、三〇歳代三名となる。しかし、入会時において彼らは中年であったわけではない。Bはみな最近の入会であるのでさておき、AA′の入会時年齢をみると、一〇歳代一名、二〇歳代四名、三〇歳代六名、四〇歳代四名、五〇歳代一名であり、五〇歳代が八〇％弱を占める調査当時に比べて三〇歳代を中心とする広がりをみせている。このことからも活動的な会員であるAA′の信仰歴の長さがうかがえよう。

入会時期についてみると、AA′では、昭和二〇年代前半（一九四五～一九四九）が七、同後半が六、昭和三〇年代前半が一、同後半が二と、昭和二〇年代に入会したものが全体の約八〇％を占める。一方、Bについてはすべてが昭和四〇年代後半の入会である。昭和二〇年代はこの教会の発展期であったが、それには戦後まもなくという全体社会と地域社会の状況がかかわっている。この時期はこれまでの価値体系が急激かつ根底的に崩壊し、問い直された時代であった。

（二）入会動機とその要因

ところで、人を入会に至らせる要因としては、(1)導かれる側（入会する当人）の要因、(2)導き手にかかわる要因、(3)導かれる人と導き手の関係にかかわる要因、の三レベルが考えられる。[11] 全体社会および地域社会の状況もこれらの基礎としてかかわってくるが、それらが問題となるのは個人の問題状況としてとらえ直された時である。そこで、ここでは、それらを一応外において、(1)(2)(3)について考えてみることにする。(1)の内容としては、(a)剥奪の程度と救済期待の程度、(b)教えの親和性の程度、(c)個人をとりまく社会的ネットワークの性質（頼りになる集団や人の有無）、(d)家族内における反対者の有無、などが考えられる。(2)の内容としては、(a)問題解決方法提示の程度、(b)説得性の度合い、(c)人柄および面倒見の程度などがある。[12] このような入会の勧誘（導き活動）は、往々にして既存のネットワークを利用し

表１　会員分類別 入会動機（複数回答）　　実数（％）

	AA′			B	合計
	H	L	計		
問題解決	2（20.0）	8（47.0）	10（37.1）	1（8.3）	11（28.1）
姓名鑑定	2（20.0）	0（—）	2（7.4）	0（—）	2（5.1）
先祖供養	1（10.0）	4（23.5）	5（18.5）	2（16.7）	7（17.9）
家庭円満	0（—）	1（5.9）	1（3.7）	0（—）	1（2.6）
精神修養	2（20.0）	1（5.9）	3（11.1）	0（—）	3（7.7）
悪い教えではない	2（20.0）	1（5.9）	3（11.1）	3（25.0）	6（15.4）
導きの親の真心	0（—）	1（5.9）	1（3.7）	0（—）	1（2.7）
義　理	0（—）	1（5.9）	1（3.7）	6（50.0）	7（17.9）
その他	1（10.0）	0（—）	1（3.7）	0（—）	1（2.6）
計	10（100.0）	17（100.0）	27（100.0）	12（100.0）	39（100.0）

てなされる。そこで(3)の導かれる側と導き手の関係が問題となる。つまり、義理があるとか、相手ととくに親しい関係にあるといったことである。導かれる側の要因と導き手にかかわる要因は、からまりあいつつ入会を決定させる要因を構成する。

そこで入会動機について表1でみてみよう。これは複数回答であるが、AA′では「問題解決を願って」が一番多いのに対し、Bでは「義理」という要素が圧倒的である。AA′では「問題解決」に言及しているものが一〇名あり、一六名のうち実に六割強がこの理由を挙げていることになる。他方Bでは一名のみである。[13] これ以外では、AA′では、「先祖供養をしてくれる宗教だから」、「精神修養になると思って」、「姓名鑑定が当たったから」といった順序となる。Bでは「義理で仕方なく」がほとんどで、「悪い教えではないから」、「先祖供養をしてくれる宗教だから」、という理由が続く。AA′では、導かれる側の要因が導き手の側の要因とあい伴って、彼らを入会に導いた。ところがBにおいては、全面的に導かれる側と導き手の関係にかかわる「義理」といったものが前面に出ているのである。

(三) 入会時期による入会動機の差

先に全体社会および地域社会の状況は基礎的要因として個人に影響を与

表2　入会年代別 入会動機（複数回答）

実数（%）

	昭和20年代			昭和30年代	昭和40年代	合計
	前半	後半	計			
問題解決	5（55.6）	4（40.0）	9（47.3）	1（12.5）	1（8.3）	11（28.2）
姓名鑑定	0（—）	1（10.0）	1（5.3）	1（12.5）	0（—）	2（5.1）
先祖供養	1（11.1）	2（20.0）	3（15.7）	2（25.0）	2（16.7）	7（17.9）
家庭円満	1（11.1）	0（—）	1（5.3）	0（—）	0（—）	1（2.6）
精神修養	0（—）	1（10.0）	1（5.3）	2（25.0）	0（—）	3（7.7）
悪い教えではない	0（—）	2（20.0）	2（10.5）	1（12.5）	3（25.0）	6（15.4）
導きの親の真心	0（—）	0（—）	0（—）	1（12.5）	0（—）	1（2.6）
義　理	1（11.1）	0（—）	1（5.3）	0（—）	6（50.0）	7（17.9）
その他	1（11.1）	0（—）	1（5.3）	0（—）	0（—）	1（2.6）
計	9（100.0）	10（100.0）	19（100.0）	8（100.0）	12（100.0）	39（100.0）
事例数	7	6	13	3	7	23

えると述べたが、これらは入会時期によって異なると思われる。では入会時期によって、入会動機に差がみられるだろうか。**表2**をみてみよう。「問題解決」を動機として挙げたものは、昭和二〇年代前半の入会者は七名中五名（七一%）、同後半は六名中四名（六七%）、昭和三〇年代は三名中一名（三三%）、昭和四〇年代は七名中一名（一四%）と、年代が下るほどその割合は減少している。事例数が少ないので一般化は難しいが、ここに表れているかぎりでは次のような傾向がある。すなわち、昭和二〇年代は個別的「問題解決」を求めての入会が多く、昭和三〇年代になると「先祖供養」「精神修養」といった、一見、既成の価値体系の線上にあるかのような佼成会の教えの受け入れ易さが前面に出、昭和四〇年代においては「悪い教えではない」という認識はあるにしても、「義理」という導き手と導かれる側の関係の性質が強調されてくる。このように、入会時期によって入会動機に差異がみられるのは、AA′の八名が昭和二〇年代入会、Bはすべて昭和四〇年代後半入会であったのに加えて、戦後から今日までの社会の状況の変化、および佼成会の組織化の過程とも無関係ではないだろう[14]。

表3　会員分類別 入会時の問題（複数回答）　　実数（%）

	AA′			B	合計
	H	L	計		
肉体的問題	2（100.0）	5（ 41.7）	7（ 50.0）	1（ 50.0）	8（ 50.0）
経済的問題	0（ ― ）	2（ 16.7）	2（ 14.3）	0（ ― ）	2（ 12.6）
人間関係の問題	0（ ― ）	4（ 33.3）	4（ 28.6）	0（ ― ）	4（ 25.0）
精神的問題	0（ ― ）	1（ 8.3）	1（ 7.1）	0（ ― ）	1（ 6.2）
その他	0（ ― ）	0（ ― ）	0（ ― ）	1（ 50.0）	1（ 6.2）
計	2（100.0）	12（100.0）	14（100.0）	2（100.0）	16（100.0）

（四）入会時の問題の内容

次に入会時の問題の具体的な分析に移ろう。表3が会員分類別に入会時の問題をみたものである。ここでは問題を「肉体的問題」、「経済的問題」、「人間関係における問題」、「精神的問題」に分けた。[15] 入会時に問題があったものは、AA′では一六名のうち一〇名（六三%）、Bでは七名のうち二名（二九%）である（ただし、このうち一名は入会動機に「問題解決」を挙げていない）。AA′では、肉体的問題七（五〇%）、人間関係の問題四（二九%）、経済的問題二（一四%）、精神的問題一（七%）で、Bでは、肉体的問題、その他（借家の問題）が各一ずつである。AA′においては、問題が重複しているものが三名ある（肉体的および人間関係の問題、経済的および人間関係の問題、肉体的および経済的および精神的問題）。肉体的問題は、本人の場合も家族員の場合もある。人間関係の問題では、嫁―姑、嫁―小姑、夫―妻間の葛藤であり、いずれも本人が直接の当事者である。経済的問題は他の問題と結びつき、相乗して発生する傾向がある。これらの問題すべてが家族の問題として立ち現われ、そこで、主婦であり嫁であるところの女性に対して最も苛酷に現われることは想像にかたくない。複数の問題を抱えている者があることからみても、一つの側面の機能障害が他の面にも波及し、家族全体を危機におとし入れる可能性をもつ。

このような問題状況は、客観的であるとともに主観的でもある。すなわち、主観的

表4　会員分類別 入会時の問題の相談相手

実数（%）

		AA′			B	合計
		H	L	計		
相談した	会　員	2（100.0）	3（ 37.5）	5（ 50.0）	0（ ― ）	5（ 41.7）
	非会員	0（ ― ）	1（ 12.5）	1（ 10.0）	1（ 50.0）	2（ 16.6）
相談しない		0（ ― ）	4（ 50.0）	4（ 40.0）	1（ 50.0）	5（ 41.7）
計		2（100.0）	8（100.0）	10（100.0）	2（100.0）	12（100.0）

意味付与をとおしてはじめて問題状況となり、剥奪感をもたらすとなるのである。また、それが当該家族にとって危機的である度合いは、その家族の危機対応能力による[16]。これは、個人のパーソナリティ、家族の凝集性、家族の周期段階、そして、資源としての社会的（世俗的）ネットワークにかかわる。なぜならば、家族それ自体の危機対応能力が低くても社会的ネットワークが充全に機能していれば、問題解決はこれをとおしてかなりの程度可能であると考えられるからである。これは逆に言えば、このような絆を欠落している場合に、佼成会という信仰の入りこむ余地があるということである。しかしながら、そのためには信者との何らかの接触が必要である。それなしには、入会にしろ、回心にしろ起こりえないのである。

（五）入会時の問題の相談相手

表4で入会時の問題の相談相手をみてみよう。相談相手はその機能において、三つに分類できる。第一に、親身になって話を聞いてくれるといった感情表出的なもの、第二に、具体的解決に力を貸すといった手段的なもの、第三に、問題に意味づけを与え、それにのっとって解決方法を呈示するといった意味付与的なもの、である。これらは相互に随伴して現われる場合もあろうが、第三は他とはレベルが異なっている。その機能は世俗的なネットワークによるものと異なり、宗教が宗教たるゆえんのものである。AA′では、問題を抱えていた一〇名のうち六名（六〇％）が相談をし、そのうちの五名（八三％）は佼成

表5　会員分類別 入会時の問題解決　　実数（%）

			AA′			B	合計
			H	L	計		
あり	解決	佼成会入会のため	2（33.3）	8（80.0）	10（62.5）	0（—）	10（43.5）
		それ以外	0（—）	0（—）	0（—）	1（14.3）	1（4.3）
	未解決		0（—）	0（—）	0（—）	1（14.3）	1（4.3）
なし			4（66.7）	2（20.0）	6（37.5）	5（71.4）	11（47.9）
計			6（100.0）	10（100.0）	16（100.0）	7（100.0）	23（100.0）

会の会員に相談をもちかけている。その内訳をみると、五名のうち三名は導きの親に、あとの二名は教会長に相談している。導きの親との入会前の関係は、AA′に全く知らない人というのが一名ある以外は、ほとんどが近所、知人という入会前にすでに面識を有していた人々である。しかしながら、彼らは近所の人という属性によってではなく、佼成会の会員として問題状況においてクローズアップされてきた。AA′で相談者なしが四名あることからみても、問題を抱えたまま入会したAA′は世俗的に頼りになるネットワークをもたず、かなり孤立無援の危機的状況にいたと推測される[17]。このような状況の中で、問題の相談を契機として佼成会に入会した者や、入会することによって相談相手を見出した者もいるのである。一方、Bにおいては、相談はしても佼成会会員以外の人が一名、相談しないが一名で、AA′での傾向は全くみられない。

(六) 入会時の問題の解決

表5をみると、入会時に問題を有していたAA′の一〇名全員は、問題状況が佼成会入会によって解決したと認知している。他方、Bでは、一名は佼成会入会と関係なく解決(引き続き大家が借家を貸してくれることになった)、もう一件は解決せず(病弱)である。ところで、AA′における解決には二つのレベルを区別する必要がある。一つは具体的解決であり、もう一つは心の切りかえによる解決である。後者には、具体的には解決しなかったものや、かなり年月がたってからの解決(例えば、夫が出嫁ぎに行って行方

不明になったが、五年目に帰ってきた）も含まれる。このように、入会による問題解決と認知されているものには、入会による御利益というよりも厳密にいうと御利益感（受益感）の獲得であり、当事者の意味付与がそれを現実化したものがある。[18] Bについては、御利益を受けたと感じている者はなく、彼らの活性化のためにはまだ長い道のりが必要だろう。

このような御利益を受けたあとの活動については、AA′の一〇名のうち半分の五名が「熱心に活動するようになった」、三名が「それほど熱心ではないが、以前より活動するようになった」と答えている。一方、「別にどうということはなかった」という者も二名ある。その後の活性化の過程については、次の選択過程、影響過程で詳述しよう。

四　態度変容――準拠集団の選択およびその影響

（一）ロフランド＝スタークの回心モデル

準拠集団として佼成会を選択する過程とは、佼成会のもつパースペクティブを受容していく過程である。回心といったパースペクティブの転換的受容の条件について、J・ロフランドとR・スタークは、価値付加的概念を用いて回心のために必要にして十分な七つの要因をとりあげた[19]［Lofland & Stark 1965 : 864 - 874］。彼らは、まず、回心の条件を素質的条件（predisposing conditions）と状況的関連条件（situational contingencies）とに分け、後者を以下の七つの価値付加的累積（必要十分条件）で表わす（図2参照）。

回心のために、人は次のようなプロセスを経過する必要がある。⑴長期にわたって激しい緊張（tension）を経験し、

(2)問題を宗教的に解決するパースペクティブの中にあり、(3)それによって、自らを宗教的求道者（religious seeker）と定義するに至る。(4)人生の転機（turning point）においてその信仰と巡り合い、(5)その中では一人以上の回心者（converts）との間に感情的絆（affective bonds）が形成され（または前もって存在し）、(6)その宗教以外の人々との愛着（attachment）は、欠如しているか希薄であり、(7)そして緊密な相互作用の中で当てにされる信者（deployable agent）となる。

ロフランドとスタークによって、これらの条件についてもう少し詳しく検討してみよう。(1)の激しい緊張は、回心のための必要条件ではあるが十分条件ではない。なぜなら、それは行為へのある準備状態をつくり出すが、いかなる行為をとった方がよいかを指示しないからである。(2)問題に対処する方法としては、政治的、精神療法的、宗教的等の解決法がある。また、こういった解決方法をとらずにストレスの多い状態をそのまま続けたり、心からその問題を締め出そうとしたり、それらの問題解決のための異なった世界観を適用しないままで、その解決に志向するかもしれない（多くの回心以前の者pre-convertはこのような行為を試みるが、誰も自分の困難に対する直接的な解決を見出すことができなかった）。このようなやり方に成功した者は、もはや潜在的回心者ではない。これらに失敗した者は準拠枠の修正という次のステップに向かう。[20] 準拠枠には政治的、宗教的、その他のものがあるが、宗教的解決に導かれる者は、その信仰との接触以前から出来事に宗教的な意味を与える傾向をもつ。

図2　状況関連条件の価値付加過程

① 激しい緊張の経験
↓
② 問題解決の宗教的パースペクティブ
↓
③ 宗教的求道者としての定義づけ
↓
④ 転機における信仰とのめぐりあい
↓
⑤ 回心者との感情的絆の形成または存在
↓
⑥ 信仰集団以外の感情的絆の欠如
↓
⑦ 信者間の緊密な相互作用

資料）Lofland & Stark 1965:874

これが⑵の条件である。この中で、⑶自分自身の不満足を解釈し、解決する宗教的意味の体系を探そうとするのである。⑷の人生の転機とは、古い義務と行為の流れが減退する一方、新しいかかわり（involvement）が望ましく、そして可能になるような状況のことである。このような時期は、問題に対してある行為をとろうとする意識と欲望を増加させ、同時にその機会を与えるのである。⑷この時期において信仰との邂逅が必要なのであるが、その宗教集団内部で積極的・感情的な絆が発達するか、または前もって存在することは、初めてその信仰にさらされることと、その教えの真実性を受け入れることの間のギャップを橋渡しする機能を果たす。そのパースペクティブをなおも疑わしいとみなしている間に、その集団のメンバーと感情的絆を発達させるのである。⑸潜在的回心者は、その宗教のパースペクティブを採用することにいくつかの当初の困難があるだろうが、先の四つの条件と感情的絆が与えられたならば、彼はその宗教を真剣に考慮し始め、受け入れ始める。⑹の宗教外の感情的絆のあり方とは、その宗教以外の統制が感情的愛着をとおしてどの程度作用し回心を妨げるものとして働くか、ということである。ほとんどの回心者は、その信念に対するインフォーマルな統制を許す程度の親しい外的関係が欠如している。典型的には、回心者が知っている周りの人々は回心が進行中であることに気づく程の親密さはなく、またその回心を妨げることを正当化するのに充分な感情的愛着もないのである。

また、ロフランドとスタークは回心者に二つの段階を区別している。回心表明者（verbal convert）と全面的回心者（total convert）である。前者は、信念をもっており中心的なメンバーから誠実であるとみなされてはいるが、組織の中でいかなる積極的役割も演じていない者、後者は、言葉によってと同様に行為をとおして献身を表わしている者である。この⑹までの段階が回心表明者のための十分条件であるが、⑺これが全面的回心者に転化するためには、信者との間の具体的で日常的かつ緊密な相互作用にさらされることが必要である。信者（ことに全面的回心者）との緊密な相互作用は、その宗教のもつ世界観への最初のためらいがちな同意を強化し、練り上げる機会を与える。こういった中で、宗教的パースペクティブは回心者の生活における出来事を解釈するための装置として生きてくるのである。

以上、ロフランドとスタークの回心モデルをみてきたが、回心に導かれるためには、激しい緊張、苦難といった問題状況の存在とともに、信者集団との「感情的絆」の存在またはその形成の重要性が指摘された。言い換えれば、準拠集団としての信仰集団のもつパースペクティブの受容を水路づけ、方向性を与える「重要な他者」の存在が大きな意味をもってくるのである。それでは次に、佼成会のデータに戻って検討しよう。

(二)　休眠と活性化のダイナミズム

入会過程でみてきたように、入会それ自体は必ずしも剥奪の経験を伴っていない。義理による入会の場合は、この回心の図式の第一段階から欠けていることになる。しかし、義理入会にしろ、その信仰はある程度受け入れ易い側面をもっていたのであり、問題状況が起こった場合に、感情的絆が与えられれば、それまでさして気にとめていなかった信仰が活性化していくことが考えられる。また、佼成会入会以前に信仰をもっていた者がAでは二名（天理教）、A′では一名（天真道）、Bでも一名（天理教）いることからみて、彼らは、佼成会に接触する以前からものごとを宗教的にとらえる性向を有していたといえるだろう。[21] AA′においても、問題解決を求めて入会し、それが佼成会によって解決した（ただし、これはパースペクティブを一定程度受容した現在からみた意味づけかもしれないが）と認知しても、それが信仰へのさらなるコミットメントに必ずしも結びつかなかった。そこで、先の回心の図式（図2）を念頭に置きながら、活性化の過程を探ってみよう。

信仰活動を休眠していたことがあるかどうかをみることは、活性化の契機を知る手がかりとなる。表6でみると、Bでは七名のうち六名（八六％）が「初めから熱心にやっていない」と答え、あとの一名は、「別に休んでいるわけでは

表6　会員分類別 信仰活動を休眠した経験の有無　　実数（%）

	AA′			B	合計
	H	L	計		
あ　り	4（66.7）	5（50.0）	9（56.3）	0（—）	9（39.1）
な　し	2（33.3）	5（50.0）	7（43.7）	1（14.3）	8（34.8）
初めから熱心にやっていない	0（—）	0（—）	0（—）	6（85.7）	6（26.1）
計	6（100.0）	10（100.0）	16（100.0）	7（100.0）	23（100.0）

ないが、家族に内緒にやっているので大っぴらにできない」と答えている。一方、AA′においても、一六名のうち休眠の経験がある者が九名（五六％）と半数以上ある。これらの人々が、活動を休み、そしてまた活性化していくプロセスは、回心の問題を考えるにあたって、何らかの示唆を提供するであろう。

ここでまず、入会動機において問題解決といった動機をもたなかった場合は、入会後活動への動機づけに欠けるであろうことが推測される。AA′で入会時に問題のなかった六名のうち半数の三名が、入会後一年以内に休眠している（二名は休眠なし、一名は一二年後に休眠）。彼女たちは休眠の理由を、「夫が病気になったので働かなくてはならなかったから」、「お礼参りをしなさいと押さえつけるように言われた気がしたので」、「入会したのが年少（一四歳）で、入っているとは知らなかったから」と述べている。しかしながら、入会時に問題を抱えていた者でも、一年以内に休眠したのが一〇名中二名いる。この二名とも佼成会入会によって入会時の問題が解決したと認知しているが、いずれも嫁―姑、嫁―小姑といった人間関係にかかわる問題を挙げており、これはその性質からいってもすぐさま解決のつく問題ではない。そしてまた、この休眠の理由を「子どもが小さくて生活が大変だったから」、「家が忙しくて出ることができなかったから」と述べており、その後の信仰へのコミットメントの過程で入会によって問題が解決したと意味づけられたとみてよさそうである。このほかでは、入会後すぐではなく数年たったあと休眠した者が二名、二〇年以上たってからの休眠が二名ある。後者二名は現在も休眠中である。入会時に問題があり、その後すぐに休眠に至らなかった者も、「喉元すぎれば熱さを忘れるということ」（六年後休眠）、「他の信者と感情的いきちがいがあって」（七年後休眠）、「働かなくてはならないから」（一三年後、休眠中）、「子どもの教育費の仕送りのため働かなくてはならないので」（一二年後、休眠中）と説明している。このようにみてくると、休眠の理由として、就労等による時間の配分を挙げる者が五名（五六％）、感情的反発を挙げる者が二名（二二％）、感謝を忘れたという理由の者が一名（一一％）、その他一名（一一％）となる。これらの休眠の期間は、三年から二三年と開きがあるが、一〇年以内が四名（四四％）である。

このように休眠期間はかなり長期間にわたっているが、きっかけさえ与えられれば信仰が活性化する可能性があることに注目すべきである。休眠から目覚めたきっかけとしては、「夫の死後、誘われて婦人文化部に出るようになり、数学にひかれて」（入会時問題なし、入会後一年未満で三年間休眠）、「夫の失踪および不貞による夫婦別れの問題が起きて」（問題なし、一年未満で三年間休眠）、「三男の出産の時難産で、信仰を休んでいたからだと悟った」（問題あり、六年後に一〇年間休眠）、「夫の死により因縁を悟って」（問題あり、七年後に一六年間休眠）、「まわり供養[22]の際、義兄と義父の変死の因縁を指摘されて」（問題あり、七年後に一七年間休眠）、「母が病気で倒れ、娘が代がわりでやらなければいけないと言われて（本人は幼少にて入会していたがずっと活動せず）」（問題なし、一年未満で二三年間休眠）、「息子が嫁をもらい、家のことを半端にしても出られるようになったので信者の誘いを契機に」（問題あり、一年未満で六年間休眠）といった理由が挙げられている。現在休眠中の二名を除くと、再び活動をするようになった理由は問題発生によるものと勧誘によるものの二つに大きく分類できる。前者は五名（七一％）、後者は二名（二九％）となる。しかしながら、後者の一名は背後に問題を抱えており、また、問題発生によるとする場合も勧誘という信者との接触を前提とし、両者は相互に深く関連している。

このような休眠から目覚めた契機は、後にみる入会後の悩みごととして挙げられた問題に関連したものが半数以上を占める。彼らは問題の宗教的解決への傾向性をもちつつも入信への転換点を欠如していたのであり、これまで真剣に考えてみなかった信仰が、それを媒介する会員をとおして、まさにその時期に問題の解決方法を呈示し、原因を指し示すものとして立ち現われたのである。このように、入会時の問題解決という御利益を得た者についても、それが即パースペクティブの受容に結びついた場合はほとんどないといってよい。休眠の経験をもたない活動的な会員も、その後に現われた問題状況を転機として、信仰へのコミットメントが深化したといえる。

そこで、入会時と入会後の問題の有無を組み合わせた表7をみると、入会後に問題があった者が、AA′では一六名中一四名で八八％を占め、その中で入会時にも問題のあった者が九名（五六％）ある。他方、Bにおいては、入会後に問題がある者は一名にとどまり、それも長男の転職といった、AA′よりも深刻さの度合いが低いものである。入会時問題においては、肉体的問題、人間関係の問題、経済的問題、精神的問題の順であったが、入会後の問題としては、表8にみるように、肉体的問題、近親の死、人間関係の問題、経済的問題、精神的問題の順になる。複数回答なので長患いの末の死亡などの場合、病気と死亡という二つの項目にわたっているので、最も度合いの高いものをとるとすれば近親者の死という経験が第一位にくると思われる。そこで最も多いのは夫の死で、五名（七一％）を占め、このほか、父母の死、弟の死が一名ずつある。夫の死は、彼女たちの四〇歳代に起こったものが最も多い。主な稼得の担い手であり、感情的対象でもある夫の死は、家族周期の段階ともかかわって当該家族を危機に陥らせることは容易に推測できる。これに関連して経済的問題が出てくると思われるが（実際、生活史をとってみるとこのような関連がみられた）、それを挙げる者は一名もなかった。経済的問題を挙げているのは、子どもが多いことによる貧乏のみで、この事例では他の問題に言及してはいない。こうみてくると、先に入会時の問題について、経済的問題は他の問題と相乗して現われる傾向があると述べたが、あまりに死という経験が強烈であったため、それに付随する経済的問題は背景に追いやられてしまっ

表7　会員分類別 入会時と入会後の問題の有無組み合わせ　実数（%）

	AA′			B	合計
	H	L	計		
入会時問題あり・入会後問題あり	2（33.3）	7（70.0）	9（56.3）	1（14.3）	10（43.5）
入会時問題なし・入会後問題あり	4（66.7）	1（10.0）	5（31.3）	0（—）	5（21.7）
入会時問題あり・入会後問題なし	0（—）	1（10.0）	1（6.2）	1（14.3）	2（8.7）
入会時問題なし・入会後問題なし	0（—）	1（10.0）	1（6.2）	5（71.4）	6（26.1）
計	6（100.0）	10（100.0）	16（100.0）	7（100.0）	23（100.0）

表8　会員分類別 入会後の問題（複数回答）　実数（%）

	AA′			B	合計
	H	L	計		
肉体的問題（病気）	1（16.7）	4（30.8）	5（26.3）	0（—）	5（25.0）
（心身障害）	1（16.7）	2（15.4）	3（15.8）	0（—）	3（15.0）
近親の死	2（33.3）	5（38.4）	7（36.8）	0（—）	7（35.0）
人間関係の問題	2（33.3）	0（—）	2（10.5）	0（—）	2（10.0）
経済的問題	0（—）	1（7.7）	1（5.3）	0（—）	1（5.0）
精神的問題	0（—）	1（7.7）	1（5.3）	0（—）	1（5.0）
その他	0（—）	0（—）	0（—）	1（100.0）	1（5.0）
計	6（100.0）	13（100.0）	19（100.0）	1（100.0）	20（100.0）
問題なし	0	2	2	6	8

たのである。肉体的問題については、入会時の問題では本人の病気に言及するものが多かったのに比べ、入会後の問題では死亡と結びつけて夫の病気を挙げた二名のほかのほとんどは子どもに関するものであり、ことに心身障害については三名とも子どもにかかわっている。人間関係の問題にしても、入会時に挙げられていた嫁―姑、嫁―小姑の問題は姿を消し、夫婦間の葛藤が前面に出てきている。また、「一番辛かったことは法に対する反対だ」というような、家庭内での信仰への反対を挙げる者がいる。これは精神的な問題に分類しておいたが、実質的には家族内における人間関係の問題に帰着するといえるかもしれない。宗教は集団に統一性を与える側面とともに逆に緊張や葛藤をもたらす側面もあるということを留意しておく必要がある。[23]

このように、活動的な会員であるAA′の場合一名を除いて、入会時または入会後に、もしくはその両方において、何らかの剥奪の経験をもつ。剥奪感は当事者の主観的感覚であるとはいうものの、Ｂにおいては、入会時の問題として挙げられているのは本人の病弱、借家の問題、入会後の問題としても長男の転職といったように、ＡＡ′と比べるとかなり剥奪の程度が弱い出来事であり、したがって人生の重大な転機を構成するに至っていないといえよう。他方、ＡＡ′ではとくに入会後の問題において、人生の転機であり信仰への取り組み方の転換点となるようなかなり深刻な事件に遭遇している者が多いということができる。このような問題は、「すべて家族という『甲羅』を集中的に襲う」［鈴木 1970 : 300］のであり、それが当該家族の問題状況として立ち現われるがゆえに、母―妻―嫁の役割を担っている女性に矛盾が集中するのである。[24]

(三) 信仰集団内外の感情的絆

剥奪の経験が宗教的回心と結びつくためには、ロフランドとスタークの回心の条件にあるように、まず信仰集団内外の感情的絆のあり方が問われなければならない。そこで、親類のネットワークを既存のネットワークの指標として、表9をみよう。これは、親しい人、頼りにしている人を三人挙げてもらったものから構成したものである。これだけでは比較の対象を欠くが、ＡＢについては、地域内の全戸調査により次のことが明らかになっている［渡辺 1979 : 217 - 223］。(1)親しい人、頼りにしている人として親類を選択しない者がＡＢともに多いが、とくに地域内に親類がありながら、それを選択していない者の率は新宗教に加入していない者に比べてかなり高い。(2)ＡとＢとを比較すると、他地域の親類を含めた場合には、ＡよりもＢの方が親類を選択した者の割合は低いが、地域内に親類がある者のみに限定すると、ＢよりＡの方がその割合は低くなる。(3)地域内における親しい人、頼りにしている人のソシオグラムをつくってみると、Ｂはかなり緊密なネットワークに組みこまれているのに対し、Ａはそれからはずれている者が多い。つまり、ＡＢとも

表9　会員分類別 親しい人、頼りにする人に親類を選択している者の割合

実数（%）

			A′	A	計	B	合計
親しい人	いる	親類にいる	2（22.2）	3（43.0）	5（31.3）	2（28.6）	7（30.4）
		親類にいない	7（77.8）	2（28.5）	9（56.2）	5（71.4）	14（60.9）
	いない		0（—）	2（28.5）	2（12.5）	0（—）	2（8.7）
	計		9（100.0）	7（100.0）	16（100.0）	7（100.0）	23（100.0）
頼りにする人	いる	親類にいる	5（55.6）	3（42.9）	8（50.0）	2（28.6）	10（43.5）
		親類にいない	4（44.4）	3（42.9）	7（43.8）	4（57.1）	11（47.8）
	いない		0（—）	1（14.2）	1（6.2）	1（14.3）	2（8.7）
	計		9（100.0）	7（100.0）	16（100.0）	7（100.0）	23（100.0）

に親類ネットワークが弱いが、Bにおいては、それに代替するものとして近隣ネットワークが発達しているのである。なおA′においても、親しい人に親類を選んでいる者は九名中二名（二二％）と少なく、頼りにしている人ではそれは五名（五六％）に増えるが、うち三名は佼成会会員でもあり、親類でもある。

同様に三人挙げられた親しい人、頼りにしている人の中に、佼成会の会員が占める割合を表10で検討すると、既存の絆の弱さとはうってかわって、親しい人で佼成会会員を選んでいる者は、A′で九名中九名（一〇〇％）、Aでは七名中四名（五七％）、Bでは七名中六名（八六％）とかなりの高率であり、頼りにしている人も、A′九名中九名（一〇〇％）、A七名中五名（七一％）、B七名中四名（五七％）とこれもまた高い割合である。A′は、親しい人、頼りにしている人もともに組長以上の活動的な会員を挙げている。Aが親しいとして挙げた佼成会会員はすべてBに属する人々であるが、頼りにしている人の場合は五名中四名が組長以上の会員である。Bにおいては、親しい人に活動的な会員を挙げているのは六名中三名、頼りにしている人では四名中三名である。これは先にBの入会動機が「義理」という、導き手と導かれる側の関係にかかわっていたことを思い起こさせる。Bでは既存のネットワークをとおして勧誘が行われたことを示すだけで、信仰を通じての会員ネットワークの強化はみられない。

活動的な会員のほとんどは入会後にかなり深刻な問題の発生をみているが、

表10　会員分類別 親しい人、頼りにする人に佼成会会員を選択している者の割合

実数（％）

			A′	A	計	B	合計
親しい人	いる	佼成会にいる	9（100.0）	4（ 57.1）	13（ 81.2）	6（ 85.7）	19（ 82.6）
		佼成会にいない	0（ — ）	1（ 14.3）	1（ 6.3）	1（ 14.3）	2（ 8.7）
	いない		0（ — ）	2（ 28.6）	2（ 12.5）	0（ — ）	2（ 8.7）
	計		9（100.0）	7（100.0）	16（100.0）	7（100.0）	23（100.0）
頼りにする人	いる	佼成会にいる	9（100.0）	5（ 71.4）	14（ 87.4）	4（ 57.1）	18（ 78.3）
		佼成会にいない	0（ — ）	1（ 14.3）	1（ 6.3）	2（ 28.6）	3（ 13.0）
	いない		0（ — ）	1（ 14.3）	1（ 6.3）	1（ 14.3）	2（ 8.7）
	計		9（100.0）	7（100.0）	16（100.0）	7（100.0）	23（100.0）

それに際して、既存の絆が弱いことから、会員ネットワークの利用が考えられる。入会後の問題にあたり、AA′では問題のある一四名中一二名（八六％）が佼成会でそれに対する信仰上の指導（ご法指導[25]）を受けている。他方、Bではそういうことはない。つまり、AA′では入会後に問題が起きた時に、そのほとんどが佼成会の信仰をとおして解決を図ろうとしたのである。その中で、「指導のとおりにして解決した」とする者が一二名中一〇名（八三％）あり、「そのとおりにしなかったので解決しなかった」というのが残りの二名である。この解決という中には、死亡という問題を含む者も三名ある。具体的な解決はありえないものだから、解決とは死を契機としたとらえ方の転換である。解決せずとしている者も死別経験にかかわっているが、彼らは佼成会で提示された指導に従わなかったゆえに未解決であると認知し理由づけをしている。

　このような繰り返し起こる個別的な問題の解決をとおして、佼成会のもつ宗教的パースペクティブが受容されていくのであるが、それは他の信者との相互作用を媒介している。初めは信仰の正しさに疑いをもちつつも、相手に対する感情的愛着や忠誠心から宗教実践を行うことによって、正しさを確信し、内面化していくのである。ここで前述したように、問題状況すなわち剥奪経験と、パースペクティブの受容（＝準拠集団として選択）をつなぐものとして、対人関係、とくに個人にとっての「重要な他者」の役割がクローズアップされてく

るのである。

（四）信仰へと水路づける「重要な他者」の役割

P・バーガーは新しいパースペクティブの受容をリアリティの転換という言葉で表しており、以前のリアリティの分解、そして新しいリアリティの確立における「重要な他者」の役割を重要視している。転換がうまくいくための肝要な社会的条件を、彼は、効果的な妥当性構造（plausibility structure）[26]の効力であると述べているが、この構造は「重要な他者」によって個人に媒介される。このような「重要な他者」は、新しいリアリティへの案内者であり、妥当性構造の代表者でもある。「重要な他者」は認知的および感情的焦点であり、彼（彼女）とのコミュニケーションの中で主観的リアリティが変化するのである。そしてその中で、古いリアリティ、つまり過去の出来事や人間に対する意味づけの根底的な再解釈がなされるのである。このような新しいリアリティの維持は、「重要な他者」との継続的なコミュニケーションによって、そして彼らを含むコミュニティの中でなされるのであり、個人の人生において「重要な他者」は主観的リアリティの主要な担い手なのである［Berger & Luckman 1966 : 168 - 181］。

そこで、新しいリアリティの構築や新しいパースペクティブの受容にあたって焦点となる「重要な他者」を析出するために、親しい人、頼りにしている人に加えて、本当の友人、茨城教会の中で手本にしたいと思う人、生き方に影響を与えた人、困った時の相談相手という項目を手がかりとしよう。

表11で、「佼成会の中での本当の友人」の有無をみると、AA′においては、一六名中一三名（八一％）がいると答え、そのうち守護神勧請者（H）は、全員がいると述べている。他方、Bでは、本当の友人が佼成会の中にいるという者は一人もいない。先に活動的な会員においては既存の絆が弱いことを指摘したが、これは佼成会の信仰をとおして社会関

表11　会員分類別 佼成会の中での本当の友人の有無　実数（%）

	AA′			B	合計
	H	L	計		
い　る	6（100.0）	7（ 70.0）	13（ 81.3）	0（ — ）	13（ 56.5）
いない	0（ — ）	3（ 30.0）	3（ 18.7）	7（100.0）	10（ 43.5）
計	6（100.0）	10（100.0）	16（100.0）	7（100.0）	23（100.0）

係の再組織化がなされたことを推測させる。その人との知り合い方については、「入会まで、全く知らなかった」のが九名（「いる」と答えた者のうちの六七％）、「知ってはいたが入会後親しくなった」のが二名（同一七％）、両方のケースを挙げるのが二名（同一七％）である。この結果から、こうした関係には入会前からの社会関係が強化・再組織されたものと、信仰を媒介として新たに成立したものとの二種類あるといえる。後者が大部分を占めることに端的に示されているように、「本当の友人」は孤立した個人を新たなる共同体に組み入れ、感情的な焦点を与える機能をもち、人々にとってその関係は非常に魅力があるといえるであろう。

他方Bにおいては、佼成会に本当の友人がいるという者は一人もいなかったが、親しい人、頼りにしている人に佼成会会員を挙げ、それも活動的な会員を選んでいる者がかなり多く存在した。この間の落差はどう説明できるのであろうか。親しい人、頼りにしている人については佼成会ということを前面に出さずに質問したものである。その人との関係については、例えば近所であるとか仕事の関係であるといった風に答えている。Bに属する人がBの人を選択している場合は活動していないために佼成会の会員であることを知らないということも考えられるが、活動的な会員を選択している者については、佼成会の会員であると知ってはいても会員同士といった意味づけにおけるつきあいではないため、「佼成会の中に何でも話しあえる本当の友人がいますか」という問いの「佼成会の中に」に対応して出てこないのだろうと考えられる。それだけ佼成会に対する包絡（involvement）の程度が低いといえるだろう。

「茨城教会の中で手本にしたい人」（表12）については、AA′では一六名中一四名（八八％）

表12　会員分類別 茨城教会の中で手本にしたいと思う人の有無　実数（%）

	AA′			B	合計
	H	L	計		
い　る	5（ 83.3）	9（ 90.0）	14（ 87.5）	0（ ― ）	14（ 60.9）
いない	1（ 16.7）	1（ 10.0）	2（ 12.5）	7（100.0）	9（ 39.1）
計	6（100.0）	10（100.0）	16（100.0）	7（100.0）	23（100.0）

表13　会員分類別 生き方に影響を与えた人の有無　実数（%）

		AA′			B	合計
		H	L	計		
い　る	佼 成 会	3（ 50.0）	5（ 50.0）	8（ 50.0）	0（ ― ）	8（ 34.8）
	それ以外	0（ ― ）	1（ 10.0）	1（　6.2）	1（ 14.3）	2（　8.7）
いない		3（ 50.0）	4（ 40.0）	7（ 43.8）	6（ 85.7）	13（ 56.5）
計		6（100.0）	10（100.0）	16（100.0）	7（100.0）	23（100.0）

が「いる」と答え、複数回答であるが教会長を挙げている者が一一、支部長が三、主任が二、組長が二である。いずれも活動的な会員をその対象として選択している。Bでは全員が「ない」（「わからない」を含む）と答えている。

「生き方に影響を与えた人」（表13）では、AA′のうち九名（五六％）が「いる」と回答し、その中で佼成会会員を挙げたのは八名である。Bにおいては影響を与えた人がいるのは一名にすぎないが佼成会会員以外である。AA′の佼成会会員の内訳は、教会長六、支部長二である。また教会長に並んで自分の導きの子を挙げている者が一名ある。ここで言及された導きの子は現在活発に佼成会の活動をしているが、「彼女の変わっていく姿を見て」という理由が挙げられている。影響を受けるのは必ずしも自分より上の人からというものではなく、相互的なものであることを示す例である。

「手本にしたい人」や、「影響を与えた人」で教会長を挙げる者が多いのは、教会長の野崎が地元出身者で草創期から今日まで一貫して会員の指導・育成にあたっているという、この教会の特徴を示すと思われる。AA′においてはこの二項目すべてにわたって、

表14　会員分類別 大きな問題に際しての相談相手（家族は除く、複数回答）　実数（%）

		AA′ H	AA′ L	AA′ 計	B	合計
親類	会員	1（11.1）	0（—）	1（4.5）	0（—）	1（3.1）
	非会員	0（—）	2（15.4）	2（9.1）	3（30.0）	5（15.6）
友人	会員	0（—）	0（—）	0（—）	1（10.0）	1（3.1）
	非会員	0（—）	2（15.4）	2（9.1）	3（30.0）	5（15.6）
同業者仲間	会員	0（—）	0（—）	0（—）	0（—）	0（—）
	非会員	0（—）	0（—）	0（—）	2（20.0）	2（6.3）
佼成会の人	導きの親	2（22.2）	1（7.7）	3（13.6）	0（—）	3（9.4）
	お役の人	6（66.7）	8（61.5）	14（63.7）	0（—）	14（43.8）
相談しない		0（—）	0（—）	0（—）	1（10.0）	1（3.1）
計		9（100.0）	13（100.0）	22（100.0）	10（100.0）	32（100.0）

佼成会会員を挙げているものは一〇名（六三%）あり、他の六名もどれかの項目には佼成会会員を挙げている。このような人々との関係は日常的接触を基礎としたものであり、先に述べた問題状況において焦点として現れてきた人々でもある。

そこで、**表14**で、「大きな問題に直面した時の相談相手（複数回答）」をみると、AA′では佼成会の人と答えている者が重複を除けば一六名中一四名（八八%）となる。他方、親類を選択している者は三名（一九%）しかおらず、そのうちの一名は佼成会会員でもある。これらは、過去における問題発生に際して信仰をとおして問題を解決しようとしたことが思い起こされるとともに、今後の問題発生においても信仰によって困難な出来事の意味を解釈し解決しようとする意志を示すものでもある。AA′とBとを比較してみると、AA′では佼成会会員を相談相手に選んでいる人が多いのにひきかえ、Bでは複数回答であるにしても、友人四〇%、親類三〇%、同業者仲間二〇%に対し、佼成会会員は皆無であり、世俗的絆が保持されていることが裏づけられる。

このような「重要な他者」は、単に感情的に重要な相手となるばかりでなく、彼らとの相互作用の中に「教え」の要素が入り込むことによって、宗教的パースペクティブの受容のための媒介者ともなる。この際、

表15　会員分類別 功徳の体験

実数（%）

	AA′			B	合計
	H	L	計		
たくさんもっている	4（ 66.7）	4（ 40.0）	8（ 50.0）	0（ ― ）	8（ 34.8）
それほどではないがもっている	2（ 33.3）	5（ 50.0）	7（ 43.8）	0（ ― ）	7（ 30.4）
もっていない	0（ ― ）	1（ 10.0）	1（ 6.2）	7（100.0）	8（ 34.8）
計	6（100.0）	10（100.0）	16（100.0）	7（100.0）	23（100.0）

回心者と未信者との、前者から後者への一方的なコミュニケーションではなく、前者も後者との相互作用をとおして、教えに対する理解を深めていくのである。導き活動は、未信者側からみれば、信仰に接触する機会を与えるものであるが、信者側からみると、未信者との相互作用（例えば導きに行ったが追い帰される、導きに行くと自分と同じような問題を抱えている人にぶつかる、といったこと）をとおして、自分の信仰を深める契機ともなりうる。そのためには背後に信者集団が存在し、その中で感情的絆が形成され、かかる事象に対して意味を付与し、解釈し、指導する人々がいることが前提となる。このように「重要な他者」はパースペクティブの受容にとって不可欠であるが、具体的には個別的な問題解決をとおしてなされる。そこで次に、パースペクティブ受容のメカニズムについて考えてみたい。

（五）功徳の体験

パースペクティブの受容を考えるにあたって、功徳の体験は一つの指標と思われる。悩みごとは裏がえせば功徳としてとらえられる性質をもっている。[27] 表15で「功徳の体験」をみると、AA′では一名を除き功徳の経験があると答えている。守護神勧請者（H）の方が本尊勧請者（L）よりも、たくさんの功徳の体験をもっている者の割合が高い。Bの場合は全員功徳の体験をもっていない。功徳として挙げられた自由回答（ありがたかったと思う順に三つ挙げてもらった）の内容を分析すると、次の三つに分けられる。(1)心の切りかえに関するもの、(2)問題解決やご利益に関するもの、(3)一般的な加護に関するもの（例えば、子ども達の無事の成長、日々健康でいられること）である。人別にいえば、⑴⑵⑶のすべてに言及している者が一名（六％）、⑴⑵は三名（一九％）、⑵⑶は三名（一九％）、⑴のみは一名（六％）、⑵のみ五名（三一％）、⑶のみ二名（一三％）である。三分類別にいえば、⑴を挙げている者は五名、⑵は一二名、⑶は六名となる（なお、功徳の体験が全くない者は八名である）。

このような功徳を功徳たらしめているものは、当事者の主観的意味付与である。それは、⑶の一般的加護のみを挙げて功徳としている者、困ったことや悪いことが起きた場合でも、信仰しているからこそこれだけのことですんだ、大難が小難に変わったとして功徳の中に入れている者、また困難な体験や辛かった体験を「仏様が自分の心のあり方をわからせて下さるためのはからい」、すなわち、佼成会の用語では「お悟り」であると受けとめる者がいることからもうかがわれる。実際、「お悟り」と「功徳」の項に同じ出来事を挙げている者が多くあることからも、功徳は主観的意味付与をとおして現実化され、かつ単純な苦難からの脱出のみが功徳ではないことがわかる。なお、AA′の功徳の経験がないと答えた一名については、正確には「ほとんどない」で、その理由として「働かなければ食べていけなかったため時間がなく、ご法の活動も思うようにできなかった」と功徳の寡少を自己の活動のなさに帰着させている。

(六)　宗教的経験の分類

これと関連して、グロックとスタークの宗教的経験の分類に触れておこう［Glock & Stark 1965：41‐54］。彼らは種々の事柄や感情は人がそれらを宗教的であると定義づけた時にのみ宗教的経験となると述べているが、これは主観的意味付与として言及したことと同一である。また彼らは宗教的経験の本質的要素を超越的力との接触のある種の感覚に求め、神的行為者と個人との出会いの仕方によって宗教的経験を分類する。⑴確認的経験、⑵応対的経験、⑶エクスタシー的経験、(4)啓示的経験である。(1)の例として佼成会の本部の大聖堂を訪れた時、荘厳な感じにうたれる、といったことが考えられ、(3)では、入神や寒修行の際の忘我的経験がその例として挙げられるが、グロックらも(4)のタイプは最も一般的でないタイプであるとしているので、ここでは(2)の応対的経験に着目し、それを先述した功徳と関連させて考察してみよう。

応対的経験は、①救済的経験、②奇跡的経験、③制裁的経験の三つのサブタイプに分類される。①救済的経験は、宗教的回心として言及されているものであるが、このような経験は典型的には深刻な問題を解決しようと試みる間に起こる。②奇跡的経験はさらに三つの一般的な型に分けられる。(a)快癒の奇跡、(b)危険からの離脱、(c)経済的好転であるが、最も典型的なものは(a)である。救済的経験と奇跡的経験は感情的緊張に基づいているが、前者が準備された社会的状況の中で起こるのにひきかえ、奇跡的経験はこれを欠くので宗教的コミットメントにとって救済的経験ほどの持続的効果をもたない。また奇跡的経験は、個人にとって利益となる物質的世界への神の介在の知覚として特徴づけられるが、逆にネガティブな仕方で介在すると感じられる場合は③制裁的経験となる。奇跡的経験と制裁的経験は前者が直接的な善を含み、後者が罰を含むという相違はあるが類似している。

奇跡的経験と制裁的経験は、功徳の中の問題解決および御利益に関するものと「お悟り」として言及したものに相当する。グロックらも述べるように、これらは救済的経験と異なって社会的基盤を欠くゆえに一時的なものになりがちである。しかしながら、これらもある条件が与えられれば宗教的回心に導かれるものである。そこで次に、宗教的パースペクティブ受容のメカニズムについて探ってみよう。

写真4　茨城教会道場での法座
〔1975年、立正佼成会提供〕

（七）宗教的パースペクティブ受容のメカニズム

宗教的パースペクティブ受容のメカニズムを図3のように図式化した。教義理解・宗教実践・信者間の相互作用・受益感の四要素は信者の信仰への接近の契機であり、矢印で示したような相互強化の関係にある。例えば、教えに感銘し、あるいは先祖供養といった宗教実践から信仰に近づき、あるいは信者の人柄や暖かい心にひかれ、あるいは問題解決を求めて入信する、といったそれぞれの場合が挙げられる。これらのどれが直接の契機になろうとも他の側面に波及することなしには、その場限りのものとして終わってしまう。たとえ問題解決という御利益を得たとしても、それが宗教実践を動機づけ、信者間の相互作用にさらされ、教えの理解に至るというように他の側面にかかわることがなければ、単なる御利益信仰として個人の内面にかかわるものにはなりえないのである。

宗教実践の内容としては、儀礼的実践（対先祖、本尊、守護神）、参与的実践（対法座[28]、教会、本部）、教化的実践（対他者、導き活動）、出版物の購読、そして徳目的実践（対他者および自己）が含まれている（図4）。徳目的実践は、他の四つのものとは違った平面に位置する。このような宗教的実践の対象が何であれ、信者間の相互作用が背後にある。とくに佼成会の特徴でもある法座は、信者間のコミュニケーションの場であり、宗教的実践の中でも重要な位置を占める。

図3の四要素は前述したように相互強化の関係にあるが、部分的にはチェックされて連動しない面がある。このような時には外からの衝撃が必要である。また、宗教実践の中には信者間の相互作用を前提とするものもあり、両者は密接にかかわっているが分析上分けることにする。この四要素間の関係は次のようである。①宗教実践の過程で認知構造が変化し、主観的意味付与によって功徳が現実化する。②受益感が教義の正しさを立証するものとして機能する。③教義の正しさを理解することは宗教実践への動機づけを高める。④宗教実践をすることによって信者間相互作用が質量ともに増大し、感情的絆を強化する。⑤信者間の感情的絆それ自体も功徳の一つとなりうるが、相互作用の中でさらに受益感が強化される。⑥受益感が宗教実践を動機づける。⑦教義を宗教

図3　宗教的パースペクティブ受容のメカニズム

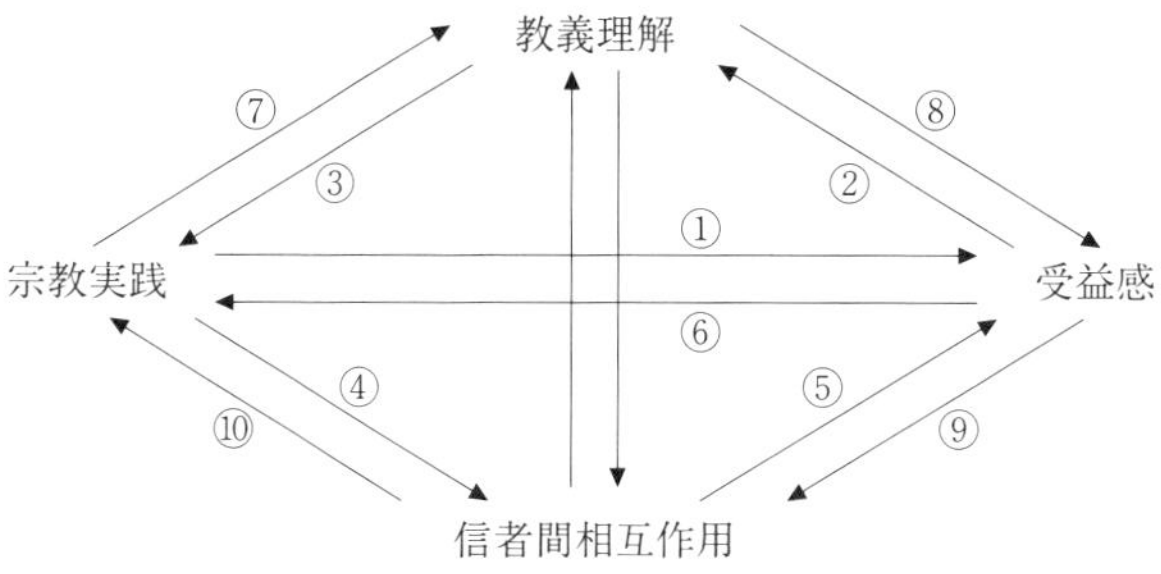

図4　宗教実践の構成要素

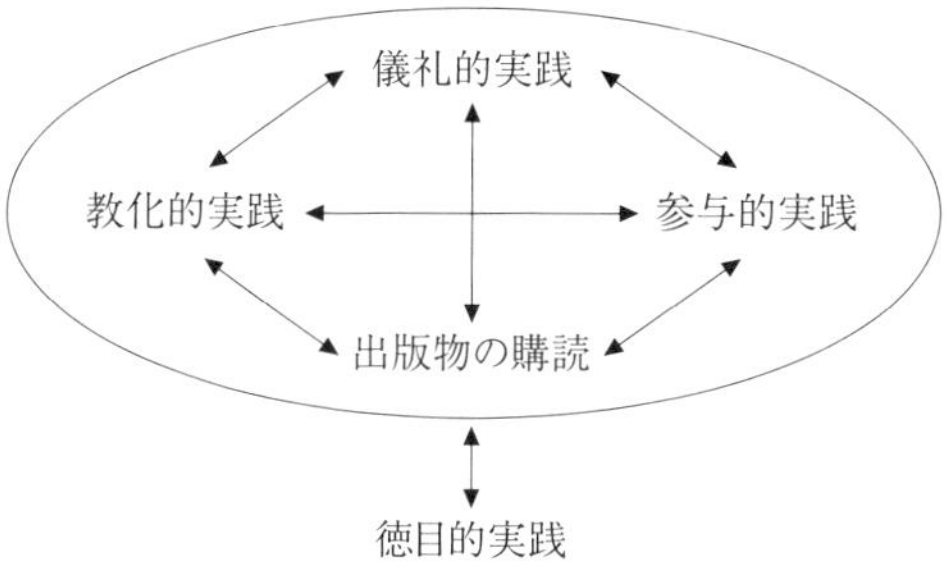

表16　会員分類別 入会後の人や世の中に対する見方の変化　実数（%）

	AA′			B	合計
	H	L	計		
変わった	6（100.0）	10（100.0）	16（100.0）	0（ — ）	16（ 69.6）
変わらない	0（ — ）	0（ — ）	0（ — ）	7（100.0）	7（ 30.4）
計	6（100.0）	10（100.0）	16（100.0）	7（100.0）	23（100.0）

実践の中で実感として体得する。⑧教義への確信が受益感を保証する。⑨受益感が信者間相互作用への参加を強化する。⑩相互作用における他の信者への感情的愛着が宗教実践への動機づけを高める。

このような連関の中でパースペクティブの受容が行なわれていく。繰り返し現われる問題状況を「お悟り」として定義づけ、お悟り—懺悔—感謝—功徳というとらえ直しがなされるのである。パースペクティブの受容はある転換点において起こり、その後何の迷いもなしに進行するのではなく、重大な転換点に漸次的強化のプロセスを伴うことが必要である。

では次に、これらのプロセスの結果としてのパースペクティブ受容の指標として、「入会後の人や世の中に対する見方の変化」（表16）、「佼成会で教えられたことの中で最も大切なこと」（表17）、「根性変わりの認知」（表18）を用いよう。これは、先に、宗教実践の分類で徳目的実践と名づけたものにあたる。また、グロックらは宗教性を分類して、経験的次元（宗教的感情）、儀礼的次元（宗教実践）、イデオロギー的次元（宗教的信念）、知的次元（教義・経典についての知識）、結果的次元に分けた。結果的次元は他の四つの次元とは異なり、これらの個人に与える世俗的効果であり、人の神に対する関係というよりは、むしろそれに基礎づけられた人間の人間に対する関係のあり方である。この次元は他の次元から離しては研究できず、世俗的分野の態度や行動は宗教的確信に基礎づけられてのみ宗教的コミットメントの尺度として用いられる［Glock & Stark 1965 : 20 - 35］。ここで用いる三つの受容の指標は結果的次元にかかわるが、グロックらの指摘にもあるように宗教的なるものの世俗的効果ということができる。これらは

表17　会員分類別 佼成会で教えられたことの中で最も大切なこと(自由回答のカテゴリー化)

実数（%）

	AA′			B	合計
	H	L	計		
人格完成にかかわるもの	6（100.0）	7（70.0）	13（81.3）	0（—）	13（56.5）
先祖供養にかかわるもの	0（—）	1（10.0）	1（6.2）	1（14.3）	2（8.7）
人格完成＋先祖供養	0（—）	2（20.0）	2（12.5）	0（—）	2（8.7）
わからない・なし	0（—）	0（—）	0（—）	6（85.7）	6（26.1）
計	6（100.0）	10（100.0）	16（100.0）	7（100.0）	23（100.0）

道徳的なものであるがゆえに、単に精神修養レベルでのとらえ方の修正にとどまり、宗教の中核的価値である〝聖なるもの〟との関連に基づいた修正もしくは転換に至っていない場合もあると思われるが、一応これらをパースペクティブの受容の指標として採用しよう。

表16で、「入会後の人や世の中に対する見方の変化」をみると、AA′では全員「変わった」と答えたのに対し、Bでは全員「変わらない」と答えており、両者の差は明確である。それではどのように変わったかについての自由回答を求めると、「人さまを悪くばかりみず、努めて良いところをみるようになった」、「自分を反省するようになった」、「以前はみんな相手が悪いと思っていたが、自分に元（原因）があるということがわかった」、「周りの条件（世の中、他人）はままならないと思っていたが、自分の心構え次第で変えることができると思うようになった」などである。これは世の中に対する見方というより、人に対する見方や対し方の変化である。佼成会の信仰は、このような道徳的側面との強いかかわりをもっている。

表17の「佼成会で教えられたことの中で最も大切なこと」では、AA′で一六名中一三名（八一％）が人格完成にかかわる内容を挙げている。例えば、「根性の切りかえ」、「良くても悪くても出たものは全部自分ととり修行していくこと」、「自分の心がけやものの受けとり方によって、周りのすべてが変わっていくということ」、「相手は自分の鏡であること」、「人さまを悪くとらないこと」などである。それに人格完成および

表18　会員分類別 根性変わりの認知

実数（%）

		AA′			B	合計
		H	L	計		
変わった	自分＋他人	4（66.7）	8（80.0）	12（75.0）	0（—）	12（52.3）
	自分	2（33.3）	1（10.0）	3（18.8）	0（—）	3（13.0）
	他人	0（—）	1（10.0）	1（6.2）	0（—）	1（4.3）
変わらない		0（—）	0（—）	0（—）	7（100.0）	7（30.4）
計		6（100.0）	10（100.0）	16（100.0）	7（100.0）	23（100.0）

先祖供養（先祖を供養しながら心の修行をしていくこと）について述べている二名（一三%）を加えると、全体の九四%が人格完成に言及している。Bにおいては、七名中六名（八六%）が「わからない」または「ない」と答え、一名が先祖供養について述べるのみである。ここで人格完成にかかわるものとして分類した内容は、**表16**の見方の変化において述べられていたものと内容的にほとんど同じである。佼成会の先祖供養では伝統的な先祖供養の再解釈がなされ、根性直しを経路として人格完成に結びついていくが、Bの場合は見方の変化はないと答えているので、従来の先祖供養の線上にあるものと推測される。

表18で、「根性変わりの認知」についてみると、AA′では、「自分でも変わったと思うし、他人からもそう言われたことがある」が一二名（七五%）、「他人からそう言われたことはあるが自分では変わったと思わない」三名（一九%）、「自分では変わったと思わないが、他人からそう言われたことがある」が一名（六%）で、すべてが何らかの形で「変わった」と認知している。Bについては全部がそうは認知していない。これらの三つの項目からみて、AA′ではかなりの程度佼成会のもつパースペクティブが受容されていると考えられる。

表19　会員分類別 佼成会以上または同じ位に大切な集団　　実数（%）

		AA′			B	合計
		H	L	計		
あ　り	以　上	5（ 83.3）	8（ 80.0）	13（ 81.3）	7（100.0）	20（ 87.0）
	同じ位	0（ — ）	1（ 10.0）	1（ 6.2）	0（ — ）	1（ 4.3）
な　し		1（ 16.7）	1（ 10.0）	2（ 12.5）	0（ — ）	2（ 8.7）
計		6（100.0）	10（100.0）	16（100.0）	7（100.0）	23（100.0）

表20　会員分類別 大切な集団の内容（複数回答）　　実数（%）

	AA′			B	合計
	H	L	計		
家族	4（ 80.0）	8（ 53.4）	12（ 60.0）	7（ 46.7）	19（ 54.3）
子ども	1（ 20.0）	1（ 6.7）	2（ 10.0）	0（ — ）	2（ 5.7）
親類	0（ — ）	2（ 13.3）	2（ 10.0）	2（ 13.3）	4（ 11.4）
職場·同業者仲間	0（ — ）	2（ 13.3）	2（ 10.0）	1（ 6.7）	3（ 8.6）
友人	0（ — ）	2（ 13.3）	2（ 10.0）	5（ 33.3）	7（ 20.0）
計	5（100.0）	15（100.0）	20（100.0）	15（100.0）	35（100.0）
平均集団数	1	1.7	1.4	2.1	1.7

五　むすび——準拠集団としての佼成会

これまで、佼成会のパースペクティブの受容＝準拠集団としての佼成会の選択について考えてきた。AA′においては、程度の差はあるが、佼成会が準拠集団として選択されていることが推測されるが、**表19**で「佼成会以上または同じ位に大切な集団」についてみると、AA′においても一六名中一三名（八一％）が佼成会以上に、一名（六％）がそれと同じ位に大切な集団があると答えている。**表20**でその内訳をみると、複数回答であるが家族を挙げているものが一二名（六〇％）、子ども、親類、職場・同業者仲間、友人が各々二名（一〇％）ずつである。Bでは当然のことながら全員が佼成会以上に大切な集団があると述べ、家族七名（四七％）、友人五名（三三％）、親類二名（一三％）、職場・同業者仲間一名（七％）となる。子どもを家族の中に含めると、佼成会以上に、または同じ位に大切な

表21　会員分類別 忠誠心の葛藤場面における選択

実数（%）

	AA′			B	合計
	H	L	計		
佼成会で決めた方を選ぶ	4（ 80.0）	5（ 55.6）	9（ 64.3）	0（ — ）	9（ 42.9）
その仲間で決めた方を選ぶ	0（ — ）	0（ — ）	0（ — ）	7（100.0）	7（ 33.3）
いちがいにいえない	1（ 20.0）	4（ 44.4）	5（ 35.7）	0（ — ）	5（ 23.8）
計	5（100.0）	9（100.0）	14（100.0）	7（100.0）	21（100.0）

集団があると答えた者は、AA′もBもすべてが家族を選択していることになる。AA′を守護神勧請者（H）、本尊勧請者（L）別にみると、選択平均集団数はHが一・〇、Lが一・七となる。つまりHにおいては家族のみが選択されているのである。

次に、その集団（仲間）の決定と佼成会の決定とが葛藤する時、どちらを選択するかという問いへの答が表21である。「その仲間で決めた方を選ぶ」がBの場合は一〇〇％であるが、AA′では「佼成会で決めた方を選ぶ」が九名（六四％）、「いちがいにいえない」が五名（三六％）で、「その仲間で決めた方を選ぶ」は全くない。佼成会以上に大切な集団がありながら、全体として六四％もが忠誠心が葛藤した時には佼成会の方を選ぶと断言し、残りについてもその仲間の方を選ぶのに躊躇がみられるのはなぜだろうか。一般には、X集団がY集団より重要であるならば、忠誠心が葛藤する場面においてはX集団への忠誠心が優先されるのが通常である。ところが佼成会にはそれがあてはまらない。

これまで考察してきたように、彼らは家族の問題状況を解決するために佼成会という信仰にコミットし、個別的問題を佼成会の規範に照らしあわせながら解決することをとおして、そのパースペクティブを内面化してきた。つまり、彼らは家族が大切だからこそ信仰に入り、家族を良くするために信仰するのである。佼成会の信仰の場合、自己志向から他者志向へと転換し、他人や社会に尽くすことが強調されるが、積んだ徳は自己、家族、近親に戻ってくるものとされる。これはある意味では普遍主義的なものの手段化、普遍主義の個別主義への従属といった側面があるようにもみえようが、自らの家族のみにとらわれていた状況から、それを相対化し、家族を良くするためであれ、視野が他者や社会を含めたものに拡大するといった普遍主義に媒介されたものであることは注目してよい。これは佼成会の信仰を受容することで人や社会に対する見方が変わり、自分自身が内面的にも変わったと認知していることにも表れている。

以上、宗教的パースペクティブ受容のプロセスを佼成会という新宗教を例にとって考察してきた。その考察にあたって、ここではとくに対人関係、「重要な他者」に焦点をあてた。これまでの宗教的回心の説明としての剥奪理論の限界を超えるために有効であると考えるからである。これは法座といった小集団を重視した佼成会のような宗教団体の分析にはとりわけ有効であるように思われる。

【註】

（1）野崎は一九七九年に教会長を退任した。
（2）富岡地区での佼成会以外の他宗教および新宗教不加入世帯も含めた考察については、渡辺1977、渡辺1979を参照。
（3）ウェーバーが「苦難の弁神論」として言及しているところを参照［Weber（訳）1968 : 122］。
（4）シブタニは、「集団の加入と参加の重なりは必ずしも人を困難に導かないし、たいていは気づかれてもいない。たいていの人は区画化された生活をしている。各々の世界において、彼らの役割は異なっており、他の参加者に対する関係も異なっている。そして彼らはパーソナリティの異なった面を表わす」［Shibutani 1972 : 22］と述べている。
（5）グロックは、コミットメントをその性質に基づいて、相対的コミットメント、究極的コミットメントの二つに分類している。前者はある文脈においてのみ強調されるもので、後者はすべての状況において強調され、保持されるものである。後者は、①変えることのできないものとして保持され、②そのコミットメントを脅かすものに抵抗するためにあらゆる犠牲が払われる、という二点において神聖であると述べている。一般化のレベルに達したパースペクティブへのコミットメントは、究極的コミットメントであるといえるだろう。Glock and Stark 1965 : 175 を参照。

(6) 例えば、佼成会においては、先祖供養が重視されるが、それが信念体系の中核と結びついた再解釈を伴わずに、既成の価値観の線上において受けいれられた場合には、それは既存のパースペクティブの補強にとどまる。

(7)「重要な他者」とは、能力、価値観、ものの見方の開発に、実際的にかかわる人々のことである [Shibutani 1972 : 23]。

(8) 現実には、本人は入会の事実を知らないまま名前だけ名簿にのっているものもあった。ここで扱う事例の中にも本人が入会を知らなかった者が一名あるが、その後活性化した。こうした状況は布教活動の影の部分ともいえるが、彼らはその理由を「仏様がその人を陰から守ってくれるように入れておく」のであり、また、「そうしておくと機会があれば活性化するものだ」と説明している。

(9) 対象者属性スコアは、①総戒名の有無、②本尊の有無、③守護神の有無、④入神資格の有無、⑤布教師資格の有無(正教師、教師、教師補)、⑥お役(支部長、会計、主任、副主任、組長、班長)の有無を指標として構成されている。
総戒名とは、「諦生院法道慈善施先祖○○家○○家徳起菩提心」と書かれた短冊状の紙で、○○家にあたるところは夫方妻方双方の姓を並べて入れる。佼成会の教えの先祖供養とかかわるもので、仏壇への総戒名の祀り込みが入会の重要な要件である。これに向かって供養(読経)をする。本尊は入会後一定の精進の後に「世帯」に対して授与されるもので、これをもつ者はお役をもっている。本尊を授与された後、守護神が「世帯」に対して与えられる。入神とは戒名をつける資格で、一定の霊感修行を伴う。これは個人に対して与えられる。布教師資格は教学の試験に合格することによって個人に与えられる資格である。

(10) 本来はAA′とBとの間にはもっと段階があると思われる。なぜならば、A′は東地区の組長以上の役員、Aは富岡地区の班長以上のすべてを網羅しているが、組長と平会員の間に位置する班長は富岡地区のAに含まれた一名しかいない。また、平会員はBの七名しか扱っていない。Bは入会後日も浅いが、こうしたレベルの会員は、「入っては消え」を繰り返し、現在は比較的年代の新しいもののだけが残っているというのが実情かもしれない。

（11）佼成会では、入会時の導き手を「導きの親」、導かれた者を「導きの子」という。一九六一年の地域単位のヨコわりのブロック制施行以前はタテの関係が重視され、その語に表わされているような擬似親子関係を形成し、「親」はあとあとまでも「子」の面倒をみ、「子」もそれに応えることが期待された。

（12）他者の見方の受容は、内容のもっともらしさやアピールによるばかりでなく、話し手が信頼と愛情と尊敬の対象として高く評価された時、世界の見方における重大な変化が起こる。

（13）Bの挙げている問題の内容は非常に実利的なものである。今まで住んでいた借家を明け渡さなければならない事情に陥り、導きの親が船主で借家をもっていたため、佼成会に入会すれば、それを貸してくれるという条件であった。つまり、佼成会の信仰は、そのためのいわば手段とされたのであり、他のものとレベルは異なる。

（14）森岡清美は、草創期から昭和四〇年代初頭までの約三〇年間の佼成会の展開について、ライフサイクル的接近を試みている。モバーグによるライフサイクル的発達に関する五段階説を佼成会の展開に適用して、以下のように述べている。第一の萌芽的組織の段階は、妙佼を通じて下される神示中心の時代であり、第二の公式的組織の段階は宗教法人令のもとに法人権を取得した昭和二三年に始まる。第三の最大効率の段階は支部組織原則を導き系統から地区ブロック制に改めた昭和三五年に始まり、根本聖堂が落成するとともに、長期計画のもとに教団諸リソーシズを合理的に統合して、効率的な課題達成を図る体勢が固まった三九年に本格化したとみている［森岡 1989：300-303］。この著作で取り扱っている時期は最大効率の段階までだが、その後、より組織化、制度化が進展し、第四段階の制度化の段階に入り、活力を失ってきている面がある。

（15）森岡清美は、人々が宗教を受け入れる条件の一つとして、悩み、苦しみの問題状況にあることを挙げ、剥奪を①基本的剥奪、②上昇的剥奪、③下降的剥奪、④派生的剥奪の四つに分類している。①はいわゆる貧病争死といわれる人間の生存学的生存にとって基本的な重みをもつ欲求の充足されない状態で、②は地位上昇の結果、今まで比べてもみなかった階級と自分たちを比較しうるようになったことによって主観的にいだく不充足感、③は社会的地位下降による剥奪感、④は衣食住に関する基本的な欲求が安定的に充足された結果表れてくる、より高次な不充足感、例えば生きがい喪失といったものである［森岡 1975 : 18］。

また、グロックも剥奪のタイプを五つに分けている。①経済的剥奪、②社会的剥奪、③有機体的剥奪、④倫理的剥奪、⑤精神的剥奪の五つである。①は収入にかかわるもので、客観的または主観的基準において判断される。②は威信の分配、③は肉体的または精神的欠陥、④は社会の理想と個人や集団の理想との間の葛藤、⑤は自分自身の生活を解釈し、組織する価値の意味あるシステムの喪失、にかかわるものである。このうちで、①経済的剥奪、②社会的剥奪、③有機体的剥奪は、他者に関連した剥奪感として特徴づけられ、剥奪の性質が不正確に知覚されたり、剥奪を経験している人々が直接的に原因を除去するために動く位置にいない時に、他に比べて宗教的解決が起こりがちであるという［Glock 1973 : 210 - 211］。

森岡とグロックの分類は、分類視点が異なっており、グロックの経済的剥奪および社会的剥奪は、森岡の基本的剥奪、上昇的剥奪、下降的剥奪を含む。倫理的剥奪、精神的剥奪は派生的剥奪に対応する。このような剥奪においては、客観的基準のみならず主観的基準が重要である。

(16) R・ヒルによれば、A（出来事）は、B（当該家族の危機対応能力）と相互規定し、さらにC（当該家族による事件の意味づけ）がこの相互規定に加わって、X（家族危機）が生じると公式化している。Bが少ない家族は、Aに対する適応性に乏しく、過去の危機経験から学習することに失敗しているために、Aの出来事を簡単に危機と決めてかかる傾向が強い（C）［Hill 1958 : 143 - 147］。ヒルは危機的対応能力を家族の凝集性と家族のもつコース変更能力にわけ、家族内部の資源に限っているが、家族外にある社会的ネットワークを危機時において援助源としてとりいれる能力も危機対応能力の一つとしてとらえられると思われる。

(17) E・ホッファーは、「人を改宗しようとする大衆運動が、もし少なからぬ追従者を獲得しなければならないなら、明らかに現存するあらゆる集団の絆を打ち壊さなければならない。典型的な潜在的回心者は、孤立している個人であって、彼にはそれに融合し、夢中になり、その方法で彼の個人的存在のつまらなさ、無意味さ、みすぼらしさをおおい隠すことの出来る集合体がないのである」［Hoffer（訳）1969 : 40］と述べている。

(18) ただし、これは現在からみてのことである。彼らは現在、大部分活動的な会員として活躍している。当時はそのように思っていなかった事柄に対し、その後の活動や、問題状況が繰り返し生起したことによりコミットメントが高まった結果、現在もつパースペクティブに照らし合わせて、過去の事象をそのように意味づけていると考えられる。

(19) この論文はアメリカにおける統一教会の初期の信者の調査から、回心の条件を考察したものである。

(20) 森岡清美は、問題状況への対応として、①攻撃、②逃避、③自分が陥っている問題状況のとらえ方つまり照準枠（準拠枠）の修正、の三つを挙げている［森岡 1975 : 21］。

(21) 調査対象地の大津町の富岡地区で行なった悉皆調査（五四世帯。調査拒否一世帯）によると、この地域では半数が新宗教に加入しており、宗教的に問題を解決する傾向の強い地域である。詳しくは渡辺 1979 を参照のこと。なお、この地区の天理教、佼成会、創価学会、新宗教不加入世帯について、信仰観、先祖観、人間観、社会観の差異を検討したものに、渡辺 1977 がある。

(22) 「まわり供養」とは、朝夕の供養が各家庭でできるようになるまで、会員が各家庭をまわってする供養で、休眠している人を目覚めさせ、さらに新入会員を獲得することを目的とする。

(23) 信仰に対する反対は、必ずしもコミットメントの阻止要因とはならず、逆にコミットメントを高めるものとして作用する側面もある。

(24) この人は、一八歳の時に両親と死別し、きょうだい七人を抱え、長男として非常に苦労した。いわば、たいへんな苦労は入会前にしてしまったともいえ、納得して入ったので迷いはなかったという。なお、きょうだいには、教会長と支部長になっている者がいる。

(25) このようなご法指導を佼成会用語では「結び」という。これは、出てきた結果の原因を「心」にまでさかのぼり、「自分の心の中に原因があった」と悟らせ、それを指摘し、それをとり除く方法を呈示する指導である。

(26) 「知識社会学は、すべての信念体系の第一義的な必要条件は、適切な社会的公共的支持の構造であるということを主張している。すなわち、同じパースペクティブを共有している人々のあいだの日常的な相互作用をとおして確認されるかぎり、社会的リアリティは『リアル』である。このような基礎――P・バーガーが、妥当性構造と言及したもの――は、宗教的であろうとなかろうと、いかなる種類の世界観を維持するためにも不可欠なものである。妥当性構造が、その完全性や持続性を失い始めると、主観的リアリティと意味はそれ自体、説得性を失うだろう。」[Roof 1976 : 197]

(27) 功徳には「順化」と「逆化」の二種類がある。前者は喜ばしい結果を与え、新しい励みになるような功徳で、後者は、好ましくないような結果を与えて、それによって一層精神の心を高めさせるような功徳をいう［立正佼成会 1971 : 121］。

(28) 法座とはリーダー（幹部）を中心に十数人の会員が一単位になり、まるく「輪」になって座るサークルである。ここでは、人生のあらゆる問題について語り合いがなされ、そしてリーダーは一つ一つの問題について、仏法に照らした適切なアドバイス（「結び」）を与え、納得のいく解決の道を明かす。法座は佼成会の最も重要な修行の場として位置づけられている［佼成出版社 1967 : 56 - 57］。

第二章　新宗教信者のライフコースと入信過程
——大本の一地方支部を事例として——

一　はじめに

本章の目的は、新宗教信者の人生をライフコースの視点から明らかにすることにある。ライフコースとはG・エルダーによると、「個人が年齢的に分化した役割と出来事を経つつ辿る道筋」［Elder 1977：282］と定義される。その視点は、⑴個人の誕生から成長そして死に至るまでの発達過程を、出来事の継起的発生とそれへの適応の過程とみて、それの軌跡と節目とを全体の流れの中で理解し、⑵個人の人生は個別の歴史ではなく、人々の相互影響による共同製作であると認識する。すなわち、ライフコース・アプローチとは、「個人の行動ならびに意識を家族、地域社会、全体社会、そして社会的事件という社会空間と時間の流れとが交差する脈絡所産として、またそれに働きかける対応として具体的に理解する」［正岡 1982：13］ことにある。個人の生活史は相互依存する人々の生活史と重なり合い、個人の節目節目における選択は、全体社会、地域社会、家族、個人に起きる出来事や、人生に影響を与える「重要な他者」との相互作用の蓄積的過程であるとみるのである。

ところで、新宗教信者のライフコースを扱う場面で問題となるのは、新宗教が独自の信念体系をもつことによる課題である。すなわち、いかなる要因・出来事が彼らを新宗教への入信に導いたのか、また、信念体系が内包する人生に意味を与えそれを解釈する枠組が、個人の人生において生じる諸々の出来事に対処するにあたって、どのような役割を果たすのかといった点である。ここでは、メンバーシップの獲得から信念体系受容の諸レベルを含む過程を入信過程ととらえることとし、ライフコースを叙述するにあたって、それとの関連に注目していくことになる。社会の個人に対する規定性に留意しながらも、個々人が出来事への対処過程でみせる困難な状況を切り抜ける「その人なりの主体性」［桜井 1982 : 42-43］にも着目していきたい。

このような課題に接近するにあたって、本章では京都府北部の丹後地方のA町にある大本のA支部の信者を事例としてとりあげる。[1] 大本は開祖出口なお（一八三六〜一九一八）、聖師出口王仁三郎（一八七一〜一九四八）の両者を教祖とし、京都府綾部市と亀岡市の二つの場所を聖地として本部をおく教団である。教祖のカリスマ性に加えて、近代資本主義が進展していく過程で独自の思想運動を展開した社会運動的側面でも注目を集めた。大本は「立替え立て直し」という社会変革的な志向をもち、大正期から昭和初期にかけて大発展をとげた。また一九二一（大正一〇）年、一九三五（昭和一〇）年の二度にわたって宗教弾圧を受けたが、とくに第二次大本教事件の弾圧は徹底的であった。一〇年余の空白期間の後、戦後、一九四六（昭和二一）年に大本は「愛善苑」として再発足し、一九四九年には「大本愛善苑」、一九五二年に「大本」と改称し現在に至っている。しかしながらその後、社会志向性は薄れ、社会変革と心の変革は相補う部分もあるとはいうものの、社会変革よりも心の変革に力点が移行している。公称信者数は一六万八千人である。

A支部の大本信者の調査は、一九八二年一二月から翌一九八三年一〇月にかけて四回にわたって行ない、質問紙による面接調査は主として一九八三年三月に実施した。以下の論述では、A町関連の地域名および調査対象者の個人名はすべて仮名を用いた。

二　調査地――機業の町

調査対象地のA町[2]は、京都府北部の日本海に面し、一九五〇年に旧A町（N地区）、S村、G村、K村、H村の一町四村が合併してできたもので、世帯数約五千、人口二万弱の機業を基幹産業とする町である。産業構成をみると、第二次産業就業人口が全体の約六割を占めるが、このほとんどが「丹後ちりめん」を主体とする機業の従事者で、全世帯の約三分の一が機業事業所となっている。しかしながら、経営組織では法人が三％強にすぎず、また織機台数六台以下の事業所が八割を占め、家庭内労働力への依存度が高い零細企業が大多数である。また従業者のうち、女性が男性の二倍を占め、女性労働力が重要な役割を担う。実際、A町の一五歳から六四歳の女性のうち、通学者を除くとその八六％が程度の差はあれ就業している。このようにA町では、地場産業としての機業が中心的な産業であり、他の産業もそれに依存する面が多く、機業の好不況が人々の生活に直接的な影響を与える産業構造をもっている。

ところで、機業の好不況は、全体社会、地域社会の動きと密接なかかわりがある。昭和に入ってからの大きな出来事を概観してみよう。一九二七（昭和二）年の丹後大震災は、丹後地方全体で三千人余の死者を出し、被害戸数は全戸数の六四％に及んだが、機業に対しても織機の八一％を失うという壊滅的な打撃を与えた。震源地がA町であったため、A町での被害はさらに激しいものであった。間もなく奇跡的な復興をとげるが、その後戦時下の七・七禁令（奢侈品等製造販売規則）によって大打撃を受け、さらに一九四二年からは戦力増強金属回収令によって織機の供出が割り当てられ、ほとんどの機業所は休業・廃業に追い込まれた。終戦後、機業の復興が始まるが、立ち直りの兆しをみせたのは一九五〇（昭和二五）年頃からである。とくに一九六一（昭和三六）年からは経済成長の影響を受けて上昇の一途をたどり、昭和四〇年代（一九六五～一九七三年）はいわゆる「ガチャ万時代」の好況期で、働けば働くほど収入の増大につながる時期であった。一九七三（昭和四八）年の春は丹後機業はじまって以来の好況だったが、同年秋のオイルショックによって不況期に入った。[3]機業のもつ構造的不安定性と、「栄えた機屋は分散（倒産）したものをたどればわかる」といわれるような投機性は、現世利益的な志向を根底にもつ新宗教が入りこみやすい地盤を提供し、[4]かつ死者が出れば、その霊の「呼び出し（ホトケオロシ）」に行くという風習もあって、民間の呪術・宗教的職能者とのかかわりも深い地域である。

三　A町における大本の受容と展開――リーダーの交代による危機の克服

A町の大本支部すなわちA支部は、一九八三年時点で一二世帯（N地区四、S地区六、G地区二）により構成されている。**図1**は支部メンバーの導きの系統図である。この図が示すように、倉持彦蔵（一八九〇～一九六七）・良恵（一八九三～一九七四）夫妻、糸山忠左衛門（一八九一～一九五六）・茂子（一八九七～一九七二）夫妻（以下屋号をとり「糸忠」と略す）が、この地域への大本の布教を支える二本の柱であった。この両者はともに地域社会において、経済的にも社会的にも高い地位を占める有力者といえる。倉持電気工業所は、彦蔵の父によって一九一九（大正八）年に設立され、同業者がなかった戦前ではA町の電気工事を一手に引き受け、調査時点においても従業員一〇人を有する電気工事会社の大手である。糸忠は戦前戦後をとおして、一九七五（昭和五〇）年に倒産するまでは、S地区で第一位か二位の位置を占める大きな機屋であった。倉持良恵、糸山茂子は夫の経済力を裏づけに、両者とも行動的で弁も立ち、人を集め、引っ張っていく力のある「男まさり」の女性であった。この二人を東西の横綱と評する信者もいるが、両者が

図1　A支部導き系統図

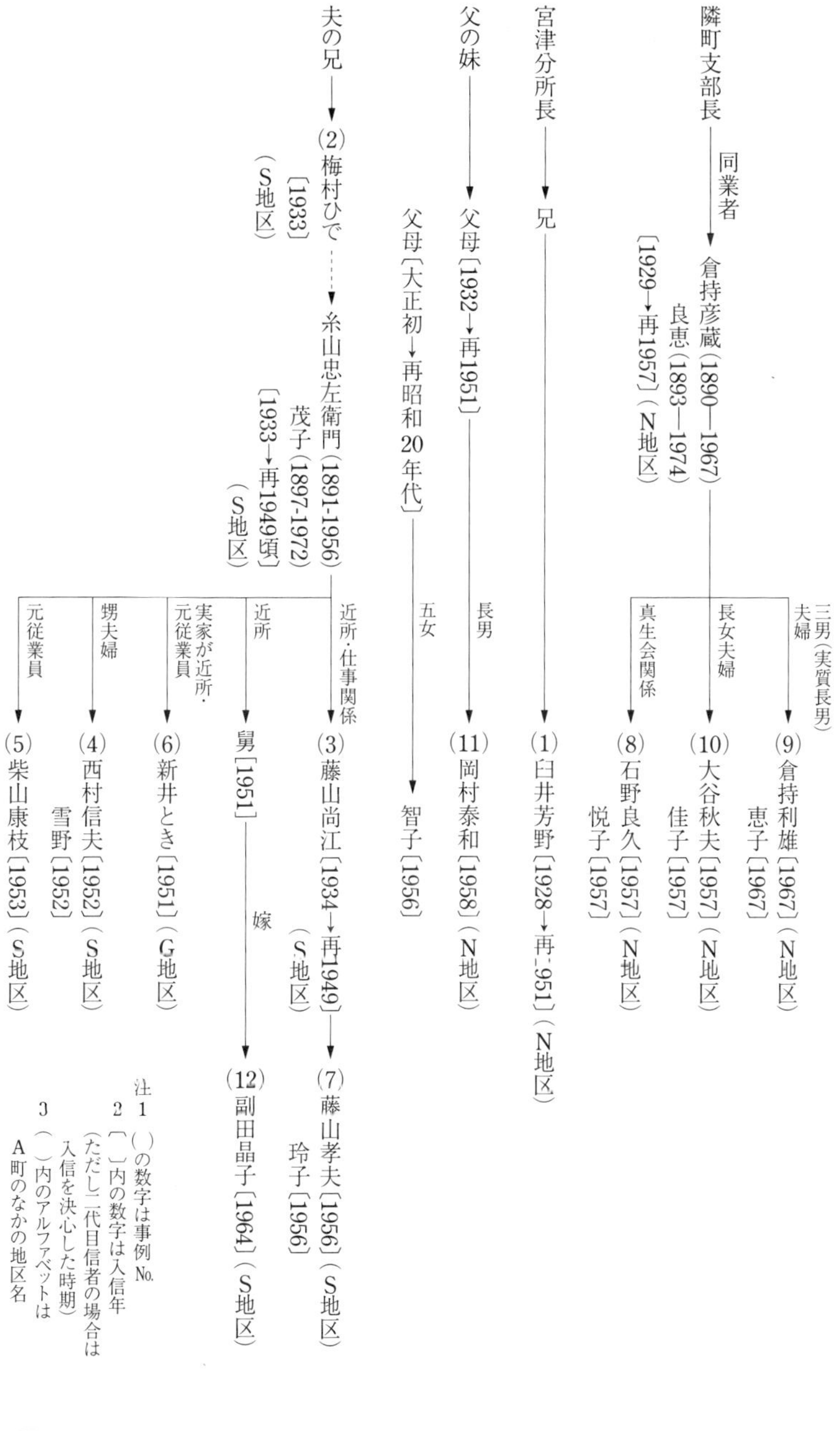

注 1 （　）の数字は事例No.
2 〔　〕内の数字は入信年（ただし二代目信者の場合は入信を決心した時期）
3 （　）内のアルファベットはA町のなかの地区名

衝突することなく、支部の維持にあたって結果的にうまくカバーしあい、相い補う役割を果たしてきたところに、A支部が大本に対する第二次弾圧（一九三五年）を経ながらも存続しえた要因があろう。[5]以下、時代をおって支部存続にかかわる三つの危機をいかにして乗り越えていったかに注目しつつ、その展開の様相をみていくことにしたい。[6]

（一）A支部の創設と大本の第二次弾圧事件

A町には大正年代にすでに大本が入っていたといわれるが、支部創設の基礎になったリーダー層の入信[7]は昭和初年のことである。倉持彦蔵と良恵は一九二九（昭和四）年頃、同業者の隣町の支部長に導かれ入信した。当時彦蔵は三七歳、良恵は三四歳であった。一九二七年の丹後大震災で、次男（当時九歳）、三女（二歳）、父母の四人を同時に亡くし（長男はそれ以前に生後七五日で死亡）、さらに長女が生来病弱であったことが直接の入信動機になった。震災の翌年に三男が誕生したが、すでに男子二人を亡くしているので丈夫に育つようにとの願いもあったという。その後、倉持は強力な布教活動を開始し、A支部が倉持を支部長として設立されたのは一九三二（昭和七）年のことである。同年に出口日出磨（一八九七〜一九九一、王仁三郎・すみの長女直日の夫）、一九三四年には二代教主出口すみ（一八八三〜一九五二）の巡教があり、倉持宅に宿泊している。A町で最も大本が盛んだったのは第二次弾圧直前というが、支部構成員関係者でこの時までに入信していたのは、N地区では倉持のほか臼井芳野（一九二八年宮津市で入信。一九三一年から結婚によりA町居住）、岡村泰和の父母（一九三一年入信）、S地区では梅村ひで（一九三三年入信）、藤山尚江（一九三四年入信）で、糸忠は一九三三年頃入信している。[8]糸忠は自宅とは別に神殿を建てることを計画していたが、神殿が建たないうちに大本への第二次弾圧が始まったのである。

弾圧時の状況は、A町の中心部に位置するN地区の方がS地区よりも激しかった。[9]N地区では信者宅に警察が踏み込み、大本関係のものを一切合切もっていった。倉持も勾留はされなかったものの警察に連行された。しかし倉持宅では、カトリック信者の元A町町長の申し出により、支部旗や王仁三郎、すみ、日出磨の真筆の書画などを預かってもらっていたので、押収されずにすんだ。倉持の三男利雄（当時七歳）と長女の大谷佳子（同一五歳）は弾圧で辛い経験をしたという記憶を全くもっていない。しかし、弾圧を経験した当事者である臼井芳野は、大本関係のものを警察に押収された。また「大本は邪教だ」と言われ、子どもがとってもいないのに物を盗んだと濡れ衣を着せられた。臼井は後者については、大本信者に対する迫害というより、貧乏をしていたので人からばかにされたととらえている。S地区では、梅村ひでは当時大本の集まりに出ていなかったので警察は来ず、藤山尚江も警察が踏み込んできたのではなく自発的に警察に出頭したが、警察で人の分も履物をそろえたら、さすが大本人だとほめられたという。S地区では糸忠の勢力が強かったので誰も大本のことを悪く言わず、弾圧に伴う困難な体験はしていない。また弾圧時においても、大本の宣伝使が糸忠宅を訪れ、地域内部で信者の会合を行なっていた様子もある。これらの言からみるように、A町において邪教視による迫害はさほど激しくなかったようで、とくにS地区では、糸忠の地域社会での勢力が公然と非難を受けさせない盾にもなっていた。倉持は有力者とはいえ、電気工事という生業の点で、糸忠に比べて地域社会の生活それ自体に影響を及ぼすものではなかったため、強力な盾にはなりえず、臼井の事例にあるように立場の弱い家族には迫害が及んだとみることができよう。

倉持は弾圧によって大本から離れた後、しばらくして（年は特定できないが戦時中から）精神統一と健康法を主体とした修養団体の真生会[10]に入会した。真生会に入会したのは、大本が弾圧下で空白期間であることに加えて、長女が適齢期になっても依然として病弱であったことに原因があろう。ここでも倉持は経済力を背景にA町における真生会の中心人物として活躍した[11]。

（二）大本の再発足と糸忠支部時代

一九四六年一二月に大本は愛善苑として再発足し、出口栄二（三代教主直日の長女直美の夫）が宣伝（布教）にかつての支部を訪問した。その時には倉持は真生会に熱心で大本を信仰する気持を全く失っていた。綾部の聖地で行なわれた一九四八年二月の王仁三郎の埋葬祭には、N地区からは倉持、岡村泰和の父、臼井芳野、木内菊蔵（弾圧前入信、一九七五年に死亡）が参列したが、倉持は墓所の天王平まで行かずに途中で帰ってしまったという。弾圧後、復活した本部を訪問し、N地区で最もはやく神体を受けてきたのは岡村の父母と臼井で、一九四六年のことであった。

倉持のこうした状態のもとで、支部存続にかかわる第一の危機が訪れたが、支部を糸忠宅に置くことによって解決が図られた。教団側では一九四九年に宣伝使制度の復活、会費制度の実施など次第に内部機構を整備し、同年一〇月には大本愛善苑と名称を変更し、翌一九五〇年八月には地方機構として都道府県に主会を新設し、従来の支部を全廃したうえで、新たに支部を設置することになった［大本七十年史編纂委員会 1967：840］。この年、糸忠は正式に支部を預かることになる。(12)糸忠の導きによって、一九五一年には副田晶子の舅、新井とき、一九五二年には西村信夫・雪野、一九五三年に柴山康枝が相い次いで入信した。昭和二〇年代後半は機業が復興し始めた時で、糸山忠左衛門は町村合併以前のS村村長（一九四六〜四七年）、合併時のA町初代助役（一九五〇〜五二年）、丹後織物工業組合理事（一九四九〜五〇年）といった社会的に重要な役職を歴任し、地域社会での影響力が大きかった時期である。S地区は全世帯数に対する機業事業所の割合が調査時点の一九八三年当時でも四八％を占め、A町の中でも機業依存度の高い地域である。その中でも糸忠は糸忠織物株式会社（一九五一年株式会社となる）を経営し、「糸忠さんといったらS地区でも分限者に決まっていた」といわれる機屋であった。昭和三〇年代に入り、他に一位の座をゆずったものの、支部長をしていた時代はS地区一の規模を誇っていた。

糸山忠左衛門は相場（生糸）好きだが製品は良いものをこしらえ、まじめな努力家と評されるが、大本において華々しい活躍をしたのは妻の茂子であった。茂子は夫の経済力をバックに大本に対しても金銭的な貢献（一九五四年の三丹会館設立の際の寄付など）をし、月に二～三回は本部から宣伝使が訪れたが、その際にも費用は全部自分でもち、他の信者には一銭の負担もさせなかったという。「大家だったので反対ができなかった」という点はあるにしろ、茂子は話が上手で、人を引きつける力と人を動かす力のある人であった。[13] この活動力は大本ばかりでなく地域社会においても発揮され、婦人会の会長にも何度か選ばれたが、その際には綾部（A町から七五キロ）の聖地で行なわれる大本の節分祭に未信者も大勢連れて行ったという。このように大本の再発足後、A支部では糸忠の強力なリーダーシップのもとで運営された。糸忠の支部長時代には、弾圧前に糸忠によって導かれ入信した藤山尚江（一九四九年再入信）が、夫の弟夫婦である藤山孝夫・玲子を一九五六年に導いた他は、すべて糸忠の導きである。

（三）倉持支部時代

一九五六（昭和三一）年に糸山忠左衛門は六五歳で死亡し、家業の担い手も息子の代に移行した。この頃倉持では、従業員の一人が電気工事の作業中感電して電柱から落ち、死亡するという事件があり、その後も従業員の電柱からの落下事故が相次いだ。繰り返し事故が起こるので、倉持は一九五七年にA町に巡教に訪れた真生会会長に尋ねたところ、大本に帰るべき因縁を指摘され、倉持は大本に再入信することになる（大神奉斎、祖霊復斎は同年五月）。倉持が信仰し始めたのを聞いた糸山茂子は、女手のみでは支部の維持は難しいと支部移転を依頼し、一九五八年に倉持宅に支部が戻ることになった。倉持は大本に力を注ぐようになり、中心人物を失った真生会はA町では下火になった。一九五七年には長女夫婦の大谷秋夫・佳子、真生会で知りあった石野良久・悦子が倉持の導きで入信した。なおは真生会とのつながりは、真生会会員である霊能者とのかかわりという形でその後も続いてはいる。また真生会会長の全国巡教が一九五八年春をもって終了したことも、倉持の真生会から大本への移行をスムーズにした一要因であるといえよう。

かくして、A支部は第二次弾圧、糸山忠左衛門の死という支部存続にかかわる二つの危機を乗り越えていったが、その後、一九六七（昭和四二）年には倉持彦蔵（享年七七歳）、一九七二年には糸山茂子（七四歳）、さらに一九七四年には倉持良恵（八一歳）が死亡し、昭和四〇年代にA支部は、支部の形成と維持にあたって大きな役割を果たしたリーダー三人を失った。なお、彦蔵の死を契機に息子の利雄が支部長を継いだ。

一方、四代にわたり繁栄を誇っていた糸忠は、茂子の死後、厳しい目がなくなったのをよいことに同居していた次男と三男の嫁がぜいたくをした上に、オイルショックの影響でこれまで製品のほとんどを納入していた大手商社がちりめん業界から手を引いたことを直接的なきっかけとして、一九七五年に倒産した[14]。長男は以前から静岡県で医者をしていたが、倒産直後次男は京都に転出、三男はN地区で賃機を経営したが一九七六年に死亡した。茂子は三男に大本の信仰を継がせるつもりで島根県松江市の信者の娘を嫁にしたが、茂子の死後手のひらを返したように変わり、結局糸山家には大本を継ぐ者はいなくなった。糸忠倒産という第三の危機も、倉持に支部が移っていたため、直接的に支部存続を脅かす危険にはならなかった[15]。

A支部では、リーダーの交代という形で、支部存続にかかわる三つの危機を乗り越えてきた。また、このリーダー層が地域社会で社会的にも経済的にも高い位置を占め、指導力に富んでいたことが支部の規模を維持するのに役立ったといえよう。しかしながら、強力なリーダーシップが存在したということは反面、それを失った時に支部メンバーに影響を与えないわけにはいかない。とくにS地区では、大本と糸忠とが同義的に受けとられていたために、糸忠の衰微が彼らに与えるインパクトも大きかった。

四　ライフコースと入信過程――事例の観察

この節では、A支部メンバー各々のライフコースの叙述をとおして、彼らの人生を形づくってきた出来事、とりわけライフコース上の危機的な出来事とそれへの対処、および彼らにとっての「重要な他者」に注目し、さらにそれらと大本への入信およびその後の信仰に対するとりくみ方の変化との関連をみていくことにする。個人のライフコースを理解するにあたってこれらに着目するのは、危機はある場合には転機をも構成するような、日常的自明性の突破口となり、自らの人生を解釈する新しい枠組を与え、また非日常的な領域に属する宗教的価値の受容に導く可能性をもつとみるからである。このような危機は、全体社会、地域社会、家族、個人の四つの次元の空間的・時間的なからまりの中で起こる。したがって、こうした出来事を引き起こす要因、家族の集合的な出来事体験の時間的同調性、解決にあたっての社会的資源に焦点をあてることになる。

H・マッカバンはR・ヒルの家族危機に関するABCXモデルを修正して、二重ABCXモデルを提唱した。Aはストレス源となる出来事、Bは家族資源、Cは意味づけ、Xは危機を表わす。危機状況は進化する性質をもち、またその解決もある期間を要し、ほとんどの場合主要なストレス源が生じたあとにストレス源が累積する。ヒルのABCの三要因を前危機要因とし、それらの相互関係によって生じた危機に家族が対処していく過程を後危機と名づける。累積現象には、(a)当初の出来事自体に内在する困難性によって家族を危機状態に至らしめる場合、(b)通常的な家族周期的変化や出来事が同時に、しかし当初の事件とは独立して発生する場合、(c)家族危機への対処行動それ自体がストレス源になる

大本に対する活動状況等一覧

1983年3月現在

世帯収入	入信年（年齢）	更生奉仕金	大神奉斎	祖霊復斎	宣伝使資格	活動状況 礼拝	月次祭	大祭	神書	人型
100万円台	1928（17）	○	○	○	×	A	A	A	A	C
300万円台	1933（26）	○	○	○	×	A	A	C	B	D
NA	1934（28）	×	○	○	試補	A	D	D	C	C
400万円台	1952（33）	○	○	○	正	A	A	D	B	C
	1952（32）				×	A	C	D	D	
NA	1953（29）	○	○	○	×	A	C	A	C	C
1000万円以上	1951（26）	○	○	○	准	A	A	A	A	A
400万円台	1956（44）	○	○	×	×	D	C	D	B	D
	1956（44）				×	A	A	B	C	
500万円台	1957（32）	○	○	○	試補	B	A	A	A	B
	1957（32）				×	B	B	A	A	
900万円台	1967（39）	○	○	○	正	A	A	A	C	A
	1967（34）				×	A	A	D	D	
400万円台	1957（32）	○	○	○	試補	A	A	C	B	B
	1957（36）				×	A	A	C	D	
500万円台	1958（21）	○	○	○	准	A	A	C	B	B
	1955（19）				×	A	A	A	B	
NA	1964（29）	×	○	○	×	B	D	D	D	D

D 全然参加しない
D 0回
C 両方一部、D 全く読んでいない
間の平均数。個人単位ではなく、世帯単位である。)
ものである。

表1　調査対象者の属性および

事例	氏　名	出生年	年齢	結婚年	学歴	現　職	最長職	階層
1	臼井芳野	1911	72	1931	尋小	すし屋（仕出し）	機業従業員	下の中
2	梅村ひで	1907	75	1930	高小	なし	機業自営	下の上
3	藤山尚江	1905	77	1925	尋小	なし	（建築業自営）	中の上
4	西村信夫	1919	64	1949	高小	なし	郵便局内勤	中の下
	雪野	1920	63	1949	高小	木工所組立工	機業従業員	中の中
5	柴山康枝	1924	59	1947・49	尋小	機業自営	機業自営	下の上
6	新井とき	1915	68	1941	尋小	なし	機業自営	NA
7	藤山孝夫	1911	72	1935	尋小	なし	タクシー運転手	中の中
	玲子	1912	71	1935	尋小	なし	機業自営	中の中
8	石野良久	1924	59	1948	高小	高校事務長	教育委員会	中の中
	悦子	1924	59	1948	尋小	機業従業員	機業自営	中の中
9	倉持利雄	1928	55	1956	大学	電気工事店自営	電気工事店自営	中の上
	恵子	1933	50	1959	高校	電気工事店事務	電気工事店事務	NA
10	大谷秋夫	1925	58	1952	高小	電気工事	電気工事	NA
	佳子	1920	62	1952	高小	主婦	主婦	NA
11	岡村泰和	1937	45	1960	高校	町役場課長	教育委員会	中の上
	智子	1936	46	1960	高校	主婦	主婦	中の下
12	副田晶子	1935	48	1955	高校	農業･機業従業員	機業従業員	下

注1）学歴：尋小は尋常小学校、高小は高等小学校の略
2）階層は自己評定による。
3）更生奉仕金：○納入、×未納入
4）大神奉斎：○している、×していない
5）祖霊復斎：○している、×していない
6）宣伝使資格：正宣伝使・准宣伝使・宣伝使試補
7）大神・祖霊に対する礼拝頻度（礼拝）：A朝夕、B朝または夕、C時々、Dほとんどしない
8）支部月次祭（毎月第一日曜）参加度：　Aいつも参加、B時々参加、Cほとんど参加しない、
9）四大祭（節分大祭、みろく大祭、瑞生大祭、大本開祖大祭）参加度：A3～4回、B2回、C1回、
10）神書（『大本神諭』全5巻、『霊界物語』全81巻）講読度：A両方とも全部、B片方全部片方一部、
11）人型・型代の獲得数：A1000以上、B400～599、C200～399、D50未満（1975～1983年までの9年
人型・型代は、節分大祭の大祓いの神事で用いられる。人型は人、型代は車・家屋を対象とした
12）NAは無回答

場合等がある。また、A危機的な出来事には、通例的な出来事（普遍的、予期可能、短期的という性質をもつ家族発達上の危機的移行）と非通例的出来事がある。前者は先の累積現象(b)とかかわって問題性を帯びるとみてよいだろう。後者は全体社会、地域社会等の家族外要因によって生じるものと、家族内要因によるものがある。また、B家族資源としては、家族成員の個人的資源（財力、教育、健康、心理的資源など）、家族システムとしての資源（凝集性、統合性、適応性など）、コミュニティ資源（情緒的支援、自己評価的支援、ネットワーク支援）がある。さらにC意味づけ要因とは、認知レベルでの対処戦略である。ここに宗教的価値による状況規定が重要な役割を担うであろう。[16]

このような点に着目しつつ、以下でA支部一二世帯一八人のライフコースを分析する。なお、分析にあたって信者を、大本の第二次弾圧前に入信した一九三五（昭和一〇）年以前の入信者（三世帯）、大本再発足後の一九四六（昭和二一）年以降の入信者（昭和二〇年代入信世帯二世帯、昭和三〇年代入信世帯三世帯、計五世帯）、二代目の信者（四世帯）の三つのグループに分類し、考察していくことにしたい。

表1は、各々の属性および大本に対する活動状況等一覧である。なお、大本信者としての形式的要件であり、かつまたメンバーシップの実質的な基礎になっているのは、更生奉仕金（会費に相当）の月々の納入、「大神奉斎」（綾部の本部で祭っている大神＝主神の分霊を自宅に祭る）、「祖霊復斎」（祖霊を大本の方式により綾部の聖地の祖霊社に祀りかえる。その後、各家でお宮に祖霊を祀る）である。A支部には現在更生奉仕金未納入世帯が二世帯あるが、大神奉斎と祖霊復斎については、前者のみの一世帯以外の一一世帯が両方とも行なっている。活動状況の指標として、宣伝使資格の有無、大神・祖霊に対する朝夕の礼拝頻度（家庭内実践）、支部月次祭参加度（対支部実践）、節分人型・型代獲得数（対本部＝支部実践）、四大祭参加度（対本部実践）、神書（大本神諭・霊界物語）講読度をとった。[17]

（一）大本第二次弾圧以前の入信者（三例）

このグループに属する者は三名いる。三名とも七〇歳代の女性である。昭和初期に入信したこのグループが他と決定的に異なるのは、大本の教団としての最盛期に入信し、出口王仁三郎とその妻で二代教主の出口すみという二人のカリスマ的人物と直接的に会ったことがあり、かつ一九三五（昭和一〇）年の大本第二次弾圧を経験したことである。すなわち、戦争という当時の人々が不可避的にこうむった歴史的事件に加えて、大本の信者であるがゆえの大本邪教視に伴う受難を、多かれ少なかれ地域社会の中で経験し、さらに自らの意志によらない一〇年余の信仰上の空白を余儀なくされたという点にある。

表2は、事例1～3について、定位家族での危機的出来事、生殖家族での危機的出来事、信仰に対する熱心度の推移（自己評定）とその移行要因を記載したものである。出来事欄の＊印は、今までの人生の中で最も苦しかった出来事を指している。各事例のポイントが記載されてあるので、適宜参照いただきたい。

事例1　臼井芳野

臼井芳野（七二歳）は五人きょうだいの二番目の長女として、一九一一（明治四四）年に兵庫県で生まれた。腹違いのきょうだいがこの他に三人いる。一九二〇（大正九）年、芳野が九歳の時に母が死亡し、五年後に父が再婚したが、継母にいじめられて悲しい目にあった。また一〇歳の時に、中耳炎で左耳の聴力を失った。尋常小学校卒業後（ただし子守や家事で実質的には二年位しか通学していない）、一九二三年から結婚まで兵庫県和田山町で製糸工場の寮に入り糸ひきをした。一九二八（昭和三）年に兄のいる京都府宮津市を訪れた際、大本に入信していた兄が神前で祝詞をあげ

表2　大本第二次弾圧以前の入信者にみる危機的出来事・信仰に対する熱心度の推移

事例		定位家族での出来事	生殖家族での出来事	熱心度の推移(自己評定)
1 臼井芳野	出生年 1911 (72歳) 結婚年 1931 (20歳) 入信年 1928 (17歳) 再1951 (40歳)	・母の死(1920,芳野9歳) ・左耳の聴覚を失う(1921) ・父の再婚(1925) →継母による継子いじめ ・ノイローゼ(1927～28)	・大本邪教視に伴なう困難(1935～45) ＊・夫の家庭内暴力,アルコール依存(1931～現在) ＊・夫の扶養責任放棄(1931～現在) ＊・長男の病弱,アルコール依存症による肝臓障害,死亡(1971,38歳) ＊・三男の病弱,アルコール依存症によるてんかん,死亡(1974,35歳) ・次男の病弱 ＊・経済的困窮〔上記の理由〕(1931～75,とくに1946～48) ・長男,次男,三男未婚 ・本人の病気:腎盂炎(1949),肝臓病(1960～現在),腰・首骨折(1971),右目失明(1975)	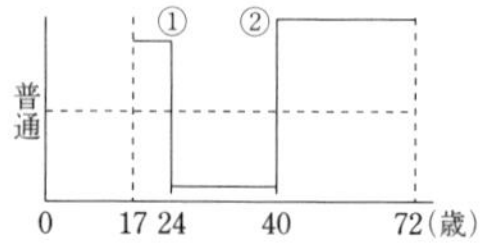 〈移行理由〉 ①第二次弾圧(1935) ②再入信(1951)
2 梅村ひで	出生年 1907 (75歳) 結婚年 1930 (23歳) 入信年 1933 (26歳)		・結婚14年後長子誕生(1944) ＊・夫のアルコール依存,浮気,浪費,扶養責任放棄(1930～76) ＊・経済的困難(1930～76,とくに1955～63) ・本人の病気:過労と栄養失調により40日間寝こむ(30歳代1回,40歳代2回),病弱	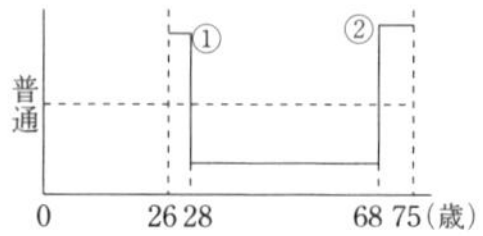 〈移行理由〉 ①第二次弾圧(1935) ②夫の死により,活動可能となる(1976)
3 藤山尚江	出生年 1905 (77歳) 結婚年 1925 (19歳) 入信年 1934 (28歳) 再1949 (44歳)	・母の死(1914,尚江9歳)	・丹後大震災で次男が生後20日で死亡(1927) ・四男6歳で死亡(戦時中) ＊・夫の交通事故死(1982,81歳) ・本人の病気:声が出ない(1933～34),高血圧,心臓病(1977～現在)	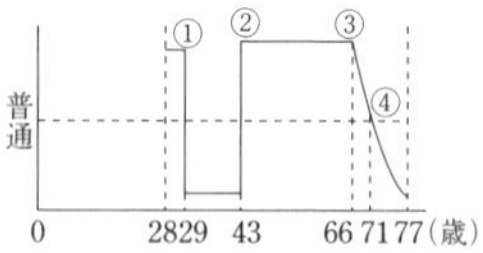 〈移行理由〉 ①第二次弾圧(1935) ②再入信(1949) ③糸山茂子の死(1972) ④健康状態悪化(1977)

注)＊は人生の中で最も苦しかった出来事

ているのを聞き、自分も拝んでみると頭がスッとした。継母からのいじめと、継母のもとに残してきたきょうだいがかわいそうでノイローゼ気味だった時であった。同年大本本部に修行（大道場での朝夕の礼拝、講座の受講などからなる七日間の修行が入信の要件）に行き、王仁三郎の講話で松を取ってはいけないと言われていたのに、松を取って歯をほじったら下痢をし、あやまったら治ったという体験をした。また、継母からいじめられてきたので大本の教えで救われた気がして、当初から教えについて行く決心をした。

一九三一（昭和六）年、二〇歳の時、末子であるし信者同士ならよいであろうとの兄の勧めで、八歳年上の夫と結婚した。翌年に死産したが、一九三三年には長男、三六年に次男、三九年に三男、四三年には長女が産まれた。夫は酒好きで、結婚一〇ヵ月目から暴力を振るわれた。夫は一九三六年までは夫の兄の印刷所の手伝いをしていたが、一九三七年から八年間東京に他出し、神田明神の札売りをしていたが、半年間は全く送金もなく、経済的に非常に苦しい日々が続いた。この間、困りはてて宮津の兄に援助を求めたことがあったが、「獅子でも子を谷に落として上がってくる子だけを育てる。万物の霊長たるものが獣にも劣るようなことをしてはいけない。ましては子の親であるものを」と言われ、助けてはくれなかった。芳野はこの時、どんなに苦しくても人を頼らないと決心したという。

芳野は長男出生までは工場で糸ひきに従事したが、子どもがそろって病弱で外では働けず、一九三三年から一九四五年まで一三人の子どもを預かって子守をし、また糸より、縫い物、張り物、編物をして生計をたてた。第二次弾圧では警察に大本関係のものを取られ、人からは邪教と言われ、また貧乏をしていたこともあって子どもが盗みの濡衣を着せられたこともある。大本は必ず復活すると思ってはいたが信仰は休んだ。この間自分と子どもの体が弱いので指圧をしてもらいに行ったことで、真生会と六年程かかわったが、これを宗教とはとらえていない。

夫は一九四五（昭和二〇）年に東京から戻って来たが、その後闇で卵を売っていた時に検挙され、それが直接的な引き金になって精神障害を起こし、二年間寝こんだ。この頃からますます芳野や子どもに対する夫の暴力が激しくなった。夫は一九三五年に宣伝使の資格まで受けていたが、これ以降全く大本から離れた。戦後まもなく本部から巡回してきた宣伝使に夫には狸が憑いていると言われ、実際、家で祝詞をあげると夫は外に出ていくので、芳野は夫に悪霊が憑いているとみている。経済的困窮は結婚当初から続いていたが、夫に寝込まれた二年間が最も経済的に苦しかった時期であった。まだ機業が復興していない時なので、その関連の職もなく、一二歳の長男（末子は二歳）が手伝い、闇屋をして生計をたてた。その後芳野は二年程麺麹屋（うどん打ち）に勤めたが、ほとんど食べるものも食べず働き、また夜どおしの仕事なのできつく、一九四九年には腎盂炎から膀胱炎を併発し、四〇日間寝こんだ。一九五〇年からは機業所で糸くり（朝七時から夜一〇時まで）をして働くが、夫はその後も定職をもたず、ほとんど仕事はしていない。

このような状況下でも芳野は、一九四八年の王仁三郎死去の報に接し、綾部まで行き葬式に参列した。王仁三郎の死去によって信者が減るのが心配で大本の行く末が案じられたという。一九五一年には修行に行き再入信した。翌一九五二年には母とも思い慕っていたすみが死去した。芳野は弾圧、王仁三郎、すみの死を峠ととらえ、事件があるたびに信者が離れていくが振り落とされないようにしなければと決意を新たにしている。すみについては、夫が精神障害で寝こみ、生活が最も苦しかった時に、闇米を京都に運んだ帰途亀岡に立ち寄ってすみに面会し、夫のこと、闇屋という仕事の正否等について話したが、この時に、「神さんにお金をあげるでないぞ。食えるようになってからあげてくれ。我が子の苦労を喜ぶ親はいない」と言われ、貧乏していても侮らないやさしさに接した。芳野はすみに対して母親のイメージを重ね、その死はこれら三つの事件の中で最も悲しかった出来事として位置づけている。

子どもは次男を除いて中学校卒業後働き始めるが、長女は中学卒業後大阪に他出し、長男、三男は勤労意欲がうすく職が定まらず、また父親の暴力に対して酒に逃避し、経済的には楽にならなかった。次男は中学校卒業後京都に就職したが、四〇日で戻り、勉強がしたいとちりめん加工場で働きながら夜間高校を卒業した後、早稲田大学法学部に入学し、大学院修士課程を修了した。この間の仕送り、夫の暴力、長男、三男のアルコール依存による乱暴といった中で、芳野は稼得役割を一身に担った。一九六三年からはすし（巻すしとバラすし）の仕出しも始め、機業所で午前七時から午後五時まで就業した後、午前二時からすしの準備をして働くという毎日であった。芳野はもともと体が丈夫な方ではないが無理がたたり、一九六〇年からは肝臓病、一九七一年には首と腰部の骨折、一九七五年には右目を失明（機業従事者の職業病でもある）した。また長男は、アルコール依存症による肝臓障害のため一九七一年に三八歳で死亡、さらに三男もそれにてんかんを併発し一九七四年に三五歳で死亡した。葬儀は大本葬で行なった。長男と三男は一年弱の同棲経験はあるが結婚には至らず、次男も未婚であった。次男は大学院を修了後、東京の銀行にほぼ内定していたにもかかわらず、身元調べに家に来るということで就職に踏み切れなかった。次男は長男死亡後、町内の他地域に転出したが、脊髄が悪く、大阪の会社に籍は置いて法律相談をしているものの通常の仕事はしていない。芳野は一九七五年に不況による人員整理のため、機業所を解雇されたが、この時も「聖師さんは人は生まれながらに寿命と食いぶちと病気は決まっているというが、三男が死んで食いぶちが減ったら仕事を減らされた」と受けとめている。その後現在に至るまで、寿司の仕出しと年金によって生計をたてている。経済的に幾分楽になったのは長男、三男と相次いで亡くなり、子どもの絶え間ない借金から解放されたこの頃からである。

芳野は貧乏、夫の暴力、子どものアルコール依存症という一連の事件を大本の信仰を支えとして乗り越えてきた。芳野は、「無学でも恥は出してしまえばよい。聖師さんも書いておられる。金はない。夫にはいじめられる。子どもは暴れる。生き地獄であったが、神様がしてくれるのなら辛抱しようと思った」と述べ、苦労することは「身魂《みたま》を磨く」ためのものとして受けとめ、自ら通るべき道は通らねばならない、信仰をしているのにと人に言われるようでは大本の名折れになると、信仰による支えと意味づけによって苦労を乗り越えてきたといえよう。大本入信による「おかげ」としても、「何がよかったかといって日本に生まれたことと大本に入ったことが一番よかった。大本に入信していたからこそ苦労があっても馬力が出た。体が弱かったので、神様の力添えがなければ働くことができなかった」と述べている。なお芳野はあまりに苦労をするからと王仁三郎の遺髪をお守りとしてもらっている。生き方に影響を与えた人としては王仁三郎、すみ、兄をあげるが、前二者はえらぶらず、その人に応じた物の言い方や、貧乏していてもばかにしない点、また、兄があったからこそ真っ直ぐ素直に生きることができたとし、困った時に助けてくれなかったことについても、助けると力がつかないからと解釈している。

芳野は一九七三年から庭に建てた別棟に入り、大本の聖典である出口なおの『大本神諭』五巻、王仁三郎の『霊界物語』八一巻をはじめとして大本関係の本を本格的に読み始めた。本で悟るのが一番という。芳野は、信仰を支えに「馬力」で生き抜いてきた自らの人生を、大本関係の本を読むことによって再度意味づけをしているようである。芳野は宣伝使の資格を受けたらどうかと言われたことはあったが、経済的にも時間的にもゆとりがなく、本部の行事に参加することも難しい状況であったので辞退したが、弾圧時の空白期間を除いて大本に熱心にかかわり、多忙と困難の中でも支部月次祭にはかかさず出席している。

芳野の場合、表2にみるように、定位家族での危機的出来事として、幼少時の母の死亡、継母による継子いじめがあり、生殖家族においても夫の暴力、アルコール依存、扶養責任放棄、子どものアルコール依存、病弱、若くしての死亡、厳しい経済的困窮、芳野自身の病気など、苦労の絶え間がなかった。家族の危機状況に際して、それに対処するものは、芳野自身が働くこと、そして、大本の教えに照らして苦難の意味づけをすることで乗り切ってきたといえる。大本に対しては、第二次弾圧による戦中の空白期間はあるものの、心中では一貫して信仰しており、困難な中でも迷いなく信心している。

事例2　梅村ひで

梅村ひで（七五歳）は四人きょうだいの四番目の次女として、一九〇七年（明治四〇）年にA町S地区で生まれた。一九三〇（昭和五）年に二三歳で二歳年上のイトコと結婚し、結婚当初は舅、姑、小姑と同居した。ひでは高等小学校卒業後から個人のちりめん屋に奉公していたが、結婚後も引き続いてちりめん屋で働いた。舅は一九三二年に死亡したが、夫は「働いて食おうとは思わない人」だったため、ひでが稼得役割を一身に担った。大本に入信したのは一九三三（昭和八）年のことで、義兄（夫の兄、S地区で最初の入信者）の導きで本部に修行に行って入信した夫の指示であった。ひでは生来虚弱であったが、当時栄養不良と過労のため体が弱っており、自分の体を試すために、また治らなければ奉仕者として大本に置いてもらおうという気持で修行に行った。その際カチャという音を聞き、体調がよくなって帰宅した。ひではこの音を霊的現象ととらえている。一九三四年に姑（天理教信者）が死去した際、S地区で初めて大本葬により葬儀を行なった。

入信後体調が好転したので、教えについていかねばと思ってはいたものの、朝五時から夜の一一時まで仕事に明け暮れて時間がなく、神前への朝夕の礼拝と給仕はしていたが支部の月次祭や祭への参加などの対外的活動は全く行なえなかった。第二次弾圧の時にも活動していなかったため、大本関係のものは警察にはとられていない。また糸忠が地域社会で有力者であったこともあって、大本への邪教視に伴う受難を経験することはなかった。ひでの場合は、戦時中身近に召集された者がないこともあって、もっぱら夫にかかわる問題に終始した。結婚にあたっては難問が待っていると覚悟してきたというが、夫の飲酒、浮気、浪費と借金（夫が働いたのは戦時中農協に勤めた八年間のみ）によって、結婚時から夫の死亡までの四六年間、経済的に苦労した。夫は二重人格で心が通うことはなかったという。結婚一四年後の一九四四年、ひでが三七歳の時に長男が誕生（実際にはこれまでに二回早産）、一九四七年には長女が誕生した。一九四五年頃から二年間、大本がまだ復活しておらず、体調もすぐれなかったので、友人の誘いで心睦教（指圧と祭式講習を行なう）に入会したこともある。

ひでは、一九五三（昭和二八）年から、出機《でばた》（親機《おやばた》から織機を借りて自宅で機業を行なうもの）による機業の自営を始めたが、機業の好況期の波の中で一九五五年には作業場を新築した。ひでは長男（当時一一歳）が中学を卒業してからのほうがよいと思っていたが、夫が人から儲かるということを聞き、無理に建てたものである。これはひでの家にとっては時期尚早で、作業場建設の借金に加えて、夫は相変わらず働かないうえ、子どもも学業期で労働力にはならず、経済的な困窮の度合は増していった。食べるものがなかったため、長男は五〇日間弁当を持たずに中学校に行った位であった。

一九六〇年には位牌が線香の形に焦げるという事件があった。拝み屋に行って尋ねたところ、「おじいさんが怒っている顔が見える」と言われた。この指摘によって、義兄が京都に他出していたのをよいことに、夫が義兄に相談もせずに義兄の家を売り、そのお金を着服していたことがわかった。作業場を建設して以降とりわけ生活苦が続いたが、なかでもこの時が精神的にも経済的にも最も苦しかったという。作業場の借金が少しずつでも返済できるようになったのは、長男が夜間高校に通いながら機業の手伝いを始めてからであった。休みといえば元旦のみで、ひでは文字どおり朝から晩まで働くが、夫が働かずに浪費ばかりするので経済状況は好転せず、また親類等からの援助は全くなかった。経済的困窮は、夫が一年間寝込んだ後、一九七六年に七一歳で死亡（大本葬）したことで解決した。その後ひでは大本の支部、本部に対する対外的な活動を始め、支部月次祭への参加はもとより、「木の花」という大本の俳句の会の会員にもなり、これまで字を書くと夫に借金の証文に使われるおそれがあったので書かなかった字を、俳句をとおして学んでいる。

ひでが大本への入信を決意したのは直接的には修行により健康を回復したという「おかげ」を得たからでもあるが、ひでは自分の気性として神式の方がカドが合う（ひでの母は月二回氏神に月参りをし、神棚に対するしつけもうけていた）ことや、大本の教えは「毛筋の幅も違わない」というような筋が通ったことを言っているのが気性に合ったと述べている。ひで自身は大本の対外的な活動が行なえない期間が続いたが、大本の信仰を継続することができたのは、夫が信仰によって何ら自己変革を遂げなかったものの、時々は支部の月次祭に出ることもあり、長男も高校卒業後月次祭に参加していた（現在は嫁の反対で行っていない）という家族内部で信仰の連続性が保持されていたことに求められよう。

ひでが結婚してから夫に起因するさまざまな問題がありながらも、これらを乗り切ることができたのは、開祖出口なおの苦労の多かった人生を自分の人生に重ねるなど大本の信仰が支えになった点もあるが、それ以外にも彼女の人生の核になる出来事の精神的影響も見逃せない。ひでは人生についての考え方や生き方が変わるきっかけ、すなわち転機として、一九二七（昭和二）年、二一歳の時、女子青年団（処女会）の支部長になったことを挙げる。年齢が下であるにもかかわらず、選挙で選出された体験は、言ったことは実行する、どんな社会的に地位の高い人とも並んでいかなければならないという自尊の意識をもたせた。また、一九五〇（昭和二五）年、四三歳の時に経済的には階層が低いにもかかわらずに、婦人会の会長に選出されたことを自分の人生の誇りとしている。ひでは生き方に影響を与えた人として糸山茂子を挙げるが、その理由は、自分をかってくれた、大家なのに婦人会のことで自分のところに相談に来た、という自分を評価してくれた側面を強調している。さらに、ひでは神前で毎日黙祷し、日々の反省をし、悩みをその日で割り切ってしまうやり方をとったというが、こうした性格や考え方が困難に際しての認知的側面での対処に寄与したともいえよう。

ひでは「おかげ」として、一生に三回生死にかかわる病気をしたが、助かったのはまだ自分に用があるからではないかと思ったことを挙げ、以前はその日さえ食うに困る日があったので今の生活をみると感謝あるのみという。夫の死後、『大本神諭』、『霊界物語』を読むことによって、今まで苦労したのは身魂を磨くためだとわかったと、人生の再解釈を行なっている。

表2にみるように、ひでの場合、定位家族では特筆すべき危機的状況はないが、生殖家族では困難を抱え、夫のアルコール依存、浮気、浪費、扶養責任放棄などで経済的にも困窮し、夫婦の間に心が通うことはなかった。また、結婚後一四年後に子どもが生まれるという家族周期上の遅れは、稼動人員との関係で、経済的問題の改善を遅らせた。大本に対しては、心の中では信仰していたというが、第二次弾圧後、夫が死亡し活動が可能になるまで、対外活動という点では四一年間の空白がある。

事例3　藤山尚江

藤山尚江（七七歳）は四人きょうだいの二番目の長女として、一九〇五（明治三八）年にA町の隣のY町で生まれた。母は九歳の時死亡し、父は養蚕教師で家にいることが少なく、子ども時代は苦労した。尋常小学校卒業後は機業と農業に従事したが、一九二五（大正一四）年に一九歳で結婚、一九二七年の丹後大震災で生後二〇日の次男が死亡した。当時、夫の家は職人二〇人を使って建築業を自営していたが、震災ですべて灰塵に帰した。夫の長兄は震災を機に京都に出たため、次男であった夫が家を継ぐことになり、両親と同居（舅は一九三八年に、姑は一九五五年に死亡）した。震災の経済的打撃も順調に回復していき、尚江はこれまでに経済的に苦しかった時期はないと認知している。結婚後は大工の住み込みの弟子もおり、八男二女の子どもが生れたので、食事の支度などの主婦業をしてきた。

糸忠とは近所で、また仕事上のつながりもあったが、糸忠宅に本部から宣伝使が訪れた時に会合に誘われ、一九三三（昭和八）年頃大本と初めて接触した。当時尚江は声が出ない原因不明の病気を患っていたが、宣伝使から「夫方の祖霊で全然祀っていない人がいる。その人が憑いて声が出ない」とその原因を指摘された。姑にも尋ねてみたが、それが誰なのかわからなかった。しかし、一年くらいたったあと、舅の姉が葬式をしただけで祀っていないことがわかった。そこで供養をしたところ、声が出るようになったという体験をした。

これまで糸忠から何回か大本の修行に誘われていたが、家とは別に神殿を建てたいから本部に行って見て来てほしいとの仕事の依頼を受け、長男と三男を連れて夫と一週間の修行に行った。行ってみると講座で語られることは良い話であり、皆兄弟のように分け隔てない様子、そして霊界物語の拝読会の時に子どもが騒いだら迷惑になると下の方にいたら、王仁三郎が自分は大将だという顔もせずに、自分たちと同じ下に座って聴いているのを見て感心し、入信した。一九三四年のことである。姑は大師信仰をしていたが入信に反対せず、夫は弾圧で信仰をやめたが尚江が信仰することに反対はしなかった。弾圧時には警察に大本関係のものを差し出し焼かれたが、地域社会で糸忠の勢力が強かったので、弾圧に伴う辛い体験はしていない。また尚江自身は大本のどこが悪いのかわからないという気持であった。戦争中には長男の徴用、三男の学徒動員、義兄の子の疎開、義弟の戦死、四男が六歳で死亡するという出来事があったが、糸忠に言われて食糧は余分に貯蔵してあったので、それを他の人に分けてあげたほどで経済的な困難はなかった。

大本には一九四九（昭和二四）年に修行に行き、再入信した。「おかげ」については、三男が婚出後原因不明の病気になったが大本に修行に行ったら治ったことに言及している（三男は大本入信）。生き方に大きな影響を与えた人として、入信後親しくなり、その人柄に心服していた糸山茂子を挙げており、糸忠とのかかわりで大本との対応があったとみてもよい。実際、**表2**で信仰に対する熱心度の推移をみると、一九七二年の茂子の死去に伴い大本に対する熱心さは下火となり、ここ五～六年は朝夕の礼拝はしているものの、高齢であり、高血圧で心臓も悪いため支部の月次祭にも参加せず、更生奉仕金もおさめていない。

人生上の転機としては小さい時に母を亡くしたこと（すみに母親に対するような気持をいだいている）、また転機といえるかどうかと前置きしつつも、大本に入信したことによる心のもち方の変化（人を恨む気持がない。姑の世話も大本の話を聞いていたので苦にならなかった）を挙げている。結婚後最も苦しかった出来事は、一九八二年の夫の交通事故死である。八一歳だったので年齢的に不足はないが、事故であったことが心残りという。なお、夫の葬式は仏式で行ない、亡夫の霊の「呼び出し」をしてもらうために「拝み屋」に行っている。

表2にみるように、尚江の場合、定位家族では幼少時に母が死亡し苦労したが、結婚後は次男と四男が幼少時に亡くなったとはいうものの、経済的にも恵まれ、夫婦仲も良く、宗教の良い話を聞くのが好き（金光教、天理教、霊友会の話も聞きにいっている）という性向のもとに、「重要な他者」としての糸山茂子との関連で大本の信仰を持続してきたとみてよいだろう。これは信仰に対する熱心度が茂子の死後急激に下降していることにも表れている。

大本の第二次弾圧前に入信したこの三つの事例は、入信時に事例1の臼井芳野はノイローゼ、事例2の梅村ひでは病弱、事例3の藤山尚江は声が出なくなる病気といった身体的・精神的な病を三人とも抱えていた。また、入信に伴う病気治癒や大本本部での修行中に不思議な体験を経験し、王仁三郎やすみといったカリスマとの接触によって深い印象を受けている。とりわけ幼少時に母を亡くした芳野や尚江は、すみに母のイメージを重ね合わせている。芳野とひでの場合、結婚が大きな問題性をはらみ、夫の扶養責任放棄、アルコール依存などで家計の中心を担わなくてはならず、経済的にも困窮した。いずれの場合も問題状況が継続しても大本の信仰を疑わせることにならなかった。芳野の場合は大本が再発足してまもなく再入信し、熱心に信仰活動を継続していく。ひでの場合は弾圧後、休眠状態が長期継続するが、夫の死により活動が可能になるやいなや活発に信仰活動を開始したことは興味深い。他方、尚江の場合は、地域有力者の糸忠から導かれて入信したが、弾圧によって中断の後、戦後に糸忠が再入信し支部長になるとともに尚江も再入信した。尚江は心服していた糸山茂子が存命中は熱心に活動していったが、彼女が亡くなると次第に不活発になり、健康状況の悪化がそれに拍車をかけた。

（二）大本再発足以降の入信者（五例）

このグループは一九四六（昭和二一）年に大本が再発足してからの入信者で、入信時期は昭和二〇年代後半から昭和三〇年代前半、西暦でいえば一九五〇年代にあたる。一九五〇（昭和二五）年から一九五七年までは糸忠宅に支部がおかれ、一九五八年からは倉持宅へと支部が移動した。支部の移行期を含むこの時代は、強力なリーダーシップが存在していた時でもある。社会的には信教の自由が保障され、地域では糸忠の勢力に助けられて大本邪教観の残存はほとんどみられない。

なお、表3は事例4～8について、定位家族での危機的出来事、生殖家族での危機的出来事、信仰に対する熱心度の推移（自己評定）を記載したものである。

事例4　西村信夫・雪野

西村信夫（六四歳）は六人きょうだいの三男として一九一九（大正八）年にA町の近くのM町で生まれた。二歳の時に京都に転居したが、父は信夫が六歳の時死亡した。信夫は高等小学校卒業後、二年間の医大図書館勤務を経て郵便局

危機的出来事・信仰に対する熱心度の推移

<table>
<tr><th>事例</th><th></th><th>定位家族での出来事</th><th>生殖家族での出来事</th><th>熱心度の推移(自己評定)</th></tr>
<tr><td>7
藤山孝夫</td><td>出生年
1911
(72歳)
結婚年
1935
(24歳)
入信年
1956
(45歳)</td><td></td><td rowspan="2">・夫の兵役(内地および外地, 1938～45)
・夫,兵役中の体の酷使により病弱になる(1945～現在)
・夫の兄の戦死,兄嫁の病死により，甥を2歳から25歳で結婚するまで養育
・結婚14年目に長女誕生(1949)
妻＊・妻の病弱(1935～56)
夫＊・夫の病気：胃の手術後,肝炎,糖尿病を併発(1976～78),足の骨折(1980)
・経済的困窮：
①復員後の職業変更の失敗(1945～50)
②上記の夫の病気＋機業内容の変化(1976～78)</td><td>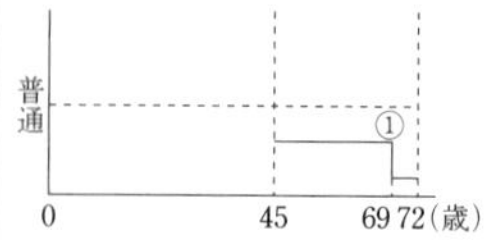
〈移行理由〉
①足を骨折して座ることができない(1980)</td></tr>
<tr><td>7
藤山玲子</td><td>出生年
1912
(71歳)
結婚年
1935
(23歳)
入信年
1956
(44歳)</td><td></td><td>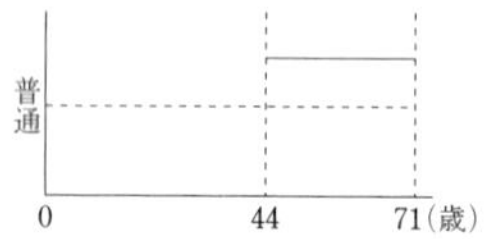</td></tr>
<tr><td>8
石野良久</td><td>出生年
1924
(59歳)
結婚年
1948
(24歳)
入信年
1957
(32歳)</td><td>・父の死(1930,良久6歳)
・母の死(1943,良久19歳)
・妻の家に養子に入る(1941)
・兵役(1942～46)
・戦傷(1943～45)</td><td rowspan="2">・夫の戦傷の後遺症としての足痛，腰痛(1945～現在)
・長男生後10日で死亡(1949)
夫＊・次男の頭痛，半身不随
妻＊　の原因不明の病気，死亡(1956～59，死亡時9歳)
・次女の登校拒否(1971, 11歳)
・経済的困窮(1948～60,とくに1956～59)</td><td>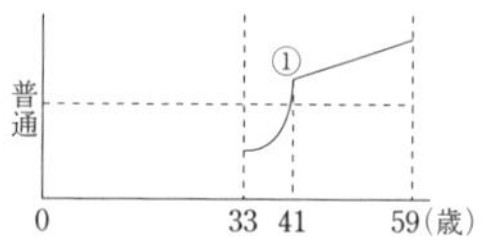
〈移行理由〉
①教えに納得,兄の難病が大本の宣伝使の祈願により治癒(1965),母の反対が和らぐ。</td></tr>
<tr><td>8
石野悦子</td><td>出生年
1924
(59歳)
結婚年
1948
(24歳)
入信年
1957
(32歳)</td><td>・父の死(1939,悦子15歳)</td><td>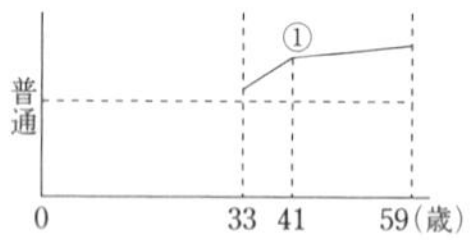
〈移行理由〉
①教えに納得,夫の兄の難病が大本の宣伝使の祈願により治癒(1965),母の反対が和らぐ。</td></tr>
</table>

注)＊は人生の中で最も苦しかった出来事

表3　大本再発足以降の入信者にみる

事例		定位家族での出来事	生殖家族での出来事	熱心度の推移(自己評定)
4 西村信夫	出生年 1919 (64歳) 結婚年 1949 (30歳) 入信年 1952 (33歳)	・父の死(1925,信夫6歳) ・長兄,長姉の幼少時死亡 ・次兄戦病死(1947) ・兵役(外地,1940～45)	・経済的困窮: ①家新築のための借金返済＋子どもの教育期(1960～74) 妻＊②糸忠倒産→夫の弟の自殺＋保証人としての借金返済＋妻の失職＋次男大学教育期(1975～81) ・次男のぜんそく(1955～58) ・夫の病気:高血圧,心臓病(1968～現在),肝臓病,魚の目(1980～現在) 夫＊妻の病気:子宮筋腫による子宮摘出(1963)	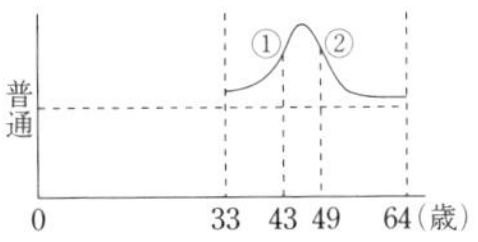 〈移行理由〉 ①本部の人の勧め(1962) ②健康状態悪化(1968)
4 西村雪野	出生年 1920 (63歳) 結婚年 1949 (29歳) 入信年 1952 (32歳)	・父の死(1933,雪野13歳)		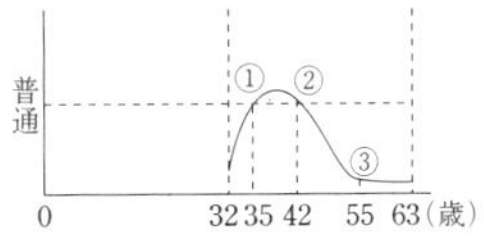 〈移行理由〉 ①次男の喘息(1955) ②問題解決(1964) ③糸忠倒産による借金(1975)
5 柴山康枝	出生年 1924 (59歳) 結婚年 1947 (23歳) 再1949 (25歳) 入信年 1953 (29歳)	・祖母の養女となる(1931,7歳) ・弟の戦死 ・兄嫁,姉,弟の病気(1944～46) ・経済的困窮〔上記の理由〕(1944～46)	・初婚の失敗(1947～48､長男を残して離婚) ・再婚(1949)→先妻の娘を育てる苦労(1949～74) ＊・姑・夫との人間関係(1949～61) ・本人の病気:肝臓病(1949～78) ・経済的困窮(1949～78)	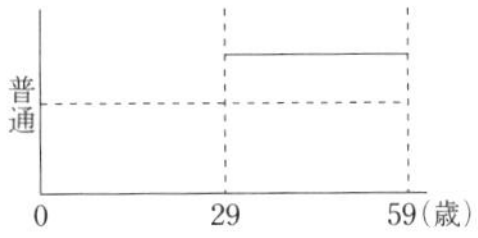 注)本人の認知としては､心の中では熱心というが､支部内の人間関係の問題で､ここ一年は支部の月次祭にも全然参加していない。
6 新井とき	出生年 1915 (68歳) 結婚年 1941 (26歳) 入信年 1951 (36歳)	・母の死(1932,とき17歳)	・満州移住および引き揚げ(1941～46) ・経済的困窮(1946～49) ・姑(引き揚げ後一時同居)との人間関係(1947～48) ・夫との人間関係(1947～48) ・三女の死(1949,3歳) ＊・夫の交通事故死(1980,65歳) ・本人の妹の同居(1981～現在)	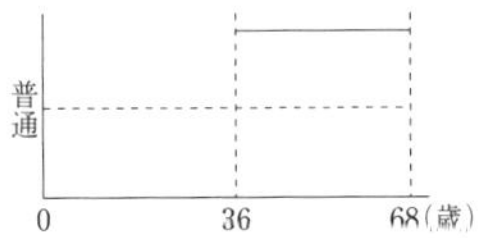

に勤めていたが、一九四〇（昭和一五）年に徴兵され中国に渡り、一九四五年一二月に復員した。母が戦時中、実家のあるA町S地区に疎開していたため、信夫も復員後ここに居住することになった。糸山忠左衛門は母の弟にあたり、糸忠は母の実家である。戦争が信夫の人生に与えた影響については、兵役自体には辛い経験はなく、むしろ中国の珍しいものを見て歩いたと評価しているが、まずは京都からA町S地区へと地域移動をうんだ。復員後、兵役中患った結核が重くなって、入院した兄が死亡するまでの二年間、勤めがないこともあって信夫が付き添いをした。その後、一九四七年から一九五〇年まで糸忠で手機をし、一九五一年からは郵便局に勤務するようになった。このように最終的には兵役以前の仕事に戻ったが、勤務先の異動をもたらし、また兄の死により、実質長男（他の兄姉は幼少時死亡）としての役割を果たすことになった。さらにはS地区に居住したことが、叔父の糸忠によって大本入信に導かれる原因ともなったのである。

一九四九（昭和二四）年、三〇歳の時に信夫は一歳年下の雪野と結婚した。雪野（六三歳）は一九二〇（大正九）年に六人きょうだいの五番目の三女として、A町の隣のY町で生まれた。父は小学校教員だったが、雪野が一三歳の時死亡している。雪野は高等小学校卒業後機業に従事したが、機業の戦時統制によって職を失ない、一九四〇年から結婚するまで農業と兄夫婦の子どもの子守をして過ごした。結婚後は糸忠の従業員として機業に従事し、一九四九年には長男、一九五三年には次男が誕生した。

夫妻が大本にふれたのは、本部から糸忠宅に宣伝使が訪れた時に来るように呼ばれたのが初めで、「ありがたい神さんで信仰すれば何かの時に頼めるから」と月次祭にも強制的に参加させられた。一九五二（昭和二七）年に糸忠の指示によって、信夫と雪野は相前後して大本本部に修行に行った。信夫は本部の人の話を聞いても悪い教えではないし、円満という印象であったので入信し、雪野は入ってからだんだんと信じればよいのだからと糸忠に言われ、半信半疑ながらも入信した。信夫の母は生長の家、天理教、大師を信仰していたので乗り気ではなかったが、入らないと今後の面倒をみてやらないと糸忠から言われ、形の上では入信した（一九六九年の母の葬儀は糸忠の指示で大本葬で行なった）。

夫妻は基本的に糸忠に引きずられて信仰活動をしていったということができる。いつ教えについていく決心をしたのかという問いには、信夫は初めからただついて行こうというだけだったと述べるが、本部役員や宣伝使の円満な人柄にひかれている。雪野の場合は、まだその決心はしていない。信夫は一九六二年頃から本部の人に勧められて、大祭のたびに奉仕をし熱心な活動をするが、一九六八年からは高血圧と心臓病のために引っ込み思案になり活動がにぶっていった。雪野は一九五五年からほぼ一〇年間は、次男が小学校に入学するまで喘息もちであったので、子どもが元気で育ってほしいとの願いと、一九六〇年に家を新築し経済的に苦しかったので比較的熱心であった。しかし、糸山茂子、倉持良恵といった熱心に引っ張ってくれる人がいなくなると、ますます熱が冷めていった。

最も苦しかった出来事として、信夫は一九六三年に雪野が子宮筋腫によって子宮摘出の手術を受けたことを挙げ、なさけなくて落ちこんだという。他方、雪野は一九七五（昭和五〇）年に糸忠が倒産したことによる精神的・経済的打撃に言及している。これを含めて経済困難には、第一に、一九六〇年から一九七四年までの家の新築とそれに伴うローンの返済期（長男小学校入学から次男大学入学までの教育期と重複）、第二は、一九七五年～一九八一年の糸忠倒産による保証人としての借金返済期（次男大学在学中と重複）という二つの時期がある。

信夫は大本入信によるおかげとして性格が円満になったことをあげているが、雪野はこれらの二つの出来事と関連しておかげをとらえている。家新築の時に抽選で当ったため郵政関係の金を借りることができ、住宅金融公庫からも借りられ、退職金も前借りできた。ローン返済期間の一五年間は子どもの教育期と重なったため生活は苦しかったが、一九六九年に長男が京都の私立大学に入学したのを契機に雪野は糸忠の従業員をやめ、自宅で糸忠の出機を始めた。これによって雪野は信夫より高収入を得、長男を楽に大学を出せたという。ローンが終わったのもつかの間、糸忠倒産によって関連会社の社長をしていた信夫の弟が自殺し、さらに三人が保証人の印を押していたのに、結局信夫一人が借金をかぶり、また倒産に伴って雪野も仕事を失うことになった。当時京都の私立大学に在学中の次男に大学をやめさせようと思ったくらいであった。雪野は糸忠から織機を買って自営をし（機業不況に伴い、一九七八年から機業は内職程度で木工所勤務）、最終的には一九八一年に信夫の退職金で借金返済は終わった。雪野は当初は神も仏もあるものかと思ったが、病気をせずに働け、次男に大学を卒業させることができたことをおかげととらえている。しかし、糸忠の倒産という事件は、雪野にとって人生上の転機を構成するものだった。糸忠の息子二人と信夫とその弟はイトコ会をつくって兄弟のようなつきあいをしていたが、これも解散した。精神的にも経済的にもショックを与えたこの事件は、S地区での大本の要であった糸忠に起きたがゆえに、信仰の活性化と結びつくどころか、雪野はさらに信仰的に大本を離れていくことになった。信夫は転機としてこの事件を挙げていないが、その後一年間は月次祭にも出席しなかったという。地域社会で大本と同義的に受けとめられていた糸忠の没落により、大本信者に対するS地区の人々の見方も変わってきたとのことである。

表3にみるように、信夫と雪野は、両者とも定位家族において幼少時に父を亡くしている。大本の支部長で地域社会の有力者の糸忠とは親戚関係にあり、糸忠との関係で信夫と雪野は入信した。糸忠からの指示は絶対的であり、信夫はそれでも本部の人の勧めで奉仕活動をするなど熱心な時期があったが、雪野の場合はあまり熱心にはならなかった。結婚後、二度の経済的問題を抱えている。一回目は家新築のための借金返済と子どもの教育期との重なりによるもので、通例的出来事の範疇に入るが、二回目は糸忠の倒産とかかわるもので、保証人となっていた信夫一家に借金の返済が迫られ、糸忠の仕事をしていた雪野は失職し、大きな打撃を与えた。糸忠の没落とともに、大本に対する信仰も後退して

いったのである。

事例5　柴山康枝

柴山康枝（五九歳）は一九二四（大正一三）年に兵庫県で生まれた。六人のきょうだいがいるが、康枝のみが七歳の時に祖母のもとに養女に出され苦労した。高等小学校卒業後、糸忠の住み込み従業員となり、働きながら夜間の青年学校に三年通学した。一九四三（昭和一八）年には戦時統制による機業廃業に伴い[18]、一年見習い看護婦をした後、故郷に戻り農業に従事した。戦時中は弟の戦死に加えて兄嫁、姉、弟が次々に病気になり、死にもの狂いで働いた。一九四七（昭和二二）年に二三歳で結婚するが、翌年長男を夫の許に残して離婚し、その後、糸忠に住み込みで働いた。一九四九年に再婚、先妻の生後二ヵ月の娘を育てることになる。康枝は再婚後、機業を自営し、夫は冬季五ヵ月間、灘に杜氏として出稼ぎに行き、それ以外の期間は瓦葺き職人をしている。夫は長男ではないが姑と同居（夫の父は夫が幼少時死亡）しており、康枝と姑との確執は再婚当初から姑が死亡するまで続き、精神的ストレスのために、肝臓を悪くしたくらいであった。

糸忠に住み込んでいた時に大本の話は聞いていたが、当初は拒否的な反応をしていた。本部の宣伝使が来訪した際、糸忠から会合に誘われたが、その席で宣伝使は康枝の肝臓が悪いのを見抜き、心のもち方を変え神を祀ることの必要性を説いた。当時は、康枝に娘（一九五二年生）も生まれ、姑、夫、先妻の娘との人間関係の中で心の支えを求めている時だった。姑は聖天、夫は稲荷を信仰していたので、家の中に神が三つになると反対されたが、康枝は一九五三年に大本本部に修行に行き、大神・祖霊を受けてきて自宅に祀った。大本についていく決心をしたのは、入信後しばらくしてから、ローソクをつけて神を拝んでいた時、ローソクの火が縦にぼうぼうと燃えたので心配になり、本部の人に尋ねたところ、安心して神を祀りなさいと言われたことによる。これが決心の契機となったことは、信仰に対する夫や姑の反対による葛藤を背景として理解できる。肝臓病は入信後治り、康枝はそれをおかげと位置づけている。

康枝は人生で最も苦しかったこととして、姑との人間関係を挙げる。夫も姑側につき、相談相手とはならなかった。姑はきつい人で、先妻の子を育てる苦労に加えて姑との関係で悩み、死を考えたくらいであった。大本に入信して反省する気持も生まれ、ここまで生かされてきたと思えるようになったという。現在では姑との関係を身魂磨きのためのものと位置づけている。一九六一年に姑は死亡し、先妻の娘も一九七四年に嫁ぎ、実の娘を跡つぎにしようと京都から呼び戻し、現在は人間関係の問題はない。夫は今では康枝の信仰に反対することをあきらめ、形の上では認めるようになった。なお康枝は入信当初から現在までずっと大本に対して熱心であると自己評定しているが、ここ一年は支部内の人間関係の問題で支部の月次祭にも参加していない。

表3にみるように、康枝の場合、定位家族では祖母の養女となり、またきょうだいの病気に伴う経済的困窮の体験をしている。生殖家族においても初婚が失敗し、再婚したもののさまざまな問題を抱えていた。糸忠で住み込み従業員として働いていた頃に、大本に誘われた時には拒否的であったが、再婚後、家族内の人間関係に悩み、体調も崩していた時に宣伝使に病気を見通されたことをきっかけに大本を受容する気持ちになった。継続する家族（とくに姑）との人間関係の問題に対して、教えによる意味づけを行ってきたといえよう。

事例6　新井とき

新井とき（六八歳）は六人きょうだいの長子として、一九一五（大正四）年にA町S地区で生まれた。一七歳の時母が死亡したので母親代わりをしてきょうだいを育てた。実家は事例12の副田家である（実家とは現在つきあいがない。

人間関係をめぐる争いについては事例12を参照)。尋常小学校卒業後、糸忠で働いていたが、一九四一(昭和一六)年に二六歳で結婚、その後まもなく満州(中国東北部)に移民した。夫は関東軍の大工であった。敗戦後、一九四六年に満州生まれの二人の娘を連れて引き揚げ、一時実家に身を寄せた。一九四七年には死んだと思っていた夫が帰国し、Y町の夫の生家に移るが、姑(夫の継母)との折り合いが悪く、それが原因で夫婦仲にもひびが入り、離婚の一歩手前まで いった。一九四八年に夫の生家を出、夫と子どもと一緒にA町G地区に移り、パンなどを売る小さな店を出した。引き揚げから一九五〇年に機業を自営するまでが経済的にもどん底であった。一九五〇年には桑畑であった土地の購入、家の新築、長男の誕生という三つの喜ばしい出来事があり、また機業復興の波に乗って経済的にも好転していった。満州での経験と引き揚げの苦労を思えば何でもできるとときは言う。戦争は地域移動、職業移動を余儀なくさせ、引き揚げ後の経済的困窮、姑との同居に起因する夫婦仲の悪化に至らせたが、夫の生家を出、また機業を自営することによって対処していった。

ときが大本に入信したのは一九五一(昭和二六)年のことで、実家の近所であり、以前の勤務先でもある糸忠から実家の父が入信したのだから大本に入ったらどうかと勧められ、何の気なしに入信したという。夫もほぼ同時に入信したが、ときの信仰についてきた感じであった。ときが教えについていこうと決心したのは入信初期の頃からで、「おかげをよくいただいていたので」という理由を挙げている。おかげの例としては、娘が腹痛になった時、神を拝んだら治った、長男を連れて綾部の大祭に行った時、吐く下すの状態であったが、礼拝したら朝方には治っていた、綾部の本部に行く時どうぞ座れますようにと拝んでいくと必ず汽車に席があるといったことがある。とき自身も藤山孝夫(事例7)宅や息子の友人等に依頼されて拝みに行き、病気を治したことが何度もあるという。また入信前から、人が腹痛になると自分も腹痛になるといった体験があり、これを霊界の存在を信じる契機として挙げていることも、御利益と霊的なものへの関心が強いことを裏づけるものであろう。ときの活動状況は、自宅での礼拝、神書講読、支部月次祭、本部大祭への参加などすこぶる活発で、とくに対外的な活動には非常に熱心である。

結婚後の最も苦しかったこととして挙げているのは、一九八〇年に夫が交通事故に遭い、六ヵ月間意識不明の状態の後、死亡したことである。夫の葬儀は大本葬で行なっている。夫の死の時点、長男はすでに三〇歳に達し、経済的な稼得の中心者が長男夫婦に移行していたため、経済的な打撃は受けていない。

表3にみるように、ときの場合は、定位家族では母の死によって母代わりの役割を果たした。結婚後まもなく満州に移民し、敗戦後引き揚げの苦労を体験した。引き揚げ後、姑との人間関係の悪化、夫婦関係の悪化、経済的問題などを経験し、問題が一段落した時に糸忠の勧めで入信した。さまざまなおかげの体験をもち、霊的事象にも関心があり、熱心に活動している。入信時から熱心で、熱心度の推移はない。

昭和二〇年代に入信したこれら三例とも、その当時、S地区一の機業所の規模をほこり、丹後織物工業組合理事、A町の助役など重要な役職を歴任していた、地域社会において影響力の強かった糸忠からの導きである。事例4の西村信夫・雪野は、糸忠からの強力な勧め（親戚関係であるという義理）と円満で悪い教えではないという消極的な理由で入信したが、その後も自らの信仰としていくには転機を欠いた。また、借金の保証人の件も糸忠の倒産が原因になっているので、これがきっかけに信仰を深めることにはならなかった。事例5の柴山康枝は、元糸忠の使用人という関係で糸忠から誘われたが、家族との人間関係の問題で悩んで心の支えを求めていた時期に、大本の宣伝使に病気を見抜かれ、入信した。家族の反対の中で、神祀りを逡巡する心をふっきらせる不思議な体験をしている。事例6の新井ときも元糸忠の使用人で、糸忠の勧めで何の気なしに入信したが、さまざまなおかげ、霊的なものへの関心で信仰が継続している。

事例5は剥奪状況にあったが、それ以外は入信者の側の要因よりも、導き手との関係にかかわる要因が前面に出ている。

それでは次に、昭和三〇年代に入信した事例についてみておこう。

事例7　藤山孝夫・玲子

藤山孝夫（七二歳）は八人きょうだいの末子、五男として一九一一（明治四四）年にA町S地区で生まれた。事例3の藤山は生家である。尋常小学校卒業後、家が建築業を営んでいたので大工をしていたが、一九二七（昭和二）年の丹後大震災を契機に京都に出、タクシー運転手となった。二年後の一九二九年にS地区に戻り、一九三八年に二七歳で徴兵されるまで、バスやタクシーの運転手として働いた。結婚したのは一九三五（昭和一〇）年、孝夫二四歳、妻の玲子は二三歳の時である。玲子（七一歳）は六人きょうだいの二番目の次女として一九一二年にA町の近くのK町で生まれ、尋常小学校卒業後、結婚するまで織布工として働いた。結婚後玲子は病弱で働けず、夫が七年間兵役に行っていた時も配給米だけに頼る困窮した生活だった。

孝夫は一九四五年に復員するが、戦争は孝夫の人生に変化をもたらした。まず健康上では、戦争で体を酷使したため体が弱くなった（孝夫はこの点と、七年間兵隊にとられたのに内地と外地が半々だったので恩給がでないことに不満をいだいている）。職業上では、徴兵以前の運転手としての経験は生かされなかった。復員してからは一時期大工をした後、機業所に勤めるが、四〇歳近くになっていたので手が動かず、なかなかうまくいかなかった。一九五六年に機業の自営を始めるまでは経済的にも苦しかった。家族構成上の変化としては、兄が戦死し、兄嫁も病死したため、二歳半の甥を引取り、彼が二五歳で婚出するまで育てた。結婚後、玲子が病弱だったことに加えて、七年間も兵役にとられていたためさらに子どもの誕生は遅れ、結婚一四年後の一九四九年に、孝夫三九歳、玲子三八歳の時に初めて長女が誕生した。

孝夫と玲子が大本に入信したのは一九五六（昭和三一）年のことである。玲子は夫の兄嫁の藤山尚江（事例3）から、大本の本部にお参りに行こうと誘われた。その際、亀岡の聖地で体を触わると病が治るという石をこっそり拾ってきたところ、帰途で玲子は腹が痛み、長女は顔と足がむくんできた。玲子は罰があたったと思い、途中下車し綾部の聖地で謝って石を返したら治った。また入信一ヵ月後に長女が病気になり死の一歩手前までいった時、神に供えていた水を飲ませたら息を吹き返した。同年に長女が階段から落ちて窓ガラスが粉々に割れたが、その体にはカスリ傷一つなかった。こういうことを次々と体験し、また、入信後体が丈夫になったことで、玲子は大本を離れない決意をした。他方孝夫は、玲子より二ヵ月遅れて参拝したが、そこで聞く話はよい話であるとの印象を受け、また、きつい、がむしゃらな妻のカドがとれればと思い入信した。孝夫は大本入信以前も以後も霊友会、天理教、創価学会等いろいろな宗教の話を聞き歩き、大本に対しては「拝めば気持が良いが、心の底から真剣になったことはない。束縛が多い。あらゆる宗教に興味があった」と述べており、夫婦間の信仰に対する熱心度には相違がある。

最も苦しかった出来事として、玲子は結婚してから病弱だったことを挙げている。病弱な嫁である玲子は、別居ではあったが姑からは良い顔をされず、また孝夫が指摘するようにきつい性格であったので、働いていない女性はいないというような機業地の背景もあって、病弱で働けないことへの負い目を感じていたと思われる。孝夫は一九七六年に胃の手術をきっかけに肝炎と糖尿病を併発し、三年間に二〜三ヵ月ずつ四回の入院を繰り返した。この時期は機業の内容が帯から無地織物に変わった時で、長女は婿に仕事を教えながら、また子守をしながら働き、生産性もあがらず、経済的にも苦しかった時期である。孝夫はこの時すでに六〇歳代半ばを過ぎていたが、長女の出生が遅かったこともあって、一家の機業において中心的な役割を果たしていた。この入院中、孝夫は『大本神諭』を読み、読んだ日には見舞客があったことをおかげととらえている。しかしこのことが通常レベル以上の信仰の活性化とはならず、一九八〇年に足を骨折して以来、座ることができないという理由で、朝夕の礼拝も礼をする程度で、支部の月次祭にも参加していない。他方、玲子は入信後ずっと信仰に対して熱心であると自己評定している。なお、一九八二（昭和五七）年に、以前S地区に居住していた三〇年来の易学の研究家が京都から訪れた際、孝夫は末子なので祖霊を祀ると仏が迷うのでしない方がよいと言われ、祖霊復斎をやめている。

表3にみるように、孝夫、玲子ともに定位家族においては特筆すべき事柄はない。孝夫にとって兵役は、体調にも職業上にもマイナスの影響を与え、また、家族構成上では兄の戦死によってその子どもを引き取り養育する一方、長期にわたる兵役期間により長子誕生が遅れるという影響を及ぼした。玲子は藤山尚江から導かれて入信したが、長年の悩みであった病弱な体が入信後丈夫になり、またさまざまな不思議な体験をして、入信後一貫して熱心である。一方孝夫は玲子の信仰についてきた感じであるが、足の骨折以後さらに不熱心になっている。なお、祖霊復斎は大神奉斎とならんで、大本信徒の要件であり、玲子が熱心な信者であるのに、それをやめたことは意外といってよいだろう。

事例8　石野良久・悦子

石野良久（五九歳）は六人きょうだいの末子の三男として、一九二四（大正一三）年にA町C地区で生まれた。悦子（五九歳）も同年に五人姉妹の四女としてG地区で出生した。良久の父は良久が六歳の時に、悦子の父も悦子一五歳の時に死亡した。良久は高等小学校を卒業してから青年学校に三年半通った後、役場で事務員として働いていた。悦子の家では男子が生れず女子ばかりだったので、悦子の長姉に婿養子をとって跡継ぎにと予定していたが、その長姉が良久の長兄のところに嫁ぐことになった。そこで、その代わりということで、良久は一九四一（昭和一六）年に一六歳で悦子の家に養子に入った。しかし、翌一九四二年に海軍に志願し、台湾とフィリピンで兵役についた。一九四六年に良久はフィリピンから復員（戦傷の後遺症として現在も足痛、腰痛がある）し、その後一年間は紡績業に従事したが、兄の戦友の勧めで一九四八年から公務員として教育行政事務に携わるようになった。一方、悦子は尋常小学校卒業後、機業従業員として働いたが、戦時中は飛行機の部品造りをし、戦後は農業に従事、一九六一年から機業の自営を始めた。良久と悦子は一九四八年に結婚し、翌一九四九年に長男が誕生するも生後一〇日で死亡、一九五〇年に次男、一九五四年に長女、一九六〇年に次女が誕生している。

良久と悦子が大本とかかわることになったのは、次男が六歳から原因不明の頭痛と半身不随になり、小学校にほとんど行けないような状態であったためである。良久と悦子は終戦後まもなくA町で開催された真生会の修養会（精神統一、健康法）に参加し（入会したという意識はない）、二年程関係していたが、その時知り合いになった倉持良恵の勧めによって、次男を治したい一心で一九五七（昭和三二）年に大本に入信した。倉持は先述したように、一九五七年に一時期離れていた大本に再入信したばかりであった。

倉持良恵が二代教主出口すみの羽織の端切れで寝ていた次男の頭を何回もなでてくれたことがあるが、次男がその時「ああ気持が良い」と言ったのが、悦子は母親としてとても嬉しかったという。悦子はこの年に、次男の病気平癒を祈って、付近の不動の滝で大寒の頃滝行もしている。この時親切にしてもらったことで、悦子は生き方に影響を与えた人として倉持良恵を挙げている。次男は一九五九年に九歳で死亡したが、良久、悦子ともに、この出来事が人生で最も苦しかったことと位置づけている。次男の闘病中は、よいといわれることは何でも行い、医療費も嵩み、経済的にも苦しかった時期であった。経済面は一九六一年から悦子が機業の自営を始めてから好転していった。

しかしながら入信したものの、母があまり賛成していなかったことと、家の宗教を変えることへの抵抗で、大神奉斎には入信後約一〇年の年月を要した。教えにも納得して次第に信じることができるようになり、さらに一九六五年に良久の兄（悦子の姉の夫）が難病にかかった時に、本部の人が病院まで行って祈願をしてくれて治った（五年後に死亡したが、寿命を延ばしてもらったと感じている）ことを契機に、同年大神を奉斎するに至り、一九六八年には祖霊復斎をした。おかげとしては、次女の登校拒否がなおった（一九七一年）、短大在学中の長女の病気が遠隔祈願をしたら治った（一九七三年）、次女が交通事故を起こして車はつぶれたが傷はなかった（一九八二年）ことに言及している。現在では夫妻ともに人生上の転機を大本入信に求め、次男の死のショックからも大本を心の支えとして徐々に立ちなおることができ、気持が不安にならず自暴自棄にならないという。

表3にみるように、定位家族において、良久は六歳の時に父を、一九歳の時に母を失い、悦子も一五歳の時に父を失っている。良久は悦子の家に養子に入り、のちに悦子と結婚した。子どもが四人いたが、長男は生後すぐに死亡、入信のきっかけになった次男の病気と死亡、次女の登校拒否など問題を抱えた。大本を心の支えとし、さまざまなおかげと位置づけている体験をしている。

昭和三〇年代の入信者は、二〇年代とは異なり、糸忠ではないルートでの導きである。事例7の藤山孝夫・玲子は、親戚の事例3の藤山尚江から誘われた時に、玲子は病弱であるという身体的問題を抱えていた。その後も娘の病気の好転などおかげの体験をしている。事例8の石野良久・悦子は倉持から誘われた時に、次男の病気という深刻な問題を抱えていた。昭和三〇年代の入信者は、本人や家族の肉体的剥奪という状況で誘われて入信したのであり、大本の支部長であり、かつまた地域社会の有力者である糸忠の導きが前面に出た昭和二〇年代の入信者と異なる状況がある。これは、糸忠が機業地において占める位置づけの推移と関連している。

(三) 二代目の信者（四例）

事例9～12は親世代から信仰を受け継いだ二代目の信者である。この中には二代目として社会化された者（事例9夫、事例10妻、事例11夫妻）と、結婚によって大本にふれた者（事例9妻、事例10夫、事例12）の二つのタイプがある。なお入信年には入信決心の時期をとった。表4は定位家族と生殖家族での危機的出来事、信仰に対する熱心度の推移に関する表である。

事例9　倉持利雄・恵子

倉持利雄の両親は倉持彦蔵と良恵で、前述したように、彼らは一九二九（昭和四）年に大本に入信し、A支部の基礎を築くが、弾圧によって大本を離れ、その後真生会の中心人物として活躍した。一九五七（昭和三二）年に大本に再入信し、彦蔵は一九五八年より一九六七年に死去するまで、A支部の支部長の役についた。

利雄（五五歳）は七人きょうだいの六番目の三男として、一九二八（昭和三）年にA町N地区で生まれた。長兄と次兄が亡くなったので実質的に長男の役割を担っている。子どもだった頃の大本に対する印象は、父母から礼拝するように言われたが、子ども心に神を拝むのが恥ずかしく、また弾圧前には狐が憑いているという人などを父母が預かって同居させていたので恐ろしい感じをもっていた。弾圧時は七歳だったこともあるが、それに伴う辛い経験はしていない。戦時中は学徒動員により舞鶴に行き、電気関係の作業に従事した。当時家では軍関係の仕事をしていたので、倉持の息子ということで苦労はなかった。戦後京都の私立大学に編入学し、一九四九（昭和二四）年に卒業してからは、家業の電気工事に従事して今日に至っている。

利雄は人生上の転機を一九四九年に真生会で改名したことに求め、以前は陰気と受けとられることが多かったが改名によって明るくなり、商売上プラスとなったと位置づけている。当時は大学を卒業して家業に入るという役割の転換期でもあった。利雄は一九五六年、二八歳の時、五歳年下の恵子と結婚した。

恵子（五〇歳）は六人きょうだいの二番目の長女として、一九三三年にA町N地区で生まれた。高校卒業後洋裁学校に一年間通い、結婚までは洋服の仕立てをしたが、結婚後は家業の事務を手伝っている。恵子は宮津市の高校（ミッションスクール）在学中、シスターでもあった教師の影響でキリスト教の洗礼を受けていた。結婚の翌年に倉持は大本に再入信し、さらに翌年からは支部が自宅に置かれるようになった。このことが恵子にとって、自己の信仰であるキリスト教と家の宗教としての大本の間に葛藤を生むことになった。恵子は当初それに反発し、三女（一九六九年生）を除いて、長男（一九五七年生）、長女（一九五九年生）、次男（一九六一年生）、次女（一九六四年生）にはキリスト教の洗礼を受けさせ、第一日曜に自宅で行なわれる支部の月次祭にはその準備は手伝うものの出席はせず、子どもを連れて教会に行っていた。当時は利雄も親の信仰には反発していた。

夫妻ともに大本への入信を決意したのは、一九六七（昭和四二）年に利雄の父の彦蔵が死去（母の良恵は当時七四歳）し、家屋の大きさ、経済力、反対者がいないということで利雄が支部長になったことによる。恵子も舅の死を機会に、子どもの教育にも悪影響を与えるし、家業の繁栄のためにも心を一つにしなければいけないと、キリスト教も大本も神を信仰する宗教である点は同じと心の中で折り合わせ、だんだん教会に行くのも遠のいた。恵子はしかし未だに心の中では葛藤がある様子で、支部長の妻としての役割は演じているが、内面的には部外者の立場をとっている。

最も苦しかったこととして、恵子は自分の信仰と婚家の宗教の違いをあげ、さらに人生上の転機として、口八丁手八丁の姑につかえ、宗教も異なり苦しかったが、現在はよい勉強をさせてもらったととらえるに至っている。また利雄は

信仰に対する熱心度の推移

事例		定位家族での出来事	生殖家族での出来事	熱心度の推移(自己評定)
11 岡村泰和	出生年 1937 (45歳) 結婚年 1960 (23歳) 入信年 1958 (21歳)	・父の死(1958,泰和21歳) ・大本本部での奉仕(1958～60)	夫＊・夫の母の癌による死亡(1961,55歳) 妻＊・経済的困窮：家新築の借金(1960～)＋夫の父の死亡(1958)＋夫の母の入院,死亡(1961)＋夫の弟,妹の教育期＋子どもが3人年子で出生(1960～65)	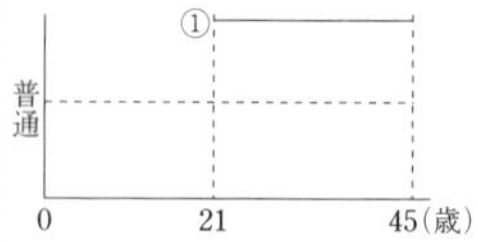 〈移行理由〉 ①本部での修行で教えに確信を持つ(1958) 本部奉仕(1958～60)
11 岡村智子	出生年 1936 (46歳) 結婚年 1960 (24歳) 入信年 1955 (19歳)	・空襲による家の焼失→疎開 ・父の死(1946,智子10歳) ・大本本部での奉仕(1955～59)		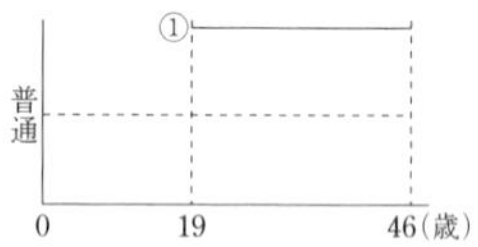 〈移行理由〉 ①本部奉仕による入信決意(1955)
12 副田晶子	出生年 1935 (48歳) 結婚年 1955 (20歳) 入信年 1964 (29歳)	・本人の乳かっけによる病弱(1935～54)	・義姉の娘(養女)を3歳から育てる(1955～72) ・義姉の娘の交通事故死(1972,20歳) ＊・義姉の娘と財産をめぐる義姉,義兄との人間関係(1955～現在) ・本人の高血圧,貧血(1955～現在)	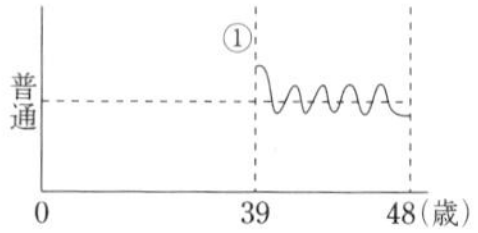 〈移行理由〉 ①次男ひきつけの際,神の声を聞く(1964) 注1)最大問題の当事者である支部メンバーの義姉と会うのがいやで舅の死後(1970～)支部月次祭不参加。 注2)熱心さは毎日気分によって変わる

注)＊は人生の中で最も苦しかった出来事

表4　二代目信者にみる危機的出来事・

事例		定位家族での出来事	生殖家族での出来事	熱心度の推移(自己評定)
9 倉持利雄	出生年 1928 (55歳) 結婚年 1956 (28歳) 入信年 1967 (39歳)	・長兄生後75日で死亡 ・丹後大震災で祖父母,兄,姉,死亡(1927) ・学徒動員(1944～45)	・夫の緑内障(1976～現在,1981に右目手術) 夫＊・次女の非行と高校中退(1981) 妻＊・妻と姑との人間関係(1956～74) 妻＊・妻の自分の信仰(キリスト教)と家の宗教としての大本との葛藤(1957～現在,とくに1957～66)	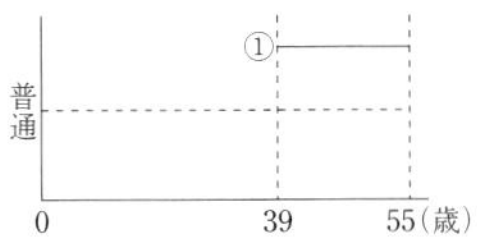 〈移行理由〉 ①父の死亡により,支部長就任(1967)
9 倉持恵子	出生年 1933 (50歳) 結婚年 1956 (23歳) 入信年 1967 (34歳)			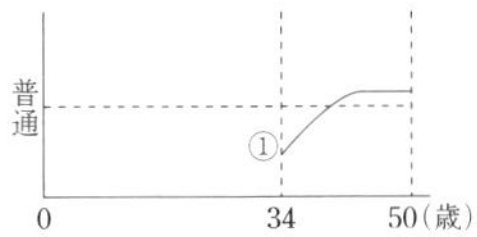 〈移行理由〉 ①舅の死と夫の支部長就任(1967) 注)形の上では熱心だが,精神的には葛藤がある
10 大谷秋夫	出生年 1925 (58歳) 結婚年 1952 (27歳) 入信年 1957 (32歳)	・海軍志願による兵役(1941～45)	・夫は再婚,妻は4歳年上 ・妻の病弱(1952～59) ・子どもができないので,種子として他人の子どもを育てる(1955～63) 夫＊妻・結婚7年後に長男誕生(1959) ・長女の腎盂炎(1971,10歳)	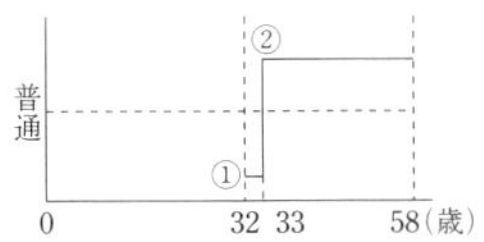 〈移行理由〉 ①妻の父母の再入信に伴い入信(1957) ②修行に行き教えに納得,子どもをさずかる(1958)
10 大谷佳子	出生年 1921 (62歳) 結婚年 1952 (32歳) 入信年 1957 (36歳)	・長兄生後75日で死亡 ・丹後大震災で祖父母,次兄,姉,死亡(1927) ・本人の病弱(1921～51)		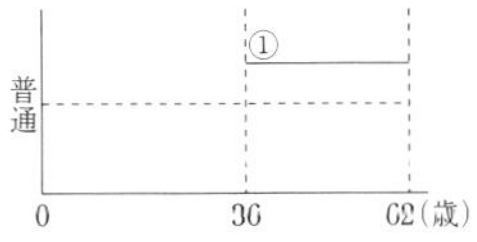 〈移行理由〉 ①父母の再入信に伴い入信(1957)

次女が二年前から親に反発して非行に走り、高校を中退したことを最も苦しかったこととして言及している。このことの相談に大本の人のみならず、真生会当時知り合った霊能者を尋ねている。利雄は一九七六年に緑内障にかかったが、この時にも真生会の霊能者に相談している。

利雄は一九七四（昭和四九）年に母が亡くなった後は、名実ともに支部長の任にあたってはいるが、大本に修行に行ったことはなく、神諭や霊界物語も年一、二回の拝読会の時に読むのみで、信仰受容の内実については問題なしとはいえない。表4で熱心度の推移をみても、支部長に就任してから同じ程度の熱心度と自己評定しており、支部長の役割を受けて以降、年月の経過とともに熱心度は上昇せず、変化がないということは、自らの信仰となるには至ってないことを示唆する。恵子の場合も、支部長の妻としての役割を果たしているにすぎないことを物語っている。この事例は、支部長の家であるという要因が、父の死という通例的出来事に伴う役割移行に際して、「家の宗教」として大本を受け継ぐに至らせた事例である。

事例10　大谷秋夫・佳子

大谷佳子（六二歳）は一九二一（大正一〇）年に、倉持彦蔵・良恵の長女としてA町N地区で生まれた。事例9の倉持利雄の姉である。佳子は子どもの頃から虚弱で、高等小学校卒業から現在まで仕事をした経験はない。倉持彦蔵・良恵が大本や真生会にかかわった要因の一つとして佳子をめぐる問題があった。

秋夫（五八歳）は八人きょうだいの六番目の四男として、一九二五（大正一四）年にA町の隣のY町で生まれた。秋夫は高等小学校卒業後京都に出、丹後ちりめんの卸問屋に勤務しながら商業学校の夜間部に通学した。太平洋戦争が始まった一九四一（昭和一六）年に一六歳で海軍を志願、名古屋、横須賀などで通信関係の任務についた。終戦後も一九五〇年まで舞鶴で復員局に勤務、その後、故郷のY町に帰り、一年間農業をした。秋夫は一九五〇年に、人のためになる健康法なのでやろうと思い、真生会に入会した。一九五二（昭和二七）年に真生会の人の世話で佳子と結婚し、A町N地区に移った。秋夫は再婚で妻の佳子は四歳年上であった。これ以後、秋夫は妻の実家に勤務して電気工事にたずさわっている。戦争体験については、海軍で学んだ技術が現職に役だっているとプラスの評価をしている。戦争がなければ京都で繊維関係の仕事をしていただろうと秋夫も言うように、戦争は職業上および地域上の移動をもたらし、さらには大本との出会いの遠因となった。

大本には、佳子の実家の倉持が一九五七年に真生会から大本に移ったのに伴って、半ば強制的に導かれ入信した。佳子は戦前の大本弾圧前には、子ども心に自分のために父母が入信し真剣に信仰しているのだから、自分も真剣にやらねばならないと思っていた。秋夫は小学生の頃に起きた弾圧事件を覚えており、大本に対して悪い印象をもっていたので、入信後一年間は反発していた。しかし本部に修行に行ったところ、教えに納得する部分があり、一年後に大神奉斎と祖霊復斎をした。

秋夫と佳子には結婚後七年間子どもができず、勧められて「種子」として他人の男の子を二歳から八歳まで育てたこともあり、佳子はこの問題で拝み屋を尋ねた経験もある。秋夫・佳子ともに最も苦しかったこととしてこの出来事を挙げている。大本に入信二年後の一九五九年、秋夫三四歳、佳子三八歳の時に長男が、一九六一年には長女が誕生した。二人の子どもは同月同日に生まれたこともあって、両者はこれを入信による「おかげ」と受けとめている。また、長男出産後、佳子の体も丈夫になった。長女は一〇歳の時腎盂炎にかかったが、彼らは大本に祈願を依頼する一方、氏神参りをし、長女は徐々に元気になり学校にも行けるようになった。この氏神参りによって秋夫は霊界の実在を感じるようになった。また佳子は、この経験を自分が親にかけた心配を今度は親の立場で自分がしているととらえている。経済的には苦しい時期はない。

この事例は二代目に分類した他の事例と異なり、大本信者の親とは別世帯である。しかし、佳子の実家は秋夫の勤務先であるという依存関係があるうえ、歩いて一分とかからない近所に居住し、その影響力は強い。子どもの誕生という最大問題の解決を入信後まもなく経験し、その点では事例9の倉持よりも内発性がみられるが、基本的には秋夫と佳子も言うように、支部長宅である倉持の信仰についていったという面が強くみられる。しかしながら、表4で熱心度の推移についての自己評定をみると、佳子の場合は、父母の入信についていっただけで、その後変化はみられないが、秋夫の場合は、修行に行き教えに納得したことと、子どもをさずかったことで、妻の実家の信仰を受け入れる決心をしたことが示されている。

事例11　岡村泰和・智子

岡村泰和（四五歳）は三人きょうだいの長子として、一九三七（昭和一二）年にA町N地区で生まれた。父の職業は鍼灸師で、母は機業に従事していた。父母は一九三二（昭和七）年に大本に入信した。父の妹が綾部の本部で奉仕をしていたのを父が連れ戻しに行ったが、逆に入信して戻り、次いで母も入信したのである。戦後一九五一（昭和二六）年に再入信するが、この時一四歳だった泰和は父母や臼井芳野（事例1）と一緒に綾部に行き、出口すみがかき餅を焼いてくれて、それをご馳走になったという思い出をもっている。その当時もおぼろげながら親のやっていることだから間違いはないと思い、家庭で日ごろ信仰の話を聞く中で神や霊界の存在を信じるようになった。

高校卒業後、大学受験を目指したが失敗し、浪人中に父の勧めで大本本部に修行に行った。一九五八（昭和三三）年のことである。修行をとおして大本の教えに納得し、自らの意思による入信を決意した。泰和は人生上の転機として、大本への入信を挙げている。泰和は同年五月から二年間本部で奉仕をした。同年一二月に父が死去したが、泰和は奉仕を続けた。神苑整備の肉体労働を数ヵ月した後、厚生課に配属され、英国人のエスペラント語教師や文化教室の世話、そして英語の初級講座の担当もした。奉仕中、出口栄二の講話を聞いて、教えを中心にしながら社会との関連で視野を広げていく考え方に感銘したという。奉仕中に、同じく奉仕に来ていた現在の妻である智子と知り合い、このまま奉仕を続けていきたいが結婚しても本部内に住めるかどうか本部に打診したところ、かんばしい答が得られず、一九六〇年に自宅に戻り町役場に就職した。翌年に母が死亡した。このことが前もってわかっていたから、自宅に帰るように導かれたのではないかと泰和はとらえている。

智子（四六歳）は六人きょうだいの末子五女として、一九三六（昭和一一）年に、神奈川県横須賀市で出生した。父は海軍中尉で、横須賀の海軍機関学校時代の大正初年に父母ともに入信した。一九四〇年に東京に移ったが、家が空襲で焼けたため、一九四四年に父の生家のある岩手県釜石市に疎開した。父は一九四六年に六〇歳で死亡した。智子は子どもの頃から大本の教えの話、出口なお、王仁三郎、すみの話を聞いており、その話を聞くと子ども心に不思議に暖かい感じがし、また、親からの話なので信じたという。釜石で高校を卒業した後、巡教に訪れた出口栄二の勧めもあって、一九五五年三月に修行に行った後、四月から一九五九年六月までの四年間、奉仕を続けた。智子は内事課で出口栄二・直美夫妻の家庭の手伝いをしたが、明るい家庭で、暖かい分け隔てのない教えそのままの日常であったという。このような体験の中から自分が変わっていかなければならないと思うようになり、教えについていく決心をしている。智子は人生上の転機を奉仕に求め、その理由として、栄二、直美夫妻と出会ったこと、奉仕により健康になったこと、性格的にも神経質であったのが楽天的でほがらかになったこと、さらには泰和と知り合ったことを挙げている。智子は一九五九年に釜石に戻って医療事務に従事したが、翌一九六〇年に三回目の修行の後、泰和と結婚した。泰和は二三歳、智子は二四歳であった。

結婚翌年の一九六一年には、泰和の母が八ヵ月の闘病生活ののち胃癌で死亡した。享年五五歳だった。泰和は人生で最も苦しかったこととして、母の死に言及している。また、一九五五年に家を新築した際の借金を残したまま、一九五八年に泰和の父が死亡し、一九六一年には、母の入院、死亡が重なった。結婚時には泰和の妹は一三歳で教育期に当り、さらには一九六二年に長女、一九六三年に次女、一九六四年に三女と次々に子どもが年子で生まれ、一九六〇年から一九六五年にかけての五年間は経済的に苦しい時期であったと夫妻ともに認めている。借金は泰和が返済していった。智子は子どもが生まれるまでは医療事務の仕事をしていたが、それ以降は働いておらず、主婦業である。なお、泰和・智子夫妻には六人の子どもがいるが、四女は一九六九年に、長男は一九七二年に、五女は一九七九年に出生している。

生き方に影響を与えた人として、泰和は大本の教えを形成した人という意味で出口なおと王仁三郎、そして出口栄二を挙げる。智子は出口栄二と直美を挙げ、大本に対する思いは夫妻ともに強い。泰和は教義（とくに世の発生からの体系的説明）に関心をもっている。「おかげ」としては、日々の暮らしの中におかげがあるとしながらも、両者ともに泰和の母が胃癌でも苦しまずに安らかに亡くなったこと、智子の母が死亡した時に死後硬直がなかったこと（大本では信仰していれば死後硬直がないといわれている）に言及している。

表4で熱心度の推移をみると、泰和、智子ともに熱心度は高く、それを維持している。泰和と智子は、ともに二代目の信者であるが、家庭内での宗教的社会化がうまくいっていたことが素地となって、泰和は浪人中、智子は高校卒業後すぐという、多感な、青年から成人への移行期に、長期間の本部奉仕によって自らの意思で入信した事例である。

事例12　副田晶子

副田晶子（四八歳）は五人きょうだいの四番目の四女として、一九三五（昭和一〇）年にA町の隣のY町で生まれた。高校卒業後、機業に従事し、一九五五（昭和三〇）年に二〇歳で結婚した。夫は七歳年上で、農業のかたわら工務店に勤務する大工である。夫は三男であるが、長兄が戦死し次兄が他出したため、跡をとったので、結婚当初から舅と同居した。結婚時にはこのほか義姉と当時三歳になるその娘（義姉の私生児）も同居していた。

舅は一九五一（昭和二六）年に近所の糸忠の導きで大本に入信していた。舅の入信動機について、バクチ好きで妻をひどい目にあわせたため、妻がノイローゼになって一九三二（昭和七）年に四三歳の若さで死んだのを自分の責任と思い、苦しんでいたのではないかと晶子は推測している。結婚後晶子は舅から大本の話を聞くが、当初は嫌だという気持が先に立ち、信じる気持は全くなかった。

一九五五年に長男、一九五八年に次男が誕生した。次男が六歳の時、不思議な出来事があった。次男がひきつけをおこした折に、「子どもがひきつけた。早く桜井医院に連れて行け」と響きのある大きな声が聞こえ、見ると次男がひきつけを起こしていたのである。次男はひきつけを起こしてから体調がすぐれず、次男を助けたい、自分も精神的に助かりたいと願う晶子はこれを神の声と受けとめ、大本に修行に行く決心をした。一九六四（昭和三九）年のことである。晶子はこの時を自分の意思での入信ととらえている。結婚当初同居した義姉は娘を置いてすでに大阪に他出しており、晶子がその娘を育て、よくなついていた。しかし、一九六四年当時、夫の長姉（事例6　新井とき）と娘（後の養女）の母親である大阪に住む義姉、舞鶴に住む義兄との間に、その娘のことや家の名義にかかわる財産問題（舅が家の登記を夫と晶子の二人の名義としたことが義姉、義兄にとっておもしろくなかった）をめぐって争いが起こっていた。夫も冷たく誰も自分の見方にはなってくれず、何度死のうと思ったかもしれない状況下での前記の不思議な出来事が、入信への引き金要因となった。

一九七〇年には舅が死亡し、葬儀は大本葬で行なった。二年後の一九七二年には何かにつけて争いの種であった義姉の娘が二〇歳で交通事故死した。義姉の娘が高校生の時に入籍し、正式に養女としていたが、死の前年にはその娘の親権をめぐって裁判調停まで行っていた。死後も交通事故の保険金のことで争いがあり、また法事をどちらで行なうかでも揉め、義兄、義姉たちとの人間関係の問題はその後も継続中である。しかしここ二、三年は夫との関係が好転し、結婚後一番幸せな時期であるという。この親戚との争いを晶子は結婚後最も苦しかった出来事として、また人生上の転機ととらえている。

前掲の表1にみるように、晶子は毎日大神や祖霊に対して礼拝はしているが、大本信者の基礎要件の更生奉仕金も納入せず、また活動状況も低調である。義姉の新井ときと会うのがいやで、舅の死後は支部の月次祭にも全く参加していない。綾部の聖地で行なわれる大祭には年二回は行くと言うが、新井と会わないように日をずらしている。教典の『大本神諭』、『霊界物語』も読まず、他の定期刊行物も購読していない。

晶子の場合、大本を信仰する家に嫁ぎ、問題発生を契機として自分の意思で入信を決意するが、長期にわたって継続している義兄、義姉との人間関係の問題があり、その問題の当事者でありかつ熱心な大本信者でもある義姉との関係で活性化しない例である。晶子は、大本に対して心の中では非常に熱心、形式上は熱心でないと自己評定している。表4で熱心度の推移をみると、熱心さは毎日気分によって変わると答えてもいる。信仰を支える社会的基盤を欠いているので、たとえ心の中では熱心といっても、活性化は難しいと思われる。

五　むすび――危機への対処と家の宗教化による信仰継承

これまで入信年と世代に着目して、グループ分けし、事例ごとに大本とのかかわりの変化や、それとも関連するライフコース上の出来事の発生とそれへの対処について検討してきた。彼らの入信過程を出来事との関連でみると、ここで扱った一二事例一八名のうち、入信時に健康上の問題を抱えていたのは六名、人間関係の問題を抱えていたのは三名、役割移行時であったのが四名（すべて二代目）である。また入信時に彼らがもっていた問題に対して「おかげ」を得たり、不思議な体験をした者は一八名中九名いる。「おかげ」は病気治癒に関連したものが多く、また本部という聖地にかかわる不思議な体験も顕著である。とくに第二次弾圧以前の入信者は、皆入信に伴う不思議な体験をしている。入信後の信仰に対する取り組み方に変化を与えた要因は、表2～4に、信仰に対する熱心度の推移に記載した移行理由で示したとおりである。

ところで、初代信者と二代目信者とでは、前者が本人の入信への決断を要件とするのに対して、後者の場合、宗教的社会化や大本が家の宗教としての意味合いをもつことに留意しなければならない。また、初代信者の場合、第二次弾圧以前の入信者が、さまざまな苦難が継続する中で大本から離れなかった場合、「開祖さんの苦労を思ったら自分はそばにも寄られん（事例1　臼井芳野）」、「開祖さんのような道を歩ませてもらった（事例2　梅村ひで）」というように、開祖出口なおの人生が雛型としての具体的なイメージ形成力をもっていた。同じく初代信者であっても、戦前の入信者は大本の教えが筋がとおり曲ったことを言わないという厳しさにひかれたのに対し、戦後はむしろ円満な人格をもたらすおだやかさに強調点が移行している。なおの人生や、王仁三郎、すみというカリスマ的人物との接触、とりわけ、すみの母性、やさしさとの出会いは、とくに臼井の事例にみられるように、大本に対する宗教実践にもかかわらず、御利益を保証しないような出来事が継起することへの対処力を与えたとみることもできる。その他の事例では、問題状況が継続する中で、信仰を維持していく背景として、「身魂磨き」に収斂していく信念体系の存在を見逃すわけにはいかない。

次に事例全体を概観すると、ここでとりあげた家族のほとんどが通常の家族発達から逸脱している。すなわちモーダルな家族を対象とする家族のライフサイクル論からは抜けおちる事例という点が共通している。定位家族で父または母が死亡した者は、一八名中半数の九名（事例1、3、4夫、4妻、6、8夫、8妻、11夫、11妻）に及ぶ。このうち、本人が一〇歳以下で父または母が死亡した五名（事例1、3、4夫、8夫、11妻）には、とくにその影響が大きかったと思われる。この他その後の人生に影響を与えた発達上の出来事としては、兄の死によって実質的に長男となった者が二名（事例4夫、9夫）、養子に出た者が二名（事例5、8夫）いる。生殖家族で早すぎる子どもの死を経験したのは一二家族中四家族（事例1、3、6、8）、結婚後長期間たって漸く長子の出生をみたのは三家族（事例2、7、10）である。この長子出生の遅れとも関連して、このうちの二家族（事例7、10）は他人の子を養子として育てた経験をもつ。また先妻の娘を育てた者が一名（事例5）、義姉の娘を育てた者が一名（事例12）いる。再婚経験者は二名（事例5、10夫）である。こうした家族発達上の逸脱的出来事とそれに伴う常ならぬ苦難が、彼らを大本へ導いた大きい要因であることを指摘できよう。

逸脱は家族外の事件によって引き起こされることもある。そこで歴史時間と関連した全体社会、地域社会での出来事が個々人のライフコースに与えた影響について、鳥瞰しておくことにする。歴史的事件としては、全体社会にかかわる戦争、それに伴った思想統制による大本の第二次弾圧、地域社会レベルでは丹後大震災や機業を基幹産業とする地域特性ゆえの機業の好不況の波が、彼らの人生に直接・間接に影響を与えた。

これら事例にかかわる最も大きい歴史的事件は第二次世界大戦で、それが直接的に、もしくは地域社会を媒介として、家族や個人に問題を発生させた。戦争による影響は、当時一〇歳代末から三〇歳代前半までの徴兵対象年代の男性（調査時点で五〇歳代後半から七〇歳代前半）にとくに大きかった。それに該当する者は四人いる。戦争が地域移動と職業移動をもたらした西村信夫（事例4）と大谷秋夫（事例10）、戦傷によって現在にも尾をひく健康上の問題と職業移動を経験した石野良久（事例8）、職業移動と健康上の問題に加え、長子出生の遅れと兄の戦死によってその子を家族として迎え、家族構成が変化した藤山孝夫（事例7）がいる。西村と石野はのちに兵役前の職業と類似の職業（公務員）に復帰したが、両者ともその世話をしてくれた人を生き方に大きな影響を与えた人と受けとめている。職業上の変化は終戦時すでに三〇歳代半ばにあった藤山にとって一層厳しく、それによって経済的困窮も生じた。また女性であるが、満州からの引き揚げが、職業および地域移動をもたらし、夫の生家での一時同居による姑との葛藤が夫婦関係にも影響し、さらに経済的困窮に至った新井とき（事例6）の例がある。これほど直接的ではないが、空襲による疎開のために地域移動を余儀なくさせられた岡村智子（事例11）、戦中戦後の食糧事情等が兄嫁、姉、弟の病気とそれに伴う経済的困難をもたらした柴山康枝（事例5）、闇物資の取り締まりによる検挙が夫の精神障害を誘発した臼井芳野（事例1）がある。また、大本信者であるがゆえの弾圧は経済的な問題を抱えていた立場の弱い家族であった臼井には厳しかった。しかしS地区では、地域社会の有力者である糸忠の存在が盾となってさして影響を与えていない。

地域社会に起きた事件としての丹後大震災は、藤山尚江（事例3）と倉持（事例9の父母）に家族構成上の変化を、藤山孝夫（事例7）には職業および地域移動をもたらした。またこの出来事がA支部設立の遠因となった。戦後の混乱期やそれ以降に経済上の困難が生じた家族は、他の家族内要因が相乗しない場合は、一九五〇（昭和二五）年以降の機業の復興から好況期への突入を背景に、一般的には機業の自営開始という形で問題を解決していった（事例4西村、事例6新井、事例7藤山玲子、事例8石野)。また一九七三年秋のオイルショック後、機業は停滞に向かうが、オイルショックが引き金となって糸忠を倒産に導き、これが地域社会での大本に対する見方を変化させ、信者の大本に対する意欲にも影響を与えた。

彼らはこのような外的要因によって生じた出来事を含めて、彼らの人生に生起した諸々の課題に対処した。人生で最も苦しかった出来事は、前掲の表2〜4に＊印で記したが、すべて結婚後の生殖家族の出来事として言及されている。人生で最も苦しかった出来事としては、次のことが挙げられている。人間関係の問題(事例5 柴山の姑と夫との人間関係、事例9夫 倉持の次女の非行・同妻の姑との人間関係、事例12副田の義兄姉との人間関係)四名、経済的問題(事例4妻 西村、事例11妻 岡村)二名、本人または家族員の病気五名(事例4夫 西村の妻の病気、事例7夫 藤山の自分の病気・同妻の自分の病弱、事例8夫妻 石野の次男の原因不明の病気と死)、家族員の死三名(事例3藤山尚江の夫の交通事故死、事例6新井の夫の交通事故死、事例11夫 岡村の母の癌による死)、子どもの出生の遅れ一名(事例10夫妻 大谷)である。問題が複合し、人間関係の問題、病気、経済的問題が複雑に分かちがたく絡み合い、一つに限定できない事例に、事例1(臼井芳野)と事例2(梅村ひで)がある。

問題間の相互関連や内容、信仰とのかかわりなどの細部については個々の事例にゆずるが、ここでは大本入信が問題に対する危機対処能力をどのような形で高めたのかという点に焦点を置いて論述していくことにする。

これらの事例の中で、とりわけ長期間にわたって困難を抱えたのは、事例1と事例2である。事例1の臼井芳野の場合、夫の家庭内暴力とアルコール依存が結婚当初から続き、戦後の混乱期の闇物資取締りによる検挙が潜在していた夫の精神障害を誘発し、それがさらに暴力とアルコール依存を激化させ、家族の扶養責任を放棄させるに至った。また、父の暴力に対する子どもの対処行動とみることもできるアルコールへの逃避が、子どもに病気や精神障害を引きおこし、ますます危機状況が悪化していった。他者からの援助は全くなく、家族内の人間関係に問題があるため、当然、家族の凝集性を欠いていた。また子どもが成長後もアルコール依存によって職が定まらず、経済的な役割代替能力を欠如していたので、芳野への経済的な負担は増加していった。芳野は複合し絡み合うこうした困難を、自らの背負っている因縁を取り払うための「身魂磨き」として受けとめ、大本の教えを支えにして、働くことで乗り切っていった。

事例2の梅村ひでの場合も、夫のアルコール依存、浮気、浪費による借金、労働意欲の欠如という要因が経済的困窮を生んだ。この場合も問題は夫にあり、危機への対処行動としての機業自営と、時期尚早の作業場新築による借金が、さらに経済的問題を悪化させた。子どもが成長するにつれて働き手となり、援助源とはなったものの、子どもの出生の遅れがその発現を遅らせた。家族外からの援助はなかった。ひでの場合、「世にひとつとない苦労をした」とされる大本の開祖出口なおの生涯を雛型とし、また、若い時に女子青年団の支部長になったことを誇りとしており、困難が継続する中でも自らを支えるものとして機能したと思われる。

事例1と事例2では、家族内に危機の原因があり、それが未解決のままで、対処行動も危機を培加するように作用した。本人自身が働き抜くという唯一の個人的資源と、苦難に対する宗教的価値による意味付与により乗り越え、宗教が危機対処能力を高めたといえる。

他方、別の意味で大本の信仰が困難を乗り切らせる資源として働いた事例がある。事例11の岡村智子の場合、結婚時の一九六〇年から一九六五年まで経済的困難が続いた。結婚前の一九五八年に舅が家の新築によるローンを残して死亡し、一九六一年には姑が癌で八ヵ月の入院の後死亡した。さらに一九六二年から一九六四年にかけて子どもが年子で三人誕生したうえ、義妹も中学校在学中だった。家のローン返済という問題に、早すぎる舅姑の死と家族発達上の出来事が相乗したことによる経済的危機である。外部からの援助はないが、夫が公務員で生活上の一応の安定は保っていた。

夫とは大本本部での奉仕中に知り合っての恋愛結婚で、夫婦仲もよく、大本の信仰が家族の統合性・凝集性に寄与した。

事例8の石野良久・悦子の場合、最も苦しかったこととして挙げた次男の原因不明の病気をきっかけとして、倉持良恵に導かれて大本に入信した。石野は入信によって倉持という情緒的支援者を得、次男はその後亡くなったものの、人生の転機を大本入信に求め、次男の死からも信仰を支えに自暴自棄にならずに立ち直ることができたという。

以上の考察から、信仰が危機への対処過程での認知面にプラスに影響し、前向きに困難を乗り越えようとする力を与えること、信仰が家族内の統合性・凝集性に寄与し、また、入信によってネットワークが拡大して対処能力を高め、危機を乗り越えやすくすることが見出せる。

しかしながら、困難な出来事が発生して、大本の信仰から離れることを促した場合もある。事例4の西村雪野の場合、最も苦しかった出来事として、経済的問題を挙げる。一九七五年に親戚関係にある糸忠が倒産し、夫が保証人になっていたために借金をかぶったばかりでなく、糸忠の出機をしていた雪野は職を失った。さらにこの時期は、次男が京都の私大に在学中という家族発達上の出来事とも重なっていた。これに対して、雪野は機業の自営を始めることによって対処したが、不況のためあまり効果はあがらず、最終的には一九八一年に夫の退職金をつぎこむことによってようやく借金を完済した。夫の弟はこの事件で自殺し、外部からの援助はなかった。雪野はこの出来事以後、大本から精神的にも離れることになった。これは地域社会の有力者で親戚でもあり、大本への導き手でもある糸忠の倒産に起因する経済的問題が、大本の信仰に対してはマイナスに働いた。また、事例12の副田晶子の場合、義姉の娘をめぐって、義兄と二人の義姉との人間関係の問題を最も苦しかった出来事として挙げる。義姉の一人が大本信者であるので、支部で顔を合わせるのがいやで、大本の活動からは遠のいている。これらの二つの例は、危機的出来事の原因が他の大本信者にかかわるものであるため、困難な出来事の発生が大本から離れさせるように働いた。

最後に、A支部の今後のゆくえとも関連して、信仰継承と大本の家の宗教化の問題を検討しておきたい。A支部の構成員の年齢階層をみると、七〇歳代五名、六〇歳代四名、五〇歳代六名、四〇歳代三名である。四〇歳代はすべて二代目の信者である（前掲の表1参照）。このように構成員はかなり高齢の域に入っており、また、ここで扱ったA支部の事例からもわかるように、入信年では第二次弾圧前の昭和初年の入信者が三事例三名、昭和二〇年代後半から三〇年代前半（一九五〇年代）が五世帯八名、二代目の信者四世帯七名であり、初代目の信者の入信は一九五〇年代で終了しているとみることができる。すなわち、A支部の外に向かっての布教力は弱く、したがって今後は信仰継承の問題がクローズアップされざるをえないと思われる。

大本では大神と祖霊に対する礼拝を日常的かつ基本的な信仰活動とする。とくに後者に関連した大本の祖先祭祀に対する独自の解釈や方法、さらに大本葬という自前の葬儀様式をもつことは、大本が創唱宗教でありながら家の宗教への道筋を辿りやすいことを意味している。

A支部では、大神奉斎のみの事例7を除く、一二世帯中一一世帯が大神奉斎と祖霊復斎をしている。これらに対する礼拝も毎日の日課として行なっている。A支部では事例8を除き、入信後あまり期間をおかずに大神と祖霊とを同時に奉斎している。以前から神棚や仏壇がない場合は大神、祖霊ともに祀りやすく、また大神奉斎はどちらかというと個人の宗教としての側面にかかわるものであるため、ほとんど葛藤はないが、祖霊復斎については、既存の仏壇があり、大本信者ではない親と同居している場合は、家の宗教との関連で問題が生じている。[19] 入信後、すでにあった仏壇をとり払ったのは三世帯ある。事例4は大神奉斎、祖霊復斎は入信時に行ったが、仏壇は同居していた母の死後とり払った。事例8は反対していた母を説得し、また自らも当初から大本を個人の信仰としてよりも、むしろ家の宗教としてとらえ、家の宗教を変えるという点で逡巡があった末にとり払った。これらの事例ではまず大神奉斎をし、次に仏壇を廃棄すると同時に祖霊復斎をした。なお、事例7はいったん戦死した兄を祀る仏壇を廃棄して祖霊復斎を行なったが、末子なので仏が迷うからしない方がよいと言われて、一九八二年に祖霊復斎をやめたものである。大神祠・祖霊舎に神棚・仏壇が並存しているのは一世帯（事例3）、仏壇だけあるのは一世帯（事例2）である。

葬儀を大本葬で行なった経験をもつのは、葬式経験のない三世帯を除いた残りの九世帯中七世帯（事例1、2、4、6、9、11、12）である。対象者が大本信者の場合は当然ともいえようが、早世した子世代の葬儀に親の意向が反映しているのはもとより、事例2（姑は天理教信者）、事例4（母は仏式でしてほしいと希望）のように、夫婦ともに大本信者であった場合、死者の意思が無視される傾向も見出せる（事例4については、親戚である糸忠の意向もあった）。

この点は逆にみれば、今後、自己の死に際して大本葬を行なえるか否かが、子世代への信仰継承にかかっていることを意味しよう。信仰継承の可能性については、「可能性あり」というのは三世帯（事例2、6、11）で、「可能性なし」が六世帯（事例1、3、4、5、7、12）、「わからない」が三世帯（事例8、9、10）である。子どもの継承の可能性がありとする三世帯は、すべて今後の葬儀は大本葬で行なうつもりであるのに対して、継承可能性のない六世帯の場合、その内訳をみると、二世帯は本人の意思により大本葬（事例1、5）、二世帯は大本葬を希望するが施主次第でわからない（事例3、7）、二世帯は仏式（事例4、12）である。子どもが信仰継承するかどうかわからない三世帯は、大本葬（事例9、支部長宅。ただし妻は長男が信仰を継承するかどうかにかかっていると述べている）、大本葬を希望するが施主次第（事例8、10）となる。全体として、大本葬を行なえるか否かは、本人の意向よりもその家を継ぐ子どもが大本を継承するかどうかに依存する度合が高い。「可能性なし」のうち、本人の意思により大本葬という二例は、事例1は一人暮らし、事例5は夫婦のみで子どもとは同居していない。葬儀を仏式で行なうという二例は、大本葬（その後の法事も）だと近所づきあいができなくなるということである。これは、祖霊復斎が家の内部のことであるのに対し、葬式は地域社会とのかかわりが深い社会的なイベントであるからと思われる。

A支部の今後の存亡は信仰が継承されるか否かにかかっている状況である。しかし、子どもの継承可能性ありと答えているのは一二世帯中三世帯にすぎない。体調がすぐれない等の理由で高齢化とともに信仰活動が不活発になる根底には、子どもが信仰を継承せず、自分が祖霊として祀られる立場になった時に、祖霊復斎の永続性を保証できないということも一つの要因として働いていることを示唆している。大本への信仰が他の新宗教と比べて夫婦単位になりやすい点も、大本のかかる側面と結びつくものであろう。反面、大本が家の宗教と受けとめられやすいことは、二代目の事例で検討したように、大本の信仰の家族内での継承に役立つ場面もある。実際、A支部は倉持と糸忠という強力なリーダーの存在とその交代で支部を維持してきたが、糸忠が倒産によってA町を離れ、今日では事例9の倉持利雄・恵子夫妻が支部を運営している。先述したように、役割移行が利雄に入信と支部長になることを決心させ、妻の恵子は自らのキリスト教の信仰と家の宗教である大本との長年にわたる葛藤状況を、支部長の妻になるということで折り合いをつけたのである。しかし、「家」が解体し、戦後の価値観によって教育をうけた子世代にとって、果たして今後も家の宗教としての継承が可能かどうかは疑問視されるところである。

【註】

（1）大本信者を対象として選択した主な理由は、全体社会の状況が人々の人生に与えた影響を考察するにあたり、大本信者が一九三五（昭和一〇）年に、信者であるがゆえに受けた宗教弾圧（第二次大本教事件）に着目して、邪教視に伴う迫害、強制された信仰上の空白期間という歴史的出来事が、彼らの人生にいかなる影響を与え方向転換を促したのかという問題を設定したからである。

(2) A町は大本の本部（聖地）がある綾部市からは急行で一時間四〇分、亀岡市の本部（聖地）からは二時間四〇分の距離にある。

(3) 丹後機業の現状、歴史等については、丹後織物工業組合 1973、および「転機に立つ丹後織物」（『毎日新聞京都府版』一九八〇年八月二六日～一九八一年二月二五日に至る特集記事）を参照。

(4) A町近辺では、どんな新宗教でもまずA町の機業世帯から入ってくるという。A町における新宗教のはやりすたりの波を戦後に限って概観すると、一九五〇～六〇年にはフット教（出雲大社教厳大教会、別名後藤神社。与謝野郡野田川町で霊能者後藤トミが創設。息吹による浄めを行ったのでフット教とよばれた）、一九五五～六五年には霊友会、一九五五～七〇年には生長の家、一九六〇～七五年には創価学会、一九六五～一九七五年には世界救世教がはやった。調査時点の一九八〇年代前半には、大山祇命《おおやまねずのみこと》神示教会がはやっていた。この宗教は一九七六年からA町への布教が始まり、信者千二百名ほどで、その八割が機業関係者だという。また天理教の分教会はA町に九つあり、一番早い教会は一八九四（明治二七）年創立である（隣町の天理教分教会長岡本峰雄氏、出雲大社教厳大教会後藤堯氏、大山祇命神示教会信者T・S氏からの聞き取りによる）。

(5) 丹後地方における支部等の推移を第二次弾圧以前の一九三二（昭和七）年と一九八〇（昭和五五）年の支部所在地一覧によって比較してみよう。弾圧以前には一分所七支部あったが、現在では二支部四会合所である。弾圧後も存続したものでも分所が支部に、支部が会合所へと規模が縮小し、弾圧前と同じ規模を保っているのはA支部のみである。なお原則として支部は大神奉斎世帯が一〇世帯以上、会合所は三世帯以上である。

(6) A町における大本の展開に関して詳しくは、渡辺 1987を参照。

(7) 「入信」、「再入信」は教団用語である。著者の定義からみても入信というべき場合もあるが、おおむね入会とすべきであり、その間の区別はあいまいとならざるをえない。入信（入会）と表記するのが事実に近い。しかし、それでは煩雑であるので、教団の用法に従い、以下、単に入信と表記する。

(8) 糸山忠左衛門・茂子の入信動機については不明だが、梅村ひでによると、ひでが本部での修行から帰って「人類愛善新聞」をもって糸忠宅に行った。その後まもなく糸忠は梅村宅に祭式の仕方を見に来たという。

（9）弾圧時の状況については、大本七十年史編纂委員会 1967 : 313 - 712、出口 1970 : 127 - 266 を参照。

（10）真生会は桑田道教（一八九七～一九七一）によって北海道で創始された。一九一九（大正八）年に帝国心霊研究会（桑田式霊法と呼ばれる霊術の指導）と称したが、一九三五（昭和一〇）年に思想の善導と保健の確立を目的に修養団体真生会と改称、一九五三年には宗教法人真生会となり今日に至っている。精神修養と肉体修養（主に指圧）を一体化したもので家相、姓名判断も行ない、桑田自身は霊能者であった。詳しくは、真生会立教五十周年記念式典委員会 1975 を参照。

（11）真生会での倉持の活躍ぶりや人柄について『教祖巡教日記』（真生会同志社 1975）でふれられているので、引用する。「（昭和二四年八月）八日夜A町につく、九日公会堂ではじめる。同町は倉持、出野、松見、平木、宮下の五幹部が基礎となっている。幹部が自腹を切って部会の一切を出費している。金持の集まりとはいえ全国に類例がない（二三七頁）」、「（昭和二六年三月）五日宮津線のA町につく。倉持氏方に例の如く厄介になる。……新研修八十八人、新専修課六十六人の獲得は当地の幹部、倉持、宮下、平本、出野、松見諸氏の統そつよろしきを物語っている。……ここは幹部がしっかりしているので出張の都度盛大であるのは嬉しい（二五二頁）」、「（昭和二七年十月）十八日常宿の倉持良恵さん方につく。第一に目に写るのは倉持氏の令嬢。この人は病のために結婚ができなかった。それが今は結婚されて幸わせな夫婦生活にある。この奇蹟は倉持氏一家が損もいとわず、人の幸福のために毎年主催をせられる。つまり多くの人を喜ばせ助けている。その積徳が今酬いられていることをハッキリ示されている。この外に理由は探したってない。その倉持夫人が鼻が悪く、声が少し鼻にかかる。どうした理由であろうかとのお尋ねなので、『倉持家のあなたは賢夫人に違いないが、倉持家はあなた一人で維持されてはおらぬ。それを家庭も経済も自分一人で出来ていると自負している。〝つまり鼻にかけている〟ので鼻にかかる』（二六八～二六九頁）」、「（昭和三〇年三月）二十三、四両日は京都府A町公会堂（三六〇頁）」、「（昭和三二年二月二四日）京都府A町は倉持良恵さんの毎年の主催。……（三二五頁）」。一九四四（昭和一九）～一九四八（昭和二三）年までは日記未収録。巡教は一九五八（昭和三三）年春をもって終了した。これらの文章からも倉持の真生会での活動ぶりや、大本の支部長をしていた頃の活躍の様子が推測できると思われる、なお、地域名、氏名は仮名に直した。

(12) 糸忠は愛善苑時代に支部を預かったともいわれる。糸忠とのかかわりが深く、糸忠に引っ張られて信仰していた藤山尚江が、一九四九（昭和二四）年に婦人会が発足しようという時（四月に綾部、亀岡、京阪神各地の婦人有志が本部に会合し、愛善婦人会の全国組織化を準備し、五月に愛善婦人連合会が結成された）に本部に修行に行き、再入信しているので、この頃には糸忠がすでに再入信していたことは確実であると思われる。

(13) 糸山忠左衛門・茂子の人柄等についての情報は、梅村ひで、藤山尚江、S地区で糸忠と一位二位を争う大きな機業家（親機）のS・I氏、S地区の元機業組合事務員T・Y氏からの聞き取りによる。

(14) 一九七五年に倒産するまで、糸忠はS地区で第二位の機屋であった。A町役場発行の『織物実態統計調査』で、倒産直前の一九七四年度の状況をみると、S地区では法人で従業員二〇人以上の事業所が二（法人一九人以下一〇、個人一八三）、織機台数五一台以上の事業所が二（四一～五〇台一、三一～四〇台〇、二一～三〇台三、一一～二〇台一九、一〇台以下一七〇）、であるが、一九七五年度には、糸忠の倒産により、従業員二〇人以上の事業所と織機台数五一台以上の事業所の数が、いずれも二から一に減少している。なお織機台数五一台以上の事業所は町全体では一一（全体の〇・六％）で、糸忠が占めていた高い経済的地位がわかる。

(15) 教団外の要因による第一の危機、支部内部の要因による第二・第三の危機に加えて、調査当時は大本の内紛という教団内要因による第四の危機的段階にあった。大本では一九八二年にこれまで教嗣（四代教主継承者）とされていた三代教主の長女の直美をおろし、三女聖子を教嗣とした。A支部が属する三丹主会は出口栄二・直美派にたっていたので、調査当時もその内紛の影響があった。

(16) ヒルのA・B・C→X公式というのは家族危機あるいはストレス状況発生の因果モデルである。すなわち「A要因（ストレス要因となる出来事、あるいはそれに付随する困難性）はB要因（家族の危機対応資源）と相互作用し、またC要因（家族が出来事に対してもつ意味づけ）と相互作用してX（危機状況あるいは家族ストレス）を生じる」という命題で表される。つまり、何らかの事件や出来事が直接家族ストレスを生じさせるのではなく、同一のストレス源でも媒介変数としての二つの家族要因が結合して、ある場合に危機状況を呈し、他の場合にはそうならないという点にとくに注目している。ヒルのABCXモデルおよびマッカバンの二重ABCXモデルについては、石原 1982 : 344 - 360 を参照。

(17) 最も基本的な信仰活動である朝夕の礼拝を毎日する者は、A支部においては一八名中一七名と高い割合を占める。宣伝使資格有無別にここであげた指標に修行回数、定期刊行物購読度（『愛善苑』『おほもと』『愛善新聞』）、家の月次祭参加度を加えて検討すると、宣伝使資格保持者と一般信者の間に幾分差があるのは支部月次祭参加度、人型・型代獲得数、神書講読度、定期刊行物の購読度である。なお飯田剛史・芦田徹朗による京都本苑に属する四支部を対象にして行なった調査の結果と比較すると、そこでは朝夕拝を毎日する宣伝使は全体の二二・九%、朝夕拝を毎日する一般信者は三一・四%であるから、いずれにしてもA支部での日常的な儀礼実践度は高い。ただしこれは京都本苑での調査が信者名簿に記載された全員であるのに対し、A支部では子世代の名目上の信者を除いていることが影響しているかもしれない。飯田・芦田 1980 : 98 - 99 を参照。

(18) 一九四三（昭和一八）年には、丹後機業も織機の六〇%を供出したので、機業従事者の六四%は職を離れた［A町誌編さん委員会 1992a : 771］。

(19) 五島キリシタン村落での大本への改宗世帯における大神奉斎、祖霊復斎の状況については、谷 1979 : 55 - 57 を参照。大神奉斎については現世利益の追求にかかわる「個人の信仰」なので祀りやすく、祖霊復斎は「家の信仰」と関連するので、祖霊を旦那寺から大本に祀り変えるには家族・親族の承認が必要になり、祖霊復斎にはブレーキがかかったことが示されている。

第三章　新宗教信者の体験談にみる人生の再解釈
――天照皇大神宮教の救いの論理――

一　はじめに――課題と方法

本章では、宗教的世界観の採用によって、自己の人生が新たな意味をもつものとして出現すること、換言すれば、自己の人生を意味あるものとして再解釈することが、救いへの過程を特色づけるととらえる。入信による問題状況の解決は救いの一要素ではあるが、それのみにはとどまらない。宗教的世界観の受容によって、過去の人生において生起した出来事は、単なる偶然によるものではなく、救いに向けての、そして救いに至るための意味あるものとなり、これまでの道程は救いへの必然的な過程として認知される(1)。

このような経験の再解釈をとおして、これまでの人生の道程が救いへの道筋につながり、目的論的意味世界へと転化する論理を考察するにあたって、信者が新宗教教団への入会後遭遇した苦難に着目し、苦難というネガティブな捉え方から出発して、むしろ救いの証明としてポジティブにとらえていくメカニズムを考察したい。

この課題に接近するための資料として、新宗教教団発行の機関誌に掲載された、信者が自らの人生経験について記述した体験談である「手記」を用いる。ここでは手記を、宗教的世界観を準拠枠として人生経験を再解釈することによって構成されたものととらえる。

ところで、これまでこの種の手記は資料的価値が低く、研究対象としては適切でないものとして扱われてきた。その理由は、教団発行誌に記載されていることからくる制約である。すなわち、教団側は手記の類を掲載することによって、信者の教化という効果をねらっている点であり、執筆者自身による経験の整序や再解釈に加えて、その目的に沿うように教団側のフィルターがかかっている点である。とはいうものの、前述の意図のもとに教団側が手直しした、もしくは、集団の中で繰り返し語られた体験談を内容とする手記は、経験の解釈それ自体は繰り返し行なわれるものであるにもかかわらず、そこに表れた解釈を唯一のものとして執筆者自身の内面に定着させる機能をもっている。さらに、他の信者がそれらの手記を読むことをとおして、自己の人生経験を再解釈する際の枠組を構成する手本となるという重要な機能を果たすことも指摘できよう[2]。

本章では、北村サヨ（一九〇〇〜一九六七）によって戦後創立された天照皇大神宮教の月刊機関誌『天聲《てんせい》』所収の信者による「手記」を分析の対象にする。数ある新宗教教団の中で、この教団をとりあげる理由は、それが日本の新宗教の中で次のような顕著な特色をもつことによる。すなわち、①教祖が圧倒的なカリスマ性をもつこと、②伝統的宗教を含めて他宗教との共存を許さず、信者は仏壇、位牌、神棚、墓等の伝統的祭祀物を廃棄することを求められること、③常識的な価値観や既存の宗教のあり方を再考させ、心なおし、世直しを迫る、「神の国」建設を掲げた根本主義的な色彩をもつこと、などである。したがって、天照皇大神宮教に入信し、それにコミットしていくことは、世俗とは一線を画し、かつ自らの心の転換をとりわけ厳しく迫るものであるため、信者の手記から救いへの過程をより明解に析出できるのではないかと推測した。また、カリスマ性の強い教祖が信者の人生の出来事（とくに苦難）の解釈にどのような影響を与えたのかを明らかにする好事例であると考えたのも、もう一つの理由である。

『天聲』は一九五四年から月刊誌として発行されるようになったが、その中で「手記」が定期的に現われてくるのは、サヨが死去した翌年の一九六八年からである。これ以前は「大神様（著者註・サヨの尊称）のご指導と体験」という比較的短い文章の体験談が掲載されていたが、それに替えてB5判二段組で二〇頁前後（四百字詰め原稿用紙換算だと三〇～五〇枚）に及ぶ長文の「手記」が掲載されるようになった。この教団では体系だった教義書をつくることをあえてせず、サヨの足跡即神教《みおしえ》であるとの立場をとるため、個々人の体験したサヨの指導を記録することは、サヨの死後その足跡をとどめるという意義をもっている。教団の聖典である『生書《せいしょ》』も時代をおってサヨの言動を記録するという手法をとるが、これがいわばモデルであるのに対して、手記は個々人の事例に即した教えのヴァリエーションということができよう。手記の執筆者の大多数は入教（入会）年が古く、サヨから諸々の出来事に関して直接指導を受けた経験をもつ人々であり、かつ、教えをしっかりつかんでいる「回心者」と教団側から認められた、信者の中核的部分を構成する人々である。しかしながら、これらの手記は先に述べた制約を当然含むものである。それをこの教団の要請に即していうならば、状況も異なり、性格も多様である人々に対して、サヨがいかに適切な指導をしたかを示し、かつ困難な状況に遭遇した際の苦難の乗り越え方の手本を示す、という意味をもつことになる。課題の分析に入る前に、この教団の歴史と教義に関して要点を説明しておこう。

二　天照皇大神宮教の概要

（一）教祖北村サヨと教団の歴史

天照皇大神宮教は、終戦直後の一九四六（昭和二一）年に、山口県熊毛郡田布施町において北村サヨによって創立された。[3] 街頭での説法、サヨの歌説法に合わせて信者が舞う「無我の舞」[4] によって、「踊る神様」または「踊る宗教」として、璽光尊《じこうそん》こと長岡良子の璽宇《じう》とともに、戦後一時期マスコミの脚光をあびた。また教祖北村サヨは、日本の新宗教史上においても、天理教の中山みき、大本教の出口なおと並んでカリスマ性の高い女性教祖として取り上げられる人物である。[5]

天照皇大神宮教では、創立の一九四六年を紀元元年神の国開元の年とし、「紀元」という独自の年号を用いている。教団本部は田布施町におかれ、一九六四年には四年間の年月をかけて、丹下健三設計のユニークな建築様式をもつ本部新道場が建設された。一九六七年に六七歳でサヨが死亡した後は、サヨの一人息子である教団代表役員北村義人の後見のもと、生まれる前から跡つぎと定められていた孫娘の北村清和が一七歳で教主として跡を継いだ。なお一九七六年にはハワイ道場、一九七八年には東京道場が建設された。一九七九年現在の公称信者（「同志」と称する）数は、国内約四〇万人、海外約九万二千人である。[6] 国内には二四七、海外には一〇〇の支部がある。[7]「同志」という信者の呼称に表れているように、支部長等の役職はあっても上下的な地位関係としてはとらえられていない。またこの教団では専門的宗教家を置かず、職業に従事しながら自弁自費で奉仕することが説かれている。これはサヨの場合も例外ではなく、サヨ自身も「百姓の女房」すなわち、農家の主婦としての自覚をもっていた。また教団代表役員北村義人の経営する神協産業をはじめとして、従業員のほとんどが信者で占める「神の国企業体」があることも付記しておきたい。

年間行事はいくつかあるが、七月二二日の説法開始記念日、八月一二日の宇宙絶対神降臨記念日が最も重要である。その他に、少年・少女、若人、母親、一般信者等に分けた修錬会が行なわれている。さらに日常的には、二と六のつく日を除く毎日、朝、昼、晩の三回、各二時間にわたって、サヨの説法テープ拝聴（四五分）と、小集団で自我・悪癖、それから発した罪を他信者の前で積極的に語り、懺悔し、信者同士が心を開いて語りあい、魂を共に磨く「共磨き」とからなる「磨きの会」が、本部および東京道場で行なわれる。なお、この他に各地で自宅を開放して「磨きの会」が適宜開かれている。この「磨きの会」、道場その他での奉仕作業、および伝道は、信仰活動における三本柱であるといえよう。

（二）教祖の位置づけと教義

教団名である天照皇大神宮教の天照皇大神宮とは、皇大神という男神と天照大神という女神の二柱の神が、サヨの肚を宮として天下ったという意味である。サヨの肚で合体した天照皇大神は別名、宇宙絶対神としても言及されている。この宇宙絶対神は唯一神であって、「釈迦とキリストこの役座（著者註・サヨの自称）三人以外に宇宙絶対なる神が天下に使うた覚えがない」とされ、「世が乱れたる暁」に、人を救い、「神の国」を建設するために降臨するという。サヨに天下ったのは、（日本創国の）二六〇五年前からの約束事であるとされている。サヨは、絶対神に使われた人（生神）、神と人との仲介者、完全なる真人間の三つの側面をもつ存在として位置づけられ、万物を透視する霊眼・神眼をもち、因縁を切り、宇宙の悪霊を済度する力をもつと認識されている。

前述したように、サヨの足跡即神教としてとらえられており、また「神は神言《みことば》、神言は神」というように、徹底的にサヨの言葉が重要視されている。サヨは、日常的な用語や一般的な宗教用語に対して、従来の漢字とは異なる漢字をあてることによって意味を置き換え、常識的な価値観や既存の宗教のあり方に再考を迫る形で教えを伝える面が随所にみられる。サヨの言行を教えとして記した教典は「生書《せいしょ》」、悪霊済度の法力をもつとされる祈りは「名妙法連結経《なみょうほうれんげきょう》」(8)であり、「神行《しんこう》」(9)、「合正《がっしょう》」(10)、「六魂清浄《ろっこんしょうじょう》」(11)など、それぞれ独自の意味付与がなされている。

サヨは、「人間はあらゆる生物を一周して人間界に魂を磨きに生まれてきた」と人生の目的について述べた。また、「口と心と行ないの三つが一つになって、かつがつ人間の型にはまる。それをわが良心で磨いて真人間になれ」とサヨは繰り返し説いた。ここで示されているのは、真人間への道であり、換言すれば、八百万神となり宇宙絶対神という動かぬ神に帰一していく世界である。この人生の目的として示されたものの背後には、神の国・悪魔の国二元論と現在という時の認識および因縁因果の考え方がある。これらは本論をすすめるにあたってふまえておく必要があるので、若干の説明を試みたい(12)。

二元論と時の認識

紀元二六〇五（一九四五）年(13)を境目として、一方は神の国、他方は悪魔の国すなわち自滅の世界へと両極に分解されて、二つの世界の闘争場となり、現在はどちらへの道をとるかの決断の時、神の試験がなされている時として位置づけられている。教義の中には輪廻の考え方が含まれているが、今回の世の変わり目で目覚めることができるのはわずかの人々であり、九分九厘九毛九糸の人々は神の審判によって自滅の道に至るとされる。「神の国」は魂の世界であって、魂が転換されたならば地上に「神の国」が建設される。換言すれば、「真人間」が神中心に集う国が地上神の国である。

物事は「神の国」にとって好ましいか破壊的であるかによって、この二元図の中に位置づけられる。

このような「神の国」志向の中で、現存する秩序の逆転形態が示される。「神の国は、虫の世界で上手まわりをした者ほど行きにくい世界じゃ。一度はどうしても下の下まで下がってからでなくては神の国へと上がって行けない」、「地位じゃ行けない。名誉じゃ行けない。金も財産も通用せん。神のみ国へ通用するものは人の真心だけなのよ」とサヨが述べるように、世俗社会において価値があるとされる地位、名誉、財産等が否定され、「真心」がそれに置き換えられる。すなわち現実世界が、信者にとって全く別の原理によって構成し直されるのである。

この「地上神の国」を具現したもの、その核として教団本部が位置づけられている。また「紀元」という教団独自の年号を用いることにも示されているように、「神の国」は別国であるとの認識から、世俗のやり方とは異なる、神の国方式というべきものが形成されている。その意味では地上神の国への志向によって、外部の世俗社会と一線を画すことになる。それは日常的な端々のことに対する指導から始まって、人生の節目の出来事である結婚、お産、葬式についても独自の方式がある。

結婚には結魂《けっこん》という字があてられ、サヨの言葉によると、「神の国の結魂は、好きでも嫌いでもないものが、因縁をみていっしょになって、互いに行《ぎょう》の相手として共々に磨き合い行じあって、年をとるにつれて、いよいよ一心同体になるように行じていく」とされる。神の国のお産は、「二人でつくったものじゃから、夫婦だけおったらいくらでもお産はできる。名妙法連結経の祈りさえあれば、産婆もいらねば医者もいらない」ものである。神の国の葬式は、自宅での祈りに始まる慰霊祭で、香典も受けなければ、終わったあとの会食もない。霊が成仏しさえすればあとは亡骸を焼きに行くだけで、遺骨を拾うこともいらないし、墓もたてるに及ばないとされる。このように、人間の誕生から死までの節目において独自の方式がとられている。

因縁因果と現象界の認識

天照皇大神宮教では、我々が現実としている現在の世界、すなわち現象界を霊界の影ととらえる。したがって悪霊の作用であるとされるあらゆる災難、災害、病気も、霊の世界での解決が現象界での解決と結びつく。横断的にみるなら霊界・現象界だが、これを時間的にみると因縁因果となる。類は類をもって集まる、霊は因縁の深さに従いかかわりをもつ、という自分の霊と他の霊とのかかわりの原則から、人間は前世の因縁のみならず、先祖の因縁をも背負っているとされる。現在は世の末であり、霊界に救われていない霊が多く、悪霊が充満しているとの認識から、「神の国」に行くためには、まつわりついてくる悪霊を済度し、一人一人の因縁を切らなければならないとされる。「名妙法連結経」という法力ある祈りが与えられたことによって、悪霊を済度し因縁を切ることができるようになり、それゆえ本人の行次第で即身成仏しうる時が来るととらえられている。

人生行路は魂を磨くための行の道中であり、したがって因縁因果の法則によって、前世の因や先祖の因による苦難が必ず現われてくるものと認識されている。これをこの教団では「試錬（試練ではなく試錬と書く）」と呼び、積極的な意味が付与されている。「試錬は神への導き、恨みが感謝に変わった時、神行の道に入っている」とされ、「試錬のない人は港の中で錨をおろした船のように、行は進むことができない。自分に乗り切ることのできないような試錬を出すばかな盲目の神はいない。山より大きな猪は出ぬ」というサヨの言葉にもあるように、それぞれの行の段階に応じた試錬が出ると考えられており、「肚さえつくれば乗り越えられない試錬はない」と位置づけられている。「過去・現在・未来の三生因果を背負って立たなければならない行の道」とサヨが言うように、現在は過去の悪因を切り、未来への善因を積むことができる時であり、それによって運命決定論をつき破って、未来を形成することができるようになるととらえられている。[14]

三　人生における苦難＝試錬の解釈

それでは、機関誌『天聲』掲載の「手記」の分析に入ろう。ここでは、一九六八年一月から一九七九年一〇月まで、約一一年間の手記を分析の対象とするが、一三八冊（合本が三冊ある）のうち手記が掲載されているのは一二五冊であり、そこに掲載されている手記数は一三二である。[15]

手記の内容は多様であるが、共通しているのは、入教（入会）動機とその後の人生において出会った苦難が述べられ、サヨの指導と苦難の克服の仕方、そして、宗教的世界観の受容のもとに再構築された人生について語られていることである。

手記執筆者は入教動機として、「教えにひかれて」、「大神様の人格にひかれて」、「問題解決を求めて」、「奇跡を見たり体験して」等を挙げている。入教時に問題を抱えていた者が、入教することによって事態の好転を経験した場合は多い。しかしながら、すべての執筆者は入教後に何らかの苦難に出会ったことに言及している。このような苦難は信仰を妨げ、弱体化させるものとしてではなく、また一般の人々のように運・不運に解消させることなく、むしろ救いを証明するものとして記述されている。前述したようにこの集団では苦難を「試錬」と呼ぶ。苦難がその性質上救いの状態と対立する面を含むにもかかわらず、それが救いの状態を深めるものとなるのならば、これらの苦難が救いにつながる道筋の要件を析出する必要がある。

（一）試錬の原因

苦難を「試錬」とみることによって、苦難は当事者にとって何らかの積極的な意味をもつものとなり、さらには、その克服方法をも規定することになる。教えは試錬の原因についての説明を備えているが、これは、なぜほかならぬ自分がこの苦難を受けなければならないか、という理由づけにかかわる問題である。手記を分析すると、苦難の原因として、①前世の因縁、②先祖の因縁、③自分の心得違い、④生霊、⑤動物霊（普通の動物の不成仏霊と、狐・犬等の邪の強い動物の不成仏霊である邪神とがある）、⑥幽霊（先祖や縁のある人の不成仏霊）、という六つが見出される。これらは組み合わさって言及される場合もある。①前世の因縁や②先祖の因縁によるものとされる苦難は、因縁因果の法則にしたがって、いずれは必ず出てくるものとして位置づけられている。③〜⑥の原因による説明は、主に突発的に起こった事件に対してなされている。また、苦難の原因が④〜⑥の霊によるとされる場合は、サヨの信者に対する指導の中で、その原因が特定されている。なお、③自分の心得違いによる苦難はもとより、④生霊によるとされるものも「憑くも恥・憑かれるも恥」として、当該個人の内部に原因が求められている。

（二）試錬の意味づけ

手記の事例に即して、苦難＝試錬に対してどのような意味づけがなされているかについて整理すると、以下のものが析出される[16]。苦難、すなわち試錬は、(a)救いのための手段、(b)大難にかわる小難、(c)来世での救い、の認知を促すことによって人を救いへと導く。

(a) 救いのための手段

苦難＝試錬は救いのために必要な準備段階、救いを獲得するための手段として意味づけられる。さらに、試錬はその人が救いに値するかどうかの神の試験としてもとらえられている。人間関係の試錬、肉体的試錬の場合に、この意味づけが多くなされる傾向がある。人間関係の試錬として挙げられているものの中で最も多くみられるのは、家庭内人間関係にかかわる問題である。この場合、当事者が信者同士である場合もそうでない場合もあるが、「神の国の結魂」に起因した夫婦間、嫁姑間の問題が多く指摘されている。人間関係の問題の場合、「行」という用語を「試錬」という言葉に置き換えて用いるが、魂を磨く行の相手として言及される逆縁の人は、とらえ方の転換によって「神行」上プラスに働く存在として位置づけられるようになる。神の国の結魂は、サヨが各々の因縁をみて夫婦にするもので、困難のない結魂は必ずしも良いものとはされず、配偶者やその家族は魂を磨くための「行の相手」として位置づけられる。したがって、結魂に伴って生じる諸々の問題は、ある意味で折り込み済みであるのだが、現実にはかなりの困難を伴っていることが見出せる。「妻と母の行は我々夫婦の欠点を直す行でもあった、妻は腹を立てやすいという自分の悪癖を直すための行の相手として神様が下さったものと悟った」、「娘婿との行によって自らの魂を磨かざるをえない破目になった」等の例にみられるように、葛藤の相手方を自分の心を磨くための行の相手としてとらえることが一般的であり、またそれに対して前世の因縁によるものとしての説明がなされる場合が多い。

自分を取り巻くすべての人は行の相手である。それには自分の行を助けてくれる順縁の人と魂を磨く砥石となる逆縁の人がいるが、みな自分の「神行」にとって必要な存在であり、「恨みが感謝にかわってこそ、はじめて神行の道に入っている」とされるのである［北村編 1962 : 33］。

肉体的試錬すなわち病気は、教えを真につかむための手段として、また神を信じ切っているかどうかの神の試験として認識されている。「中風によって左半身不随になったが、それによって心の目がひらかれ、教えを真につかむことができた」とする例や、「脱疽になり、大神様からは絶対足を切るなと指導され、医者からは切断しなければ命が危いと言われ、これをどこまで神を信じきっているかの神の試験としてとらえた」という例などがある。

(b) 大難にかわる小難

比較の準拠となるのは、それが起こらなければ避けられなかったであろう、より困難度の高い出来事である。「事故にあったがたいした怪我がなかった」、「大難が小難ですんだ」と漠然と述べているものもあるが、多くはそうでなければ起こったと推測される一層深刻な出来事について具体的に言及している。これには、生起していない出来事が言及される場合と、その後に起きた別の問題性をもつ出来事の好転が言及される場合の二つに大別できる。

前者の事例としては、「胃病になったが、実は胃癌で死ぬ運命であったところを救われた」、「長男が三日間家出した。これは子どもと生き別れになる因縁だったのを、大難を小難ですませていただいた」という例にみられるような、当該試錬から推測される、より大きな困難な状況と比較することによって救いが示されている。さらに、サヨの指導を媒介として出来事が意味づけられる場合には、「工場が全焼したが、これによって交通事故で即死する因縁をのがれた」、「本部奉仕中に三日間にわたって半身のしびれが起きたが、これによって胃癌と腸結核の因縁を乗り越えられた」というような、当該の出来事とは全く異質な、そしてまだ生起していない苦難からの救いが示される場合もある。これはサヨが因縁を見通し、因縁を切る力があると信者によって信じられていることを前提としている。

後者の場合は、「家屋が火事になったが、その後、病気の舅の病状が好転した」と異種の出来事を相互に関連するものとして受けとめ、火事によって悪因縁が切れたからだと解釈している事例がある。

また困難は分散され、乗り越えやすくされたとの意味づけもなされる。これもまた「大難にかわる小難」の一形態といえよう。この例は主として肉体的試錬の場合に現われるが、当事者自身における分散と、家族および血縁者といった身内の者に分散される場合とがある。前者としては、癰《よう》（悪性の腫れ物）を何度も患った男性が、「祖父母、父も癰で死亡しているので、自分もそれで死ぬべき因縁を、分散して試錬を受けることによって乗り越えやすくして下さった」と感謝を表明している事例が挙げられる。後者には、妊娠八ヵ月目の時に夫がまむしにかまれ、お産の直前に実妹は病気に、実母は腰痛になったが、サヨによって「子どもだけを残して死ぬ運命にあるところを、因縁をみんなに分けて死線を乗り越えさせた」と説明されている事例がある。

さらに、身がわりの救いというサブタイプが見出される。これは死にかかわった家族員間の運命の交換という形態をとる。「大神様の予言どおりに長女の子は出産後二日で死亡したが、その後病弱であった婿が元気になった。孫は婿の身がわりになった」と認知する例、「第二子、第三子は自然流産したが、その後言語の発達が遅れていた長男が一週間のうちに話せるようになった」という例等がある。これらは、身がわりと説明される者の死後、別の家族員に関して何らかの状況の改善がみられるが、サヨの指導を媒介する時には、「胎児の死は、自分がお産で死ぬ運命であったことの身がわりだった」と認知されるように、具体的な事態の好転がなくても身がわりによる救いと解釈されている。これらの場合、ある者の死は家族内でより重要な地位を占める者の身がわりとして位置づけられるので、「大難にかわる小難」のサブタイプということができよう。

ところで、比較の準拠は信仰をもたない外部の人にも求められる。同じような病状にあったのに自分は助かり、他の人が死に至った場合、それは自分が信仰によって救われていることを確証するものとなる。このように、同じ条件のもとでの自己状況の好転を「神行」とむすびつけて解釈し、救いへと転化させていくのである。

(c) 来世での救い

試錬の具体的解決は成就せず、家族員や近親者が死亡した場合にも、救いに結びつく意味づけがある。死による救いは「成仏」と名づけられる。「成仏した」と意味づけられたならば、故人のみならず、家族に対しても救いとして機能する。来世における救いの実証は死の時点で起こる。手記の中には、死の直前に死にゆく人は完全に癒され、死に顔が若がえり、よい匂いがする等の成仏に関連していると信じられる不思議な現象について述べる者や、夢の中に現われた故人の喜びに満ちた姿に言及する者がいる。とくにサヨによって「成仏した」と指摘されたならば、近親の死に対する悲しみは一転して感謝にかわり、即それが救いへと結びつく。なお付け加えるならば、これは故人が病気で何年も寝たきりであることとの比較を含む場合もある。

これまで述べてきた意味づけは一つの苦難=試錬に対して一つが対応するというものではなく、互いに支持するような、または逆に矛盾するような、意味づけの組みあわせもある。二つ以上の意味づけに時間的落差がある場合には、後の解釈によって置き換えられることもある。また意味づけの枠組が複数あることは、単一の解釈の不備を補う役割を果たしているといえる。このような意味づけをとおして、苦難が試錬に転化し、それが救いへと結びついていくのである。

(三) 試錬の克服

苦難=試錬の克服の方法は、苦難がいかなる原因によって生起したと規定するかによって異なってくる。苦難の克服に効果があるとされるものには、第一に「名妙法連結経」という祈りが挙げられる。霊界に通じる「法力ある悪霊済度の祈り」によって解決できないものは何もないと考えられており、実際、祈りによると認知される事態好転の事例、祈りによって試錬を乗り越えたという報告を手記の中に数多く見出すことができる。祈りはとくに、生霊、動物霊、幽霊といった霊によって引き起こされたとされる出来事に対して、直接的な影響をもつものととらえられている。

しかし、祈りが効果をもつためには、祈りを行う本人が反省懺悔し、六魂清浄になることが必要であるとされる。そこで、次に苦難の克服方法として、反省懺悔を軸とした心の行が挙げられる。「恨みを感謝にかえる」という心の切りかえ、「下がる行」、「真心づくしの行」といった日常倫理は、人間関係の問題解決に具体的な効果をもち、それを改善するものとして機能している。また、本部での奉仕作業、説法拝聴を核とした磨きの会への参加、伝道といった「神行」活動によって、問題（とくに病気）の好転をみた例は多い。これらの中でとりわけ問題解決に効力があるとされているのは、本部での奉仕作業である。本部は「地上神の国」が具現した聖地であるがゆえに、そこで行じることによって因縁が切れ、奇跡が起こりうるとされている。また奉仕は、個人のためにではなく、「神の国」に対して行なわれるわけであるから、個人から神の国へと焦点が移行することによって、結果として苦難＝試錬の解決が生じたととらえられている。

神の国へと焦点が移行することに伴い、試錬は個人の欠点を是正し、因縁を切るための手段となるのみならず、神の国建設へ向けて、より大きな視野の中でとらえなおされる。そして、個人の目標と神の国の目標とのいずれをとるかの問題に直面した場合、後者が優先されることになる。

ここで、手記に示されている救いの状態とは何であるかをこれまでの論述をふまえて考察するならば、それは一つには苦難からの解放である。これには大難にかわる小難、来世での救いといった意味づけによる救いの状態も含まれる。しかしながら、現実に苦難が解決しなくとも先述した苦難の意味づけの変化によって、苦難は自らの魂を磨くための試錬、すなわち究極的救いに向けて経なければならない段階として、それ自体が意味あるものへと転化する。これは、教えを受容することによって人生に意味が与えられ、生きがいを得、「真人間」の道を歩むという自己形成の指針を得た状態であるといえる。したがって最終的には、苦難＝試錬を与えられることによって集団＝神の国への焦点の移行が伴い、神の国建設に向けて何らかの意味で役立つものとして神に生かされていることを確信し、集団連帯的な救いに導かれるものとして位置づけられる。(17)

(四) 試錬に際してのサヨの指導

手記に表れたサヨのイメージには、「絶対神の化身としての生神」、「完全な真人間」という二つの側面がある。(18) 前者は、奇跡や誤りのない指導にかかわり、後者は、サヨの真心、思いやりといった人柄の魅力、人格力にかかわるものである。サヨの慈悲や真心は、神としての権威に裏づけられて一層ありがたいものとして感得される。サヨは神でありながらも肉体をもって「真人間」の道を自ら行じている人である。したがって、日常生活におけるそのあり方は、信者が行じるうえでの完璧な手本として認知され、サヨの行の追体験によって、試錬に際しての模範（「どんなに体の悪い時もお休みならなかった大神様を思い……」）としても機能する。(19)「大神様の真心にひかれてここまでやってきた」、「自分ほど大神様にお世話になった人はいない」と何人もの人々が述べていることからも、苦難＝試錬に対してサヨの指導が受容される背景には、彼女の人格力が介在することを指摘しておきたい。

苦難に際してサヨの指導は重要な位置を占めており、苦難の原因について、前世の因縁、先祖の因縁を具体的に指摘するほか、霊によるものが原因とされる場合には、サヨの言葉を媒介にすることは前述のとおりである。また、その意味づけに関して、比較の準拠としてサヨによって言及されるまだ生起していない出来事は、サヨが三生因果を見とおす力をもっているという確信のもとで受け入れられる。また、苦難＝試錬克服の方法については、「麦飯にススをすりこんで膏薬がわりに貼れ」、「地の利を得た商売をせよ」といった具体的な方法に関する指導に加えて、「下がる行をせよ」などの心のもち方にかかわる指導もなされている。また問題解決に際して、サヨの祈りはとくに効力があるものとされ、地域的に離れているにもかかわらず、その祈りと同時に病状が好転したという事例がみられる。さらに、サヨの指導は現実においてばかりでなく、夢の中でも可能であるととらえられている。遠隔地に住み、実際の指導がかなわぬ状況にある者に対してや、サヨの死後などにその例は頻繁にみられるが、これはサヨが神であるがゆえに、時間と空間を超えて存在しうるという信念に基づくもので、現実の指導と同等に扱われている。

サヨの指導や言葉には絶対性が付与されているが、手記を検討していくと必ずしもサヨの言葉がそのまま成就したものばかりではない。予言が成就したとされる場合も、時を経ず成就したものと、時の経過を経て成就したものの二つがある。前者としては、「娘に子どもができているが、あれは死ぬ」とサヨによって予言され、子どもは順調に生まれたものの生後二日にして死亡した例がある。また後者の例としては、足を複雑骨折したために医者が骨をつなぐために銀線を用いたが、「足の銀線は自然に出る」とのサヨの予言が一四年後に実現したという事例がある。

予言が成就しなかった時には、新たなサヨの言葉によって、古い予言の置き換えがなされる場合と、不成就の原因が当事者自身にあるととらえられることによって、その正当化が行なわれる場合がある。生まれた時に、サヨから「この子はどうせいでも育つ」といわれた四男が、生後五ヵ月で死亡した時に、「この子は天国から来て天国に帰った。この子は兄（長男）の身がわりになった。九十日したらわかる」との新しい言葉を得、九十日後、長男が発熱したが助かった、という例は前者にかかわるものである。さらにもう一つ例を挙げるならば、結魂の際、妻は「七年したら足腰がたたなくなる」と予言されたが、四年後に死亡し、その時にサヨから「成仏している。足腰たたずにみんなに嫌われて死ぬより、若いうちに惜しまれて死ぬ方が幸福」と言われた事例がある。第一の例は、先述した苦難＝試錬の意味づけにおける比較による救い、第二の例は来世での救いと関連していることはいうまでもない。自分自身の中に不成就の原因を認めている例として、「事業は五年たったら楽になる」というサヨの言葉にもかかわらず、手記執筆時点においてもまだ楽にならないことを、自分の行の足りなさに求めている事例がある。

これらをとおして確認できることは、サヨの予言が成就しなかった場合でも決して教えを疑わせるものとなっていないことである。サヨの指導の誤りのなさ、およびサヨの言葉の絶対性に対する信頼を支えているのは、サヨが奇跡を見せることで、宇宙絶対神という超越的存在に裏づけられたサヨの神としての権威の正当性を示したことである。さらに、サヨの真心ある人柄の魅力は、信者にとってその行を追体験しつつ、同一化を促すものとなる。社会的相互作用は常に他者を前提とし、他者との関連において解釈過程が展開する。サヨは最も影響力をもつ「重要な他者」であって、実際に行なわれたサヨとの接触や内面化された内なる他者としてのサヨとの対話によって、出来事の再解釈を行い、救いの状態を確認し、維持し、強化するのである。

四　人生の再解釈を支えるもの

これまでみてきたように、苦難を試錬として受けとめ、人生が救いに向けての道筋であると再解釈されていくには、こうした意味システムを支える基盤が必要とされる。個人は他の人々から「意味」を受けとるのであって、「意味」は社会的に構築される。したがって、新しい意味システムに対する信頼維持のためには、それを支持する他の人々の援助が必要であり、意味システムを強化するように社会関係を変える必要に迫られるのである。

天照皇大神宮教においては、「神の国」志向によって既存の社会秩序からの離脱が推奨される側面があるが、世俗社会とは生態学的には隔離しておらず、また専門的宗教家をおかず、世俗的職業をもちながら信者が実践することが説かれる。したがって、信者の生活の場は世俗社会にあり、その点で信者は聖と俗と両所に同時に錨をおろしている。ここで、教団本部を核とした信者集団を意味システムの変容を促進する集団とするならば、既存の世俗社会を意味システム変容の阻害集団として、まずは位置づけることができよう。

信者集団における人間関係は、その中に既存社会での地位はもちこまれず、平等、親密、相互信頼によって特徴づけられる。そこで人は、断片的な役割をとおしてではなく、対面的相互作用に基づいた全人格的なかかわりをもって受けいれられ、とり扱われる。教団へのコミットメントは、醵金、労働や技術の提供による物質的コミットメント、人生の節目において「神の国」方式を採用するという象徴的コミットメント、教団諸活動への参加による社会的コミットメントがある。労働や技術の提供による奉仕活動も、社会的コミットメントとして位置づけられる。本部において、農具のとり扱い方、物を粗末にしないという基本的なことから始まる「神の国方式」に従って信者が一緒に奉仕すること、また、サヨや他の信者のあり方を目の当りに見ることは、教えを体得することと結びつく。とくに、新道場建設（一九六四年完成）という具体的目標を目指す奉仕を通じて、「地上神の国」がどういうものであるかを認識し、またそれが「神行」上の転機となり、動機づけにもなったことを手記の中で言及するものは多い。そして、磨きの会や修錬会での体験発表や懺悔は、自己の体験を他者に示すことによって、教えに基づいた体験の解釈を内面化するように働く。また、伝道の機会に、自己の体験をふまえて未信者に教えを説き、説得する過程は、自己自身に対しても教えをより深くつかませるものとして機能する。大きな行事に参加することは、信者集団に対する帰属感を与えるものでもある。こうした活動をとおして、未信者に対してのみならず、他の信者に対して自己の信者としてのアイデンティティを表明することによって、他者の期待に沿うように自己自身をつくりあげていくのである。さらに、結魂、お産、葬式において、教団独自の神の国方式ともいうべきものに従うことは、世俗社会とは一線を画すがゆえに、他の信者に対してのみならず、世俗の人々にも、そしてまた自らに対しても「肚がため」を要するものであり、真の信者であることを証明するものとなっている。

これらが正のコミットメントであるならば、世俗社会に対しての負のコミットメント、すなわち「放棄」として言及されうるものがある。放棄には、物質的放棄、象徴的放棄、社会的放棄の三つが区別される。物質的放棄は先に述べた教団に対する物質的コミットメントと関連して表れる。象徴的放棄とは、仏壇、位牌、神棚、お札、墓等の伝統的祭祀物の廃棄と関連する。社会的放棄としては、象徴的放棄ともかかわった、寺、神社との縁切りに伴う既存の社会システムからの離脱と、それによる地域内の社会関係の再定義が挙げられる。こうした世俗社会との縁切りを実施することによって村八分になった事例が手記には数多く見出すことができる。これは地域集団内での孤立のみならず、親類からの孤立をもたらす場合がある。「野中に立った一本主義（杉をもじったもの）」とのサヨの言葉にもあるように、親、きょうだい、子であっても「神行」を妨害する場合は捨て去れとの厳しい指導がなされることもあり、家族全員が信者でない時には、家族内人間関係をも定義しなおすことが要求される。さらに、世俗的職業にかかわる人間関係についても再定義が求められ場合もある。しかしながら、このような阻害集団は、「神行」を促進するように転化する可能性を包含するものである。地域内での孤立は、一生懸命に教えを行じなければならない状況に自らを立ち至らせるものとして機能する。教えに反対する地域、親類、家族、職場の人々の存在は、彼らに対して、その正しさを証明しようとして、さらに教えへのコミットメントを高め、自己アイデンティティを高揚させる側面をもつ。また、教えを冒涜した者の不幸な行く末をみることは、反面教師として教えの正しさを確認させ、宗教的世界観の受容の促進に役立つものともなる。正のコミットメントは直接的に、負のコミットメントは間接的に、人生の再解釈を支える。

天照皇大神宮教は、伝統的宗教や世俗の方式に対する挑戦の側面をもつが、その反面、日常生活の場が即、修行の場としてとらえられているため、「下がる」、「人に迷惑をかけない」、「真心をもって事にあたる」等の日常的倫理は、世俗社会に対して適応的に機能する。この倫理に基づいた行動は、地域、親類、家族における人間関係に好影響を及ぼし、また骨身を惜しまず働くことは、職場内での地位の向上、商売における成功をも導くものとなり、これはまた、救いの証明としても機能している。

五　むすび

以上、天照皇大神宮教の機関誌に掲載された手記を資料として、信者が入教後に出会った苦難＝試錬をいかに意味づけ、克服していったのか、それにサヨというカリスマ的教祖はどのような役割を果したか、そこにみられる救いへの過程とはどういうものなのかについて考察してきた。苦難は「魂を磨く」ためのものとして積極的な意味付与がなされ、それによってこれまでの人生が救いに向けての道筋に収斂していった。苦難の原因についての説明、意味づけの枠組や克服の方法には多少の差はあれ、他の新宗教にも共通するものが多いと思われる。しかしながら、天照皇大神宮教を特徴づけているのは、「神の国」への志向によって基本的には世俗社会のあり方と二元論的な緊張関係に立ち、独自の方式が形成されている点である。資料として教団機関誌に載せられた手記を用いた制約はあるにせよ、サヨの言葉や指導、神の国方式が忠実に守られており、信者に対する拘束度の高い、根本主義的な色彩をもつ宗教であることが明らかになったといえよう。また、手記の執筆者は、入教年の古さ、教団へのコミットメントの深さとも関連すると思われるが、教えの受容に際して他の信者を媒介とせず、サヨと直接向き合っている点が注目される。これはサヨのカリスマ性とその指導のあり方に負うところが大きいと思われる。このことはサヨの死後においても、磨きの会でその説法テープを聞くこと、言い換えればサヨから直接指導を受けることが重要な宗教実践とされているような、教団の特性とも関連していると推測される。

【註】

（1）P・バーガーは宗教的世界観による人生の再解釈について以下のように述べている。「過去の再解釈が意図的かつ完全に意識的なものであり、しかも知的な統合性をもった活動であるような場合もある。このような事態が生じるのは、自己の生活史の再解釈が新しい宗教的・イデオロギー的な世界観——世界観とは、自己の生活史がその内部に位置づけられるような普遍的な意味の体系のことであるが——への転向の一環として行われる場合である。かくして、ある宗教的信念へ転向することによって、いまやそれまでの自己の全生活は、目の前から霧のヴェールが追い払われたこの瞬間へ向けての、神の摂理に従った活動であったと理解することができるだろう。」［Berger（訳）1979 : 91］

（2）塩谷政憲は宗教団体の刊行物に載せられた入信体験記に関して、次のような位置づけを行なっている。「それらの内容は、入信者の体験を正確に描写したものというよりは、むしろ、その体験を下敷にして、宣教用に脚色したものと言える。従って、入信者の体験の劇的な部分が強調され、それが教義と関連づけて説明されている。このことは、必ずしも入信手記の資料としての価値を減ずるものではなく、むしろ逆に、体験をデフォルメすること自体に積極的な意味を見いだそうというものである。従って、体験をデフォルメすることこそが、伝記の再解釈であり、その再解釈を本来的に自己のものとして内面化することが回心なのである。」［塩谷 1978 : 113］

なお、著者は手記執筆者のうち数人に対して面接による聞き取り調査を行なったが、彼らは手記とほとんど変らないかたちで自らの人生を語っていた。

（3）北村サヨは一九〇〇年に山口県で生まれ、一九二〇年に農業を営む一七歳年上の北村清之進と結婚した。姑は吝嗇で、これまで六人の嫁をいびりだしたやり手であった。サヨは姑から徹底的に働かされたが、それにはよく耐え、働き者の男勝りの農婦となる。一九四二年に納屋が炎上し、稲荷行者から放火であると指摘され、水行と近所の神社への丑の刻参りを始める。行を開始して一年半後の一九四四年五月に肚の中のものがものを言い出し、肚の神は「とう病」「口の番頭」、「指導神」と名前を変えながら、一九四五年八月一二日に宇宙絶対神とされる天照皇大神が降臨する。これに先立つ七月二二日にサヨは自宅で説法を開始した。一九四六年を神の国紀元元年とし、翌一九四七年に宗教法人として組織化する。一九四八年にはマスコミで取り上げられ、「踊る宗教」として有名になる。サヨは一九五二年から一九六五年の間に、五回の海外巡教を行い、最も長期の巡教は二年間に及んだ。

サヨが天照皇大神宮教を創立するに至る経緯やサヨの足跡について、詳しくは、天照皇大神宮教 1951、森 1975、川村 1982 を参照のこと。

（4）人間が無我になった時に「神様に舞わしてもらう」舞。街頭における布教や、「ご慰安日」にリヨの歌説法や、「同志」の「無我の歌」（無我になった時に「魂の感激」が歌になったもの）に合わせて舞う［藤井 1990a : 293］。

（5）たとえば、中山みき、出口なお、北村サヨを取り上げて考察した川村 1982 を参照。

（6）『宗教年鑑』によると、公称信者数は一九八八年には四五万四四四二人、一九九四年には四四万八三五七人、二〇〇三年には四六万六〇一〇人とほぼ横ばいであり、サヨの死後、めだった拡大はない。

（7）国内の信者の地域的分布にはかなり偏りがある。中国地方で全体の約半数の二二万の信者がおり、以下、九州、近畿、四国、関東、中部、東海の順となる。海外には、北米、ハワイ、ヨーロッパ、アメリカ、中南米、インドなどに支部が置かれている。この教団ではメンバーシップの登録という形式はとらず、連絡先を記すのみである。会費は徴収していない。さらに出版物の購入も強制ではなく、布施にあたる醵金は各道場に設置してある維持箱に名前も記さずに入れることになっている。

（8）「名妙法連結経」は祈りの言葉で、悪霊済度の法力があるとされる。「少し名のある女が天から法の連絡をとって結するお経」と意味づけられている。

(9) 信じ仰ぐのではなく、魂を磨き心の掃除をして「神に行く」ことが真の「しんこう」であるとし、「神行」と書く。

(10) 「合掌」ではなく、「合正」とは神の肚と人の肚が正しく合うこと。

(11) 六魂清浄とは惜しい、欲しい、憎い、かわいい、好いた、好かれたという人間の根本となる六つの魂を清浄にすること。「神行」の第一歩といわれる。通常の用語では「六根清浄」と書き、六根とは六識のもとになる六つの感覚器官、眼、耳、鼻、舌、身、意の総称である。六根清浄とは六根の妄執を断って、心身ともに清浄潔白に保つことで、山岳行者の唱える言葉である。

(12) 天照皇大神宮教 1951, 1967、中山 1975、北村 1962、西山・藤井 1981 を参考にした。

(13) この場合の「紀元」は、神武天皇即位の年を西暦紀元前六六〇年とし、それを皇紀元年と呼んだものを示す。天照皇大神宮教が一九四六年を神の国紀元元年として用いている「紀元」と用語は同じだが、異なるものである。

(14) この部分の記述は、天照皇大神宮教 1951, 1967、北村 1962、中山 1975、を参考にした。

(15) 同一人が複数の手記を機関誌に載せている場合があるので、執筆者は一三〇名である。執筆者のうちに海外在住の日本人および日系人が八名、その他の外国人が八名いる。執筆者の性別をみると男性八一名、女性四九名で、このうち夫婦で執筆しているものが一件ある。入教年からみると、一九四六～四九年が七九名と総数の六一%を占める。一九五〇～五四年が一八名（うち外国人一名）、一九五五～五九年が一九名、一九六〇～六四年が六名（同三名）、一九六五～六九年が六名（同二名）、一九七〇～七二年二名（同二名）である。外国人を除いて、この中でサヨの指導を受けたことがない者は八名にすぎない。

(16) 一九六四年にハワイの天照皇大神宮教信者五五人に聞き取り調査を行なったタキエ・スギヤマ・リブラは、ほとんどの回心者は奇跡として述べられるような好ましい経験をしているが、それは彼らの信仰を強化するのみであると指摘する。そして、彼らは回心後において生活状態の悪化、病気、そしてある場合には回心が家族解体をもたらすといったマイナスの出来事に遭遇している。リブラは、こうした出来事が救いと結びつくメカニズムを探り、七つの信仰維持のメカニズムを挙げた。それは、①苦難の機能的剴切《がいせつ》性（Functional Relevance of Suffering　最終的な救いのために必要な段階または有効な手段としての苦難）、②比較上の救い（Comparative Salvation　そうでなければ出会ったであろう、より悪い出来事との比較）、③時間の調整（Time Coordination　回心前の生活状態と回心後起こった恩恵的体験の記憶上の調整。また、救済の時点を過去から未来へと伸ばし、救済は未来の目標とされることもある）、④集合的救済（Collective Salvation　個人が自分の人生が失敗であるとわかっても神の国建設に参加することによって救いを確信する。個人から集合体への関心の移行）、⑤内的救い（Inner Salvation　「無我」と関係のあるトランス状態、来世での救い）、⑥生霊の陰謀（Conspiracy by Jealous Spirits　回心後に起こった突然の病気や不運な出来事の原因としての人の妬みによる生霊の存在）、⑦説明的規定的確信（Explanatory and Prescriptive Certainty　苦難の原因、対処方法に関する情報武装。①〜⑥のすべてのメカニズムは説明的規定的確信を含む。それは無意味さとアノミーから個人を保護する。規定的確信は天照皇大神宮教の祈りが全能であることの確信によって獲得される）である［Lebra 1969・70：46-51］。

本章では、手記の事例に即して苦難＝試錬の意味づけを(a)救いのための手段、(b)大難にかわる小難、(c)来世での救いの三つに整理した。信仰維持のメカニズムに注目したリブラによる上記の整理と重なるところ（例えば①、②）、交叉するところ（例えば③、⑤）があるが、手記を資料とした制約もあって、すべてを関連づけることはできなかった。

(17)　しかし、個人の救いを目的とせず、神の国建設を目的として行じる結果として個人も救われるという点や、個人から神の国への焦点の移行の強調といったところに、教団側によるフィルターがかかりやすい部分があるともとらえられる。

(18)　サヨ自身は自らについて、「わしは誰にも大神様というてくれと頼んだ覚えはない。わしは尋常六年卒業しただけ。家に帰ったら肥桶担ぐ百姓の女房。これが、わしの肩書きよ」と述べている。

(19)　説法や出版物によって信者がサヨの行を認識していることにもよるが、第一次的には、サヨの日常生活の場が即道場（とくに新道場建設以前の旧道場においては、住居と道場が同一であった）であり、サヨの日常生活の場が信者から隔離されておらず、聖なる空間や時間が分離されていないことから、実際に信者が見たり、体験したことに基づいている。

第四章　入信の動機と過程

一　はじめに

宗教への入信は、新しい価値観や生活態度の受容と、従来自らが依拠していた価値観の修正あるいは転換を迫るものである。では、人はどのような条件の下に、どのようなプロセスを経て新宗教の信者となるのだろうか。

このような問題意識のもとに、まず第一章で立正佼成会の会員を対象として入会―入信の過程を考察し、「重要な他者」が大きな役割を担っていることを示した。第二章では大本をとりあげ、一地方支部の信者のライフコースを綿密に叙述することで、入信過程について考察した。第三章では、天照皇大神宮教の機関誌に掲載された体験談を分析の対象とし、宗教的信念体系を受容することにより、人生がいかに再解釈され、救いへと収斂されていくのかを考察した。本章では上記の考察をふまえ、かつ他の研究者の調査データや実証的分析の成果にも拠って、入信の動機と過程について論述する。

論を進めるにあたって、宗教集団への加入（メンバーシップの取得）を意味する入会と、個人の内面における信念体系の受容を意味する入信の概念上の区別を明らかにしておきたい。とくに日本の新宗教のように、「入ればわかる」「入らなければわからない」といった説得をして、信念体系の受容を前提とせずに入会を勧める傾向の強い場合には、両者がその時期の上でも一致しないことがむしろ一般的であるからである。まず入会があって、その後、漸次的な信念体系の強化―受容のプロセスが続くというパターンが多い。したがって、入信は入会より遅れることが一般的で、また入会しても入信に至らない前に脱会する者も数多くいる。そのため集団は、定着した信者群をこうした流動的な信者群がとり囲んでいる、といったあり方になっている。

以下、まず入会の動機とその時代的変化を追い、ついで入信の過程として、入会の要因、ねぼけと目ざめ（休眠と活性化）、信念体系受容と宗教実践、体験談の意味、二代目以降の信者の入信プロセスを考察し、最後に入信の効果に言及したい。

二　入会の動機とその時代的変化

（一）入会の動機――剥奪の体験

人が新しく宗教に加入する理由を説明する理論のうち、著名なものとして、剥奪理論と呼ばれるものがある。即ち、何らかの深刻な悩みや苦しみ（剥奪感）を抱えている人が、そこからの救いを求めて新しく宗教に入るということである。日本の新宗教に関しても、これまで一般的に、入会するのは、「貧・病・争」の苦境や「八方ふさがり」の状況に陥った人々であるとされてきた。では、なぜ新宗教がそうした状況に置かれた人々の心をとらえることができるのであろうか。その理由の一つは、それが剥奪状況の克服を約束するからである。例えば、医者に見放された病人のように、手を尽くしても効果がみられなかった場合、あるいは貧困のために経費のかかる治療を受けられない場合には、往々にして、それらに代わる解決法として宗教が求められよう。

しかし、剥奪の体験が入会のきっかけとなる理由は、克服というおかげにとどまらない。人間にとって苦難や不幸は、客観的事実の問題であると同時に、主観的意味の問題でもある。剥奪状況に陥った時、人はそれ自体を苦しむと同時に、しばしば他ならぬ自分になぜそうした不幸が降りかからねばならなかったのか、いわば人間の運命の不条理や不公正についても苦しむ。そうした場合、人は苦難の克服法とともに、苦難の意味を納得できる仕方で説明してくれる新しい世界観、価値観をも求める。宗教はこうした苦難の意味の問題に取り組み、独自の世界観、価値観に基づき、確固とした解答を与えようとするのである。

（二）入会動機の時代的変遷

剥奪の体験は、自分個人にかかわる私的問題だとしても、広くみると実はその剥奪が社会状況の産物であることが多い。宗教への入会は個人的な出来事だが、背景には人々の宗教的ニーズを覚醒させる時代状況がある。新宗教の発生や発展が社会変動期に起こるのも、それが人々の生活基盤を脅かし、そこに生み出される剥奪や価値観の動揺が広範な「潜在的回心者」を生じさせるからにほかならない。新宗教の入会動機にかかわる実証的研究は多いとはいえないが、特定の宗教がある特定の時代に伸張するという想定を踏まえて、戦前期、戦後復興期（昭和二〇年代）、高度経済成長期（昭和三〇年代から昭和四〇年代前半）、そして低成長期（オイルショック以降バブル期まで）の四期について各々に特徴的な新宗教をとりあげ、入会動機の時代的変化を鳥瞰しておきたい。なお、本書に収めた論文がおおう時代との関連で、考察はバブル期までにとどめる。

戦前期

戦前期の新宗教への入会動機に関する実証的データの一つに、一九二八（昭和三）年に天理教の二代真柱中山正善が天理教伝道者一万二四八〇名に対して実施した調査がある。残念ながら入会年についての資料が漏れているので、時期を区分して入会動機の変化を特定することはできないが、主として明治中期から大正期にかけての入会者とみることができよう。入会動機で最も多いのは、自分や家族の「身上」（病気などの肉体上の苦しみ）による入会で、全体の六一％を占める。二位は「親譲りの信仰」が二〇％にのぼり、これには家の宗教が自分の信仰になった場合と家の宗旨としてそれを相続した場合がある。三位は「教理に感じて」という理由によるもので一二％となる。四位は「事情」（家庭不和、経済的失敗、人事間の不如意などの苦しみ）によるもので二％を占める。入会動機の過半数を占める病気は、教義の上で重要な位置を担っている。すなわち、親神より見れば「かしもの」であり、人間から見ると「かりもの」である身体に、親神は「障り」をつけて心得違いを知らせているのであり、「病」とみえるのは心得違いに対する親神の知らせであるという病気観である。天理教では布教の手がかりとして、まず病人を捜すという方法をとったことも、この比率の大きさとかかわると思われる［中山 1930 : 77 - 96］。

一方大本に関しては、日野謙一が入会経緯と入会動機について記述した教団内出版物の記事八五例を分析している。これは主として一九一六（大正五）年から一九二一（大正一〇）年にかけての入会者で、その多くが知識人層、都市の新旧中間層である。したがってこの資料は、信者一般というよりも大正期の大本の指導者や知識層の意識を反映したものとみることができる。これらの事例のうち、彼らの入会動機となった問題状況には、①疎外状況（病気、貧困、家庭崩壊）二〇例、②農村救済運動の挫折一例、③近代思想・文化の受容とゆきづまり六例、④新しい民衆宗教を求めて三五例がある。この三五例のうち一九例は神霊探求者と呼びうる人々で、彼らが霊的探求を行なうようになった契機としては、①当人や家族の病気、②霊視や神人合一による社会救済への欲求、③神霊現象の合理的解釈と倫理化の要求がある。したがって大本への入会者は、一方では貧困、病気、家庭崩壊など生活基盤解体の不安をもち、他方では、それまで依拠していた宗教や価値観の解体の中で、精神的な苛立ちと不安を抱えて暮らしており、現状を好転させて苦しみや不安から救ってくれ、安心して依拠しうる信仰を求めていた。また、とくに神霊探求に携わっていた人々のほとんどが病気治しを求めていたことから、現世利益的なおかげを人々が強く期待していたといえる［日野 1982 : 183 - 192］。

戦後復興期（昭和二〇年代）

森岡清美は、昭和二〇年代にどのような人々が立正佼成会の教えを受容したかを考察するために、二種類のデータを使用した。一つは一九六八（昭和四三）年に佼成新聞社が行なった立正佼成会の入会者に関する調査で、その中から一九四六（昭和二一）～一九五〇年に入会した者のデータを抽出し、入会の背景をなした問題状況について考察している。問題状況としては、病気（四八％）、貧困（一八％）、家庭不和（一八％）で、精神的な悩みも少数ながらある。以上は一番目に挙げられた問題状況であるが、しばしば問題は複合しているので、二番目の理由も考慮すると、貧困の比率はもっと高くなる。問題の複合は異なる剥奪間の悪循環を示唆するものである。もう一つのデータは、宗教学者鶴藤幾太が入会の動機を分析するために用いた資料で、一九五二～五三年の毎月三回のご命日（月例供養会）における信仰体験談一〇〇例を類別したところ、そこにみられる入会動機は、病気六八％、素行不良一六％、家庭の悩み（不和）六％、不運六％、失業二％、孤独一％、なんとなく導かれて一％だった［鶴藤 1954 : 1 - 2］。素行不良、家庭の悩み、不運などにも大体病苦が伴っているから、入会の動機のほとんどは、直接にか間接にか病苦であるとみることができるという。それとともに病気を入会の動機とする場合でも、素行不良や家庭の悩みを伴うことが多いと鶴藤はとらえている。当時、立正佼成会の門を叩いたのは、悩み苦しみの問題状況にある人々、とくに病苦を背負った人々だった。当然、それは病気が切実な問題となりやすい所得の少ない階層、あるいは所得の不安定な階層の人々であった［森岡 1989 : 46 - 51］。

渡辺雅子が一九七四（昭和四九）年に茨城県で実施した立正佼成会会員の調査でも、昭和二〇年代は問題解決を願っての入会が多く、剥奪の複合状況がみられるが、その内容は肉体的問題（病）、人間関係の問題（家庭内における争）、経済的問題（貧）、精神的問題の順になる。これは昭和三〇年代の入会者には「先祖供養」「精神修養」といった理由、昭和四〇年代では「義理」入会が多いことと比べて、際立っている［渡辺 1978 : 37 - 39］。

一九七二年に行なわれた山形県湯野浜の妙智會会員調査の結果、西山茂は指導層および中堅層の大半が終戦以後一〇年間に入会しており、また昭和二〇年代の入会者に問題を抱えていた者の比率が高いことを指摘した。その内容としては、肉体的剥奪（病）、経済的剥奪（貧）、災害の順である。戦後三〇年の間の最も苦しかった時期として半数強が昭和二〇年代に言及し、第一位に経済的剥奪、第二位に肉体的剥奪がくる。昭和三〇年代以降は肉体的剥奪が増加し、時とともに経済的剥奪は減少している。このような客観的剥奪は、これに応えてくれない既存の信念体系への人々の信頼を失わせ、彼らをアノミー状況へと導くことが多い。アノミー、生き甲斐喪失、孤独、挫折などの精神的剥奪は、しばしば客観的剥奪から派生し、人々を新しい信念体系の受容にむかわせる。このデータで興味深いことは、昭和二〇年代に入会と引き替えの「代行供養」が布教上の方便として大きな役割を果したことである。戦争による近親者の死亡に加え、地域特性として、当時成人男子の七割が北洋漁業に出稼ぎに行っていたこともあって、海難事故の死者も多かった。「入会すればわずかの会費で戒名をつけて供養してくれる」宗教として、妙智會が昭和二〇年代の経済的窮乏状況と結びついて受け入れられた側面があった［西山 1967 : 35 - 41］。

高度経済成長期（昭和三〇年代から昭和四〇年代前半）

高度経済成長期には、多くの人々が家族と別れ、地域の絆を断ち切って、農村から都市へ、地方から中央へと移動した。鈴木広は一九六二（昭和三七）年に、このような社会状況の中で目覚ましい会員増を示していた創価学会員の調査を福岡市で行なった。鈴木は創価学会への回心者が、階層的には下降移動型で離村向都型の移動者が多いことに注目した。「かれらは社会移動の過程でいわば共同体の崩壊感覚として自己を体験する」とし、鈴木はこれを移動効果と名付けた。体制次元での急性アノミーは社会移動によって相乗化された形で現れ、積極的にも消極的にも共同体なるものの崩壊、または「剥奪」という潜在的機能を担い、それなりの安定性をもった生活構造からの離脱＝孤立化により、集団の紐帯を喪失した人を甲羅のない蟹にした。このような潜在的回心者に、創価学会は「折伏《しゃくぶく》」をとおして働きかけた。入会に際して明確な意思決定、動機づけのある者は約七割で、病気二八％、家族関係一六％、貧乏一三％、自分個人の問題一〇％となり、「人にいわれて」という付和雷同傾向の者が約四分の一ある。しかし、これらの主観的動機は、現実にからみあって分かちがたく働く諸原因のうち、直接に意識されたものにすぎず、客観的には前述の要因が背後にあるとする。入会者を年齢別にみると、二九歳以下のサンプルでは、入会動機に金銭的動機はほとんどなく、家族関係における悩みも少ないかわりに、病気と自分自身の個人的な心理的・思想的動機が多いことが特徴で、「貧乏・病気・不和」型とは明らかに異なる傾向がある。青年はいわば心理的に孤立した「移動の世代」なのである。一方、四〇歳以上の層では、大部分は家族という基本的集団をもつため、経済＝就業＝家計問題に起因する家族関係の問題化や、疾病による打撃が現実的な意味をもつものとして強く意識されている［鈴木 1970 : 294 - 300］。

谷富夫は、一九七四（昭和四九）年一年分の創価学会の機関紙『聖教新聞』に掲載されている体験記事四九六件を分析した。谷は入会動機を、経済的入会（経済的貧困による入会）、身体的入会（入会者の病気や身体障害が動機の入会）、家庭的入会（入会者以外の家族の傷病や身体障害、家庭不和など家族問題を理由とする入会）、矯正的入会（入会者自身の病理的行為や否定的性格を信仰によって矯正するための入会）、職業的入会（職場での地位・役割変化に伴う困難を克服するための入会）、疎外的入会（大衆社会の疎外状況からの救済を信仰に求めての入会）、教理的入会（創価学会＝日蓮正宗の思想や教義への関心から入会）という七つの類型に分類した。入会動機の時期別変遷をみると、Ⅰ期（一九五四年以前）とⅡ期（一九五五～五九年）では経済的入会は突出して高く、ついで身体的入会と家庭的入会で、入会動機は貧病争の三類型に限定されていた。家庭的入会を動機とするのは既婚女性に多い。身体的入会と家庭的入会は、いつの時代にも一定程度存在するが、Ⅲ期（一九六〇～六四年）以降経済的入会の比重は減少していく。その後の時期での特徴的な入会動機を挙げると、経済成長まっ只中のⅢ期を特色づけるのは中間技能層の職業的入会であるが、Ⅳ期（一九六五～六九年）では、新たな状況として都市の中間中・下層を中心とする疎外的入会が急増し、Ⅴ期（一九七〇～七四年）には知的エリート層の教理的入会が飛躍的に増大したという［谷 1994 : 121 - 136］。

低成長期（オイルショック以降バブル期まで）

一九七三（昭和四八）年のオイルショックなどを契機として人々の生活意識とライフスタイルに変化がもたらされ、これまで近代化・合理化の過程で切り捨てられてきた非合理の復権現象がみられた。それは手段主義から表出主義への意識の変化と結びついて、新しい神秘・呪術ブームを生じさせ、とくに若年層の関心をひいた。

谷富夫は、新新宗教とも呼ばれる終末論と呪術色の濃い崇教真光の真光青年隊の調査から、そこに集う若者の特徴を、①離村向都型の地域移動とはほとんど無縁の脱「移動」世代、②高学歴、③高度経済成長期に都市で一応の成功をとげた親たちの子弟で、階層的に比較的高いラインから人生航路に踏み出している脱「成長」世代、と要約している。復活した神秘・呪術・霊魂への関心と真光が適合していることもあって、彼らの入会動機の第一位は、「霊魂の実在や超常現象に関心があって」で四六%を占め、「真光の終末論に関心があって」入会した者一六%を加えると両者で六二%となる。病気の原因は憑依霊にあるとする信念体系にも関連するが、「病気」三七%、「親や子など家族の問題」一六%、「親しくつきあえる仲間を求めて」六%で、「経済的問題」は二%にすぎない。理由のない入会も三分の一あるが、この大部分が子供の時に親に連れられて道場を訪れた経験をもつ者だという［谷 1987 : 108 - 109, 同 1994 : 160 - 173］。

また、塩谷政憲が統一教会の調査から描いた、「入会以前はごく平穏な社会適応をし、とりたてて剥奪感を実感していない、失愛恐怖を持つ適応型『いい子』が入会している」という指摘も、若者層の新宗教への入会が、剥奪、とくに基本的剥奪からは説明できないことを示している［塩谷 1986 : 161 - 162］。しかし、統一教会の場合、彼らが「ホーム」で生活することの主要動機が親や家族からの自立にあるという点では、真光と異なるといえよう。

以上、戦前期から戦後復興期、高度経済成長期、低成長期に至る新宗教への入会動機の時代差について概観してきた。これらの入会動機は、同じ質問項目への回答でなく、尺度も異なるが、ここに掲げた新宗教は、はからずもその時期に注目をひいた宗教である。新宗教への入会は時代性を反映し、「豊かな社会」の中で経済的剥奪（貧）による入会者は激減している。「貧」自体の内容も絶対的貧困から相対的「貧」へと変化した。永遠のテーマとしての「病」は常に存在するが、貧しさゆえに医者にかかれないために新宗教に向かうのではなく、医者に行っても治らない難病や精神的疾病へとその重点が移行したともいえよう。また、神奈川新聞社の調査によると、大山祇命神示教会において一九八〇年代前半の五年間の入会者の四〇%が二〇歳までの若者が占めるが、満ち足りた生活の中での目標喪失、孤独感から入会するという［神奈川新聞社 1986 : 198 - 201］。「争」を避けるがゆえの現代の若者の人間関係の稀薄さ、生きていることの実感の喪失という精神的剥奪が、彼らを新宗教に向かわせているととらえることもできる。

三　入信の過程

(一) 入会の要因

家族内への宗教の導入者である初代信者の場合、家族外の信者からの何らかの働きかけ、すなわち説得的コミュニケーションを受けて入会に至る。入会をもたらした要因については(1)入会する側の要因、(2)入会を勧誘する側の要因、(3)両者の関係にかかわる要因を考慮する必要がある。(1)には、①剥奪の程度と救済期待の有無、②教えの親和性の程度、③当人をとりまく社会的ネットワークの性質（問題解決のための資源の有無）、④家族内における入会反対者の有無などがある。(2)には、①問題解決方法提示の程度、②説得性の度合、③人柄および面倒見の程度が挙げられる。入会の勧誘は往々にして既存のネットワークを利用して行なわれる。これが(3)の要因である。これらが相伴って入会を決心させる要因を構成する。しかし(3)が主に前面に出ると、ある場合はこれまでの付き合い上やむをえず入会する「義理」入会となるが、これは反面、勧誘者に対する信頼を基礎に入会に導かれるともいえる。その意味では両者間の面識性の有無や程度が入会を左右する重要な要因となる。見ず知らずの人に勧誘されて入会する場合は、問題状況の複合化、深刻化、長期化によるものか、急性のパニック的なものにほぼ限定される。

(二) ねぼけと目ざめ (休眠と活性化)

入会時に解決を要する問題をもたない場合、入会しても不活発になりやすいが、問題状況があり、また入会によってそれが解決し、おかげ＝功徳を受けたとしても、必ずしも活動会員としてとどまり、信念体系受容に向けての道筋に入るとはかぎらない。「初信の功徳」という言葉にも表されているように、初めは信仰的には十分なレベルに達していなくても、功徳を得ることができるとされる。これが教団へのコミットメントの増大に結びつくことなく、「喉元過ぎれば熱さを忘れる」というように、当初は感謝をしていても忘れたり、あるいは生活が忙しかったり、他の会員に対する感情的反発によって休眠や脱会に至ることも多い。それでは、どのようにして、こうした信仰の中だるみが克服され、信仰が人格のなかに定着してゆくのだろうか。

西山茂は妙智會を対象とした研究において、入信（信念体系の受容）を一定の時間幅の中で生じる信仰の螺旋的深化過程として位置づける観点から、この問題にアプローチしている。それによると、現在熱心な会員のほとんどが「ねぼけ（休眠）」の体験をもつ。そして以前「ねぼけ」を体験したが、今は「目ざめ」ている者の「目ざめ」の契機は、ほとんどが何らかの悩み事や問題を抱えている時に、他の会員から声をかけられることであるという。妙智會では会員が「ねぼけ」ている時にぶつかる悩み事や問題を「おさとし」と呼ぶ。こうした悩み事や問題は、単に入会を促す要因としてばかりでなく、入信を促進させる要因としても重要である。しかしながら、これが「おさとし」として機能するためには、それ以前に一定程度教団の信念体系を受容しているか、少なくとも他の会員の指摘によってであれ、その枠組に基づく意味づけを受容する姿勢が必要になる。したがって、直面した問題状況を教団の信念体系の立場から宗教的に解釈し、それは「ねぼけ」の当然の帰結であることを納得すれば、以後は「目ざめ」ることができるのである。もちろん中には「ねぼけ」のままの停滞や、悩み事や問題に直面しても、それを「おさとし」と受けとめるのではなく、逆に「入会しても碌なことはない」と考えて、ますます深い「ねぼけ」に入るか、疑惑のために脱会する者もいる［西山 1976 : 47 - 57］。

(三) 信念体系受容と宗教実践

このように、一般的には入会後、信仰のとりくみ方の転回点となるような問題状況に遭遇し、それをきっかけに「目ざめ」、信念体系を受容していく。しかし、「目ざめ」の状態を持続させるためには、信者間の相互作用を伴うさまざまな宗教実践が強化のプロセスとなることが必要である。彼らは日常的な宗教実践を行なうことによって、教団のもつ意味システムを内面化していく。新宗教の場合、とくに聖職者を擁することなく、ごく一部の専従者を除いて、俗人が主体となって通常の日常生活を営みながら宗教活動も同時に行なう在家主義の立場をとる。信者即布教者であり、儀礼も自らの手で主体的に行なうのが原則となっている。宗教実践の内容としては、儀礼的実践、教化的実践、参与的実践などがあり、いずれも信念体系受容・強化の契機になる。

儀礼的実践には、祈り、勤行、先祖供養、浄霊（手かざし）等々が含まれる。これらはしばしば実践者に意識の高揚状態や変容状態をもたらし、救済の実現や感得感を与える。それは日常的意識ではとらえられない神や霊の世界というものをリアルなかたちで体験させ、納得させる重要な契機となるのである。

教化的実践とは、「導き」「折伏」など未信者を説得し、信者として獲得しようとする布教活動である。これは外社会の世俗的価値観をもつ者を説得する作業であるが、この過程で実は説得する側もされる側と同様に教化されるのである。説得する側はされる側から示されるさまざまな反論や疑問に答えていかねばならないので、まず事前に真剣な教理学習が促される。しかもそれは説得のプロセスの中で絶えず厳しくきたえられる。そして説得の成功は信念の正しさの証明として、信仰を強化するであろう。また、自分の勧誘した人が増えるにつれ、教団内の地位が上昇し、それによっても次第に教団の信念体系へのコミットメントが高まってくるのである。

参与的実践の内容は本部・聖地・支部での行事への参加や、法座・座談会のような小集団での集まりへの参加などである。中でも信者が生活上出会うさまざまな問題を遠慮なく出しあい、その解決を皆で親身になって話しあう小集団での集会は、身近な体験や問題をとおして教えを学び身につける重要な場である。こうした小集団には通例ベテランの信者が加わり、問題の解釈や解決法に関して教理に即した指導がなされ、抽象的な教理と具体的な生活の媒介が図られる。取り上げられる問題が身近であり、共感的雰囲気の中で話し合いがなされ、皆が解決に向けて積極的に問題に取り組むよう促されるため、単なる参加者にとっても大きな教育的効果がもたらされるのである。

(四) 体験談の意味

新宗教においては、信者の信仰生活において体験談が重要な位置を占める。宗教集団の集会ではしばしば体験談が語られる。これはその人が信仰をとおしていかに苦難を克服したか、立ち直ったか、その経緯を自分で述べるものである。その特徴の一つは現在の自己だけでなく、過去の自己の人生も含めて宗教的な観点から意味づけを行なうことにある。体験談や体験記をまとめそれを発表することは、いわば自ら回心物語のシナリオを書くことを意味する。もちろんそれがどのようなものとしてまとめられ、表現されるかについては、各々の宗教によってパターンやモデルがある。対面的小集団での体験談には、出来事の受けとめ方、意味づけ、解釈の仕方、今後の対応について先輩信者から指導が行なわれる。こうした場面において告白される事柄が、納得できる形で解釈し直され、一つのパターン化した物語を構成するようになる。このような訓練を経たうえで、そのうちのあるものは、より上位レベル（教会・本部など）での口頭発表や、機関紙誌での発表につながっていく。こうして、繰り返し語られる体験談によって、当事者自らが宗教的信念体系に基づく回心物語を内面化し、さらには他の信者に対して、出来事の意味づけ、対処方法を含め、回心のモデルを提供するのである。(1)

（五）二代目以降の信者の入信プロセス

新宗教も年月がたつにつれて、自らの意志で入信した初代信者ばかりでなく、その宗教の中で生まれ育った二代目以降の信者が増加してくる。家族、親戚などの反対を押し切って信仰を貫いた場合もある初代信者と違い、彼らにとって宗教は所与のものとして存在する。しかし、初代信者にみられるような「選択」を伴わないがゆえに、二代目信者の信仰が中味を欠き、形骸化していく危険性を常にもっているといえる。また、時には入会というメンバーシップの取得それ自体も自覚されていないこともある。とくに先祖祭祀が強調される場合、「家の宗教」化して安定的に継承されていく可能性は高くなるが、反面既成仏教と同じように信仰の活力の低下を招くことになりやすい。

二代目以降の信者に関する調査は多くはない。子や孫世代の信者が自然に信仰になじんでいくという家庭内での社会化の影響は否定できないが、彼らが継承した宗教の信者として活性化してくためには、自分自身で信仰を選び直す契機が必要となる。立正佼成会が一九七三（昭和四八）年に青年部を対象に行なった調査では、青年部活動へのきっかけを与えた者として、第一位が母親、第二位が青年部のリーダーとなっている［中央学術研究所 1979 : 434 - 436］。このような部活動への参加によって仲間集団を得、信仰への意欲が高まることもある。

また、飯田剛史、芦田徹郎が行なった大本の調査によると、最初の入信者の約半数は剥奪組ともいえるが、現在の大本が未信者への働きかけなど外に向かっての活動面では停滞的であることもあって、信者の補充は家族の中から行なわれているという。自らはとくに悩みをもたないまま、家族の影響で家の宗教として大本を受容する者が、戦後各時期をとおして大多数を占めると指摘する［飯田・芦田 1980 : 94 - 98］。

渡辺雅子は妙智會の地方教会で一九八四年と一八年後の二〇〇二年に追跡調査を行なった。時間的経過をふまえ、二代目、三代目が主体的に信仰を選択する契機として、①悩み事や問題の発生と功徳の体験、②青年部活動への参加、③教団内役職の任命、④カリスマや教団中枢部の人物との接触や激励、⑤親の死や病気による役割移行を挙げている。また、宗教的社会化と家族内コミュニケーションの重要性についても指摘している［渡辺 2003 : 134］。

このほか、近年の成果として、杉山幸子による仙台市の崇教真光信者を対象とした宗教的社会化に関する質問紙による調査がある［杉山 2004 : 125 - 155］。猪瀬優理は札幌市で創価学会員を対象に質問紙調査を行ない、信仰継承の問題を考えるにあたって、ジェンダーの視点が不可欠であることを指摘した［猪瀬 2004 : 31 - 32］。塚田穂高は、「手かざし」儀礼を中心的な実践とする教団の二世信者のライフヒストリーから、信仰形成の過程を分析している［塚田 2006 : 86 - 98］。

このように、信仰継承の重要な原因として、横のつながりをもつ部活動などへの参加による仲間集団の獲得に加え、問題発生によって、自己の自発的な信仰として所与の宗教をつかみなおす可能性がある。また、教会長、支部長など教団内で重要な役職に親世代がついている場合、その老齢化や死亡を契機として、「家の宗教」化によりその役職を子世代が継ぐという役割継承が、彼らの信仰者としての自覚を促し、転機を構成することもある（本書第Ⅰ部第二章参照）。

四　入信の効果

宗教に入ることによって、見違えるほどに生き生きする人々もいる。宗教は心の拠り所を与え、人々に心理的、精神的安定をもたらす。彼らの人生を意味づけることを可能にし、生き甲斐を回復し、人間の連帯を再発見させ、新しい価値観のもとに、退行から前進へと変化させることも多い。宗教の個人的機能としては、疎外された個人を社会に適応させる機能がある。J・M・インガーはそれを宗教の「橋渡し」機能と名付けた［Yinger 1961: 43］。またH・N・マックファーランドは、日本の新宗教の研究から、新宗教の役割の一つとして、社会的に恵まれない人々のための「気密室」を挙げているが、この機能は「橋渡し」の機能に相当する。急激な社会変化は、さまざまに変形した「圧力」を生み出し、それはとくに社会的に恵まれない人々に強い影響を及ぼす。新宗教は彼らに対して、新しい圧力に徐々に慣れていくことを可能にするような気密室を提供する。新宗教は人々に避難所、希望の根拠、新しい橋を提供し、それを通して人々を外界に適応させるように働くという［McFarland（訳）1967 : 300 - 303］。ここで着目しなければならないのは、新宗教集団に入ることそれ自体が、ある意味で世俗社会との橋を焼き払ってしまう行為を含む一方、その後世俗社会への橋渡しとなることである。宗教的信念体系は、世俗的価値観に対して、離脱性、自律性をもつ。これは世俗社会とその宗教の緊張度が高い場合に顕著な形で現れる。宗教への入信は、「常識」の世界から自らを切断することでもある。そのうえで新宗教は、これまで社会的に不適応で、悪循環の中にあった人々に、上昇的な社会移動に合うような態度を習得させ、上昇志向を動機づけることによって、世俗社会に再関与させ、首尾よい循環に戻ることができるようにするのである。彼らは新宗教に入ることによって、新しい共同体に編入され、新しい人間関係のネットワークを得、自己を回復する。また日常生活の中で出会う問題に対しても、その原因や対処方法が示され、教えをそれに応用しながら身につけていく。苦難は運・不運によるものとしてではなく、因果関係をもつものとして、さらに、前世、先祖の因縁、死霊、生霊、動物霊などの超自然的存在にしばしばその責が帰せられ、それを断ち切る方法が示される。また自らの心得違いとして指摘される場合も、常識によってではなく、教えに基づく宗教的意味づけによってなされる。こうして視野が霊的世界も含むものとして拡大し、これまでとは別の角度から自己を内省することは、信者を従来の物事の見方、捉え方から脱却させる。さらに教団の教える生活規律を実行することによって、生活に秩序が生まれる。これまで人と争いがちだった人も自分をみつめ、へり下ることを教えられて、カドがとれる。仕事にも身を入れて働くようになる。それによって、世俗社会で地位の上昇をもたらすことが往々にしてあるが、たとえそれがかなわなくても、新宗教の実力第一主義は、過去の経歴を問わず、実力で教団内の地位を上昇していくことを可能にするのである。

他方、新宗教への入信がもたらした世の中や人に対する見方の変化（視点転換効果）や自己変革効果とよぶことのできるものには、批判もある。人や社会が悪いのではなく自分が悪い、自分が変われば相手も変わるという論理は和を重んじる日本社会ではとくに人間関係の修復に対してそれなりの効果があるけれども、苦難の原因を自分の中にのみ求めることは内罰型人間をつくり、社会の矛盾から目をそらさせ、結果として現状肯定の姿勢をもたらす危険性があるという指摘である。この指摘は、入信の効果の社会的点検に注意を促す点で看過できないが、入信の持続的な効果、一言でいえば、「橋渡し」機能の積極的側面まで否定するものではないだろう。

【註】

（1）教団紙誌に発表された体験談を用いた研究業績には、孝本 1980、渡辺 1980（本書第Ⅰ部第三章）、日野 1982、谷

1994、新屋1995などがある。また島薗進は一連の論文の中で、新宗教教団において体験談が重視されるようになった背景、体験重視の教えについて、霊友会を事例にとり、教祖の生活史と時代的要請から分析している。このほか島薗は霊友会系諸教団の霊友会、立正佼成会、妙智會の事例をとり、体験談が語られる場を、小集会、大中集会、機関紙誌に分類し、小集会では語り合いによる信仰的自己理解をとおして物語の筋書きをつくり、大中集会はそれをまとまった「作品」に練り上げ、機関紙誌はそれらを記録し、多様な伝達が可能なものとするると述べる。また、体験談を聞く側にとっては、小集会では個々人の生活に密着した体験の現われが学ばれ、大中集会ではドラマティックな救済や回心のモデルが提示され、機関紙誌では読者の関心に応じた選択的集中的享受が可能になると指摘している［島薗1988, 1993］。また、井上順孝と島薗は、回心物語という用語を用い、回心物語の大衆化としての「体験談・体験記」について言及している［井上・島薗1985］。

近年の成果として、真如苑青年部弁論大会をとりあげたものに、芳賀1996、菊池1998, 2000, 2004、芳賀・菊池2006、秋庭・川端2004がある。この弁論大会では体験談を数ヵ月に及ぶ他者との相互作用の過程で練り上げていくパッケージ化した一連の活動からなっており、教団内相互行為の過程で信仰者の体験が生成されることが示されている。

なお、体験談の研究史をまとめたものに、寺田2000がある。

第Ⅱ部　新宗教と女性の自己形成

第一章　十五年戦争と新宗教の女性
――霊友会の会報にみる銃後活動と思想の変遷――

一　はじめに

一九三〇年代から一九四〇年代前半は、一九三一（昭和六）年に日本が中国の東北部で起こした満州事変、一九三七（昭和一二）年に中国の北京郊外で始めた日中戦争、一九四一（昭和一六）年にアメリカ、イギリスに開戦し、ほとんど全世界を相手にした太平洋戦争と、一連につながる十五年戦争の時代である。

この十五年戦争期に、法華経による在家主義先祖供養を掲げて教勢を拡大していった新宗教に霊友会がある。十九世紀末以降の都市産業の勃興と農村から都市への労働力の移動は、柳田国男がいうところの「家殺し」の状況をもたらした。こうした時代環境の中で、霊友会の思想に大きな影響を与えた西田利蔵（無学）が、法華経による在家主義先祖供養を説いた。霊友会の創始者久保角太郎（一八九二～一九四四）は、この西田の教えを核として、在家信仰として毎日読誦することが可能なように、法華三部経の中から抜粋し、ダイジェスト版の「青経巻」をつくった。先祖が成仏していないから子孫を守護する力がなく、不幸・不運になると考え、他人に先祖の供養を任せるのでなく、自らの手で自らの先祖を供養すること（仏所護念）によって、先祖は成仏し、子孫に幸福をもたらすとされた。こうした在家主義先祖供養のもう一つの柱として、久保の育成したシャーマンである小谷喜美（一九〇一～一九七一）を中心とした霊感による指導があり、それによって成仏できない先祖の苦悩や霊界の存在を実感でき、さらに苦悩解決の方法も具体的に教示された。

霊友会の先祖供養は、従来の家的先祖ではなく、父方・母方並びに夫方・妻方双方の先祖を供養する、現実に生きている人の集合体である世帯を中心に考える非家的先祖観である。このような新しい形の先祖供養の方式を打ち出し、これを現世での問題解決と結びつけた。戦前期の霊友会の思想には、当時の「思想の混乱」を憂い、それを正し、社会を「善導」しなければならないという、昭和を末法の世と規定する危機認識も見いだせる。(1)

霊友会は大正年代から活動を始めていたが、久保角太郎を理事長とし、小谷喜美を会長として正式に発足したのは、一九三〇（昭和五）年である。会員数は、記録の残っているかぎりでは、発足前年の一九二九（昭和四）年には三百人、一九三四（昭和九）年七千人、一九三五年一万七千人、一九三六年一〇万人、一九三七年二〇万人、一九三九年五〇万人、一九四〇年七六万人、一九四一年八四万人と、満州事変の勃発から太平洋戦争に至る十五年戦争下に東京、大阪の大都市を中心に急激に教勢を拡大した。

この時期は、一九三五（昭和一〇）年の第二次大本教事件、一九三六年のひとのみち教団不敬事件をはじめとして、厳しい思想統制と宗教の戦争目的への動員が強行され、多くの新宗教は逼塞を余儀なくされたが、この中で例外的に活発な活動を行なったのが、霊友会と生長の家である［村上 1985 : 15 - 16］。霊友会は、政府の弾圧への対応策として、一九三六年七月に、仙石子爵家の出で九条公爵家の養女として日蓮宗瑞竜寺門跡になった村雲尼公日浄を総裁に迎えた［小谷 1958 : 67 - 68、霊友会史編纂委員会 1992 : 176、霞会館 1996 : 538、縄田 1978 : 69］。

こうした対応策に加え、先祖供養と「根性直し」による懺悔滅罪を説く教義が、戦時下の時局に人々を適応・順応させるのに役立ったこともあって、めだった弾圧もなく[2]、また懺悔滅罪の行法として「導き」を強調した霊友会は、戦時下で活発な布教活動を展開し、敗戦時には新宗教で最大規模の教団となっていた。こうした布教活動を中心的に担ったのは女性たちである。ここでは、霊友会の会報（機関紙）の記事の分析をとおして、女性が戦争にどのように搦めとられ、動員されていったのかという点を考察しようとするものである。一九三四（昭和九）年八月の創刊から一九四四（昭和一九）年五月の廃刊までの一〇年間の会報の記事を分析の対象とする。

十五年戦争下では、従来になく女性の使命が鼓吹され、戦線に出る男性に対して、銃後を護る女性といったかたちで、家庭を越えて社会的にも性別の役割分担が叫ばれた。宗教の信念体系は、社会変動に対して働きかける独立変数としての意味合いをもつが、社会変動によって左右される「時代の子」でもある。女性の役割に関してどのようなことが強調され、またその強調点はどの程度宗教のもつ信念体系を反映しているのか、また十五年戦争という時代背景の中で、時代の要請によって変容していったのかといった点について、Ⅰ期（満州事変と在家主義先祖供養の提唱　一九三四～一九三六年）、Ⅱ期（日中戦争下での銃後体制への動員　一九三七～一九四〇年）、Ⅲ期（太平洋戦争決戦下での銃後活動　一九四一～一九四四年）の三期に分けて考察したい。

会報の記事は、小谷の論説や随想、支部長等幹部の寄稿、会員の体験談から構成されている。ここでは、男性執筆の記事は、女性への呼び掛けに直接関連したものや時代状況を反映しているものにとどめた。分析の対象とするのは女性が執筆した記事で、女性の使命、銃後の女性の役割等について、女性の女性に対するメッセージが含まれているものである。また、単に個人の御利益体験のみ記載されているものは、その体験が時代背景のもとで、重要と思われる場合を除いてとりあげない。

会報（タブロイド判四頁、八段組）は、一九三四年八月の創刊号から月二回発行されたが、一九三八年一一月一二日からは月一回に発行回数が減少し、一九四四年五月一二日、一七一号をもって廃刊された。会報は、初め『大日本霊友会報』と名づけられたが、翌一九三五年二月二八日号から『大日本霊友界報』と改称、さらに一九三八年五月二八日には『霊友界報』と改称された[3]。この中には、久保の署名による記事は一つもないので、天下国家を論じていた久保の考えについて直接的な資料はなく、幹部や会員の記事から推測されるのみである。編集方針なども明確ではない。また、会報というフォーマルな出版物であることに加えて、検閲統制下でもあるため、記事はタテマエ的であって、実態をどの程度反映しているかについては疑問の余地が残るともいえよう。こうした資料的制約をふまえつつ、分析を行なっていきたい。

分析の中心は「会報」であるが、時代背景、および他の婦人会活動、とくに庶民を母体とした大日本国防婦人会（以下、国防婦人会[4]）との思想・活動面での異同も検討し、宗教はどの程度時代の中で自立的でありうるのか、そうでないならそれはなぜなのかという点も念頭に置くこととする。

なお、以下で引用・言及する会報の記事では、旧字は新字に改め、読みやすいように句読点は適宜入れた。漢字や送り仮名は書き手により異なるところもあるが、これらは原文のままである。会報関係の文献情報（執筆者、会報執筆年、記事のタイトル、号数、判明した属性）は**表1**（会員執筆の記事一覧）として章末にリストアップし、本文では記号（カッコ内に姓と発行年を記入）で示した。

二　満州事変と在家主義先祖供養の提唱（Ⅰ期　一九三四～一九三六年）

昭和初期の日本は「昭和恐慌」によって翻弄された。しかし一方では、エロ・グロ・ナンセンス時代ともいわれ、大都市ではモダンボーイやモダンガールが闊歩していた時代でもあった。失業者の増加や農村の苦境と都市における享楽的現象が共存していた時代だった。また、主として知識青年層への社会主義の浸透による思想の「赤化」もみられた。婦人参政権獲得運動（婦選運動）も活発だった。

急速な資本主義化に伴う矛盾を日本軍は大陸への侵略による植民地獲得によって解決しようとし、一九三一（昭和六）年満州事変が起こった。翌年、日本の傀儡政権である満州国が樹立され、一九三三年、国際連盟の満州国撤兵勧告案を不服とし、日本は国際連盟を脱退した。一九三二年には、大阪で庶民の自発的な出征兵士の見送りから端を発して国防婦人会が結成された［加納 1987a］。

こうした状況の中で、一九三四年（昭和九）八月、霊友会は会員七千人を擁する教団となり、教えの徹底をはかるために会報を発刊した。発刊の辞には「思想の赤化、国難の襲来、相次ぐ天災、末法世相の悪化は吾人《ごじん》の耳に、『法鼓激しく鳴る』の警告となって響くを感ず。此秋《このとき》、仏所護念、教菩薩法を行ずる我大日本霊友会、既に七千の会員を擁して、将《まさ》に宇内《うない》に獅子吼《く》せんと欲す、敢て不才を駆って会報を発行せんとする所以《ゆえん》なり。亦《また》諸仏諸天の命じ給ふ所なりと信ず」とある。

第一頁右肩には、「昭和は正に久遠の釈迦牟尼仏の説法の時　久保生」とあり、左側には、「大日本霊友会の使命」が、「宇宙の憲に則り　大日本帝国の聖訓を奉戴し　機に従ひ　変に応じて世間の種性に随順して衆生処々の貧著を抜出し正法を解釈して之を広く一切衆生に及ぼし　億々万劫よりの神勅を奉持する上に於て自らの身命を惜まず能く諸々の幽冥を除き　能く衆生の闇を滅し　一大戒壇建立を完成し　一仏浄妙国土の建立億万歳不変の基礎を確立するを以て目的とす」と記載されている。

また、「大日本妙法一仏国土　祖先崇拝在家の叫び!!!」をスローガンに、「皇国の大恩を思ふものは来れ。邦家の安泰を祈るものは来れ。将来の国家を擔当《たんとう》せんと志す青年は来れ。国難を芟除《さんじょ》せんと欲するものは来れ。惟神《かんながら》の使命を知らんと欲するものは来れ。家庭の和合を求むるものは来れ。子弟の正しき教育を欲するものは来れ。事業の発展を希ふものは来れ。家運の繁栄を希ふものは来れ。病気、災難不幸に嘆くものは来れ」と呼びかけている。

当時、宗教は思想の「善導」の役割を担わされていたが、二号には会員の心得として「我が大日本霊友会の叫びは尊くも、古昔よりの御先祖を自ら御供養申し上げ家族制度を確保し、進んで社会善導を開示するにあり。ゆえに会員たるものは、個人的にも家庭的にも国家的にも正義を重し、行道を共にし、苟《いやしく》も非人格的行動を慎み、忠孝の道を如実に発揮せられんことを望む」と述べられている。

（二）昭和の時代認識

「昭和は正に久遠釈迦牟尼仏の説法の時」という時代認識のもと、霊友会の教えがなぜこの時期に必要なのか、なぜ在家主義先祖供養を行なわなければならない時が来たのかという点に関して論が展開された。

国難・非常時

昭和初期の状況を思想的にも経済的にも行き詰まった昭和末法、五濁悪世、国家多難の折すなわち「非常時」ととらえる。ここには当時の日本の状況に対する危機意識がみられるが、悪世の現われとして言及されているのは、「我利我欲のためには、他人の不幸迷惑を思わず、欧米文化の悪潮に支配されて、物質文明の虜となり、徹底的に個人主義を発揮している」［中田（寅）1934］こと、「我が国体の本質を打ち忘れ、外国文明のみを取り入れ、民族性の大和心より遠ざかる」［若山 1934］ことで、「大いに目覚めなければならない所の青年子女が特に軽佻浮薄に流れ、欧米諸国の悪思想を其儘取り入れ、其れを以て最も尖端的文明人なりとし、天上天下唯我独尊と云った様な有様で、利己主義、個人主義、享楽主義の亡者となって、日本人固有の大和魂を失ひ、世の中に悪化混乱を生ぜしめた」［中田（正）1934］のである。すなわち、欧米文化の物質文明に毒され、それによって日本精神を喪失し、個人主義、利己主義が蔓延している状態を悪世ととらえている。

国難・非常時の原因と除去方法

「外には仇敵悪魔、内は五欲の楽しみに沈溺」［原田 1934］というような「国難」「非常時」がどのような原因によって生じたかというと、「国民一般に敬神崇祖の念薄く、祖先の供養は他人に任せ、職業的な形式的供養で、成仏が出来ずに苦しんで居られる数多くの祖先のある事を知らず、たゞその日その日の安逸のみをむさぼって居ります。この御先祖の苦しみが表に現れて、この行《ぎょう》つまり、この非常時になった」［香山 1934b］、「各自の家庭の御先祖が成仏して、その家庭を守れば、各家庭は救はれ、その家庭の集まりである国家は救はれるのでございます。只今のこの国家の行づまりも、長い間の御先祖の垢即ち因縁が積り積ってこの国難を来たした」［香山 1934a］というように、霊界と現界が合わせ鏡であり、霊界の不成仏霊の存在、すなわち霊界の乱れが現界の乱れとなって現われていると説明される。

「明治大帝の大慈悲により、教育制度が布かれ、字の読み書きの出来ぬものはいなくなった」［大河平（多）1934］ことによって、万人が自らお経を読むことができる時期が来た。それによって可能になった「自らの先祖は自らで御供養することによって家庭の平和を獲得」［同上］し、「国民各自が真に目覚めて、各自御先祖の御供養をして、長い間のほこりを払へば、此の国家は救はれる」［香山 1934a］、「血縁の者の御先祖供養こそ、真にこの国難打開の掟」［青木 1935］なのである。「国家を救ふには、先ず家庭が救はれてをらなければなりません。一家を救ふには御先祖御供養即ち仏所護念」［大河平（朝）1934b］と、個々の家庭の集積により国が構成されるという視点と、非常時・国難を打開するための道として、霊友会の方式にのっとり、自らの手で自らの先祖を供養し、成仏させることが強調された。

霊友会の教えと国体との関連

霊友会の教えは、「国体と合致する大乗の教え」であり、「忠孝の教え」であることが強調される。「忠君愛国の念は何処より出ずるかと申しますのに先以《まづ》て孝であります。孝を生かすには祖先崇拝であります」［若山1934］、「大日本霊友会の教菩薩法仏所護念は忠孝と一致する唯一無二のよい御教えと私は心得て居ります。古から孝は百行の基と申し、又孝子の門より忠臣あらわるとか、すべてこの忠孝といふことはわが国体の真髄」［森山1936］であるとされる。

前述したように各自の先祖を自らが供養し、家庭が救われることによって、国が救われるという視点はあるものの、先祖供養による「孝」が、どのように国家に対する「忠」に結びつけられるのかについては、家庭の集積＝国のほかに特に独自な論はない。むしろ、国体に合致すること、したがって忠孝一致を自明として自らの教えの正当性を主張している(5)。

(二)　女性の使命と役割

この時期には、霊友会の教えが正しいとの主張と、自らの手による自らの先祖の供養の呼び掛けが顕著にみられるが、女性執筆の記事の中で目立っているのは、それに加えて女性の使命や役割に対する自覚の喚起である。そこでは、女性たちを家庭内に閉じこもらせずに、外へと「解放」することを促す、女性による女性に対する「檄」ともいえるものが見出せる。

昭和初期は大正デモクラシーの余波が残存し、また一九三二（昭和七）年に結成された国防婦人会でも「男と女の折半の義務」が強調され、婦選運動という形態にしろ、国防婦人会活動にしろ、女性の家庭外への活動がみられた時期であった。この時期の会報にも「昭和女性の使命」「昭和の婦人」「昭和婦人の仰ぐ妙力」「昭和女性の本分」「昭和の妻として」「昭和処女の使命」「日本女性の使命」「婦人の使命」「輝く女性」「女人成仏」など、昭和という時代に生まれた女性の使命感を鼓吹する記事が多くみられる。

主体としての女性の「解放」

女性が目覚めねばならないという視点は、「現代の婦人は徒《いたづら》に浮華軽佻に流れ、或は徒に男性化して女性の使命を忘れて居る」［小池 1934］という認識のもとで、「私どもの叫びは徒に、女性の本分を失い、男子の領域まで侵したところの男女同権、婦人参政権等の悲しむべき叫びではなく、尊くも明治大帝の御聖訓を奉戴し、我が国の美風たる家族制度を基本とした、自らの御先祖を自らでまつるところの尊い力強い叫び」［大河平（朝）1934a］であるとし、欧米文明に「毒された」あり方としての婦選運動や女性の職業進出に対しては批判的で、これらとは性格が異なる。とはいえ、実際には霊友会では、女性が「外」へと向かう布教活動の担い手でもあった。

「家庭の繁栄は主婦の力によるものであると信じます。何卒御婦人方は殊に、一日も早くお目覚め遊ばして、この正しき道によって家庭を納め遊ばし、大和撫子の本分を全うするように」［大河平（多）1934］と、単に従属する存在ではなく、「我等婦人は婦人としての力も使命もあるのですから、それを生かしていくのが正道」［山口 1936］であり、「昭和聖代の婦人として徒らに男子にのみに頼らず、而もあくまでも婦人としてのやさしい自覚を失はず、女性本来の使命を悟り、正しい力を充分に発揮いたしたい」［山田 1934b］こと、「婦人として日本古来の婦徳を高め、大和撫子のやさしさを失ひたくはございません。然し乍ら一朝事ある時は、日頃体得させて頂きました神力をもって家の為、国の為この妙法の功徳を充分に活用するとゆう覚悟と信念」［山田 1934a］をもつことが強調されている。

また、男女の性別役割は形としては従来どおりであるが、その内実のあり方は異なったとして、男女間にある主従の観念を否定し、仏法によって、女子は男子を引導する者にという、女性の積極的な主体としての自覚を求める檄もとばされる。

「女は内を修め夫に仕へ、内助の功を積み子女を教育するといふことは昔も今も変りはございません。けれども其内容におきましては大変な違ひで其結果もまた雲泥の違ひがありますことを皆様確りとお心に留めていただきたいので御座います。なぜ男子と生まれ、なぜ女子と生まれたか其訳も判からずに居ては、女人の本分を真実に判る筈は御座いますまい。唯々女は男に従ふのが女の道であるかの如く教へられ、所謂良妻賢母を理想とする従来の女子教育は誠に結構では御座いましたけれども、欧米文明の進入で、一種の窮屈を感じて日本婦人は内気で活発な生気を抑制するとなし、此の建前からして女子教育の方針に大変革を来たした様に思はれます。併しながら、私共の仏所護念即ち御先祖供養の御教へから見ますと、女性の神仏に対する重大なる使命責任を自覚して其勤めに精進致せば、是迄の様な内気な窮屈な境涯を脱して晴ればれとした天地を認めるので御座います。そうして日本婦人の特徴でありますす淑徳は少しも傷つけないばかりでなく、益々其光りを放つので御座いまして、決して男女両性の間に男が主で女が従である様な観念は起らず、唯だ神仏から受けるところの男女の使命責務が明瞭となるのでございます。昭和の御代は、私共女人が大に妙法に自覚し、法に依って是れ迄の間違った男女の道を改善いたし、女は男子を引導して、この乱れた世の中を正しい道に引戻して、一天四海皆帰妙法の安楽国土に、安らかに落付く偉大なる

責任を果たさなければならぬところの女人の御代で御座います。」［二宮 1936］

女人成仏――女性「解放」の根拠

当時、国防婦人会でも「女の折半の任務」が喧伝されたが、霊友会では女性の使命を提示する根拠として、法華経にある「女人成仏」の思想が用いられた。なぜ女性は男性より劣るものだといわれてきたのか。しかしなぜ、女性はただ内に閉じこもるだけではいけない時が来たのか、法華経の功徳によって、これまでの境涯から脱皮することができ、それによってこそ、本来の使命を果たすことができるという論が展開された。法華経十二番「提婆達多品」にその根拠を見出したのである。(6)

「古来より女人は兎角に恵まれぬ立場に居ります。娑婆においては忍従の人世を送り、古くは霊場、霊山に入るを禁じられる五障のさはりありと云はれて、成仏の記をうけられず、自らの業障を嘆いて開くる道を知らづ、今生に涙の人生を送り、死しては無明の地獄に落ち、生まれかはる所に或いは畜身となり、亦女身になって永劫其の苦を出る事あたはづ送るので御座居ます。真に『女身は大闇の如し』と申されるが如く、ことに現代の女人は『五濁末法の女人は殊に諂曲にして、諸経の力及ぶべからず、諸仏の力も不可』となされ、大海にたゞよふ小舟の如く、大闇に閉ぢられて居る有様で御座居ます。

けれども法華経提婆達多品には畜身の龍女も良く此の経をたもって即身成仏の記を授けられたとあり、亦『もし女人あって此の経典を聞いて説の如く修業せば、…』と御座居ます。末法濁悪の現世におきましてなほさらに女人の信仰すべき法華経で御座居ます。なれども、雑華経の如く幾多にも分かれておりますが、私は此大日本霊友会の唱ふる仏所護念教菩薩法をもって此れこそ、私たち幾千万人の行ふべき、開示下された道であると思ふので御座居ます。昭和の御代の女人は、とく目覚めて、家の柱である御先祖供養をなし、子弟に及ぼして、現今の悪思想を救はなければならないと思ふので御座居ます。たゞに閉じこもる時でない。此処に女人としての本分があり、五障の雲に閉じられた女人に輝きと安心立命があると思はれます。」［小池 1935］

女性の使命――一家を治める妻、母の役割

男性に従属し、何の価値もないように貶められている状況から、法華経の「女人成仏」の思想は女性を「解放」した。男女の性別役割は形としては従来どおりであるが、内実の意味づけが異なる女性の使命が鼓吹された。

女性の使命として挙げられるのは、母の役割であり、一家を治める妻の役割である。

「家庭の輝きは婦人の責任であり、第二の国民に対する善悪教育も婦人の大責任」［内形 1935］、「婦人が大に醒めまして、一家の建直しと同時に、我が国体と合致せる忠臣愛国の念深き、第二世を養育して真に国家を建直します義務を果たしたい」［井戸 1934］、「第二の国民精神を築きあげますには母として相当責任があります。勿論夫の力を得るのでありますが、益々思想が悪化してまいります現在は、純真な子供の脳裏に大和魂を打込むのは母の役目」［石黒 1935］と、思想悪化に対して、それを「善導」する母の姿が強調されている。しかしながら、この時期では、女性の使命は必ずしも母役割に限定されず、家庭における女性の責任にも力点がある。

「飽くまでも私共女人は内に居て夫と共に神仏に仕へ奉り、祖先の御差図を守り、家政を修め、末永く我家を継ぐべき子女の教養にあたり、表に活躍する夫の及ばないところを内から助けて、吾家を立派に守り立てるのが仏所護念から出る真の女の道」［二宮 1936］であり、一家を治める一方の主体でもある。けれども女性が「外」に男性の仕事の分野にまで進出することについては否定的で、それは「学問に食傷して、人の為すべき妙法の道を踏み外して居るために凡て、神仏から授かって居る男女の銘々受持っている使命を乱す」［同上］ことと受けとめられている。

Ⅰ期では、論点は、国難、昭和末法の時代認識と、こうした状況に対して、先祖供養により霊界を浄化することによって家庭を立て直し、かつそれの集積である国家の立て直しを図るという点に力点がある。したがって、在家主義先祖供養である霊友会の教えの正しさの主張と、その教えの勧めという意味合いが強い。

女性は、「女人成仏」の教義によって、いったんその穢れや貶められた存在であることから「解放」され、先祖供養の中心者として、家庭の立て直しや子供の養育に大きな責任がある主体として、再構成されていった。会報の記事には直接言及されていないが、霊友会の先祖供養は妻方の先祖も供養するものであり、女性にとって、実家の先祖も供養できるということは、大きな魅力であったことと推測される。そうした意味で夫と妻と双方の共働によって成り立つ世帯の、先祖供養による現世での幸福追求を含む教義は、女性を布教の主体としても動機づける要因であった。また、先祖供養による家庭の救済が国の救済にもつながるという論点は、女性に「国民」としての役割を果たす道があることを示した。

三　日中戦争下での銃後体制への動員（Ⅱ期一九三七〜一九四〇年）

（一）日中戦争開始と国民精神総動員運動

一九三七（昭和一二）年七月、日中全面戦争が始まる。この二ヵ月後に「挙国一致、尽忠愛国、堅忍持久」を三大スローガンとする国民精神総動員運動が開始された。すでに一九三四年一〇月に陸軍省は、『国防の本義と其強化の提唱』を刊行し、ここで陸軍は、国防の名において、新しい戦争観、すなわち総力戦構想を打ち出した。すなわち、これからの戦争は単なる武力戦ではなく、外交戦、経済戦、思想戦を総合した総力戦でなければならないというもので、総力戦構想の具体化が国民精神総動員運動であり、一九三八年四月に公布された国家総動員法であった。この法律によって、戦時に際し、人的・物的資源の統制・運用を議会の承認なしに、勅令で行なうことができるようになったのである。

国民の総動員を必要とする総力戦においては、もはや女性たちをこれまでのように家の中に閉じ込めておくわけにはいかない。前線と銃後の一体化が叫ばれ、良妻賢母であるうえに、さらに一人の国民として「御国の為」に尽くすという一項が追加され、「銃後の務め」「銃後の護り」が要求されるようになった［加納 1987b : 53 - 54］。

国防婦人会は、一九三二（昭和七）年に大阪で発足し、当初男に対して女の「折半の任務」「女も国民」であるとの意識から、出征兵士の見送りに端を発した大衆運動である。その後陸軍の傘下のもとで「婦徳」が強調されていったが、日中戦争開始の頃にはまだその精神も息づいていた。郷里で村の国防婦人会分会の発会式を見た市川房枝はその自伝の中で、「国防婦人会については、いうべきことが多々あるが、かつて自分の時間というものを持ったことのない農村の大衆婦人が、半日家から解放されて講演を聞くことだけでも、これは婦人解放である。時局の勢いで、国防婦人会が村から村へ燎原の火のように拡がっていくのは、その意味でよろこんでよいかもしれないと思った」と述べるような「解放」ともいえる側面が確かに存在した。国防婦人会はあくまでも日本婦徳宣揚の系列にあるもので、やがて侵略戦争を支えるものとされたが、それでもそこでの活動は家にだけ閉ざされていた女たちにとっては一つの「解放」であり、新たな自分の発見でもあった［藤井 1985 : 127 - 128］。

国防婦人会は、日本婦徳を身につけ、不良思想にまどわされることなく、皇国の「お役に立つ」子供を育成し、主婦としていかなる消費生活の窮迫にも耐えぬくこと、出征者の後顧の憂いをなくし、傷病兵や戦死者の遺族の世話をすることを目的としていた。「国防は台所から」の標語が合言葉の活動から修養・婦徳涵養主義へと変容していったものの、こうした婦人会活動は、国民精神総動員運動の初期においては女性を対外的活動へと動機づけるものとなった。

一方、十五年戦争下での婦選運動の歴史は、権利獲得運動から、国策協力運動へ、さらに女性動員運動へと転化していった［鹿野 1989 : 87］。その意味で、国家総動員法施行は、このような運動にとっても、方向の転回点となる。

一九三八（昭和一三）年一〇月には、日中和平と将兵の凱旋は裏切られ、長期戦は必至となり、持久戦段階に入った。国民の生活も戦争の循環の中に組み入れられ、戦線拡大に対応して銃後体制の形成へとむかった。当時は、銃後はまだ普通の生活に近かったが、消費経済規制と銃後生活の在り方が声高に叫ばれた時でもあった。その理由としては、戦場の苦渋と安穏な銃後生活の落差を埋めるための精神的教化、戦争遂行のための経済物動計画からくる要請がある。国民精神総動員運動の実践面は当初、時局認識講演会、神社参拝（上からの時局宣伝）に重点があり、ついで、出征家族慰問、勤労奉仕（銃後後援）に移行する。一九三八年から廃品回収、一戸一品献納、貯蓄、節約運動（経済的な課題）が展開される。このように国民精神総動員運動は、精神的なものから行動的なものへ、上部から下部動員へ、勤労奉仕は学生生徒、青年団が、そして廃品回収、古金物献納、貯蓄は婦人が担い手の主体となる。消費規制が生活様式の改善、規制に向けられ、その主役は家庭婦人となった。婦人の登場は国民精神総動員運動の本質的特徴であり、銃後の担い手の中心が女性に移行したことを示す。消費節約運動と貯蓄奨励運動は経済国策の二本の柱である。いずれにしても国民精神総動員運動は男性にとってはきわめて精神主義的であったが、女性にとっては逆に行動の場を与えた。一九三八年にはことに廃品回収、買い溜め防止で女性たちは活発な動きをした。しかしながら、国家総動員法のもとでの経済統制の第一弾として一九三八年六月に実施された綿製品の製造制限は、庶民の生活に大きな影響を与え、次第に消費規制が生活様式の改善、規制にむけられ、こうしたことへの精神的取り組みが重要視されるようになる［藤井 1985 : 174 - 177］。

国民精神総動員運動は天皇制イデオロギーによる国民の思想的統合と団結をはかり、国民を自発的に戦争体制に動員することを目的とした、上からの政府主導による精神運動である。これは、日本主義精神による精神教化活動と国策協力運動を二本の柱として展開された。国民精神総動員運動の指導理念は、「挙国一致、尽忠報国、堅忍持久」という三大スローガンにみられるように、明治以来の伝統的な日本主義精神であり、きわめて抽象的かつ精神主義的性格をもっていた。その実現のために国民がどのような手段をとればよいかを示しておらず、運動を実社会の生活と結びつけて機能させようとすれば、スローガンの内容を具体的に確定することは困難で、結局主観的恣意的な基準によって異端者として判定されたものを「国賊」「非国民」などのレッテルをはって排除するという消極的な対応しかできなくなる。それが、官製国民運動のもつ取締り性格と国民の自発性喚起との矛盾である［木坂 1976 : 272 - 275、赤澤 1985 : 258 - 259］。

このような国民精神総動員運動の精神主義的性格と国民の自発性喚起という課題、国民精神総動員運動の実際的側面における具体性の欠如に対して、霊友会の教えや活動はそれを具体的に実生活と結びつけて自発的に受けとめることを可能にした。すなわち、先祖供養という実生活に結びついた儀礼、布教、そして銃後活動、さらに教えの一方の柱としての「懺悔滅罪」は、国家が要求する精神のあり方に会員を統合していく機能を担ったのではないだろうか。

一九三八年の会報で、霊友会は時局の宗教であり、霊友会の教えは国民精神総動員運動の理論と実際を具備したものであると位置づけていることは、以下の記事の中に明らかに窺える。

「今日の宗教が改めて認識し直さうとする如き点（著者註・時代思想的要求に応じての宗教概念の日本的再検討）は、既に恩師久保先生が二十年来高唱されて来た処である。思ふに、我が霊友会の骨子たる『在家祖先供養の叫び』こそ正しく時代の宗教であり時局の宗教である。何故か。国体の精華を護り、国民思想の輝きを確実にし、而も本来の建前からして真に人類救済の眼目を成就し得る所の一切の条件を完全に具備してゐるからである。理論のみあって、行ふ処なくんば、真に国民思想は救はれない。声のみあって事実の救済なければ、国家の繁栄はない。国民思想の確立もなく国家の繁栄も齎《もたら》し得ない様な宗教は宗教でなくて空論戯論である。我が霊友会の在家祖先供養の実行は、立派に国体の精華を顕発し、国民思想を確立し、人類救済の眼目を成就し得る処の理論と実際を兼備し、之を事実の上に打立てつつあるのである。」［長沼 1938］

霊友会の会員数は、一九三七（昭和一二）年には前年の二倍の二〇万人、三九年五〇万人、四〇年七六万人、四一年八四万人と急増する。戦前ではこの時期に霊友会は特に顕著な伸びを示した。

それでは何が多くの会員の獲得を可能にしたのだろうか。霊友会の布教活動では、女性が重要な役割を演じた。「銃後の務め」や「銃後の護り」が声高に叫ばれる中で、女性会員はどのような銃後活動を行ない、また銃後思想を形成していったのかを、この時期の会報の記事からみていくことにする。

ここでは、時期的特徴をふまえ、Ⅱ期を前半と後半の二つの時期に分ける。前半は、一九三七年七月の日中戦争開始以降、同年九月の国民精神総動員運動の開始、翌年四月の国家総動員法制定という転換点を含む一九三八年までで、後半は、一九三九年以後太平洋戦争勃発までの、米穀配給統制法、砂糖・マッチの切符制、奢侈品等製造販売制限規則（七・七禁令）公布など、経済統制が一層強まり、そして新体制の掛け声のもとに大政翼賛会が成立して、隣組が活動の単位となっていった時期である。

（二）国民精神総動員運動下での銃後活動と思想（Ⅱ期前半　一九三七〜一九三八年）

一九三七（昭和一二）年七月の日中戦争勃発をうけて、霊友会の婦人修養会（一九三二年に結成）が活発な活動を始めた[7]（婦人修養会の活動については、適宜、本章末の「十五年戦争下における霊友会婦人修養会等の活動」**年表**を参照されたい）。日中戦争勃発の翌月には、在京会員による在満在支皇軍慰問資金の街頭募金（**写真1**、**写真2**）を行なったのを皮切りに、皇軍慰問資金の街頭募金と献納、国防献金、恤兵《じゅっぺい》品の献納（**写真3**）が女性会員を中心として行なわれた。翌一九三八年には、愛国金総動員運動に参加（**写真4**）、必勝祈願や殉国英霊供養、靖国神社への参拝、明治神宮への国威宣揚・武運長久の祈願、慰霊感謝国民大会への参加、そして毎日曜日に東京の会員は月島海岸で、大阪の会員は淀川堤にて国祷祈願ならびに殉国英霊の供養を実施した。このような祈願、慰霊活動はその後も継続されていった。

国家総動員法公布の翌月の一九三八年五月（九四号）には、会報に毎号掲載されていた「大日本霊友会の使命」（本書一六七頁参照）の記述から、「一仏浄妙国土の建立億万歳不変の基礎を確立」という字句が削られ、「大乗の事業を確立」に変更された。さらに六月（九七号）からは、スローガンの後半部分の「祖先崇拝在家の叫び!!!」はそのままであ

写真1　在京会員による在満在支皇軍慰問資金街頭募金
〔1937年8月3～4日、霊友会提供〕

写真2　在満在支皇軍慰問資金街頭募金を行う
霊友会会長小谷喜美〔同上、霊友会提供〕

写真3　婦人修養会、陸軍省恤兵部へ慰問品を献納（下帯13,500、他）
〔1937年10月9日、霊友会提供〕

女性の左から3番目は小谷喜美（会長）、4人目は宮本ミツ（第四支部会員、のち第七支部長、のち妙智會会長）、5人目は関口とみの（第四支部会員、のち第六支部長夫人、のち仏所護念会会長夫人・二代会長）

写真4　東京日日新聞社提唱の愛国金総動員運動に参加
〔1938年5月20日、霊友会提供〕

会員300名は東京日日新聞社を訪ね、結婚指輪、時計側、鎖等の貴金属製品2000余点を供出

るが、前半部分は「大日本妙法一仏国土」から、「国体の正義を生かし大乗の真義を興すことに邁進いたしましょう」に変わる。すなわち、霊友会独自の理念である法華経による在家先祖供養が国体の正義と直接的に結びつけられていく。日中戦争勃発以降、会報の中に「銃後」という言葉が頻繁に出てくるようになった。夫や子供が出征した家族に関する記事も目立つようになる。「非常時」であることはⅠ期にもまして強調されていく。しかし、Ⅰ期でみたように、悪世の位置づけや非常時の原因についてはもう言及されていない。

霊友会の教えは、「我国体にぴったり適合の正法であり、家庭安心の基礎を保てば、自然と一致協力国家観念の強い一筋の忠の人民になり得る」［仲 1937］、「国体の精華として世界に誇る忠孝一致の大本である大日本霊友会の教菩薩法仏所護念」［奥野 1937］というように、宗教独自の正当性よりは、霊友会の教えは国民精神総動員運動のもつイデオロギーと合致し、国家が要請する忠孝に至ることが強調された。

こうした認識のもとで「一家一家の悩みは国家の悩みであります。此の国の悩みを如何にして救ふべきか、それは教菩薩法仏所護念の御教に基づき、自らの御先祖御供養によるのみ」［岩楯 1938］というアジテーションのもとで、「銃後の許にあって、女たりとも誠の忠孝の一端をふまして頂くべく行じる」［野島 1938］ことが求められた。

先祖供養と国家——忠と孝

それでは、なぜ霊友会の教えの実行が銃後の国民としての役割に直結するのだろうか。先祖供養による「孝」が直ちに国家への「忠」と結びついて説かれるからである。(8)

「時局に当り、皆様と共に銃後の護《まも》りをいたしませう。銃後の護りとは如何にすべきか。其れは霊友会御本部恩師久保先生並びに会長両先生の御教導の仏所護念御先祖御供養であります。仏所護念の御教は親に孝行、則ち国家に忠孝がたちます。『仏は滅したまわず』と有ります如く、霊友会の御信仰は他に比類なき証明が有ります。皆様お互いに銃後の護りは身命を惜しまず御導きをして互に助け合ひ、国家の為に精進努力し、戦線の兵士は我身をすてて国家に勤め、今は婦人も男子となって一切に銃後の護りを致しませう。」［三枝 1938］

女人成仏――女も男となって働く時

「女人成仏」の思想は、Ⅰ期では、ある意味で女性を価値的に「解放」するように機能した。Ⅱ期では、それは「銃後の女性」の使命・役割を鼓吹するのに用いられるようになった。とくに日中戦争開始直後の一九三八年には、女性による女性に対する檄文ともいえるメッセージ性の高い記事が多いが、そこには、男性のみではなく、女性も非常時打開のために銃後の護りの役割を担わなければならないという積極的な主張が見出せる。国家総動員法の公布は、さらに女性の銃後の護りに対する責任の自覚を促した。ここには国防婦人会の男と女の折半の任務論と類似の思想も見出せるが、霊友会の婦人はことに「国防婦人の指揮者」となって働くように檄がとばされている。

「恩師久保先生は常に、昭和十二年は女人成仏だ、男となって働けといつも仰せで御座いました。(9) しかるに、日支事変突発して、非常時期に直面し、国家的にも全国に国防婦人会成立して、婦人が男子となって働く時正しくやらせられるやうやらなければならないのであります。又此の先々、戦争は何年続く共、又国家的に何う変ずる共、我が大日本帝国は国防により、銃後の護りとしては、家庭を護る主婦女人が大半責任を有するのだと思ひます。すべて家内の事家内中の家族の事すべて一切が主婦によって定まるのでありますから、にんにくのよろいを着て、妙法の柱にすがって、我が霊友会の婦人は国防婦人の指揮者ともなって働かねばならぬと存じます。霊友会の同志は、各々のお先祖にすがり、誠の道に立ちて、世の中の悪魔を除外させていただきませう。良く信じ、良く行じて、自分自身の垢から磨かせて頂いて、仏所護念の女人の勤めを必ず、共に全ふさせて頂くべく勤めませう。」［鈴木 1938］

このように、非常時にあって、霊友会の女性は国防婦人の指揮者ともなって働かねばならないこと、また、自分自身の中を点検し、反省することが求められている。銃後の女性の模範となるという、過剰同調への回路が見出せる。また、婦人修養会での説法においても、国家との関わりの中で布教使命が強調されるとともに、銃後の女性の模範たるべきことが求められている。

「私共婦人は此の尊き仏所護念の御教を全国津々浦々にまで広め及ぼし、さうして真に此の御先祖の御供養をおやりになる方を一人でも多く増やさねばならぬ。斯うして国を救はせて頂く事が私共日本婦人として行はねばならぬ道であります。法華経の御教に拠るに非ずんば此の国家は救ひ得ない。霊友会の会員は他人から後ろ指を指されたり、爪弾きされる様なことがあっては何うして此の日本国を救ふ事ができませうか。」［荻野 1938］

こうした銃後の女性の使命として「婦人も男子となって働く時がきた」という認識は、それなりの「解放」感と使命感の鼓舞に結びつけられる。また、霊友会の教えの布教は国家の救済と結びつけられ、布教の意欲をかきたてる。女性は積極的に布教活動を行い、また、霊友会の社会奉仕活動は活発になる。こうした両方の活動は女性たちを家の内から外へと連れ出した。

一九三八年に会報で強調されている銃後の女性の任務とは、国家のために身命を惜しまず働いている皇軍将士が、後顧の憂いなく働けるように銃後を護ることである。具体的には、先祖供養の忠孝の直道を家庭に植え付ける、母としての「健全なる第二の国民の養育」であり、自分の家族のみならず、出征家族の留守家族を援助すること、[10]神社、仏閣に参拝し、国威宣揚武運長久の祈願をすることである。皇軍兵士が国家のために身命惜しまず働くその心持ちを銃後の者がもつことも強調される。その点では、依然として「家」が「国家」に拡大したのみで、性別役割分担は本質的には変化していないとみることができようが、「母性の賛美」は女性の価値がある意味では高まったという感覚をもたせた。

女性の使命としての健全なる第二の国民の養育——「母」の役割

母性賛美、母性の聖化は日中戦争以降顕著になっていく［鹿野 1983 : 178 - 203、鹿野 1989 : 90 - 107、加納 1979］。Ⅰ期にみられるような家庭の主体としての女性の役割は、この時期には、健全なる思想を持つ第二の国民養育の担い手としての母の役割に大きく収斂していく。また、業障の懺悔という経路はさらに、銃後の女性としての役割期待に対して過剰同調を生み出す様子がわかる。

「私達婦人の心からなる御先祖への合掌こそ、世を救ひ、自ら生す誠の姿であると存じます。御仏の慈悲は私達女人にも仏智をひらいて作仏せよとおほせられてゐます。国家未曽有の非常時局にたつ婦人として、私達は朝夕御先祖に合掌し、今日ある御恩を感謝し、自らの業障を懺悔し、健全なる家庭の保持者となり、忠孝一実の道を歩ませていたゞこうと願って居ります。私達は銃をもって国を守ることはできなくても、立派な第二の国民をつくるといふ大きなよろこびと自然の理に隨って仏所護念をいかし、大乗の本分を全うさせて頂く義務が残されて居りま

す。」［名倉 1938］

国民精神総動員運動と懺悔

国民精神総動員運動は、天皇制イデオロギーによる国民の思想的統合を図り、自発的に戦争体制に参加させることを目的としていた。この過程で、国民の側は、自らの心の中にある総動員の理念にそぐわない考えを取りさるように求められる。「『非常時だ』、『戦争だと』口々に言ふだけで、本当に目覚めて居る人が何人居るでせうか」［斉藤 1938］という問いかけの中で、先祖供養とともにもう一つの教えの柱である「根性直し」「懺悔」は、総動員の理念に即して自己点検を促すように機能した。「心の垢をとる」「ゆるむ心にねじをまく」「神国の民としての義務の精神的再考」など、女性の心のもち方に言及している記事が多くみられるようになった。

「皇国は未曽有の難局に直面して居ます。今こそ全国民が大和魂を磨き鍛へてお国の為に振ひ立つ可き時で御座います。大和魂は戦場で敵と戦ふ場合のみに必要なのではなく、緊張して乱れぬ銃後の備へをするのにも、真の大和魂が発揮されなくてはならぬ。物質日本の統制にも決して異存は無いけれども、より大切なるは精神日本の統制である。物が人を動かすのではない。人が物を動かす。」［岡野 1938］

「各人が正行《せいぎょう》を生かし其の垢を取り去り、六根清浄となりて、一日も早く大法の真髄を悟りて、立正安国の実を挙げらるゝ様、御手伝ひさせて頂くべく、層一層懺悔させて頂きたいものでございます。新年たりとも世は非常時、ゆるむ心にねじをまき、国を憂ふる士とならせて頂かうではございませんか。」［高梨 1938］

（三）激化する統制経済下の銃後活動と思想（Ⅱ期後半　一九三九〜一九四〇年）

一九三八（昭和一三）年に華やかだった銃後の女性の任務に関する論壇は、翌一九三九年になると、すっかり鳴りをひそめる。生活物資の統制が始まると物価は目に見えて上がり、一九三九年には日中戦争開始前に比べて三四・八％も上昇した。その一方で賃金は賃金統制令でおさえられていたため、勤労者の生活は苦しくなった［永原・米田 1986：86］。一九三九年四月には米穀配給統制法、七月国民徴用令が公布された。九月には第二次世界大戦がヨーロッパで勃発し、毎月一日が戦意高揚のための東亜奉公日とされた。

こうした状況の中で、霊友会では一九三九年二月から三月にかけて「本会はもとより、各自の御先祖御供養を以て各家庭の輝きを現はし、真に国民としての本分を尽すを以て平生の教として居るので、欣然協力しやう、それが当然国民各自の家庭の務めだ」（『霊友界報』一一〇号、一九三九年三月一二日付）と廃品回収国民運動と皇軍慰問資金献納に参加した。

一九三九年には、女性の記事は体験談に終始し、それと関連して若干は銃後の使命が説かれているものの、前年のように檄文の色彩はない。この年には、以下のような会長の小谷喜美による婦人修養会での講演が目立つ程度である。

「事変勃発以来、国家内外の多事多端な使命を吾々考へる時、春を讃へてはゐられないのであります。重大時に際しては、国民の一人々々が不平をもたぬやう、何にも実際的に考へるやう心掛けねばなりませぬ。物品も統制され、物価も高騰するこの時、日常生活に、言ふに言はれぬ不自由を感ずる時も、この大日本帝国の大きい理想と使命を達成させるために、国民の一人々々は我慢してやって行かねばなりませぬ。殊に婦人は細かいところにも心を使い、目に見えぬ消費を節約し、そして家庭の平和、大きくは国家の安泰を祈りてこそ、日本婦人の行ひとも言へませう。」[小谷 1939a]

ここにはこれまでみられた女性の使命に対する鼓吹はなく、強調されているのは消費節約であり、それに対して不平・不満を言わない心である。さらに、小谷は、「日本国民は時局多難な折、もっともっと目覚めて御奉公の信念をより以上高めねばならない。未曽有の国難の時に、奉公の誠を果たさねば虫けら同様」[小谷 1939b]と檄をとばしてもいる。

一九四〇（昭和一五）年、日中戦争は四年目を迎え戦線は中国全域まで広がったが、戦争解決の見通しは立たず、国民の中にも厭戦気分が広がっていった。日本は日独伊三国同盟を結び、イギリス、フランス、オランダの東南アジア植民地への進出を考えるようになった。この計画推進のために強固な国民の政治組織が必要となって、「新体制」の掛声がかけられた［永原・米田 1986：94-97］。一九四〇年六月には砂糖・マッチの切符制がしかれ、七月には、七・七禁令（奢侈品等製造販売制限規則）が公布された。これに基づき、国民精神総動員本部によって、「日本人ならぜいたくは出来ない筈だ」の立て看板がたてられた。「ぜいたくは敵だ」の時代の登場である［三國 1985：122-123］。婦選獲得同盟も解散し、「新体制」に協力することになった。一〇月には大政翼賛会が発足し、このころ形だけになっていた国民精神総動員運動を再編成して強化し、すべての世帯が一〇戸単位で隣組に組織された。次第に配給も含めて住民生活のあらゆる問題が隣組で扱われ、戦時下の行政の実務を円滑に徹底させる「上意下達」の機関としての色彩を濃くしていった。

また、一九四〇年は神武天皇即位より二千六百年に当たるということで、紀元二千六百年の祝賀の行事が華々しく行なわれた。霊友会でも軍事郵便機献納資金、忠霊顕彰会、日本赤十字社、肇国奉公隊への整備作業工具資金などさまざまな寄付・献納行為を行なったほか、宮城外苑整備の勤労奉仕（写真5）や、肇国奉公聖鍬部隊の行進（写真6）に参加した。この年は紀元二千六百年に関連した献金や祈願、奉仕活動が主で、この時期の女性の記事にはみるべきものはない。

祝賀式典は耐乏生活の息苦しさから一時的に解き放たれ、晴れてお祭り騒ぎを許されたひとときだった。しかし、反面こうしたお祭り騒ぎの中で、消費経済に対する統制が激化していった時期でもある。

一九四一（昭和一六）年には、国民学校令、生活必需物資統制令、米穀配給通帳制、大学・専門学校の修業年限短縮など戦時統制が強化されていった。また、学校での母性教育、結婚資金の貸付、多子家庭に対する優遇措置、産児制限の禁止などを含む人口政策確立要綱が閣議で決定された。「産めよ殖やせよ国のため」の時代の到来である［鈴木1989a：49-50］。

この年も、体験談以外の女性のメッセージ性をもつ記事は不活発である。銃後活動では、宮城外苑整備のための勤労奉仕、海軍傷病兵・遺家族の慰安会のほか、さまざまな寄付行為を行ない、国家への奉仕の姿勢を強めていった。

Ⅱ期前半では、国民精神総動員運動、国家総動員体制の中で、霊友会の教えと国民精神総動員運動のイデオロギーとの一致が強調され、婦人修養会は活発な社会活動を展開した。女性の論壇も活発だった。また、根性直し、懺悔という教えを媒介に、非常時の打開のために霊友会婦人会員はとくに模範たるべきことが求められた。しかしながら後半に入って生活物資の統制が厳しくなると、自らの生活の維持が急務の問題となったためか、女性たちの論壇は不活発となった。

写真5　紀元2600年記念宮城外苑勤労奉仕隊に参加
〔1940年10月1日～10日、霊友会提供〕

写真6　肇国奉公聖鍬部隊の市中大行進に参加する男性会員
〔1940年11月3日、霊友会提供〕

四　太平洋戦争決戦下での銃後活動（Ⅲ期一九四一～一九四四年）

（一）太平洋戦争勃発と銃後活動

一九四一（昭和一六）年一二月八日、日本はハワイ真珠湾を奇襲して、米英に宣戦布告し、太平洋戦争が勃発した。翌一九四二年二月には、これまで満州事変を契機に銃後活動を競い合い、また競合によってかえってエネルギーを高めていった国防婦人会（陸海軍省監督）、愛国婦人会（厚生省監督）、大日本婦人連合会（文部省監督）の三婦人団体が統合され、大日本婦人会が発足した。これによって、二〇歳未満の未婚者を除く全国女子二千万人が組織された。大政翼賛体制下の隣組の成立が婦人会の統合を必至にしたといえる。隣組の主役こそ主婦であり、婦人活動とはそのまま隣組活動と置き換えてもよくなっていたからである。大日本婦人会の綱領は、皇国への奉公、社会奉仕、修身斉家の三条を掲げ、承詔必謹、臣道実践と隣組活動、そして家にあって祖先を崇拝し子女を育成することを主内容としていた。かつてのような府県レベルや町村レベルでの活動がほとんど消えて、隣組が主要活動単位となり、家を基盤にして精神主義が強調された。女性たちは街頭から消えて家に帰り、さもなくば軍需産業に動員されていったのである［藤井 1985：206-207、永原・米田 1986：106-112］。

霊友会に目を転じると、太平洋戦争勃発のニュースを聞くやいなや、同日開催されていた婦人修養会の席上で、すぐさま陸海軍への金二万円の献納が発表された。さらに「前線の勇士へ慰問袋を送ろう。報国の時は今である」との呼びかけによって、同日慰問袋献納を発表し、三月には本部に集められた一万個の慰問袋を海軍省、陸軍省に献納した（写

写真7　在京婦人修養会会員より霊友会本部に寄せられた慰問袋
〔1942年3月6日海軍省へ、翌7日陸軍省へ献納。霊友会提供〕

真7）。翌一九四二年一月三日には、明治神宮に参拝祈願をし、爾後毎月三日の明治神宮での必勝祈願が定例行事につけ加えられた。一二月には大東亜戦争完遂祈願のため、身延祖廟建設資金を奉納した。

一九四二年の霊友会の会報の「『兵隊さんの心を心として』といふことに就いて」という男性会員執筆による連載記事では、兵隊の生活と銃後の一般国民生活の質的な差異に言及し、その差を縮めるべく「国家総力戦に於いて国民の身体と精神の総合体を同時に要求せられる場合、銃後に於いて米英の存在が敵として客体的実在として在るといふだけではなく、我等の心の中にある米英的思想や思索に向かっても撃滅の決意と反省とを要求している。兵隊さんの生活には不平不満など一つもない」［長沼 1942］と、銃後にあって米英的思想を拭い去り、一層の国家統制に従うべしとの檄をとばしている。

この年の女性会員執筆の記事は数も少なく、さしてみるべきものがないが、夫が戦死した妻の「子と共に」と題する体験談では、入会したことによってわがままが直った長男の徴兵検査の経験から、「今や国難がせまり、私達婦人として自分の子供を国の為に差上げる事を進んで御願いしなければならないと思ひます。其れなのに、未だ此の有難い御教を知らない方は自分の困る事もわからず、悪い子供を御国の為に出して、その悪いくせをお上になほして戴くような子供を持って居る方が多い様に思ひます。私もこうした子供を国の為に差上げる一人であったことを思ひます時、此の仏所護念、先祖供養の御教の有難き事を感じさせて戴く」〔岡山 1942〕と述べ、すぐに「皇国のお役にたつ」順良な子弟の育成を求めている。

さらに、「仏所護念という御先祖供養をさせて頂いて、不平は感謝に代り、日々の心丈夫さは食ふたものでなくてはわからない味」と、霊友会の信仰による心がまえは、経済統制下の不満を国家の要請に合わせて昇華させることを示唆し、「以前は皇軍将士の方々に銃後で暮らさせて頂く事をすまなく思ひましたが、公務の祈願は又別な立場で重大だと責任感が湧いてまゐります」〔仲 1942〕と、霊友会で行なう必勝祈願を銃後の重要な役割として認知している。

また、男性執筆の体験談ではあるが、子宮癌の手術をしてから虚弱だった母が健康を回復したことを、当時の女性に要求された役割をこなしている様子とからめて、「現在私の母は防空演習にも出られます。興亜奉公日には隣組の清掃奉仕にも出られます。古着を利用して作った手製のモンペを穿いて、何かある度に『私が私が』と言って出掛けます。私はこのモンペ姿の母をみるたびに、仏所護念の御教の偉大さ、有難さに感泣致します」〔伊藤 1942〕と述べ、入会後の肉親の病気回復の喜びを国に奉仕できることと関連させて語っている。

(二)「日本の母」の役割と「堪え忍ぶ精神」の強調

一九四三（昭和一八）年にはガダルカナル島日本軍撤退、山本連合艦隊司令長官の戦死、アッツ島玉砕と敗色濃く、また食料の配給事情も悪化の一途をたどった。インフレはいちだんと激しくなり、労働力不足も限界に達し、徴用、学徒動員、挺身隊と根こそぎ動員が進んだ。このような状況のもとで、国民の間には次第に厭戦気分が広がっていった。それを醸し出した最も大きな要因は食料不足である。それも単に「足りない」というばかりではなく、一方で高級将校や軍需成金が連日連夜高級料亭で宴会を行なっているという話や、高価な闇物資が流通していることなどが、不公平感を助長した［永原・米田 1986 : 126 - 128］。

また、戦局の悪化の中で、これまでにもまして母の役割が強調されたのもこの年である。日本の母は航空決戦にむけて少年航空兵を送るために、養育と励ましの役を担わされた。決戦段階の大日本婦人会のスローガンに、「誓って飛行機と船に立派な戦士を捧げましょう」（一九四三年一〇月）とあることからも読みとれる［藤井 1985 : 208 - 209］。

一九四三年には消費統制と家への女性の囲いこみ状況の中で、霊友会の婦人修養会の対外的活動はみられなくなった。一方、会報では、一九三八年に次いで、メッセージ性をもつ女性執筆の記事が多い。「婦人の立場」「家庭生活と婦人」「母」「婦人の信念」「祖先供養と日本の母」「やまとをみなの道」といった女性の役割にかかわるタイトルと、「洗心」「懺悔の光」「清魂」「反省」「心の垢」などの心のもち方に関するタイトルが目立つ。前者のほとんどが支部長夫人等の幹部による寄稿であり、後者は一般会員の体験談である。

この時期の会報の記事の特徴は、時代状況を反映して、第一に、これまで以上に「日本の母」の役割、それも特に即戦力としてお国のために役にたつ、不健全な思想をもたない子弟の養育が強調されたこと、第二に、消費生活の悪化に伴う厭戦気分の蔓延状況の立て直しをはかるための「精神」、すなわち「米英根性」の除去である。この時期の特徴は、反省と懺悔の氾濫である。母の役割を鼓吹する場合でも、多くは反省・懺悔を前提として論が展開された。

錬成道としての先祖供養

この時期には、霊友会の先祖供養がいかに正しいかという檄は発信されていない。「先祖供養は昔ならずとも、日本の母達は皆実行して来たのであって、今日特殊の行事の様に思はせたのも結局は米英思想である」［當山 1943］と国家が推奨する先祖供養との連続線上にとらえられている。したがって、この時期には、先祖供養によって、時局に合わない自分の心を反省し、政府が推奨する価値観、すなわち不足不平を言わず堪え忍ぶ心、第二の国民を養育するにふさわしい心を錬成する道としての先祖供養が強調された。

「御先祖に通ふ道とは、正しき心、不平不足を去り、常に堪へる心、忍ぶ心を養ひ、大和民族の血を受継いだ日本婦人として、直しきれなかった心を仏所護念の御教への綱にすがり、洗い清めること。かくてこそ、子供を育成する母としての務めも果たせる。母が健全なる精神を持ってこそ健全な子孫を育むことができる。」［須長 1943］

「先づ『大和民族の道』に合ふかどうかを確認する。これらが完全になし得る時、『戦ふ女性の心構え』はをろか『皇国の民としての心構へ』が完了される。此の精神を作り上げる一番手近な、しかし一番確実な方法としての仏所護念の御教へ。銃後に在る婦人の立場として、自分で自分の心の中に絶えず警戒警報を発令させ乍ら此の二つの大道を進んで行く。」［内藤 1943］

「日本の母」の役割

この時期には、女性の役割は母であることに集約された。当時、観念的にではなく、具体的な「模範」のかたちで、女性たちに日本の「母心」のあり方を提示するために、母をめぐる銃後美談が氾濫していた。そうした「母心」の模範例の集大成として、大日本文学報国会編纂の『日本の母』が発行されたのは、一九四三年である。ここには、修身教科書にある楠木正行の母、中江藤樹の母といった歴史上の有名人型の「賢母」ではなく、身近に発見しうるような無名の母がとりあげられた［鹿野 1983 : 201 - 202、加納 1979 : 75 - 76］。

女性幹部からは、「母」の役割について、以下のような檄がとばされている。

「聖戦勃発以来、軍神を育て上げられた日本の母の御姿が次々と大写しに紹介されたが、其の方々の殆どが西洋臭を余り嗅いで居られない純日本的女性であり、先祖を崇め、親に孝養を尽くした、そうして美しい犠牲的精神を持ち、正しく質素で勤勉であった。大東亜戦争は前線銃後一つの線の上にあるのであるから、此処に於て婦人の力、殊に全国の母の心構へは実に戦局にも重大な影響を及ぼす。我子の持つ使命を十二分に果たさせて頂く事こそ、私共女性の大きな御先祖供養の一つである。」［當山 1943］

「婦道が混乱すれば、その子女の教養を誤るのは当然であり、よき母は忠臣を生み、よき妻は夫を忠臣たらしめるのであって、これがやがて、天皇に対する母の忠、妻の忠、即ち家庭婦人の忠なのであります。従って母は子供を通じて国家に生き、妻は夫を通じて国家に生きる。斯くして家庭婦人は国家に生きるのであります。私達は真の日本の母として、真の日本の妻として自らを更に見直し、きたへ直さなくてはならぬと信じます。若き軍神の母を知って日本の母の真姿に感激しないものはありますまい。私達日本婦人はまさしく日本精神の護持者であり、行者でなくてはならず、又事実そうであるとの強い矜持をもって、その上に私達の心を磨く努力を積み重ねて行かねばならぬと思ひます。」［松浦 1943］

他方、一般会員は、自らの実体験と関連させて、こうした言説を裏づけている。入会後間もない一女性は、一七歳の長男が怠け者となり、会社に行かずに悪い友達と遊んでいたので、「どうしたら此の子供を導く事が出来るかと、毎日々々を其苦労ばかり何の考へもなく、折角身体は丈夫でも精神のかたわ者では、親の私が見るばかりでなく、御国に申訳ないと思っていたが、先祖供養により長男が立直った」［上坂 1943］ことを功徳として挙げている。また、別の事例では、家の金は持ち出し学校をさぼり、不良になる一歩手前だった長男が、先祖供養をすることによって、「僕は少年航空兵としてあのにくむ可き米英を、じう横むじんに飛び回り、一機たりとも多く粉砕したい。今迄親不幸の限りをつくした替りに忠孝の二字で進みたい」と少年航空兵に志願し、「一子を海の荒鷲として軍国に捧げた」［秋葉 1943］ことを述べている。

時局と精神的にそぐわない「不健全」な子供をもった親の悩み、またそれに対する世間の圧力が見出せる。このように、女性の役割として、国のために役立つ忠勇な子供を養育する、犠牲的で献身的な「母」の部分が肥大していく。「母心」のあり方が、決戦下において、第二の国民である子に大いなる影響を及ぼすことがさらに強調されている。

女人成仏——女性の悪い性癖の除去と母の役割

「女人成仏」という言葉は、一九四三年の記事の中でもかなり頻繁に使用されている。しかしながら「女人成仏」の言説は、Ⅰ期、Ⅱ期では、女性をある意味では「解放」するように働いたのとはひきかえ、Ⅲ期では「女人成仏」とは、女性の中にある悪い性癖をとることと同意味で用いられ、悪い性癖を除いて、国家の役に立つように家庭を整え、母として第二の国民を育成するようにと呼びかけられた。

「女は業障であると申されて居ります。女人成仏を叫ばれる時、御教の御慈悲におすがりいたし、自分の穢い根性を一日も早く洗ひ落とし、真の人として、家庭の母としての務めを果したいと思ひます。婦人も『モンペ』をはいて立働く時が参りました。心身共に『モンペ』をはいて、此の非常の時局につかへる心構えを養わなければならない。」［野崎 1943］

「業障深き女人といへども此の経典を聞いて、説の如く修業せば、道を得る事が出来ると御説きになってあります時なればこそ、只一心に一切我を捨て柔和質直に合掌し、御供養申し上げることにより日に見えざる処を浄化し、日本婦人として恥かしからぬ心と力を頂戴いたし、家庭を国民育成の地盤とし、大東亜日本の母も斯くの如しと誇りたい。」［平高 1943］

不平不満の米英根性からの脱却

「最近、頭のきりかへと云ふことがしきりに叫ばれているが、時局は一時的な我慢や辛抱で済ますと云ふやうななまぬるいものでなく、もっと深刻で苛烈なものになった」［松浦 1943］という時局の認識のもとで、現実的に、まず女性が考えなければならないことは、苛酷な経済統制の中でいかに家族を守るかということになった。こうした経済状況に対する精神の立て直しについて、不平・不満をいう心は米英根性であるとし、工夫をこらせば不足がでるはずがないという論が展開された。

「生活必需品の配給に於いてもこれだけの配給ではとてもやりきれない云々と不満の声を聞くこともあります。

日常の生活でもっと真摯に工夫をこらしたならば、之等の不足は出るはずもない。自己及周囲のみを可愛がって個人の有利になることのみをよしとする、これ即ち口に鬼畜の如き米英と罵りつつも自分の心の中はすでに米英根性に喰入られてゐるのではないでせうか。信仰を持つ私達はなほのこと、之等日々の生活の心に巣喰ふところの米英根性から一時も早く完全な脱却をしなければならない。」［清田 1943］

決戦下の女性の心のもち方の矯正がいたるところで強調される。「母」としてはもとより、自らの精神を鍛え直すことによって、不足を言わずにこの決戦下を乗り切り、また支えることが、信仰者としての自己錬磨の「行」ともされた。

「私共銃後の婦人としてまだまだ心の我儘を取らねばならぬ事柄が多々あることを知りました。殊に戦地で身命を投げ打って大君にささげ戦ってくださる兵士様に対しまして、心のつかい方等におきましても欠けている所なしとしません。」［三木 1943］

「数多い欠点の中でも根強く私を支配してゐたものは、何事によらず満足する事のできない不平の心の充満でした。つまりは感謝の念の少しもないことです。『戦時下の女性の心構え』と鹿爪らしく開き直った所で本当に心の底から無理も無く、それを行ふためには、先ず第一に、自分を甘やかす事を取り捨てなくては駄目だと思います。銃後に在る婦人の立場として、自分で自分の心の中に絶えず警戒警報を発令させ乍ら、忠孝の二つの大道を力強く踏みしめて進んで行くことを御先祖の前にお誓ひさせていただきます。」［内藤 1943］

（三）決戦非常措置と会報の廃刊

一九四四（昭和一九）年に入ると、一月に大都市に疎開命令が出、二月には決戦非常措置要綱が決定された。また七月のサイパン島の陥落とその直後から本格化した本土空襲は、国民の生活と意識に決定的な打撃を与えた。八月には学童集団疎開が始まり、九月に学徒勤労令、女子挺身隊勤労令が施行され、一〇月には満一七歳以上を兵役に編入、そして神風特別攻撃隊の出動が始まった。一一月には東京が初空襲をうけた。

この年には、前年にみられたようなメッセージ性のある女性による記事は大幅に減少し、ほとんどみられなくなった。東京、大阪などの大都市を中心に展開した霊友会も、疎開によって会員が各地に散り散りになっていった。それは霊友会の教えを農村部に広げるという予期せぬ結果をもたらした。

会報は一九四四年五月一二日発行の一七一号をもって廃刊となり、再刊は一九四九（昭和二四）年を待たねばならない。廃刊は予告もなしに突然行なわれた。「今般出版事業整備に関し、御当局の方針に基づき、本会発行界報も、時局に鑑みここに満十ヵ年の歴史を名残りとして、政府の御方針に協力して廃刊とせり」と幕をとじる。

編集部による「霊友界報に就て」という記事では、「大東亜戦争も益々苛烈を加へ、吾等一億国民も総決起、防空、防衛に当り、武力戦、思想戦、貯蓄戦と又増産に幾多の戦法を以て戦って居る大国難である。……本会も祈武運長久と共に、会員に対し国民精神を修養する上に先づ家庭より一族に精神修養の目的を以て、自らの祖先に自らが御供養申し上げ一家、和を生かす、即ち一族和合の家庭を築き、一糸乱れず、国家に起ち御奉公に充分活躍し得られる心構へを養ふ、此の目的のもとに、本会界報を発行し、互ひに精神修養に其の目的を又其の精神を教へ教はり、他に伝へて精神に遺漏なき様思想に対し遺憾なきをはかり毎月発行して会員へ頒布して今日に至る。思想善導教化に邁進して普及に当り、全国数十万の会員をして、忠孝の二大教義の任務を尽してより、満十年の星霜を経たるなり。……忠、孝の真意たる二大教義を注入しきたるも今般出版事業整備に関し、政府の方針に協力して一先ず廃刊と定めたのである」とある。

廃刊の事情については、現段階ではこれ以外の資料がないが、戦局の悪化の中で物資統制によって廃刊したのだと思われる。また同月には、霊友会の創設者であり、中心を担っていた久保角太郎が胃癌と診断され、病状が進行していたこと（一一月死去）も当局の方針を受け入れる背景をなしたと推測できる。これまでみてきたように、霊友会は国家の「思想戦」を下部から支えたが、会報はそのために重要な役割を果したのである。

五　むすび

十五年戦争下で、女性をトータルに国家に吸収するための中心概念として「母性」がある。「母」は、この時期にかつてないほどの価値的シンボルとして聖化された。一九二〇年代から三〇年代初頭にあっては、「母」には「家」の解体を押しとどめるための膠の役割が期待された。昭和恐慌下での経済的破綻による「家」の解体、思想悪化すなわち赤化というかたちで進行した「家」の解体、モダニズムの流行とともに公然化してきた自由恋愛による「家」の解体である。

満州事変以降、十五年戦争が拡大していくにつれ、「母性」は日本の女性を律する基本的概念として喧伝された。日中戦争開始以降の総力戦体制の進行は、そのまま「母」の役割と精神の強調となった。「軍国の母」「靖国の母」としての母性の聖化の様相は、第一に、典型的には国防婦人会の活動にみられるような出征兵士たちへの「母心」として現われた。そして第二に、戦争の長期化に伴って、出征軍人や傷痍軍人、戦死・戦病死者が増加するにつれ、銃後の家を護るというかたちで母性が強調された。身体強壮にして思想「健全」な、国家に役立つ子供を産み育て、しかもその子供を国家に捧げることが「母」の責務であるとされた。また、男たちが召集されていった後、労働や葬祭を代行しつつ、「母」として家を守り子供を守る存在として、そして未亡人となった場合「靖国の妻」として、性を閉じ込める装置でもあった。第三に、戦争の激化と戦況悪化に伴い、女性の工場への動員が行なわれたが、それと関連した勤労母性保護の問題である。第一が一九三〇年後半（満州事変）、第二は日中戦争、第三は太平洋戦争と、時間的順序をおって継起してきた母性論であった［鹿野 1983 : 190 - 197］。十五年戦争において、「母性」はかつてないほど讃えられ大切にされた。しかし「母性」賛歌は、「母心」と「大御心」とのかかわりで高唱されたのである。(11)

このような日本の社会全体を覆ったイデオロギーとしての「母性」の聖化は、ここでとりあげた霊友会の会報の中にも顕著に見出せた。霊友会の信念体系の基本要素としての先祖供養は、本来は夫方・妻方双方の先祖を祀るという内容をもつ非家的先祖観であるにもかかわらず、天皇を頂点とする家族国家観に矛盾なく統合されていった。先祖供養すなわち孝が、国家に対する忠へ、一家の立て直しが即国家の立て直しへと結びつけられた。これにあたって、重要な役割を担わされたのは「銃後を護る」女性であり、それも特に「母」であった。戦前期の霊友会の会報には、単に御利益体験に終始しない、女性の女性に対する檄ともいうべき、メッセージ性の高い記事が多い。会報に掲載された銃後の女性に関するメッセージ性の高い記事の数をみると、月二回発行の前期には、一九三四年二九、三五年一四、三六年一八、三七年一二、三八年四〇、月一回発行の後期には、三九年六、四〇年一、四一年なし、四二年四、四三年一九、四四年四で、合計一四七件である。前期には毎年十数件以上の記事があるが、後期には数件に落ち込んでいる。その中で前期では一九三八年が、後期では一九四三年が突出している。これはこれまでみたように、戦争の状況と時代背景と関連している。

銃後の女性の役割についての論点を時期によって分けると、次のように整理できる。

Ⅰ期（満州事変一九三四～一九三六年）では、論調の力点は、国難、非常時下にあっての在家主義先祖供養の重要性の提唱にある。欧米思想に影響された娯楽にふける風潮、女性の職業分野への進出、婦選運動には反対の立場をとるが、昭和という時代に女性が目覚めなければならないとの主張がある。第二の国民である子供の思想善導のエージェントとしての「母」も強調されはするが、家の集合が国家であるとのとらえかたの中で、先祖供養による家庭の立て直しの主体としての女性の役割の方が鼓吹された。

Ⅱ期（日中戦争）前半（一九三七～一九三八年）では、一九三七年の国民精神総動員運動の開始、翌一九三八年の国家総動員法制定を受けて、特に一九三八年には銃後の女性に関する華やかな論説がみられた。また、「女も男となって働く」時がきたという「解放」感の中で、霊友会では街頭募金、献納、献金や祈願活動など外へ向けての活動が活発に行なわれた。また、女性の使命として、健全なる第二国民の養育者としての「母」の役割の賛美がみられた。そして、銃後の女性としての心のもち方、心の自己点検について言及されている記事も多かった。後半（一九三九～一九四〇年）に入り、持久戦の様相を呈し始めて戦争の長期化が必至となり、生活物資の統制が始まると、女性による檄文の記事は激減し、わずかにみられる記事では消費節約と不平不満を言わない心が強調された。

Ⅲ期（太平洋戦争一九四一～一九四四年）では、ガダルカナル島日本軍撤退、アッツ島日本軍全滅など戦局が悪化の一途の様相を呈してきた一九四三年に女性の記事が多い。そこでは、戦争激化に伴う経済統制の中で不足・不平をもちがちな心の反省・懺悔と関連して、特に健全な第二の国民の養育主体にふさわしい「母心」の大切さ、経済統制への心構えが説かれた。一九三八年では抽象的だった第二の国民の養育主体としての「母」は、国家の要請に応えて、即戦力になる子を国家に差し出すことができるように、一層「母」の心と力が強調された。

こうした女性たちの論説の中で、銃後の女性の使命・役割を述べるのにⅠ期からⅢ期をとおして用いられた重要なキーワードとして、「女人成仏」がある。Ⅰ期およびⅡ期では、それは女性の穢れや貶められた状態から女性を「解放」し、Ⅰ期では家庭立て直しの主体として、Ⅱ期では銃後で「女も男となって働く」という女性の使命感を鼓吹した。しかしⅢ期になると「女人成仏」とは女性の業障の深さ、女性の心にある悪い性癖といったマイナスの側面に関連して使用され、子の養育にふさわしい「母心」をもつための精神を統制する装置となった。「母」は一層聖化されたにもかかわらず、またそのゆえに、女性は「母」役割へと縛られていったのである。

このように、十五年戦争のもとでの女性の役割は「母」役割へと収斂していくが、その力点の置き方にも推移がみられる。これは国防婦人会が、当初、男に対しての女の「折半の任務」の考え方と、男子に伍して活動分野を開こうとする姿勢をもち、「街頭」へ進出していったにもかかわらず、次第に婦徳涵養の一環としての運動となり、女性を「台所」へと退かせるようになったことと同様な動きをたどっている。

十五年戦争下で国家の論理に搦め取られていく様相は、婦選獲得運動においてすらも同様である［鈴木 1989b：121 - 193, 1989c：47 - 94］。その点では宗教運動ばかりでなく、戦争協力に収斂していく磁場があった。霊友会の昭和末法に対する危機意識と、宗教独自の信念体系や理念に基づくある種の世直し志向は次第に薄れ、とくに国民精神総動員運動以降は、国家の要請を敏感に察知して行動する優等生となった。

霊友会は政府による女性の銃後体制への動員に順応的に機能した。国民精神総動員運動の目的である国民の戦争協力への自発性喚起の課題に、霊友会は懺悔滅罪の教えを回路として適合的に応えた。これまで検討してきた女性会員執筆の記事にみたように、霊友会は国家の要請に過剰同調し、国家が提唱した国民精神総動員運動という、ある意味では具体性に乏しい運動の精神を具体的に噛み砕いて提示し、それを実現する活動への道筋を示した。女性たちにとって霊友会の教えは、統制が長期化し、激化する状況に順応するための「橋渡し」の機能を担った。銃後の奉仕活動、家庭において不自由な状況を工夫や心のもち方によって乗り切る方法、心の懺悔の仕方などを具体的に提示し、戦時下に要求された「銃後を護る」女性の役割、特に「母」役割を動機づけたといえる。[12] このように、過剰同調は強制の中でも自由意志を発揮させることで、不平不満の回避を可能にしたといえよう。その上に不平不満を米英的根性として、それを払いさることを求めたのであるから、霊友会は戦時統制下で模範となる人々を育成したことになる。

霊友会の会報が刊行された一〇年間に、銃後の女性として論陣をはった人、体験談の中で自らの体験と関連させて銃後の女性の心構えを説いた人は、九三人を数える。メッセージ性の高い記事を何度も書いた人も一回かぎりの人もいるが、そのうち三四人が戦中に支部長、法座主といった「お役」についていた人である。[13] 霊友会の場合、男女のペア、特に夫婦の共働で支部や法座を運営するのが一般的で、その場合支部長は男性の名前になっているが、支部運営にあたっての女性の力は大きいので、夫名で支部を受けている場合も実質的には夫婦ペアで支部長としての役割をしているとみるのが妥当といえよう。

霊友会は、御旗支部と名前支部で組織されている。御旗支部というのは、御旗を授与された支部で、教団から最高の栄誉と権威が与えられている。[14] 御旗支部のもとに支部長の姓を付した名前支部がある。同様に支部長の姓を付しているが、どの御旗支部にも属さない独立の支部があり、系統支部と呼ばれる。戦前には一二の御旗支部があったが、[15] 女性で論陣を張った人の中には、御旗支部関係としては、草田あや子（第二支部）、大河平朝子（第三支部）、井戸貞女（第五支部）、佐原俊江（第一一支部）、岩楯みつ（第一二支部）と五人も御旗支部長の妻がいる。系統支部長の妻では石黒支部（石黒日出二は一九三九年より会報の編集発行人。関西系支部長の導きの親で、久保角太郎の側近。本部の事務の中心者）の石黒ハナ、岡野支部の岡野貴美子、山口支部の山口まさゑ、當山支部の當山苗子が会報で論を展開した。

霊友会は御旗支部、系統支部から多くの分派教団を生んだが、霊友会の第一次分派教団の思親会（第五支部長の井戸清市・貞女が、第三支部長の南博・大河平朝子とともに、一九三八年分派し設立）、孝道教団（岡野支部長の岡野正道・貴美子、一九三六年孝道会を組織、一九三九年離脱）、戦後の第二次分派教団の大慈会（第一二支部長の岩楯岩吉・みつ、一九五三年分派）、妙道会（第一一支部長の佐原忠次郎・かる、一九五一年分派）、止義会（山口支部支部長の山口義一・まさゑ、一九五一年分派）の創設者となった女性も会報に名前を連ねている。また、戦後、女性で御旗支部長（第五支部）になり、会長補佐となった小池文子、御旗支部長（第二三支部）、そして会長補佐を経て会長（一九九六～二〇〇〇）にまで登りつめた浜口八重の名前もみえる。そのほか霊友会に残って戦後の霊友会を支え、婦人修養会が解散したあと、一九四九（昭和二四）年に発足した国友婦人会の幹部になり、戦後も支部長として活躍していく人々の名もみられる。

霊友会の婦人修養会が銃後で行なったさまざまな社会活動は、結果として組織活動の訓練の機会を女性たちに与えた。霊友会では久保角太郎と小谷喜美のペアが象徴するように、男性が組織の運営を担当し、女性が霊能者という役割分担があるが、戦時中の活動で女性が組織運営の仕方を学んだことは注目に価しよう。戦後、御旗支部、系統支部を始めとして、支部を女性たちが担っていくのは、支部内での性別役割分担を超えて活動せざるを得なかった戦時下の銃後活動の体験がものをいっていると考えられるからである。

(引用したもののみ、五十音順)

執筆者名	執筆年	号	タイトル	備考
須長美のる	1943	164	正道をめざして	
高梨喜美	1938	87	所感	
當山苗子	1943	164	祖先供養と日本の母	1937年當山支部支部長、當山博妻。夫は霊友会の顧問弁護士
内藤仲子	1943	161	光明の道	
仲隆子	1937	75	正法を知りて	1900年生。1935年入会。第8支部仲法座。1936年支部長、仲英助の妻。仲英助は、1940年から1年間第8支部長代行に就任。
	1942	154	国威	
中田寅雄	1934	2	母国の誇り仏所護念	1937年時点、第3支部の法座主、のちに支部長？
中田正子	1934	7	昭和女性の本分	1932年入会。中田寅雄の妻と推定。のちに支部長？
長沼正雄	1938	100	時局と仏教	1934年入会。1935年法座主。のちに支部長？早稲田大学文学部哲学科卒。著述業。戦前は本部職員。久保角太郎の随員として、東京及び地方の会員のもとに派遣。
	1942	145	「兵隊さんの心を心として」といふ事に就いて	
名倉安以子	1938	101	思ひのまゝに	1935年入会。1937年時点佐原支部法座主。1937年支部長、名倉仙蔵妻。第11支部長の佐原忠次郎が分派し妙道会を創設した時に、妙道会に移る。夫は奈良県大和高田市の市長をつとめる。
二宮フク	1936	36	昭和に対する御教	1936年第3支部二宮法座
野崎キミコ	1943	162	御教を戴いて	
野島節子	1938	88	法喜	
原田まつ子	1934	2	国難に処して	
平高比佐喜	1943	161	母	1889年生。1938年入会。1946年支部長(所属は第13支部か？)
松浦正子	1943	165	やまとをみなの道	1904年生。1937年入会。1938年支部長(所属は第4支部か？)
三木孝子	1943	159	婦人の立場	1913年生。1938年入会。1939年支部長。第13支部事務長の妻。
森山喜代子	1936	40	忠孝の道	
山口まさゑ	1936	39	婦人の使命	1933年入会。1934年山口支部支部長、山口義一の妻。1951年分派し、正義会設立
山田仲子	1934a	1	昭和の婦人	
	1934b	5	昭和婦人として	
若山たけ子	1934	3	仏智	1932年入会。のちに支部長？

「備考」の出所：①会報1936(昭和11)年35号(1月1日号)、および1937年60号(1月1日号)掲載の支部・法座一覧。
②前霊友会インナートリップ総合研究所長、鈴木正行氏の教示による。

注1）備考の内容については、資料的限定のため精粗がある。
2）支部・法座は実質的には夫婦で担うが、支部長・法座主は名目上は男性名であることが多い。
3）？は資料ではおえないが、推測可能なことを示す。

表1　会員執筆の記事一覧

<table>
<tr><th>執筆者名</th><th>執筆年</th><th>号</th><th>タイトル</th><th>備考</th></tr>
<tr><td>青木光子</td><td>1935</td><td>11</td><td>昭和処女の使命</td><td>1918年生。1934年入会。第5支部青木法座、1938年支部長、青木薫妻</td></tr>
<tr><td>秋葉しげ</td><td>1943</td><td>157</td><td>懺悔のひかり</td><td></td></tr>
<tr><td>石黒秀</td><td>1935</td><td>14</td><td>主婦として</td><td>石黒日出二は戦後秀治と改名しているので、日出二の別名と推測される。1929年入会。石黒支部支部長。御旗支部ではないが大幹部。久保角太郎の側近。関西方面の支部長の導きの親。</td></tr>
<tr><td>井戸貞女</td><td>1934</td><td>10</td><td>昭和の妻として</td><td>1929年入会。1936年第5支部拝受。御旗支部第5支部長、井戸清市の妻。1938年に第3支部長南博とともに分派し、思親会を設立。</td></tr>
<tr><td>伊藤徳夫</td><td>1942</td><td>154</td><td>母心点睛</td><td></td></tr>
<tr><td>岩楯みつ</td><td>1938</td><td>91</td><td>合掌の悟</td><td>1932年入会。1937年当時第2支部岩楯法座。1938年第12支部拝受。御旗支部第12支部長、岩楯岩吉の妻。1953年に分派し、大慈会を設立。</td></tr>
<tr><td>上坂きん</td><td>1943</td><td>155</td><td>洗心</td><td></td></tr>
<tr><td>内形かる</td><td>1935</td><td>11</td><td>日本女性の使命</td><td>1932年入会。1937年時点第2支部内形法座。のち支部長、内形司の妻。</td></tr>
<tr><td rowspan="2">大河平朝子</td><td>1934a</td><td>1</td><td>昭和女性の使命</td><td rowspan="2">1932年入会。1933年第3支部拝受。御旗支部第3支部長南博の内縁・事実上の妻。1938年第5支部長井戸清市とともに分派し、思親会設立。</td></tr>
<tr><td>1934b</td><td>8</td><td>我等は神の子</td></tr>
<tr><td>大河平多喜子</td><td>1934</td><td>1</td><td>家庭と仏所護念</td><td>第3支部長の内縁の妻・大河平朝子の母か姉</td></tr>
<tr><td>岡野貴美子</td><td>1938</td><td>103</td><td>銃後の思ひ</td><td>1902年生。日本大学中退。1934年入会。1937年第5支部岡野法座。その後横浜岡野支部、支部長岡野正道妻。1936年に孝道会を組織し、独自の活動をするようになる。1939年霊友会を離脱。戦前は宗教結社として宗教活動。1946年に宗教法人孝道教団を設立。</td></tr>
<tr><td>岡山まつ江</td><td>1942</td><td>149</td><td>子と共に</td><td></td></tr>
<tr><td>荻野女</td><td>1938</td><td>92</td><td>感想――婦人修養会説法筆記より</td><td></td></tr>
<tr><td>奥野はな子</td><td>1937</td><td>77</td><td>国民のつとめ</td><td></td></tr>
<tr><td>清田ぬひ子</td><td>1943</td><td>160</td><td>家庭生活と婦人</td><td></td></tr>
<tr><td rowspan="2">小池文子</td><td>1934</td><td>3</td><td>家庭と祖先崇拝</td><td rowspan="2">1911年生。1934年入会。第5支部小池鎮太郎(弟)が法座主。1936年支部長、1964年御旗支部第5支部長、1975年会長補佐。1997年没。</td></tr>
<tr><td>1935</td><td>21</td><td>女人成仏</td></tr>
<tr><td rowspan="2">香山光子</td><td>1934a</td><td>2</td><td>我等の叫び</td><td rowspan="2">1936年時点、第3支部法座主。1937年の支部法座一覧には記載なし、消滅。</td></tr>
<tr><td>1934b</td><td>8</td><td>大和民族の使命</td></tr>
<tr><td rowspan="2">小谷喜美</td><td>1939a</td><td>112</td><td>婦人修養会講演(1)</td><td rowspan="2">霊友会会長</td></tr>
<tr><td>1939b</td><td>119</td><td>御祖先供養の御功徳</td></tr>
<tr><td>斉藤モト子</td><td>1938</td><td>99</td><td>お悟りのままに</td><td></td></tr>
<tr><td>三枝すえ</td><td>1938</td><td>99</td><td>銃後の護り</td><td></td></tr>
<tr><td>鈴木ヨシ</td><td>1938</td><td>93</td><td>女人の勤め</td><td>1910年生。1935年入会。1938年支部長。第4支部の鈴木芳郎の妻。のちに娘婿が御旗支部第9支部長になる。</td></tr>
</table>

【註】

（1）久保角太郎の思想形成および初期霊友会に関しては、梅津 1982、同 1988、森岡 1983、霊友会史編纂会 1992 を参照。霊友会の先祖観については、孝本 1978 を参照。また主として、明治末期から大正にかけての家族国家観と関連した「祖先教」については、森岡 1976、川村 1986 を参照。

（2）しかしながら、全く当局の取締りを受けなかったわけではない。霊友会では、法華経による先祖供養ともう一方の柱である因縁解決のための霊感究呪の神力修行も活発に行なわれていた。これが、人心を惑乱するという理由で、とくに一九四一（昭和一六）年以降は取締りの対象となり、制限されたようである［筆者不詳 1969］。

また、一九四三（昭和一八）年には、会員が「出征家族も先祖の供養をすれば第一線の兵に鉄砲弾丸が当たらないから入会せよ」、「戦争が長引き物資不足となるも霊友会員は物資豊富となる故加入せよ」、「空襲があっても霊友会員の家には爆弾があたらない。焼夷弾がおちても会員の家は焼けない」、「先祖は億々万劫の阿鼻地獄に沈落しありて其の因縁により病気をする。霊友会に入会して先祖を供養すれば仏が阿鼻地獄より浮かばれて成仏する。此の御利益に依り病気が癒る」［明石・松浦 1975 : 147 - 148］と入会を勧誘したという理由で、取締りを受けている事例がある。

（3）会報の名称の変更については、草田伊三郎はその著作の中で以下のように言及している。「昭和十三年の五月になると、久保先生が会報の名称を変えようとおっしゃった。『大日本霊友会報などと、そんなちっぽけなことではいかん。この教えは、いまに世界中に広まる。そして、世界平和の礎になるのだから、〝大日本〟という文字は取ってしまうべきだ。今後は、『霊友界報』としよう』。会報ではなく、世界、霊界の〝界〟という字を選ばれて、界報とされたその気宇の大きさに私たちはびっくりした。」［草田 1974 : 106］

実際には一九三五（昭和一〇）年一月には『大日本霊友界報』と「界」の文字が使われているので、事実誤認があると思われる。「大日本」という文字を取り、『霊友界報』と名称を変更した時期は、一九三八（昭和一三）年五月二八日（九五号）からである。同年四月に国家総動員法が施行された直後であるから、それとの関連が考えられるかもしれない。

（4）婦人の組織としては、愛国婦人会、大日本国防婦人会、大日本連合婦人会がある。愛国婦人会は、日清戦争後の一九〇一（明治三四）年に官製団体として結成されていたが、これは上流婦人の集まりであった。緑の上っぱりに愛国婦人会と白く染め抜かれた紫のタスキがトレードマークだった。他方、国防婦人会は、一九三二（昭和七）年に大阪で庶民の自発的な出征兵士の見送りから端を発して結成されたもので、同年一〇月には全国組織の大日本国防婦人会となった。国防婦人会では、白いカッポウ着に国防婦人会と書いたタスキが「制服」となった。これ以外に、一九三一年に結成された、家庭教育振興を掲げる文部省の官製女性団体の大日本連合婦人会があった。

（5）国体との合致は、基本的に霊友会の教えにあり、必ずしも宗教弾圧などを意識して強調されたとも思えないが、既述のように一九三六（昭和一一）年の村雲尼公の総裁就任など、それなりに弾圧を避けるための方策も講じられている。

（6）当時「女人成仏」に関する記事を執筆していた一人である後の第五支部長（会長補佐）小池文子は、戦後の一九七八年に久保継成会長（当時）との対談の中で、「女が悟らなければ世の中はよくならないということで、（久保恩師は）私たち婦人に力を入れて指導なさったんですね。台所ではいずり回ったり、花をいけたりするのもいいけれど、もっとほかにすることがあるとよくおしゃっておられました」（会報『あした』三四九号、一九七八年三月一八日付）と述べている。

（7）銃後における婦人修養会を中心とした活動については、「兵隊にいってお国を守る」男に対して、「銃後を守る」女の役割として、対外的な奉仕活動を身をもって行なうことが久保角太郎から指導されていた様子である。この点に関しては、小谷 1958 : 86 - 94 に詳しい。

（8）忠は国君（天皇）に対するもので、国家に対しては愛国である。忠君と愛国を分けながら結合させるのが、戦時日本の正統の教義であったが、霊友会の場合は忠君と愛国の分別がないにひとしく、国家に忠という言い方が多用されている。

（9）久保角太郎は、在世当時、例えば昭和九年には法華一部経の九番のお経、昭和一〇年には十番のお経というように、昭和の年に合わせてお経を強調して説いたという。昭和一一年には、十一番提婆達多品にある「女人成仏」を強調した。そこには、これまで「女身は垢穢にして是れ法器にあらず」とされていたが、女性が男子に変身しそのうえで成仏した例があげられている（会報『あした』五二六号、一九九二年一二月一八日付参照）。

（10）出征兵士が二〇歳代前半の未婚者のみではなく、既婚者にも拡大するにつれ、「軍国の母」のみではなく、「軍国の妻」が生まれた。国防婦人会でも軍から委嘱され、出征兵士の留守宅を訪ねて残された妻の相談相手になることが要請されていた。これは、働き手を失った家族の面倒をみるということの他に、出征兵士の若い妻たちを「保護善導」することによって、出征兵士の「後顧の憂い」の最たるものである妻の「忌まわしい素行問題」を起こさないように監視することでもあった［加納 1987b : 59-61、藤井 1985 : 168-171］。

（11）「母心」と天皇の「大御心」との関連について、また「母心」の形成過程とその虚像については、加納 1979 に詳しい。

（12）森岡清美は、太平洋戦争下で最も多くの戦没者をだした世代の遺書を分析し、決死の世代を特色づける人間類型として「主体的役割人間」という概念を提示した。自らの状況規定により役割を取得して、その遂行に人生の満足を見出す人であって、戦時下の国家的要請に積極的に応じやすいという［森岡 1991 : 205］。霊友会は十五年戦争下にあって、このような「主体的役割人間」を形成するのに一役かったと思われる。

（13）ここでとりあげた記事の執筆者には、今ではもはや特定できず、その属性も明らかでない人もいる。三〇人は、一九三六（昭和一一）年と一九三七年の一月一日付の会報掲載の支部・法座の一覧と、戦後の一九五三年の支部名簿によって特定できたが、それ以外は、当時活発に、複数回にわたって女性たちに檄をとばしていた人でも、消息が不明な人がいる。これは、銃後の女性の論壇に地位を特定しがたい一般会員も登場していたことを示唆するということもできよう。

（14）霊友会には法華経二八品に因んだ〝御旗〟がある。紫地に白く『南無妙法蓮華経』と抜き、その右に『妙法蓮華教菩薩法』、左に『佛所護念　分別廣説』の文字が配されている。これは霊友会の法の象徴として、修行を積んだ導師の大支部長に授与される［水野 1985 : 315］。

（15）戦前には、以下の一二の支部があった。第一支部（一九三三年設立、小多喜朗、死後、妻はるが支部長、一九四〇年に霊友会より離脱し、明寶会［のち日蓮宗明宝教会］を設立）、第二支部（一九三三年設立、草田伊三郎）、第三支部（一九三三年設立、南博、一九三八年に第五支部長井戸清市とともに思親会設立）、第四支部（一九三七年設立、小川庄太郎、一九三八年離脱、一九三九年より石田平が支部長、一九五〇年除名、常不軽会を設立、後に第七支部長宮本ミツとともに妙智會へ）、第五支部（一九三六年設立、井戸清市、一九三八年離脱、思親会設立）、第六支部（一九三六年、関口嘉一、一九五〇年離脱、仏所護念会設立）、第七支部（一九三六年、宮本孝平、死後妻のミツが支部長、一九五〇年離脱、妙智會教団設立）、第八支部（一九三五年、石倉保助、一九五一年除名、大慧会教団設立）、第一一支部（一九三七年設立、佐原忠次郎、一九五一年除名、妙道会教団設立）、第一二支部（一九三八年設立、岩楯岩吉、一九五三年除名、大慈会教団設立）、第一三支部（一九四〇年設立、大形作太郎）、第一四支部（一九三八年設立、神河八百一、一九三七年消滅）（インナートリップ総合研究所前所長、霊友会史編纂室の鈴木正行氏の教示による）。戦前の一二の御旗支部のうち、九支部が霊友会から分派しており、戦後も霊友会に残った支部は第二支部と第一三支部の二支部にすぎない。霊友会からの分派については、梅津 1990 を参照。

年表　十五年戦争下における日本社会の動向と霊友会婦人修養会等の活動

西暦	昭和	月	出来事	月	霊友会関連活動記録
1931	6	9	満州事変起こる（柳条湖事件）	1	婦人修養会を組織
1932	7	3	満州国建国宣言		
		3	大阪で国防婦人会発足		
		5	五・一五事件		
		10	大日本国防婦人会発足		
1933	8	3	国際連盟より脱退		
1934	9	3	溥儀を満州国皇帝に就任させ帝政を開始	8	＊『大日本霊友会報』発刊（月２回）
		9	母性保護法制定促進婦人連盟結成		
		10	『国防の本義とその強化の提唱』発行		
1935	10	2	貴族院で天皇機関説を国体に反すると攻撃	2	＊『大日本霊友界報』と改称
		5	戦前最後のメーデー		
		12	第二次大本教事件		
1936	11	2	二・二六事件		
		9	ひとのみち教団不敬事件		
1937	12	3	母性保護法公布	8	在満在支皇軍慰問資金の街頭募金
		5	『国体の本義』を編纂		横浜支部の皇軍慰問資金の街頭募金
		7	盧溝橋事件（日中戦争始まる）		神戸神河支部皇軍慰問資金を兵事課に献納
		10	国民精神総動員中央連盟成立		
		11	日独伊防共協定成立	9	大阪富永支部皇軍慰問資金献納
		12	南京占領で祝賀行事挙行		大阪第８支部陸軍省に国防献金
			この年、千人針と慰問袋づくり盛ん		大阪第11支部陸軍省に国防献金
			パーマネントはやめましょう	10	婦人修養会恤兵品（下帯）献納
					神戸大形支部恤兵品（褌）献納
1938	13	1	第一次近衛声明（対中和平交渉打ち切り）	5	東京日日新聞社提唱・第１回「愛国金総動員運動」に参加
		2	家庭報国三綱領発表		＊『霊友界報』と改称
		3	綿糸配給統制規則公布（初の切符制）	7	「慰霊感謝国民大会」に参加
		4	国家総動員法公布		国祷祈願及び殉国英霊供養
		6	勤労動員始まる		大阪石倉支部有志、橿原神宮に勤労奉仕
				11	＊『霊友界報』月１回発行になる
1939	14	3	賃金統制令	2	廃品回収国民運動と皇軍慰問資金献納
		4	米穀配給統制法公布		
		5	価格統制令公布	8	ニッポン号世界一周大飛行達成を後援
		6	学生の長髪禁止、パーマネント廃止		
		7	国民徴用令公布	12	歳末救済事業への協力

西暦	昭和	月	出来事	月	霊友会関連活動記録
1939	14	8	東京市で隣組回覧板10万枚を配布		
		9	第二次世界大戦始まる		
			興亜奉公日実施（以後毎月１日）		
		10	9·18ストップ令以後、闇価格と闇屋が横行		
1940	15	5	米穀供出強制措置	1	静岡の大火へ見舞金
		6	近衛内閣新体制推進の決意表明		軍事郵便機献納資金を東日紙に寄託
			砂糖・マッチ切符制	4	日本赤十字社に事業費を献納
		7	七・七禁令（奢侈品等製造販売制限規則）		大日本忠霊顕彰会へ寄託献納
				5	帝国水難救済会に献納金
		8	東京に「贅沢は敵だ」の立看板	6	大日本忠霊顕彰会に寄付
		9	日独伊三国軍事同盟締結	7	東亜新興会に寄付
			部落会・町内会・隣保班・市町村常会整備要項を訓令	10	東京市肇国奉公隊に参加
					肇国奉公隊本部へ整備作業工具資金献納
			婦選獲得同盟解散		
		10	大政翼賛会発足	11	肇国奉公聖鍬部隊の大行進に参加
		11	国民服制定		紀元二千六百年奉祝式典にあたり寄付
			大日本産業報国会創立		
			紀元二千六百年祝賀行事		肇国奉公隊聖域整備に勤労奉仕
				12	麻布区内貧困者に寄付
					日満支婦人大同会へ寄付
					小谷会長、郷里走湯神社へ大石塔を寄贈
1941	16	1	人口政策確立要項決定	3	宮城外苑整備工事の勤労奉仕
		3	国民学校令	4	富山県下大火見舞金を寄付
		4	日ソ中立条約調印		恩賜財団済生会市内救療費を寄付
			六大都市で米穀配給通帳制実施	5	肇国奉公隊へ作業服寄贈
			生活必需品物資統制令		生活改善中央会へ事業資金を寄付
			小学校を国民学校と改称		銃後奉公会へ寄付
		7	文部省『臣民の道』（戦時下の国民道徳を解説）発行	7	日比谷公会堂にて海軍傷病兵、遺家族の慰安会
		11	国民勤労報国会協力令	8	会員救済会へ寄付
		12	太平洋戦争開始（米英に宣戦布告）	10	海軍協会へ寄付
			アメリカ映画上映禁止	11	東京市肇国奉公隊市中行進に参加
				12	東京市児童就学奨学会へ寄付
					麻布区教育会へ寄付
					麻布区内貧困児童救済金を寄付
					麻布青年学校後援会へ寄付

西暦	昭和	月	出来事	月	霊友会関連活動記録
1942	17	1	大詔奉戴日実施	1	宮城外苑整備事業に勤労奉仕
		2	衣料切符制	3	婦人修養会会員の慰問袋を陸海軍省に献納
			味噌・醤油の切符配給制		
			婦人三団体を統合し大日本婦人会発足	12	身延祖廟建設資金を奉納
		3	九軍神の発表		身延町立高等女学校増築資金を寄付
		5	翼賛政治会結成（事実上の一国一党状態となる）		
			戦時家庭教育指導要綱制定		
			日本文学報国会創立		
		6	ミッドウェー海戦始まる		
1943	18	1	中・高等学校などの修業年限1年短縮		
		2	ガダルカナル島日本軍撤退		
		5	アッツ島日本軍全滅		
		6	学徒戦時動員体制確立		
			工場就業時間制限令廃止		
		9	イタリア無条件降伏		
			未婚女子による勤労挺身隊を動員		
		10	出陣学徒の壮行会（神宮外苑競技場）		
		12	徴兵年齢1年引き下げ		
			文部省、学童の縁故疎開を促進		
1944	19	1	大都市に疎開命令	5	＊『霊友界報』廃刊
		2	決戦非常措置要綱決定	12	小湊町記念事業に献金
		3	学校授業1年間停止を決定		
		7	サイパン日本軍全滅		
		8	学童集団疎開開始		
			一億国民総武装を決定。竹槍訓練本格化		
			テニアン、グアム日本軍全滅		
		9	学徒勤労令・女子挺身勤労令		
			大日本戦時宗教報国会結成		
		10	満17歳以上を兵役に編入		
			レイテ沖海戦始まる。連合艦隊は事実上壊滅状態になる		
			神風特別攻撃隊出動開始		
		11	東京初空襲		
1945	20	1	戦争指導大綱決定		
		3	東京大空襲		
		4	アメリカ軍沖縄本島に上陸		
		5	ドイツ無条件降伏		
		6	本土決戦方針を採択		
			主食配給1割減		

西暦	昭和	月	出来事	月	霊友会関連活動記録
1945		7	広島・長崎に原子爆弾投下		
		8	敗戦		

出所）霊友会婦人修養会等活動記録は、霊友会インナートリップ総合研究所霊友会史編纂室提供
他の事件・出来事に関しては、以下の文献を参考にした。
岩波書店編集部, 1984,『近代日本総合年表 第二版』岩波書店.
鈴木裕子編, 1989,『昭和の女性史』岩波書店.
神田文人編, 1986,『昭和史年表』小学館.
注）＊は会報関連の記事

第二章　分派教団における女性教祖の形成過程

――妙智會教団の場合――

一　はじめに

教祖という言葉は、宗教集団（教団）の創始者をさして一般的に用いられている。教祖は通常シャーマン的能力をもち、それゆえに、非日常的世界の秩序をもって日常世界の出来事に新たな意味づけを与えると理解されることが多い。神からの選びによる召命型と、自らが修行し、神に近づき神を駆使しようとする修行型のシャーマンの二類型は、教祖の類型としても有効である。これに創唱型・分派型という教団の二類型をクロスすると、創唱・召命型、創唱・修行型、分派・召命型、分派・修行型の四つの型の教祖類型ができる。この中で、最も「教祖」という語にふさわしいのは創唱・召命型教祖であろう。修行型教祖は、修行の基礎を仏教、神道、民俗宗教等の既存の伝統に依拠するがゆえに、「教祖」という語の本来的な語感からずれる場合も起こってくる。分派型の場合、召命型、修行型のいずれであるかは、基本的には母教団の教祖がどちらの型であるかによって、大きく影響を受けると考えられる。分派・修行型教祖は、この四類型の中でも最も教祖という語の文字どおりの意味で扱いにくい側面がある。

本章では霊友会系教団の一つであり、分派・修行型「教祖」を戴く妙智會教団（以下、妙智會）を対象として、分派教団における女性教祖の形成過程を検討する。霊友会は、西田利蔵（無学）の唱えた在家による先祖供養、すなわち夫妻双方の先祖を祀る総戒名、「生院徳」の三字を核とする独特の法名の形式、供養のために読誦すべき経典（法華三部経を簡略にしたもの）を受けついだ形で発展させた。西田は先祖と子孫は一体であることを力説し、先祖供養は死者儀礼にとどまらず、自分自身を成仏させるための修行の道とみた。霊友会の創設者である久保角太郎は、西田のこの考え方に依拠し、かつそれに因縁解決の方法として、霊界から仏・菩薩を呼びだしては「霊界からの御指導」を受け、また苦しむ祖霊を降ろしたり、人々に苦を与える「因縁」を下げたりして、その苦を除去するというシャーマニスティックな部分をつけ加えた。これは久保と法華経行者の若月チセとの出会いによって触発されたものとみられ、当初久保は若月と組んで「霊の友の会」を発足させるが、その解散後、兄嫁の小谷喜美のシャーマンとしての能力を開発した。両者がペアとなってつくった「霊友会」が本格的な布教活動に入ったのは、一九三〇年（昭和五）のことであった(1)。

霊友会は、先祖供養を僧侶から民衆の手におろす在家主義と、生院徳の法名に現われているような一種独特の平等思想、また霊友会系諸教団と総称される数多くの法華系教団の母体となった点で、わが国の新宗教運動を考えるにあたって重要である。第一次の分派は、霊友会が教団組織をつくりあげた一九三七（昭和一二）年前後であり、孝道教団、三界教団、立正佼成会、思親会等が分派し新教団を設立した。第二次分派は、戦後霊友会が飛躍的な発展をとげ、守成期に入ろうとした一九五〇（昭和二五）年前後で、妙智會、仏所護念会、法師会、大慧会、妙道会、正義会、大慈会等が分派独立した。第一次分派は幹部や準幹部たちが主に教条の相違からほとんど個人的に会を去っていったが、第二次分派では、御旗支部を含む有力支部の支部長が支部ぐるみで分派し教団を設立した組織的分派であった。第二次分派を引き起こした事情としては、第一に、一九四九～五〇年にかけて、金塊事件、麻薬隠匿事件、脱税事件、会費横領事件、日蓮上人三幅盗難事件など新聞紙上を賑わした不正事件が発覚したこと、第二に、久保が一九四四（昭和一九）年に死去した後の小谷の権力集中的な会運営に対する反発と、小谷の強烈な個性に起因する有力支部長らと小谷との感情的確執と対立があった。その中で小谷は巨大支部の会長直属支部への再編を試みていたという。第一の事情を底流とし、不正事件が次々と発覚したことを直接的な引きがねとして分派が生じた。霊友会の組織原理によって、支部は導きの親子関係のラインで上下に結びつき、各支部は独立性が強く巨大化していたこと、また小谷喜美をトップに、主に女性幹部たちによってシャーマン集団が形成され、有力支部の支部長（またはその妻）はシャーマン的能力もすぐれ、その意味では小型「教祖」的色彩をもっていたことなど、組織原理の中に分派を助長する要因が内在していたといえよう。この第二次分派は、小谷との人間関係的要因に起因したもので、教義に対する不満ゆえの分派ではない(2)。

かかる分派教団は次のような特徴をもつ。教団創設時に、①教義・儀礼を母教団から程度の差はあれ受けつぐ形で、それらが形成されている、②分派の指導者を中心にして、規模の大小はあれ、教義・儀礼にもある程度詳しい信者集団が人的ネットワークに基づいて形成されている、③積極的継承であれ、反面教師的継承であれ、組織原型についてのイメージをもつ、といったことである。①に関して霊友会系諸教団に共通しているのは、先祖供養の重要性について何らの疑問もさしはさんでいないことである。しかしながら、第二次分派によって誕生した教団でも、分派後の展開過程の中で、仏所護念会は伊勢神宮とのつながりを強化させ、大慧会はシャーマニズム的要素を前面に押し出し、正義会は西田無学への回帰の後、南無妙法蓮華経では救われないとして南無先祖供養道という本尊を出し、法華禅などの新しい試みをしている。法師会は一時期、西田無学への回帰が著しく、在家主義的先祖供養の源流は西田にあり、それゆえ日蓮宗ではないとして身延をも聖地としていない(3)。これらの教団の中でも妙智會は母教団との違いにこだわる方向ではなく、霊友会的特質を顕著に保持し続けている教団であるといえよう。しかしながら、分派教団は、いずれの場合においても、自らを他と区別しなければ確立されえない。分派の初期においては、その正当性および根拠をアピールすることが必要であり、教団展開過程においては自教団のアイデンティティ、すなわち独自性を確立する課題が生じてくる。これらの点と関連して、母教団のリーダーの一人ではあれ、一信者であった人が教祖になっていく過程を考察する必要があろう。

妙智會は、会員二〇万人ともいわれた霊友会最大の御旗支部であった第七支部長宮本ミツ（一九〇〇～一九八四）が、一九五〇年に兄の第四支部長石田平と妹の夫の会長系斉藤支部の斉藤英一と協力してたてた教団である。ミツが亡くなった年の一九八四年時点の教勢は一九八五年版『宗教年鑑』によると約七六万七千人で、東京都渋谷区にある本部以外に六教会、四道場があり、千葉県に教団「聖地」がある。

ミツは一九〇〇（明治三三）年に千葉県山武郡鳴浜村（現在の九十九里町）に生まれ、一九一八年に、東京で電気局勤めをしていた隣村出身の宮本孝平（一八九一～一九四五）と結婚した。孝平は、一九一五（大正四）年に両親と妹一人を相次いで亡くしたことをきっかけに仏立講（現、本門仏立宗）に入信しており、ミツも結婚後仏立講に入信した。その後、ミツの病気、事業の失敗、貧乏の中で、ミツの兄の石田から霊友会への入会をすすめられ、一九三四（昭和九）年に仏立講をやめ、二人は霊友会に入会した。この年、霊友会は五支部八法座、会員千名と組織として形を整え始めた時期であった。孝平は一九三六年に第七支部長に任命され、翌年に霊友会の常務理事に就任、ミツも本部勤めになった。霊友会からの脱会を決意するに至るまでには、さまざまなエピソードがあるが、基本的には他の教団と同じく前述した理由による[4]。

教団は参加人員＝信者の数の増加によって、必然的に装置化・組織化・制度化の過程をたどり、それに伴って教義の整備等の宗教運動論上の要請が発生する[5]。本稿では妙智會という分派教団が展開していく中で、教祖がいかにして形成されていくのかという課題を教団アイデンティティの確立や教団内聖地の確立過程ともかかわらせつつ、明らかにすることを目的とする。教祖化の問題には、教団、教祖自身（再社会化、自己形成過程）、信者の三点から接近する必要があろうが、今回はとくに「教団」に焦点をあてることにする。妙智會の定期刊行物には、月一回発行の機関紙＝会報『妙智』（一九五〇年創刊、一九六四年に『妙智會』と改称）と、季刊の機関誌『みょうち』（一九六五年創刊）がある。ここでは、上記の課題に接近するにあたって、会報を中心的な資料とし、それを他の教団内出版物等によって補っていくという方法をとりたい。

なお章末に、妙智會創設（一九五〇年）以前からミツが死去し、娘婿の宮本丈靖（一九一七年生。一九六七年に武保から改名）が会長に就任する一九八七年までの重要事項を年表に掲げたので、適宜参照されたい。

二　分派の正当性の主張

一九五〇年（昭和二五）八月二五日にミツは霊友会から脱会し、一〇月一二日に妙智會を創立した。同年一一月八日に会報『妙智』が創刊されたが、この月刊機関紙は、当初、分派の正当性を末端にまで知らせるという役割を担った。発会式は信者からの借入金によって購入した東京都渋谷区代々木の地で行なわれた。その時のミツの「挨拶」として、「大恩師久保角太郎先生[6]のみ教を正しく世に傳へ廣めんがために妙智會はこゝ代々木に誕生致しました」［宮本 1950］と妙智會創立の理由が述べられている。理事の一人の鈴木啓吉は、「今回の事件に依って恩師の御教が名實共に滅亡せんとする一歩手前で、宮本先生が時期到来を悟られ、恩師の御教を正しく廣布し生かさん為に、本會を設立せられたのでありまして、私共は宮本先生の大慈悲の賜と歓喜に堪へません」［鈴木 1950］と述べた。また斉藤支部山田歌吉は、「宮本先生は恩師の正統的後継者の唯一人として、拮据鏤骨《きっきょろうこつ》二十年、一切を超脱して只管《ひたすら》修業に驀直《まくじき》された。恰も恩師の蔭の如く……暖き大自然の母胎は、今正に結實を示した」［山田 1950］と述べる。石田平は、「お互佛教を信じさせて頂く上に於て一番大切なことは教行といふことである。教の如く行じなければ法華経の行者とは云へない。新聞に報道されたような事件が起きたことは遺憾である。法に依って人に依るなといふのが釈尊の教である。恩師の教を正しく廣く流布する為に此の教団が生まれたことは慶祝の至りである」［石田 1950］とある。いずれも創刊号を飾る記事であるが、その言葉の中に明らかなのは、久保の教えを正しく受け継ぎ広めるために妙智會を設立したとし、分派の正当性を主張している。

発会式に集まったのは三百人足らずの人々だった。一ヵ月後には、新支部長六五名、新副支部長一四四名の計二〇九名が発表された。なお霊友会第七支部傘下の名前支部の支部長で、ミツに従って妙智會に移行した者は、その役職をそのまま維持した[7]。一二月には、百畳敷の本部講堂が落成している。

創立一周年記念祝典は日比谷公会堂で、三千人の会員を集めて行なわれた。ミツは、「顧みますれば本會が昨年秋設立に至りました経緯は全く一片の私心なく嵐の如き混乱の中から平等大慧、教菩薩法、佛所護念のみ教を正しく守り、広宣流布せんそのためのみでありまして、今日迄歩んで参ったので御座います。……本會が過去一年間に歩んだ道は、決して容易ではなかったので御座います。然乍《しかしなが》ら、不幸の中に天意を見、苦しみを機縁と致して感謝を開拓する心こそ、日蓮大聖人が大難四ヶ度小難数知らぬ苦難の中にあって法を開かれた御心に通うものであります。釈尊亦、提婆達多あったが故に法の清涼を至し、良く衆生の悩熱を除く大慈悲を世に残された御心に通うものであります」［宮本 1951］と、霊友会からの迫害を日蓮の法難や提婆達多の釈迦への敵対になぞらえている。創立三周年にはその祝典とともに本殿竣成披露が行なわれた。創立五周年にあたって会報の記事の中で特筆すべきことは、「本會は、『佛陀のみ教えを正しく世に傳え廣めんがために、妙智會はここ代々木に誕生致しました』という會長先生の第一聲から出発したのであります（傍点著者）」［宮本 1955］と教えの源が「大恩師久保角太郎先生」から「佛陀」に変更され、その後妙智會設立の意義について言及される時はいつでも「佛陀のみ教え」となっていることである（なお、この時から創立〇周年ではなく、開教〇周年と記載されるようになった）。

五周年に至るまでの歩みの中で、「久保」から「佛陀」へと言及の変更をもたらしたものは何か。妙智會設立翌月の一九五〇年一一月には妙智會独自で久保の七周忌法要を行なった。また教えの源流を求めて、一九五二年～五四年の三ヵ年間、一月に横浜にある西田無学の墓へ初詣りをしている。一九五四年一月には、バス一〇台六百余名が墓参し、「御法名の尊さと、お墓に拝した常不軽様（著者註・西田無学のこと）と奥方様の御法名から仏所護念の源がここに存していた事をわからせていただいた」［筆者不詳 1954］のである。しかしこれ以後は西田に関する記載はない。

霊友会からの迫害は創立五周年を迎えるまで続いた。「妙智會は法泥棒だ」、「こっちがモトなんだから、モトから離れれば地獄行きだ」と言われ、「本部には全部赤紙がはられて差しおさえられている」というデマもとんだ。妙智會を呪うために丑の刻詣りしているという話もあり、本殿ができた時には、本殿裏にカンナクズが置かれ、それに火をつけるぞと脅す嫌がらせもあったという。また看板の撤去、御旗や経巻の差し押さえもされたとのことである(8)。

こうした中で一九五二～五四年の妙智會の伸びは大きかった。そして妙智會の分派の正当性の証明として、教団側にも会員側にも受けとめられた出来事は、一九五二（昭和二七）年九月に開催された第二回世界仏教徒会議代表歓迎国民大会で、ミツが日本代表として歓迎の辞を述べたことである。当日東京の後楽園スタジアムでの参加者三万人のうち、約三分の一が妙智會会員によって占められた。このことを契機として一九五五年一月にビルマ（現、ミャンマー）の宗教大臣から、仏舎利を送られた。仏舎利奉安後、同年四月から毎年、釈尊降誕会が定例行事として行なわれるようになった。これら妙智會の存在を世に知らしめた出来事が開教の正しさの証明として、教団レベルでも会員レベルでも受けとめられた。仏舎利奉安の年に行なわれた五周年祝典で、妙智會設立の根拠に関する言及が「久保」から「佛陀」へと訂正されたことには、このような背景があろう。また、ミツの娘婿（長女の夫）の理事長宮本武保は、開教五周年にあたって、『『忍善』に住して今日における妙智會の土台を會長先生と共にお作りくださったのが恩師だったのでありま す」［宮本 1955］と、孝平を恩師と呼び、その存在の重要性を強調した。ここで妙智會は、初期の分派の正当性および仏法継承の正統性の主張の段階から、教団としての独自性を確立していく段階に入ることになる。

三　教団アイデンティティの確立と「教祖」形成の過程

（一）ミツの夫・孝平の「教祖」化

一九五一年一一月は孝平の七回忌にあたり、同年一二月号（月の記載は実際の発行日より一ヵ月前）の会報は、「宮本孝平先生とそのご生涯」、「宮本孝平先生御遺稿　善師論、懺悔の道、吾等の心得」のほか会員による孝平の思い出など、孝平に関する記事で埋め尽くされた。一九五三年一月号には遺稿「寶《たから》」が掲載された。十周忌にあたる一九五四年一一月号には孝平の遺稿「忍善」、「己れの罪行」や会員による「恩師への報恩感謝」という記事が掲載され、一二月号にはミツ執筆の「思い出・宮本孝平十周忌に」、武保執筆の「さきを涸らすな　恩師の言葉から」が載った。翌一九五五年には「宮本恩師語録　御遺稿」が、一九五六年には、「妙法の道」（ミツ執筆）、「溢れるばかりのお慈悲」、「在りし日の宮本恩師(1)～(4)」、「宮本恩師に学んだら(1)(2)」、「恩師と小湊誕生寺、清澄山団参への感謝」と、とくに一九五四年以降、孝平に関する記事が増加していった。霊友会からの迫害の中での正当性の主張、世界仏教徒会議代表歓迎国民大会での日本代表という晴れがましい役割を果たし、教団としての自信を獲得していく中で、孝平の存在がクローズアップされてきたといえよう。

孝平の十三回忌に加えて、開教七周年、仏舎利奉安三周年という三つの重要な区切りの年にあたる一九五七年は、孝平の位置づけが明確化された点で画期的な年であった。一九五四年からは本殿で毎月一四日の孝平の命日に有志が供養していたが、一九五七年一月から一二日と二八日の本部供養日のうち、一二日を孝平の命日の一四日に切り替えた。また、孝平の霊友会時代に諡られた「仁生院法慈智晃秀孝平徳善士」という一三字の法名を、「仁生院法護國観世音智晃秀徳善士」と一五字の法名に諡り替えた。これは孝平が霊界で観世音菩薩の称号を受けたことによると受けとめられている。[9]霊友会では、人に送られる法名には、九、一一、一三、一五字の四つの種類があるが、一三字は支部長中の傑出した人物に、一五字は教祖、会長夫妻につけられる。[10]したがって霊友会で諡られた御旗支部長に対する一三字の法名を、妙智會で創立者、会長に与えられる最高位の法名に諡り替えた。霊友会では、法名に菩薩名が入っているのは久保角太郎の法名「仁生院法護國正義虚空蔵大徳善士」にある「虚空蔵」、小谷喜美の法名「仁生院妙慈彌勒護法宣覚大徳善女」にある「弥勒（彌勒）」、小谷安吉の法名「仁生院法慈文珠寶印輝道智徳善士」にある「文殊（文珠）」のみであるが、孝平に対して「観世音」を諡ったことは、孝平が妙智會の「教祖」的位置を担う存在となったことを示すものである。さらに久保の法名にあるのと同じ「護國」も諡られ、久保と並ぶ位にあることが示されている。

一九五七年には当然孝平の人柄や行動に言及した記事は多い。「在りし日の宮本恩師(5)〜(8)」、「恩師十三回忌と報恩感謝」、「廣大無邊の御慈悲」、「尊き教訓と思い出」、「わが人生の師宮本孝平先生」、「観世音菩薩に在しましを〈勤労奉仕と宿直の夜のこと〉」、「恩師に親近し奉った喜び」と、孝平に身近に接したことのある会員による記事が毎号のように掲載された。そして、「本會が今日あるのは會長先生の大慈大悲によるのですが、その土台は恩師御修行の賜です。創立七周年に恩師の十三回忌をお迎えするのは実に意味が深いのです」［斉藤 1957c］とし、『御恩師と会長先生が娑婆と霊界で表裏一体になって私たちを教え導いて下さっている」［斉藤 1957］という視点が明確に提出された。すなわち、妙智會開教以前に孝平は死去しているのにもかかわらず、妙智會の源はミツとともに孝平にあること、また死後も霊界において、現界のミツとペアで指導していることが示されたのである。これは現界と霊界は合わせ鏡のようなものだとして、霊界の存在を信じる信念体系を前提としたものである。この脈絡にそってみるならば、現界での子孫による先祖供養によって先祖が成仏するというのと同じ論理で、ある意味では現界でのミツの活躍が霊界に働きかけ、孝平の霊界での位置づけが菩薩位に上昇したとみることもできよう。

翌一九五八年一月の会報には孝平の法名の変化について次のように言及されている。「恩師の法名が変わったのはなぜでしょうか。……観音妙智の力によらなければよく世間の苦は救えぬと、み佛も申されているからでありまして、霊界における恩師のお立場がどのようなものであるかをこれによって私達は窺知しうることが出来ます。すなわち今や恩師が観世音菩薩のお立場に立たれて私達を救って下さるのです。恩師の御生前を存じあげている方は、恩師は御生前からすでに観音様のように慈悲深かったことを御存知でしょう。これは会長先生のご神力によって霊界と娑婆国土が合体したことの証明でもあります」［宮本 1958］という記載はこの見方を表明するものである。ミツの神力の高まりによって、孝平が霊界での位が上がったことを示唆し、一五字の法名を諡ることによって、孝平を「教祖」化させたとみることもできようが、ここ以外では明示的には強調されていない。

十三回忌を記念して、孝平の遺稿と人々の回想からなる『宮本孝平遺珠と回想』が出版された。これは、後のミツの説法集とともに妙智會の教えの中核となるものであった。また十三回忌を期して、千葉県九十九里町にある孝平の墓所を移動し、南無釈迦牟尼佛、南無多宝如来と刻された法華多宝仏塔と、孝平の法名が刻されている原始佛塔（その下に孝平の舎利を安置）を建立して、新たに「御廟所」が造られた。この廟所を核に、この地が妙智會独自の「聖地」としてその後展開していくことになる。廟所建立の翌年の一九五八年から、支部長をはじめとする役員の一月の廟所初参拝が定着し、孝平の回忌法要も毎年の定例行事となった。

一九五六年は最初の組織改革として、名前支部から八六の数字支部への変更、最初の地方教会（東北教会）の誕生があり、一九五七年は青年部結成、廟所建立と続き、妙智會の礎が築かれた重要な時であった。

孝平の十七回忌にあたる一九六一（昭和三六）年には、二月に本部に妙智会館（建築総面積一一六六三平方メートル）が落成し、四月には会長先生誕生祭が始まり、以後毎年の定例行事となった。さらに八月には孝平の称号を「大恩師」とすることに決まった。

「今年八月一日から『大恩師』と申し上げることになった。従来『恩師』或は『御恩師』とお呼びしたのを改めさせていただくのだ。尊いご順序を軽々しく思ってはならぬ。……大恩師の道が『忍善』にあったことは、『若しそれ佛法を学ばん者殊に忍善の御修行こそ尊けれ』と拝される御遺文『忍善』の中の一節によって知られる。……今日、大恩師は『衆生困厄を被って、無量の苦身を逼めんに、観音妙智の力、能く世間の苦を救う（妙法蓮華経観世音菩薩普門品第二十五）』お立場に立っていられる」［筆者不詳 1961a］と孝平の大なるゆえんが説明された。霊友会では久保は「恩師」の称号をもって呼ばれていたが、孝平に「大恩師」という称号を諡ることで、それを超える存在として、教祖化していったといえよう。会員から募集していた「大恩師讃歌」も制定された。

また、「仏法はよい先生についてこそ生きるものであり……私どもにとりましては、大恩師のみ教えと会長先生のみ教えを能く守り行うことが、即ち日蓮大聖人のみ心にかない、ひいてはお釈迦さまのみ心にかなうものだということが申せましょう」［筆者不詳 1961b］と、孝平・ミツ→日蓮→釈迦のラインが示されたことは、釈迦→日蓮→孝平・ミツの法統を寓意するものであろう。

（二）独自性の主張――「忍善」の教え

妙智會の独自性として「忍善の道行かん」の方針が理事長の武保によって打ち出されたのは、一九六四（昭和三九）年一月一日のことであった。「法華経をもって行う在家先祖供養――仏所護念が本会独自の教えだといったら、余りにそれは普遍的である。在家先祖供養を叫び世にひろめることをつとめている教団は、他にも、多く存するからである。仏所護念における妙智の独自性は何か。わたくしはこう考える。大恩師御遺文に『法華経を以ってご先祖供養為す所の者は常に忍善こそ大切なれ』と拝されるが、『忍善』こそ大恩師と会長先生の歩まれた道であり、本会がこの『忍善』のなかから誕生したことを思うとき、仏所護念における妙智の独自性はおのずから明白だろう。すなわち、それは『忍善』以外にないのだ。」[11]〔宮本 1964〕

忍善とは、「人の善を行ふには必ず忍を要す。小善には小忍あり。大善には大忍を要すべし」という孝平の言葉によるものである。これまでも開教に伴う迫害を日蓮の法難、提婆達多の釈迦への敵対になぞらえていたものが、大善である開教に伴う迫害を大忍でこたえたととらえ、分派の正当性を忍善という独自の教えを主張することによって補強するに至ったのである。

翌一九六五年一月には、「一、恩師による仏道楽土に感謝する。一、教行による人格完成に努力する。一、忍善による世界平和に邁進する」という綱領が制定された。また、「大恩師宮本孝平先生は生まれながらにして今世において〝神の人〟であった。……妙智會は大恩師の没後開かれたが、そのご遺徳が会長先生の現身を通じて煌々と現れたものと申せましょう。私たちがみ教のみなもと、大恩師の御霊と会長先生の大慈悲に導かれている幸せに深く感謝しなければならない」〔筆者不詳 1965〕と、教えの源、教祖として孝平が位置づけられている。

一方ミツの誕生祭は、一九六〇年に還暦祝賀会が行なわれたのを皮きりに、翌一九六一年から「会長先生誕生祭」が毎年、ミツの誕生日の四月一五日前後に行なわれるようになった。一九六三年には、ミツの誕生祭と釈尊降誕会（一九五五年から実施）を一緒に行なうことが示された。その意味づけとして、「ご生涯を身も心も師に捧げつくされた大恩師と、忍善の行ひとすじにやりとおされた会長先生によって開かれた『妙智のみ教』こそ昭和の現代における久遠実成本仏の光顕であり、ただ単に妙智會のものではなく、世界人類のものであると申しても過言ではありません。従ってお釈迦様と会長先生のご生誕を共にお祝い奉ることは自然であり、更に本年は開教十四年に当り、しかも十四日の大恩師ご命日に行われることは、いよいよ『妙智の真実』の姿を顕す証明でもあります」［筆者不詳 1963］と述べられている。

さらに、「忍善」を妙智會の独自性として打ち出した一九六四年には、会長先生誕生祭は「教祖誕生祭」と名称変更された。その理由として以下のように述べられている。

「本年、開教十五年を迎えた本会はあらゆる意味で転機にある。昔は十五才になると〝元服〟といって子供から大人の仲間入りをする、一生のうちで最も重大な区切りがあったように、過去十五年間一歩、一歩と築いてきた確固たる基礎の上に立ち、いよいよその独自性を打出して百年の大計をたて、争いのたえない世界を平和に導くために、新たなる第一歩をふみ出したのであります。久遠実成の本仏が、仏と仏とのお約束により、『忍善』を根本義として、会長先生によって開かれた妙智の教え。開教以来十五年を経た今日、『妙智の教祖（おしえおや）』であることをはっきりとお示し下さったのであり、信者一同にとって無上のよろこびであります。

教祖と仰がれるには、必ず『主師親』の三徳がそなわっていなければならないのです。会長先生のお心は救世の大願にもえております。現世の『救世主』と申しても決して過言ではありません。そして常に主の精神をもって神仏と、私たちの間をとりもって下さる唯一のお方でもあります。これすなわち、主たるお立場に立たれていることです。又、師の精神をもって、私たちを常に教え導き、ある時は強く、ある時はやさしく、深い慈悲のお心で、人格完成の道を示し、一日も早く苦悩の中から救われるよう日夜お心をくだいておられます。……信仰上最も大切なことは、一に正しい教を求めることであり、二に生涯を通じて心の底から信ずることができる師に恋慕することであります。会長先生のお心は、私たちの魂のふるさとであります。その慈愛にみちたまなざしは父として慕い、母のように甘えることができ、その間にはなんの障害もない心と心がふれあって、暖かくつつんで下さっております。……このように親の徳をもって私たちをいだいて下さっている会長先生は、いつ、いかなる時でも親ぶったり、恩にきせたりするお心は微塵もありません。」［筆者不詳 1964］（傍点著者）

「忍善」を妙智會の独自性として打ち出すことによって、霊界での孝平の「教祖」化とともに、このように現界でのミツの「教祖」化も試みられた。しかし、教祖誕生祭の名称は結局定着せず、四年目の一九六九年にはもとの名称に戻っている。一九六九年は仏舎利奉戴十五周年にあたるため、ミツの誕生祭は単独で行なった。五月に行なわれた仏舎利奉戴十五周年記念法要では、理事長の丈靖によって、「この御舎利はお釈迦さまの背すじでございます。七粒ございましたが、この七粒は『南無妙法蓮華経』の七字のお題目でございます。……仏教徒の数はたくさんあるが、お釈迦さまの御舎利を頂戴している教団はひじょうに数が少ないのでございます。そういうことを、ぎゃくに申しますれば、妙智會すなわち大恩師・会長先生と釈尊とのあいだに深いお約束があったのでございます」［宮本 1969a］と述べられ、釈迦に根源的な回帰をし、その枠内ではあるが、実質的に「教祖」化を補強している。

釈尊降誕会とミツの誕生祭はこの後、分離して行なわれるようになった。一九七〇年はミツの古稀の祝いにあたるため、別途祝典が開催された。翌一九七一年も別個に行なわれたが、ミツの誕生祭は新本殿布施行の最中であるため特別な行事は避け、内輪での祝いにとどめた。一九七二年も別個に行なわれた。そして廟所を核として妙智會独自の「聖地」を確立していく過程の中で、一九七二年に仏舎利が聖地に奉還され、翌一九七三年に建立された久遠佛塔におさめられたことで、釈尊降誕会の場所が本部から聖地へと移行していくのである。

（三）教えの源・大恩師廟所を核とする聖地の形成

教団レベルにおいて孝平の担う役割は重要なものになったが、妙智會の教勢が拡大し、孝平を知らない人が大多数になる中で、妙智會の教えの源として、霊界の孝平の存在をいかにリアリティをもって実感させるかという課題が生じた。この課題を果たす一つの企てが、孝平の廟所を核とする教団内聖地の拡大・整備であった。(12) 妙智會独自の教えとして「忍善」を打ち出した翌年の一九六五年から、「聖地」の拡大に向かい、一九六六年には、「大恩師聖地」（「千葉聖地」と呼ばれることもある）の名称が用いられ、その整備のために奉仕班が組織された。一九六七年には練成道場が落成し、修行の場としての「聖地」の役割が軌道に乗り始めた。そして、孝平・ミツの生誕の地であり、教えの祖としての孝平の霊が鎮まる場所、妙智の教えの発祥の地としての「聖地」が、ことあるごとに強調されるようになる。

一九六七年は孝平の二十三回忌にあたり、一〇月には観世音菩薩の画像が本部講堂に安置された。会報に明示されてはいないが、孝平の法名に付された観音に因んだものと思われる。二十三回忌法要は東京武道館で、一万五千人の会員を集めて大々的に行なわれた。この年の開教一八周年式典では、釈尊に発する法脈が天台大師→日蓮上人→孝平・ミツと受け継がれていることを理事長丈靖が強調した。また新入会員のために冊子『大恩師』が発行され、無料で配布された。

一九六九年からは大恩師忌法要は千葉の大恩師聖地で行なわれるようになった。それに際して、「大恩師忌を営むに当って、まずわたくしどもが真剣に考えねばならないことは、御忌を決して年中行事の一つだくらいに簡単にみてはいけないことであります。……大恩師のお顔を拝し、お声に接し、直接ご指導をいただいた方の数は減っていっても、教えの源である大恩師はどういう方であるのか、またどういうご修行をされた方であるかを、みんながしっかりと心に納めていなければならないのでございます。大恩師と会長先生は表裏一体であります。大恩師即会長先生であります。……その大恩師のみ心に、至らぬおのれを近づけさせていただく、学ばせていただくという、強盛な求道の精神がなくては、教えの源にたたえられた法の水をくむことはできません。」［宮本 1969b］（傍点著者）と、ともすると次第に年中行事化し、妙智會の教えの源である孝平のもつ意味を忘れがちであることに対して注意が喚起されている。この後折に触れて、大恩師忌は単なる年忌ではないこと、廟所は単なる墓地ではないことが強調されていく。開教以来二〇年たち、初期の頃を知らない会員が増大していく中で、開教記念日において、「初心を忘れない」ということが強調され始めたことも同様の推移であると思われる。

妙智會にとって孝平が極めて重要な存在である理由として挙げられているのは、次の点である。第一に、孝平とミツは法華経の計り知れぬ順序により結婚という勝妙の縁を得、ともに修行し、その修行のあり方は車の両輪・表裏一体、形影相い伴う手をとりあっての修行であり、二人の修行・研鑽の中から妙智の教えの基礎としての先祖供養、忍善、懺悔、感謝の教えの四本柱が生まれたこと。とりわけ忍善という妙智會の独自性こそ孝平とミツが会得した正法の理であること。第二に、法華経のために身命を惜しまず信じ行じた人であったこと。第三に、親孝行で、慈悲深く、師長恭敬の人だったこと、である。第二と第三の点は信仰者としての理想型を体現している姿としてとらえられている。

孝平とミツは表裏一体であって前者は霊界から指導し、後者は現界での指導者であるという認識は以前からあったが、これまではむしろ孝平を教えの祖、教えの源としてシンボル化することによって、ミツの教祖性を高めるように機能していた。しかし開教二〇年を経て、青年部（一九五七年）、男子部（一九六五年）、少年部（一九六七年）、婦人部（一九六九年）と年齢別・性別横割り組織が次々と発足し、一九七一年には、全国に広がる大支部を地域ごとに分割して、従来の通し番号の支部から都道府県名を付した二〇一の番号支部に再編成し、山形、千葉、群馬、新潟の四つの地方教会と、甲府、小名浜、名古屋の三つの地方道場ができ、組織が固まったこの段階に至っては、孝平に付与されたシンボル価値をミツの存在によって強化し、その意味づけを確認するという逆転の構図が出てきたのである。[14]

孝平＝大恩師をリアリティある人として会員に認識させる課題に対して、一九七一年一〇月の機関誌『みょうち』（第七巻二号）では、座談会「いまだに眼と耳に残る大恩師――大恩師にお目にかかった人達　感涙の思い出を語り合う」という一九頁にわたる特集が組まれており、霊友会時代の修行のありさま、人柄が語られている。孝平の三十三回忌法要の年にあたる一九七七年には、『みょうち』の夏季号と秋季号の二回にわたり大恩師特集が組まれ、夏季号では、その生涯について、孝平の人柄についてのエピソードが、秋季号では、「私にとっての大恩師」と題する座談会等が掲載されている。また、三十三回忌を記念して、Ｂ５判一四頁の冊子『大恩師　宮本孝平先生』が発行され、大恩師聖地に関する説明、生涯（生い立ち、大恩師と会長先生、先祖供養の道、血のにじむご修行、菊の季節にご他界、妙智への道、から構成）、「主人は神さまのような人でした」と見出しがつけられたミツによる文、家族による「父の面影」と題するエピソードが記載されている。そして、春の会長先生誕生祭とともに秋の大恩師法要が妙智會の大切な二大行事であることが強調されている。

ここで、聖地に目を転じるならば、一九七二年に練成会館（宿泊施設、約三〇〇人収容）が落成したのを期に、翌一九七三年から聖地団参が始まり、「妙智會の修行のうちでも根本をなすもの」として、従来の日蓮ゆかりの聖地である身延久遠寺・思親閣、七面山での修行団参から、妙智會独自の聖地での修行に力点が移行した。

また特筆すべきことは、一九七三年に仏舎利塔である久遠佛塔が聖地に建立されたことである。久遠佛塔は高さ一九メートル、塔の周りには八葉蓮華をかたどった八角の廂があり、ドームから壁面にかけて金箔のタイル・モザイク約四百万枚がはられた黄金色の塔である。ここは釈迦、多宝如来をはじめ分身諸仏、大恩師＝孝平、そして会員の先祖が鎮まる所であるとされる。この塔の建立は、釈迦が妙智會に法華経を世界に伝える役目を委嘱し、さらにこの聖地が世界のふるさとになるという霊界の順序を表すものとして意義づけられた。孝平の廟所を中心とした教えの源としての聖地は、久遠佛塔の建立によって、釈迦ともつながる聖地へとその位置づけが強化され、聖地の中心はその後廟所から久遠佛塔に移ることになった。久遠佛塔の建立を機に、「大恩師聖地」が「千葉聖地」と改称され、聖地の本格的造営が始まった。

一九八三年には聖地に、建築面積五三五〇平方メートル、五千人を収容できる大講堂、大中の研修室と大小の会議室からなる大道場が落成した。

（四）ミツの死による法妙一体化

孝平とミツの位置づけは、ミツが一九八四（昭和五九）年三月二八日に八三歳で死去したことによって新たな局面を迎えた。ミツは二月四日の節分追儺式の行事の二日後に入院したが、会員たちには「誰にも（入院のことを）知らせてはいけない」というミツの言葉によって全く知らされておらず、会報にもその記事はない。会員にとってその死は全く突然の出来事だった。四月一五日の教団葬の日の会報特別号には、次のような記事が載っている。「とうの昔から菩薩さまだった会長先生は法嗣に後事を託し、法孫のご成長を喜ばれ、信者一同の精進努力による教勢の伸びと施設の充実ぶりを見届けられ、娑婆世界のお役を果たされて、お釈迦さまにお仕えするために大恩師のおそばに旅立たれたのであった。『肝臓以外すべての内臓諸器官は、機能を停止・低下させていたのに、よく生き続けたものです』と慈恵医大の医師たちは驚きの声をあげていたが、すでに菩薩であってみれば何の不思議もない。医学の常識を超える寿命増益をいただいて、何の苦しみもなく、霊界にお帰りになる日も本部供養日を選ばれたのである。『法華経は自由自在です』のご法話のとおり、大恩師のご命日の一四日に対して、会長先生は一八日、しかも大恩師の秋と会長先生の春。信者一同が恋慕集結するのに、まことに絶妙のご順序であったといえよう。……行衣を召される時、全身は羽二重餅のように柔らかであった。会長先生はご法話の中で『妙智會の皆さんは死んでも自然に合掌できるし、手足も自由に曲ります。それが法華経の尊さなんです』と説かれているその通りだった。法華経を広めて、世を救い、人を救うためのお役を尽くされた会長先生。霊界に帰られても上行菩薩、普賢菩薩のように信者一同にお慈悲を下されるのである」。ミツの法名は、「仁生院妙智上行普賢寶光大徳善女」の一五文字で、上行・普賢と二つの菩薩名がつけられ、[15]さらに「大徳善女」と「大」の字が諡られた。

ミツが菩薩である証明としては次のことが挙げられている。第一に、法華経は自由自在であるという教えのとおり、自分の死ぬ日まで決めていたこと。それも孝平の秋に対する春、そして本部供養日の一八日であったこと。第二に、法を広めるために寿命増益を得、普通の人間では死んでしまう体の状態なのに生きていたこと。第三に、死後硬直がなかったこと。第四に、死の前月、二月四日の節分追儺式での最後の法話の中で、いつもならしめくくりに「終わります」で結ぶところを、この日に限って「私はこれで終わりでございます」と結んでいることは、自分の死期を知っていたことを示すこと。第五に、一九五一年に妙智會の御旗がつくられた時、「会主宮本ミツ」と自ら署名し、当時はなぜ会長ではなく会主と書いてあるのかわからないままになっていたが、これは死後の呼び名をすでに決めていたことを示すと、などである。また間接的な証明として、妙智會では天候ですらも根性のもち方によって自由になる、「法華経は自由自在である」ことを強調するが、密葬、教団葬、納骨の日の天候についても言及されている。機関誌『みょうち』同年夏季号（二〇巻二号）の中では、生前の説法の中に「みなさんも私も人間でございます。だから私も一生けんめい精進努力して『人』となり、霊界に帰っては菩薩となってみなさんを守護させていただきます」とあるのを引用し、「すでに菩薩さまでありながら、『人間死ぬまで修行ですよ』と自ら修行をお休みにならなかった会主さまでした」と述べている。ミツは生きながらにして菩薩であった、そしてその役割として、法華経の説くところを忠実に守り、人びとに正しい修行の道を示したと位置づけている。

四月一五日には本部で、一万七千人の会員が参列する中で教団葬が行なわれ、五月一四日には聖地において、孝平の遺骨のある原始佛塔に納骨された。ミツは死後、会主と呼ばれるようになった。この年の大恩師法要では、「大恩師さまの観音妙智の大慈悲と、会主さまの普賢助発の大慈悲が、法妙一体となって私どもをさらに強くご守護くださるのです」ということが強調された。

さらに、「大恩師の御法号に大の字を諡ること」とのミツの遺志によって、孝平の法名が「仁生院法護國観世音智晃秀徳善士」から「仁生院法護國観世音智晃大徳善士」と諡り替えられた。霊友会では「大」の字が諡られたのは、創立者である久保角太郎と小谷喜美だけだが、ここで、孝平の法名は久保と並ぶランクの法名になった。孝平の霊界での地位は、ミツと法妙一体になることによって上昇し、さらにその神力が増大したと意味づけられている。ミツの一年忌には、ミツの法名と改諡した孝平の法名を刻んだ、新・原始佛塔が廟所に建てられた。

翌一九八六年にはミツの三回忌法要が行われ、今後年忌にかかわりなく、春には会主法要、秋には大恩師法要を行なうことが決定し、「霊界の順序が変わった」として、聖地自体が「教えの源」「心のふるさと」として、さらに重要な位置づけを担うに至った。一九八七年二月発行の冊子『みなもと』には、次のように意義づけられている。

「大恩師さまは菊の季節十一月一四日（昭和二〇年）に逝かれました。会主さまの霊界へのお旅立ちは、桜のツボミがほころぶ三月二八日（昭和五九年）。両日とも本部の定例供養日に当たります。このお二方がそろって九十九里の里にお生まれになり、結婚という勝妙の縁を結ばれなかったら、妙智會はこの世にありませんでした。いわば両大善師こそ私どもにとって大地であります。大地なくして私ども草木は生きられません。呼称は〝法要〟ですが、春と秋、それぞれのご命日に聖地に参集することは、教えのみ親のひざもとへの里帰りであり、いわば〝恋慕の結集《けつじゅう》〟と申せましょう。春は土壌開拓、タネまきのとき。『会主法要』は信者一同が法恩感謝のまことを捧げ、正法の広宣流布を誓う日です。秋は実りの季節。『大恩師法要』は、ほぼ一年の修行をふり返り、心のまとめをさせて頂き、新年に向かってさらなる前進を決じょうする日です。年回にかかわらず、毎年厳修しているのは、以上のような意味があるからです」。

ミツの死後三年間会長職は空席であったが、一九八七年五月一四日に、これまで理事長の役を担っていた丈靖が二代会長に就任した。

四　むすび——教祖性の特質

霊友会からの分派教団である妙智會では、初期の段階においては、分派の正当性の根拠を霊友会の創設者久保角太郎の教えの正統な後継者であることに求めた。しかしながら、分派の正当性の主張の後、教団のアイデンティティを確立する過程で、妙智會創設以前に故人となったミツの夫の孝平の教祖化がなされた。

孝平の教祖化過程は、これまで考察してきたように、次の順序で進められた。まず孝平の十三回忌（一九五七年）の年には、二回の本部月例供養日のうち一二日が孝平の命日の一四日に変更された。孝平の霊友会時代に付与された一三字の法名が、教祖にふさわしい一五字のより高位の法名へと諡り替えられた。会報には、孝平に生前面識のあった会員等による、その人柄や霊友会時代の修行のありさまに言及する記事が多く掲載され、『宮本孝平遺珠と回想』が出版された。さらに、孝平の廟所が建立され、孝平の回忌法要が毎年の定例行事化した。

次に、十七回忌（一九六一年）には、孝平に対して、「大恩師」と「大」の字を冠した呼称が制定され、「大恩師讃歌」もつくられた。そして開教一五周年（一九六四年）には、孝平が終始唱え行じたとされる「忍善」が、教団独自の教えとして教義の中心に据えられた。その翌年から孝平の廟所を核に教団内聖地が構築され、大恩師聖地と名づけられた。こうした一連の出来事をとおして、孝平の「教祖」、「教えの源」としての位置づけを確かなものとした。孝平は霊界から、ミツは現界での指導者として、表裏一体の共働の働きをしているとされ、孝平の教祖化に伴い、ミツの教祖化が進んだ。このように、「忍善」を妙智會独自の教えとして打ち出すまでの時期は、孝平に教え祖、教えの源としての位置を与えることによって、ミツの「教祖」性に根拠を付与していたとみることができる。その後、ミツが押しも押されもせぬ地位を獲得した後は、逆にミツの教祖性が孝平の存在を補強するように働いた。最終的には、ミツの死によって法妙一体となったとされ、孝平の法名は最高位の法名に諡り替えられたのである。ミツと孝平の相互作用による教祖化ばかりでなく、仏舎利を妙智會が得たことで、ミツ・孝平は日蓮、天台大師、釈迦に連なるものとして位置づけられ、釈尊の伝統を継ぐものとして、さらなる権威づけがなされた。

ここで問題になるのは、第一に、なぜミツのみならず、妙智會設立以前に故人となっていた孝平を教祖化する必要があったのか、いいかえれば、ミツの教祖化のためになぜ孝平が必要だったのか、第二にミツと孝平の教祖性はどこにあり、どの程度まで教祖といえるのか、という点である。

新宗教教団では、しばしば二元的（双頭的）リーダーシップがみられ、その共働関係のパターンには共通したものがある。教えの面では、神仏との直接的な接触・交流をとおして宗教的啓示を提示する預言者ないしはシャーマンの役割を果たす者と、その啓示の真偽を見分ける審神者《さにわ》の役割、啓示の内容を体系だった教えにまとめ、その内容を既存の聖典などに照らし合わせて権威づける教義家の役割を担う者との間の共働関係が広く見出せる。他方、組織運営の面では、一方が救済財の提供者の役割を演じるのに対し、その共働者は運動組織者（信者の組織化、外社会との関係調整）の役割を担うのが一般的な共働のパターンである。多くの場合は、教えの面での預言者、シャーマンは組織の面での救済者の役割をもち、教えの面での審神者、教義家が同時に組織の面での運動組織者、組織管理者としての役割を担い、この二者が共働関係を形成するというのが一般的である。これらは機能的相補関係であるとともに、日本のシャーマニズムや民俗宗教（例えば御嶽行者における前座と中座の関係など）に伝統的にみられる関係でもある。一般的には共働関係の形態は、性別分業の点では明白な傾向性がある。すなわち男女がペアを組むばかりでなく、預言者、シャーマン、救済者には女性、審神者、教義家、組織者には男性という分業のパターンがあり、そして多くの場合ペアを組むのは家族員同士であり、中でも最も多いのが夫妻でペアをつくるケースである［対馬 1990 : 111 - 113］。

第一の問いに関連して、まず指摘できるのは、妙智會の母教団である霊友会にみられる男女ペア型の共働の教祖という原型からの影響である。霊友会では久保角太郎と小谷喜美のペアによって教団が運営され、久保は審神者、教義家、組織者としての役割を、小谷はシャーマンとしての役割を果たした。また、霊友会における支部の運営は、夫婦の共働によってなされていた。家が支部になり、シャーマン的能力については、女性が霊媒（妙）となり、男性が降臨した神の正邪を見わけ問いかけをする審神者（法）の役割を担った。現場で布教する女性と組織者としての男性という、夫婦の協業による支部の運営形態があった。ミツは孝平の死後、第七支部長に就任するが、戦前では女性が御旗支部長に就任するのは、亡き支部長の寡婦の場合に限られていた。なお、その背景には、男性が主で女性が従という、この時代の観念が色濃く存在していたことはいうまでもない。

初期の分派の正当性の主張後、孝平を前面に打ち出していくのは、このような霊友会における共働の教祖の原型から説明できる部分がある。しかしながら、孝平は故人であるから、現実にはミツとペアを組むことはできない。こうした変則的な共働の教祖を会員に受け入れさせた背景にあるのは、霊界と現界の相互作用を前提とする信念体系である。すなわち、現界と霊界は合わせ鏡のようなもので、成仏できないで苦しんでいる先祖は子孫に対して不幸をもたらすが、子孫の側からの先祖に対する働きかけ（法名を諡り、法華経によって供養する）によって成仏し、子孫を守護することができるようになる。このような脈絡の中で、霊界での地位が上昇（その端的な表れが法名の改諡）した孝平が、現界にいるミツを守護し、またその存在は相補的なものというより、法妙一体として霊界の孝平と現界のミツが合体した存在としてアピールされた。また、当時の社会状況からいって、女性が社会活動の前面に出るためにはなんらかの男性性を付与する必要があったと思われるが、その点もこれによって解決したのである。

共働の教祖の組織者の部分は丈靖が担った。しかし、妙智會創設時には、丈靖は弱冠三七歳であり、先述したように霊友会の共働の教祖の原型は男性が年長で師であるから、年少の丈靖とミツが最初からペアを組むという方向には展開しなかった。初期は創立功労者を含む責任役員の体制で、ミツ―丈靖体制が構築されるまでには時間を要した。「忍善」こそ妙智會の教えの独自性であるとの方針を打ち出したのは、丈靖である。孝平の唱えた「忍善」を教えの中心に据えたものの、丈靖は審神者・教義家の役割を果したとはいいがたい。シャーマンとしてのミツの言説を整序し、教えを体系化する志向性が乏しいのは、教え、先祖供養の行法ともに霊友会のものを踏襲していたからで、忍善を付け加えたといっても厳密な意味での教義家ではないのである。

次に、第二の点の、ミツと孝平の教祖性についての検討に入ろう。霊友会時代の彼らの人物像は、ミツが剛なら孝平は柔といった、正反対な相補う性格として描かれている。[16] ミツは法話の中でしばしば孝平を登場させるが、その場合はいつもミツ自身のカカア天下の懺悔と結びつけて語られている。このように、孝平を引き合いに出し、かつての自分の孝平に対する態度を懺悔することによって、ミツはとくに女性会員に対して、妻としてのあり方を説いている。さらにミツ自身にとって故人である孝平の存在がミツの心の中で反芻され、戦略的な意味ばかりでなく、実際に共働の存在になっていたことをうかがわせるところもある。[17] ミツは慈母として会員から慕われるようになるが、剛の性をもつミツが、孝平の柔、慈父性を吸収し、慈母と呼ばれるのにふさわしい存在になったとみることもできよう。

ミツについては、会員によって、その人柄とともに、因縁を見通す力、人に応じての指導、究呪《くし》（九字）の効果など神力の偉大さが至るところで語られている。ミツは自分自身について、（死の一年半前の）一九八二年一〇月の会報掲載の法話の中で、「私はもともと大したものではありません。ただ教えられたことを身体を惜しまずに実行して懺悔をしてまいりました。〝法華経は死ぬまでの修行、懺悔は死ぬまでの修行〟を実行してきただけのことです。だけども幸せになっております。体験者が語るんですから信じて実行していただきたいんです」と語っている。また、誕生祭のたびごとに「会長っていったって偉くもなんともないんです。ただ妙智會の会員より少しは修行しているだけです」と述べもする。さまざまな機会に、ミツは自分の業障の深さを語り、先祖供養と懺悔によってそれから免れ、現在の幸せを得たことを強調し、「体験者が語るんですから信じて実行してください」と言うのである。このように、ミツは自分と会員との間に越えられない壁があるとみていない。あくまでも法華経行者の先輩としての認識である。それは当初から全く変化しておらず、教団規模が拡大しても同様である。そうした謙虚さ、さらにいえば、スティグマとして自分の業障の深さを前面に押し出していく中に一種のカリスマ性を見出すことができよう。そしてミツによる会員との間の連続性の強調にもかかわらず、会員は、すでに菩薩でありながら修行を怠らない姿として、常人ではない資質をミツにみることになる。

ミツは、法華経による在家主義先祖供養の正しさは疑いえないものとして受けとめていた。したがって在家仏教や先祖供養の理念や実践を根源的に位置づけたり、それを説明することによって自らの権威を示すことはしなかった。ミツの自分自身に対する評価は、「先祖供養の正しさを信じ切り、決じょうをもって、疑惑をもたずに歩きとおした」という点にある。

一方孝平については、その神力に言及されることはなくはないが、ほとんど強調されてはいない。孝平は自ら唱えた忍善を終始実行した人と受けとめられ、親孝行で、師長恭敬に徹し、どんな時にも怒らず恨まずの温厚な人柄で、しかも法のことになると決じょうは揺るがず、人生を真面目に誠実に生き抜いた人、人間の理想像として描かれる。ミツが「いま考えると主人は『神』という字のつく人じゃなかったかなと思うのです」［宮本 1977：230］というように、孝平は生まれながらにして菩薩の資質をもち、それに対してミツは修行することによって菩薩になった人として語られているのである。

これまで、修行型シャーマンをいただく分派教団である妙智會の教祖の形成過程を考察してきた。霊友会の久保の教えの正統な後継者であることに分派の正当性を求めた段階を経て、教団アイデンティティの確立過程の中で、霊界の孝平と現界のミツの教祖化が見出され、それは力点のあり方の推移を含みつつも相互に補完、強化するものとして機能した。また、一九五五年に奉安した仏舎利を核として、ミツと孝平は釈迦から法華経を正しく広めるよう委託された人として、また法華経に基づいて正しい修行の道を示した人として、釈迦に源流を求めることによってその権威を補強されたのである。

西山茂・川村邦光によると、教祖とは新しい宗教伝統の創始者であり、たとえ既存の宗教から多くの教えや儀礼、組織などを摂取したとしても、独自の教えや儀礼、組織といった面で革新性を備え、持続的な宗教活動を展開することが教祖成立の不可欠な要因であり、また第一の特徴であるとされる。とはいえ、宗教伝統の成立の仕方の違いによって教祖の特徴もかなり違ったものになり、⑴創唱型、⑵混成型、⑶再生型の三つに分類できるという。⑴は超自然的存在から受けた独自の啓示を基礎にして、⑵は伝統の異なる宗教・宗派から抽出した諸要素を一つの新たな宗教体系へと混成することにより、そして⑶は特定の既成宗教の伝統的な遺産（教典・教義・儀礼など）を継承し、その独特な再生により成立したものである。この中で⑶は新しさが最も少ないのである［川村・西山 1990：104-105］。妙智會の母教団の霊友会は⑶再生型にあてはまり、それからの分派教団である妙智會も⑶にあてはまるだろう。それゆえ一つの新しい宗教的伝統の創始者という意味で教祖という語を用いるならば、会を創始した偉大な人物として崇拝されるミツも、教祖と呼ぶには留保せざるを得ない。いわんや孝平の場合は、人格的に完成された理想の人間像であり、手本であっても、厳密な意味での教祖という概念にはあてはまりにくい。妙智會の場合、霊友会から先祖供養の教えも行法も受け継いでおり、そこに独自の教えとして「忍善」をアピールしたものの、さりとて「忍善」を核として教義を体系化したというわけではなかった。また、ミツが霊界と交信して得たものを、新たな啓示として付加し、教義形成を行なったわけでもなかった。修行型シャーマンをいだく分派教団の教祖とは集団の統合のシンボルとして与えられた名称で、ミツ自身、法華経行者としての先輩という認識であり、かつて教祖誕生祭という名称を用いたが定着せず、会長先生誕生祭に戻ったことにも、妙智會における教祖性の特質が如実に表れているといえるだろう。

【註】

（1）霊友会の歴史およびその先祖観については、縄田 1978、水野 1985、森岡 1983、梅津 1990 を参照。

（2）霊友会の第二次分派の事情、およびそれによって誕生した諸教団については、渡辺 1950 : 293 - 347、三品 1951、工藤 1952、滝 1956 : 37 - 58、縄田 1978、梅津 1990 を参照。

（3）一九八四年に著者が行なった仏所護念会、大慧会、正義会、法師会からの聞き取り調査による。

（4）霊友会時代の修行の様子と脱会を決意するに至るまでの事情について詳しくは、信仰の光社 1952、宮本 1977、小野 1978 を参照。

（5）森岡清美は、立正佼成会の事例研究を行ない、教団成立の要件として、①布教専従者の出現、②宗教活動のための本部施設の出現、③組織の分節化・重層化、④布教と指導の地方的拠点の形成、⑤本部施設の拡充・分化、⑥重層的構造の法的表現の達成、を挙げている。運動の展開は布教の成功による会員増加を最重要の局面とし、会員の増加によって①②が可能かつ必要となり、また、③④が必至となり、⑤も導き出す。そして⑤と②④をあわせて「装置化」と呼ぶ。⑤のうち本部事務機構の成長は必ず組織の整備を伴う。これを①③を含めて「組織化」と呼ぶ。⑥の規則の制定は本部機構・支部組織とかかわりつつ、常に新しい規則の制定を刺激し、かつ規則間の調整を促すので、これを「制度化」と呼ぶ。教団の成立過程には装置化・組織化・制度化の過程が伴うので、この三つの過程に即して教団成立過程を考察することが必要であるとしている［森岡 1989 : 87 - 88］。

（6）久保角太郎に対して「大恩師」の呼称が用いられたのは、この時のみで、通常は「恩師」と呼ばれている。

（7）ミツに従って霊友会から妙智會に移った信者数は五万人という説があるが、初めからそれだけ会員がいればこれほどの苦労はしなかったと教団側は否定している。なお一九五〇年一一月に発表された新支部長に名前がみえる久松修は、のちに久遠会という分派を立てた。

（8）一九六九年の機関誌『みょうち』第四巻四号には「開教のころをしのんで　初心忘るべからず」という座談会の記事が載っているが、そこでは開教当時の霊友会からの迫害について述べられている。司会は小林永司、出席者は宮本武保、鈴木光吉、樫尾辰子、岡田俊子である。

（9）斉藤英一執筆の「『師の道』を固い決定のもとに」という記事では、「今年から恩師の御命日が本部供養日になったということは、意義深い年であるだけに霊界の尊い御順序と考えさせられる……。妙法蓮華経観世音菩薩普門品第二十五に、観音様がその時と処と人に應じてその身を現わされて世の中の人びとをお救いになったということが説かれておりますが、今年、恩師が観世音菩薩の稱号を霊界でお戴きになったということは、恩師のお立場がいよいよお忙しくなられたことを意味するように考えさせて戴くのであります」［斉藤 1957a］と述べられている。

（10）霊友会での法名の字数とそれに該当する対象者については、渡辺 1950 : 317 - 318 を参照した。なお現在、霊友会では九字の法名は一般会員から準支部長まで、一一字は支部長、一三字は御旗支部長及びそれに準ずる人、一五字は恩師（創立者）及び歴代会長に諡られるとのことである。

（11）孝平執筆の「忍善」は、一九四一（昭和一六）年に霊友会の会報に掲載された。この当時の日本社会の状況は、一九四〇年に新体制運動が始まり、大政翼賛会が結成され、「ぜいたくは敵だ」の看板が掲げられるなど、国民生活が厳しく統制される状況になり、翌一九四一年には長期戦が必至になって、一二月には太平洋戦争が始まるという時期である。「忍善」は、このような時代背景の中で執筆されたもので、戦時下において、大東亜建設という国家目的のために、忍が必要であることが説かれている。直接関連する部分を抜き出すと以下のとおりである。

「皇国の民草として忍の一字は今や一時たりとも忘却すべからず。今正に忍の時機なり。今や皇国の大政翼賛に基づき大東亜建設し世界人類の福祉と指導の大根源をつくり、八紘一宇の大理想顕発の秋に当り悪国悪民之に背いて喧騒たり。……如何なる困苦欠乏に遭ふとも善を遂行するには必ず忍び、其の目的を達成せずんば止まざるの堅き確固たる大精神こそ肝要なりと云ひつべし。この精神を養はんと欲せば、佛所護念の教に基き、日夜御先祖供養を真心を以て致し大孝の実をあげ真の赤誠の心身を練磨して忠孝の本義を自から以て會得すべく能く忍善を修行して懈怠愚痴なく時局に対応する行ひこそ皇国の民としての責任なり。我等須らく忍善に任せん哉。」［宮本 1957 : 49 - 51］

妙智會の会報に「忍善」が一九五四年に初めて掲載された時には、すでに戦時下での忍善の強調にかかわる部分は削除されていた。日蓮に対する執権の北条による迫害を例示として忍善の重要性について論じられているものの、戦時下という当時の時代状況の中で説かれた忍善を妙智會の独自の教えとして提示するにあたって、霊友会における孝平やミツの修行、分派独立に対する霊友会からの迫害をふまえて、忍善の徳はより一般的な徳を担うものとして、換骨奪胎して新しい意味付与のもとに説かれるようになった。忍善が人間にとって重要な徳目として説かれたことに注目したい。

(12) 教団外聖地としては、日蓮ゆかりの身延久遠寺竝思親閣、七面山がある。一九五三年から団参が開始された。このほか、初期には日蓮ゆかりの小湊誕生寺、清澄山の団参も行なっていた。小湊誕生寺、清澄山への団参は一九五六年以後中断していたが、一九七一年には日蓮の生誕七五〇年にあたり一五年ぶりに団参が行なわれた。

(13)「法要」の語の用い方は時によりさまざまであるが、会報をみると一九六七年までは大恩師忌、一九六八年、一九六九年は大恩師忌法要、一九七〇年には大恩師第二十六回会法要（「回会」）と改められ　以後回会が用いられるようになり、ここに大恩師忌法要という名称から大恩師〇〇回会法要という名称が定着した。

(14) 山形教会（旧東北教会）は妙智會で最も古い教会で一九五六年に、千葉教会は一九五九年、群馬教会は一九六〇年、新潟教会は一九六三年に落成した。甲府道場は一九六八年、小名浜道場は一九六九年、名古屋道場は一九七〇年に次々と設立された。

(15) ミツの法名にある普賢菩薩、上行菩薩の役割に関しては、『みょうち』（第二〇巻三号、一九八四年一〇月、七八～七九頁）に次のように意味づけられている。「普賢菩薩は、法華経とその行者を守護し、修行を助け、懺悔を受けて悟りに導くというお役の菩薩です。六牙の白像に乗って、文殊師利菩薩とともに釈尊の脇士となっております。文殊は智慧、普賢は理徳の菩薩といわれます。……会主さまはまさに普賢菩薩とまったくご同様のお役をもって、霊界で忙しくお働きになっているのです。……すでにシャバ世界の制約や、人間としての制約から解脱なされた会主さまは、尊い霊体となられ、私たちのそばを離れずに守護してくださっております。大恩師と法妙一体となられた大威神力はどれほど偉大であるかは、たとえようがありません。」「上行菩薩とは法華経十五番の従地湧出品にあらわれる菩薩です。本化菩薩とも本化四菩薩ともいいます。……本仏釈尊の最初のお弟子、第一番のお弟子です。……会主さまはご生前中にすでにみ仏と同等の覚りを得られ、み仏からお役を頂戴して法華経を護持され、一切衆生のために広く法をお説きになりました。そのためになん百万という人びとが菩提心を起こし、なん億という先祖が成仏の岸へと導かれました。そのお働きは上行菩薩と同じであり、いまも霊界で私たちと先祖を守護してくださっているのです。釈尊は法華経の広宣流布を上行菩薩に託されました。会主さまは法華経の説くところを忠実に守られ、私たちに正しい修行の道を示してくださいました。」

(16)「会長先生はどちらかというと、当時何事にも体当たりしてわき目もふらないやり方です。いわば剛とすれば、大恩師はすべてに柔軟で、その包容性が人を徳化しました。」［妙智會 1977 : 6］

(17) 例をあげると以下のとおりである。「主人のことを……わたしはバカにしたんです。なにしろ、わたしはわがままで、強いんだから。カカア天下で長いあいだやってきました。いま考えると、主人は、とても広く深い心の持ち主であって、ほんとうに男らしい男だったのです。先祖供養の道をただひとすじに歩みつづけて、主人の心がよくわかるようになりました。」［宮本 1977 : 197 - 198］

「懺悔をつづけて、少しずつ根性が切りかわって、カカア天下も少しずつ少なくなってきたんです。……そうして、主人のいった言葉の一つ一つがいまになって、わたしの胸にこたえるんです。師匠の教えを思い、主人の広く深い心を思って、私は毎日、懺悔をしています。主人にはふさわしくなかった妻としての後悔が、月日がたつにつれて、いっそう深まってくるのです。」［宮本 1977 : 233 - 236］

妙智會年表

西暦	元号	月	事　項	建築物
1891	明治24	2	宮本孝平、平八郎・はつの長男として、千葉県山武郡片貝村に出生	
1900	33	4	石田ミツ、安太郎・りよの三女として、千葉県山武郡鳴浜村に出生	
1907	40		宮本孝平、上京	
1915	大正 4		孝平、仏立講（現、本門仏立宗）に入信	
1918	7		宮本孝平・ミツ結婚	
1920	9		長女誕生	
1923	12		次女誕生	
1925	14		三女誕生	
1934	昭和 9		ミツの実兄石田平の勧めにより、孝平とミツは霊友会第4支部に入会	
1936	11		孝平、霊友会第7支部長（御旗支部）となる	
1937	12		孝平、霊友会の常務理事となり、ミツとともに本部づとめとなる	
1945	20	11	孝平死去。ミツが第七支部長に就任	
1950	25	10	妙智會 開教	講堂落成
		11	会報『妙智』創刊	
1951	26	4	身延団参はじまる	
		11	孝平7回忌法要	
1952	27	6	宗教法人妙智會教団認証	
		9	第2回世界仏教徒会議	
		11	『妙智への道』刊行	
1953	28	10	創立3周年祝典ならびに本殿竣成披露	本殿落成
1955	30	1	佛舎利奉安	
		4	釈尊降誕会はじまる（以後毎年）	
1956	31	8	小湊誕生寺・清澄に初団参	東北教会（現、山形教会）落成
		10	新支部任命と支部旗授与	
1957	32	1	本部供養日を12日から孝平命日の14日に変更	法華多宝仏塔・原始仏塔を建立し、廟所造営
		5	青年部結成	
		11	孝平13回忌法要（以後毎年）	
			孝平の法名を13字から15字に変更	
		11	『宮本孝平遺珠と回想』刊行	
1958	33	1	廟所初参拝（以後毎年）	
		1	寒修行はじまる（以後毎年）	
		12	三宝荒神初の拝受（以後毎年）	
1959	34	2	宗教法人妙智會山形教会認証	千葉教会落成

西暦	元号	月	事　項	建築物
1960	昭和35	4	ミツの還暦祝賀会	群馬教会落成
		7	千鳥ケ淵戦没者墓苑盂蘭盆法要（以後毎年）	
1961	36	4	会長誕生祭はじまる（以後毎年）	妙智會館落成
		5	護持会発足	
		8	「大恩師」の呼称決まる	
		10	「大恩師讃歌」発表	
1963	38	4	会長誕生祭と釈尊降誕会をあわせて挙行する（～1968）	新潟教会落成
1964	39	1	妙智會の独自性として「忍善の道行かん」の大方針打ち出す	
		2	会報『妙智會』と題号変更	
1965	40	1	綱領制定	
		4	機関誌『みょうち』創刊（季刊）	
		9	男子部結成	
1966	41	4	信徒代表決起大会（日本武道館）	
		9	信徒物故者追悼慰霊法要	
1967	42	4	ミツの法話集『心に花を』刊行	千葉練成道場落成
		5	少年部結成	
		7	総戒名（新総戒名）拝受式	
		9	聖観世音菩薩像安置（会館講堂）	
		11	孝平＝大恩師23回忌法要（日本武道館）	
1968	43	8	『修行参拝のしおり』創刊	甲府道場落成
		10	『妙智のおしえ（上）』刊行	
1969	44	4	ミツの歌集『法水』刊行	小名浜道場落成
		5	婦人部結成	
1970	45	4	新本殿建設のための布施行はじまる	名古屋道場落成
		5	ミツの法話集『心の良薬』刊行	
		9	ローラー布教展開	
1971	46	2	キリモミ布教はじまる	
		7	聖地練成苑のプール完成	
		10	支部再結成（地域別の統合によって201の新支部に再編）	
1972	47	7	学生班結成	聖地練成会館落成
		7	記録映画「慈母」完成	
		10	佛舎利聖地奉遷法要	
1973	48	1	聖地団参はじまる	久遠佛塔落成
		7	久遠佛塔入佛式ならびに落慶法要	
1974	49	2	チェッカー布教はじまる	
		3	『聖地団参のしおり』発行	
		5	全国役員総決起大会（日本武道館）	

西暦	元号	月	事　項	建築物
1975	昭和50	1	青年部の組織改編	本荘道場開設
		3	新本殿落慶法要	米沢道場開設 新本殿落成
1976	51			聖地休憩所落成
1977	52	2	『大恩師——宮本孝平先生』発行	
		4	ミツ喜寿祝賀式典	
		4	ミツの法話集『道』刊行	
1978	53			山梨教会落成
1980	55	2	開教30周年“躍進のつどい”はじまる	
		4	ミツ傘寿誕生祭･祝賀会	
1981	56			秋田教会落成
1982	57	2	核兵器廃絶署名運動	
1983	58	5	聖地大道場入佛落慶	聖地大道場落成
		11	大恩師法要に併せて物故者供養会厳修	
1984	59	3	ミツ死去	
		4	本殿にて教団葬	
		5	聖地にて納骨の儀	
1985	60	3	新原始佛塔　除幕入神法要	
		3	聖地にてミツ１年忌法要	廟所に新原始佛塔
		11	聖地・地蔵菩薩入佛ならびに落慶法要	
1986	61	3	聖地にてミツ３回忌法要（以後、会主法要として毎年厳修）	
1987	62	2	『みなもと』発行	
		5	理事長宮本丈靖、会長に就任	

出所）妙智會編，1980,『躍進30年のあしあと』妙智會教団.
妙智會編，1987,『妙智會』妙智會教団.
会報『妙智』、『妙智會』（1964年に名称変更）各号ほか.

第三章　新宗教における女性修行生の自己形成と性別役割

――金光教の場合――

一　はじめに

新宗教における信仰者としての自己形成を考えるにあたって、ジェンダーの視点は重要である。なぜなら、社会規範、宗教規範、他者の期待や自己規定などから、男女で異なった自己形成を求められることが多いからである。本章では、金光教の教会修行生に関する調査データをもとに、女性信仰者の自己形成というテーマに接近したい。

金光教の場合、最も重要な宗教行為は、広前での結界取次であり[1]、その実践のためには「教師」の資格を取得することが必要となる。教師資格取得には、岡山県にある本部の教師養成施設である金光教学院で原則として一年間共同生活をして、教義、祭式、教師としての心構えなどを学習することが条件である。したがって金光教では信者即布教者となり、その実績によって教団内部で地位が上昇するという戦後型在家主義的教団とは異なり、教師と信者の間には一線が引かれている[2]。また、金光教の教会では、教会長は専従との規定があり、原則として他職との兼務は認められていない。教会は必ずしも血縁を通じて継承されるという規定はないが、実際には血縁関係で継承されることが多い。今日では教会新設はほとんどない状況のため、教師資格を取得する者は、教会の後継者と目される教会子弟や教会の後継者との結婚のために教師資格を取得する者が多い[3]。また、金光教の組織モデルの原型は、「手続き」（親教会—子教会、あるいは親教会—出社）という、教会設立者の信仰授受に基づく関係を重視する組織形態で[4]、森岡清美の教団組織モデルでいうとおやこモデル（導きの親子関係に基づく組織モデル）にあたる［森岡 1989 : 312 - 316］。

金光教には、教会に住み込みで修行をする修行生という制度がある[5]。現在では、修行生を置いている教会は多くはないが、教会後継者が「手続き」の親教会に修行に入る場合や、実家や婚家が教会でない場合は、布教の場、もしくは後継の場を与えられるまで、その教会で修行生として生活するのである。

本章では、現在、金光教の教会の中では最も在籍教師数が多い合楽《あいらく》教会の修行生を分析の対象として取り上げる。合楽教会は、福岡県久留米市で大坪総一郎（一九一四〜一九九四、以下、大坪と略記。本章で修行生により「親先生」と言及される場合は大坪のことを指す）によって一九六七（昭和四二）年に設立された、設立年が新しく、活発な布教意欲をもつ教会である。合楽教会の修行生の場合、他の教会後継者が修行生として修行入りする例は少なく、新規開拓布教の願いをもった修行生がほとんどである[6]。また、修行期間も長期にわたっている。

では、なぜ合楽教会には多くの修行生が集まっているのか、また教会の後継者の修行ではなく、新規の布教の願いを立てた人が多いのか、またなぜ修行期間が長期にわたるのか。これらのことを理解するには、金光教において合楽教会が占める位置について言及しなければならない。合楽教会では一九九三年時点で、教会長夫妻とその四人の息子家族、そして修行生合わせて約八〇人が共同生活をしている。調査実施時点の一九九三年現在における合楽教会の信者世帯数は、教徒[7]一六五世帯、信徒六六〇世帯の計八二五世帯で、これを個人単位で数えた教信徒（信者）数は約二千人である。手続き関係は、本部→小倉教会→久留米教会→三井教会→合楽教会となる。

初代教会長の大坪が一九九四年に亡くなった後、長男の勝彦が二代教会長に就任し、教典を熟読して教祖研究を行な

写真1　合楽教会の前景〔金光教合楽教会提供〕

い、一九九八年以降は教えの原点を教祖に求めるようになり、金光教の一教会として落ち着く様相をみせているが、一時期、合楽教会は「教団内教団」といわれるような教会であった。それには教会設立にかかわる事情がある。

大坪は北京からの引揚者で、金光教の信心は親の代からのものである。一九四九（昭和二四）年に金光教の二代教主（金光四神）の奥城《おくつき》（墓所）に参拝した際、「四神」という神の声を聞き、それから神からの指図を受けるようになり、親教会中心の信心が転換し、周囲との葛藤が始まった。大坪は神示による修行を始め、そのもとに人々が集まったため、一九五一年に椛目《かばめ》神愛会を結成し、正式な教師資格がないままで長年取次に従事した。(8) 長男勝彦が一九六四年に教師資格を取得したのに伴い、勝彦の名前で予備布教所設置が認可され、大坪は一九六七年に検定試験で教師資格を取得し、教会に昇格し、合楽教会が設立された。

大坪のもとには多くの信者が訪れていながら教会設立がなかなか叶わなかったのは、親教会である三井教会および近隣の教会との葛藤によるものである。(9) 合楽教会に対する教団内での批判点は、第一に「手続き」関係の無視に関すること、第二に合楽教会の教えにかかわることがある。第一の点は、合楽教会の親教会や系列のより上位の位置にある教会との関係、および椛目神愛会時代から今日まで続く他教会の信者の合楽教会への移動の問題である。合楽教会の場合、出社として子教会が出るという形態ではなく、合楽教会に収斂する支部および地区の組織があり、地域ごとに「共励会」と呼ばれる集会を開き信心の研鑽を行なっている。福岡県は金光教の教会の最も多い県であるが、合楽教会は福岡県中心に、九州に多くの地区共励会を設置したことも問題視された。すなわち、合楽教会への信者の移動が起こり、それが信者を取ったと批判されたのである。[10]

第二の教えに関する問題としては、合楽教会は金光教の現状に対して批判的で、合楽教会の役割は「金光教のお道修繕」にあるという認識がある。また、合楽教会には「成り行き」、「一切神愛」など、従来の金光教にない用語があり、「合楽理念」と呼ばれる教えがある。[11]また、合楽教会では親先生信仰が大変強く、大坪が神示を受けての教えの展開もある。

上記のような合楽教会の性格づけから、合楽教会の修行生になることは単に修行生という世俗社会から離れた生活に入るということばかりではなく、これまでの所属教会を離脱して修行入りする場合には、とくに重大な決心を要するものとなる。また、上記の事情から布教先のめどがたっての修行でなく、ある意味では先のみえない修行生活に入ることを意味するのである。

著者は女性修行生の自己形成をテーマに、一九九〇年七月に女性修行生のみを対象として面接による質問紙調査を行なった。その結果、女性修行生を理解するには男性修行生の調査が必要であるとの感を深くし、三年後の一九九三年七月に女性、男性双方の修行生の面接調査を実施した。ここでは一九九三年の調査結果を中心とし、一九九〇年の調査を補足として用い、論述を展開する。一九九〇年調査と一九九三年調査では、三年間という比較的短い時間の経過にかかわらず、この間ブラジルに布教に出た修行生夫婦が二組、国内の教会に後継者として入った修行生夫婦が一組、結婚により関係教会の教会に転出した女子修行生とその母の修行生がおり、女性修行生は五名減少している。こうした状況の変化が修行生の生活に影響を及ぼしている側面がある。

それでは以下で、修行生への道、修行生の生活と性別役割分担、性差からみた修行生活での困難、女性修行生の自己形成モデル、について論述し、修行生活での困難、自己形成のありようにどの程度ジェンダーに基づく規範が反映しているのか、それのはらむ問題性とは何なのかについて考察したい。その際、男性修行生と対比させて、女性修行生の自己形成のあり方に言及することとする。

二　修行生への道

（一）合楽教会の修行生の属性

合楽教会には一九九三年時点で、男性一三名、女性一四名の教師資格をもつ修行生がいる。このほかに教師資格を取得するために、金光教学院に在学中の者が三名いる。ここでは、調査時に入院中だった修行歴二三年の六九歳の女性と修行歴二二年の七七歳の女性、および岡山県の本部の金光教学院在学中の三名を除いた、男性一三名、女性一二名、計二五名の修行生を調査対象とした。

各人の属性については**表1**のとおりである。修行生の年齢をみると、二〇歳代二名（八%、男二）、三〇歳代八名（三二%、男二、女六）、四〇歳代一〇名（四〇%、男七、女三）、五〇歳代二名（八%、女二）、六〇歳代三名（一二%、男二、女一）と、男女ともに三〇〜四〇歳代が中心である。

調査対象の修行生は、最短二年、最長一八年の修行歴がある。修行期間が五年未満三名（一二%、男二、女一）、五年～九年三名（一二%、女三）、一〇年～一四年一四名（五六%、男一〇、女四）、一五年以上五名（二〇%、男一、女四）で、一〇年以上の長期の教会修行をしている者が、男一一名、女八名と全体の七六%を占める。

修行に入った年齢は、一〇歳代後半一名（四%、男一）、二〇歳代前半四名（一六%、男二、女二）、二〇歳代後半八名（三二%、男四、女四）、三〇歳代前半七名（二八%、男三、女四）、三〇歳代後半一名（四%、男一）、四〇歳代前半一名（四%、女一）、五〇歳代前半一名（四%、女一）、五〇歳代後半二名（八%、男二）で、二〇歳代後半から三〇歳代前半までの年代で六〇%を占める。このうち九組が夫婦で修行をしている。

行生の属性　（1993年現在）

家族の反対	教師補命	結婚	結婚相手	備考
無	1976	1960	Q	
有	1979	1973	別居	1981年再修行入り
有	1980	1987	V	父母は天理教
不明	1974	1983	R	以前他教会修行生
無	1982	1993	Y	
無	1953	1959	T	以前他教会修行生
無	1984	未婚	未婚	関係教会子弟、Mは弟
有	1984	1987	U	
無	1984	1993	X	以前他教会修行生
有	1984	離婚	離婚	
無	1985	未婚	未婚	
無	1989	1993	S	
無	1987	1993	W	関係教会子弟、Gは兄
無	1977	死別	死別	
無	1978	未婚	未婚	Pは母
無	1979	死別	死別	Oは娘
有	1980	1980	A	
無	1980	1983	D	
有	1980	1993	L	Uは姉
無	1960	1959	F	
無	1983	1987	H	Sは妹
有	1986	1987	C	
有	1987	1993	M	
有	1988	1993	I	
無	1992	1993	E	

修行生になる前に、就業経験をもつのは男性では一三名中七名（五四%）、女性は一二名中一一名（九二%）で、就業経験のない者は、学校を卒業または中退後、すぐに合楽教会の修行生になった者、学校卒業後他教会の修行生になった後、合楽教会の修行生になった者などである。就業経験のある者の職種は男性では、自営業、工員、板前、

表1　合楽教会修

	性別	修業期間	年齢	学歴	就業経験	出生地	家は教会	何代目	以前の所属協会	合楽との縁	当時の年齢	修業入り	当時の年齢
A		18年	45	大中退	×	熊本	×	3	無	1963	15	1975	27
B		13年	48	高卒	○	大分	×	3	有	1972	27	1978	33
C		14年	42	高卒	○	福岡	×	1	他宗教	1977	26	1979	28
D		13年	41	高卒	×	愛媛	○	4	有	1979	27	1980	28
E		12年	33	高卒	×	広島	×	3	有	1979	19	1981	21
F		12年	66	高小卒	○	福岡	×	2	有	1964	38	1981	56
G	男	11年	29	高卒	×	長崎	○	4	有	1978	15	1982	19
H		11年	41	高卒	○	佐賀	×	1	－	1979	27	1982	30
I		11年	39	大卒	×	熊本	×	3	有	1982	28	1982	28
J		10年	65	高卒	○	福岡	○	3	有	1979	51	1983	55
K		10年	42	高中退	○	福岡	×	3	無	1979	28	1983	32
L		4年	43	大中退	○	福岡	×	3	有	1988	39	1988	39
M		3年	27	高卒	×	長崎	○	4	有	1981	15	1989	23
N		17年	51	高卒	○	福岡	×	2	無	1947	5	1976	34
O		17年	42	高卒	○	福岡	×	3	無	1951	0	1976	26
P		15年	66	高女卒	○	福岡	×	2	無	1948	21	1978	51
Q		15年	34	短大中退	×	宮崎	×	2	有	1977	19	1978	20
R		14年	37	高卒	○	福岡	×	4	有	1974	19	1979	24
S	女	14年	39	専門卒	○	宮崎	×	3	有	1977	23	1979	25
T		12年	55	高卒	○	福岡	×	3	有	1964	26	1981	43
U		12年	42	短大卒	○	宮崎	×	3	有	1974	23	1982	31
V		9年	40	短大卒	○	宮崎	×	1	－	1981	28	1984	31
W		8年	36	高卒	○	佐賀	×	1	－	1980	23	1985	28
X		7年	37	短大卒	○	大阪	×	2	有	1985	29	1986	30
Y		2年	31	大卒	○	福岡	×	4	有	1978	16	1991	29

塾講師、女性では事務員、図書館員、保母、銀行員、化粧品コンサルタント、音楽教室のピアノ教師など多彩である。

修行生二五名中二一名（八八％）が教会所在地の福岡県を中心とする九州各地の出身者で、九州以外の出身者は、男性では広島、愛媛出身が各一名、女性では大阪出身の一名にすぎない。

学歴については、男性では大学卒が一名、大学中退が二名、高校卒が八名、高校中退一名、高等小学校卒一名で、女性では、大学卒一名、短大卒三名、短大中退一名、専門学校卒一名、高校卒五名、高等女学校卒一名である。

自分の代で金光教に入信した初代信者は四名（一六％、男二、女二）、親の代からの二代目五名（二〇％、男一、女四）、祖父母の代からの三代目一一名（四四％、男七、女四）、曽祖父母の代からの四代目五名（二〇％、男三、女二）で、戦前から金光教に入信している信者家庭で生まれた者は一二名（四八％、男七、女五）である。生家が金光教の教会であるのは男性修行生に四名いる。このうち二名は兄弟で合楽の関係教会の出身、もう一名は本人の修行生入りを契機に合楽の関係教会になった。関係教会とは合楽教会と親和関係にある教会で、親戚関係にある場合や、すでに合楽教会のシンパとなっている教会のことを指す。なお、女性修行生には実家が教会の者は一名もいない。

合楽教会は手続き関係を無視するとの批判があるが、実際、元は他教会に所属していながら合楽教会に修行に入った者が二五名中一六名（六四％）を占める。ただしこのうちの三名は他教会ではあるが、合楽教会の関係教会からのものである。このほか、親の代に他教会から合楽教会に移籍し、その子弟が修行に入った者が五名（二〇％）いる。これ以外に、本人が合楽教会の初代の信者になり、修行入りした者が四名（一六％）いる。

では、彼らはどのような経緯で、世俗社会から離れ、合楽教会に住み込む修行生になることを選びとったのであろうか。男女の性差に着目してみていこう。

（二）修行生になる経緯

合楽教会と他教会との相違——教えの魅力

修行生の中には、合楽教会以前に他の金光教の教会にかかわり、合楽教会に移動した者が多くいるが、その魅力について次のように語る。「他の教会では祈りだけで、常識的なことを言い、カウンセラーになっている。合楽では天地のつながりを理念で示し、はっきりと神様を実感できる」、「合楽教会の一つの特徴は親先生の御理解（み教え）。考えな

写真2　大坪総一郎の取次（座している場所を結界という）
〔金光教合楽教会提供〕

がら話しているとは思えないような、人間がする話でないような話をされる。ここでは生き生きした神様の働きを感じられる」、「前の教会ではただお参りするところというだけで信心が何なのかわからなかった。合楽ではまず御理解。教典を読むだけではなく、実践のための具体例や手立てを教えてくれる」、と、大坪の「御理解」の魅力や、これまで所属していた他教会とは異なる合楽で説かれている教えの魅力について語っている。

合楽教会との縁と修行入りの契機

合楽教会と縁をもつようになったのは、家族からの勧め、一九七八年に大阪で行なわれた布教推進研修会での大坪による公開講演会(12)がきっかけ、少年少女会・青年会・共励会への誘いがきっかけ、関係教会教会長の勧めに大別できる。合楽教会と縁をもった当時、問題を抱えていた者は、二五名中一三名と過半数を占め、男性修行生四名、女性修行生九名が問題状況の解決を求めて合楽教会とかかわっている。

表1にみるように、合楽教会と縁をもってから修行生に

なるまでの期間は、合楽と出会ったのが学生時代の場合や、既婚者（死別を含む）の場合は一〇年以上かかっていることが多いが、未婚で成年に達して合楽と縁をもった者は、ほぼ二〜三年の間で修行入りを決意している。

修行生になったきっかけには、①神夢・福引[13]（新春「合楽の宴」でのみ教え福引きの言葉[14]）・お知らせなど、超自然的な存在からの働きかけ（と信じられるもの）、②大坪や大坪の四人の息子（勝彦・光昭・幹三郎・栄四郎）と娘、修行生第一号の末永建郎（現、ブラジル国ビリグイ教会教会長）など合楽教会の信仰的リーダーによる修行入りを促す言葉や取次、③教え、④教会の雰囲気、⑤その他である。これらの理由は複合しているが、その主な理由を男女別にみると、①は男五名、女二名、②は男二名、女四名、③は男三名、女三名、④は男一名、女一名、⑤は男二名、女二名で、この中で若干の傾向性をみるなら、①の理由を挙げる者は男性が多く、②は女性が多い。

修行入りの契機には一元的には分類できないさまざまな諸要素が絡み合っている。大坪個人の人格や大坪の御理解に対する魅力を語る者が多いことからも示されるように、「親先生信仰」は根強い。また、夢はメッセージ性をもつものとして受けとめられており、夢に意味を見出そうとする姿勢がある。自らがそれをどう受け取ったらよいか内容の解釈に不明な場合は取次をしてもらい、そこで解釈が示唆されてもいる。しかし、こうした出来事が彼らの人生の転機になる修行入りを決心させるに至るには、個々の内的事情があってのことである[15]。

男性修行生の場合、①神夢・福引き、お知らせなどが修行入りのきっかけとなった背後には、学生運動の挫折、大学受験の失敗、病気などの行き詰まりの状況がある。そして、修行に入る時に、神が自分にかけた願いが修行にあるのかどうかを試すようなことをしている者もいる。②の大坪らの言葉が修行入りのきっかけになった場合も、仕事上の問題、男女関係の問題、健康上の問題、生活苦などが背景にある。③教えにひかれて入った場合は、他教会の修行生だった者が公開講演会での大坪の講演を聞き、大坪の本を読み、求めていた教えである確信して修行入りした事例、仕事で行き詰まった時に、大坪の御理解の編集を依頼され、その原稿を読むことによって修行に入ることを決心した事例がある。④教会の雰囲気にひかれた事例には、中学生の時に教会で一ヵ月間少年少女会の合宿した時に教会の雰囲気に感動し、高校卒業と同時に修行生になった者、⑤その他としては、事故で九死に一生を得る体験をし、ない命を助けてもらったことから修行入りを決意した者、修行生となっていた関係教会の修行生から合楽教会での修行を勧められた者がある。

女性修行生の場合は、①にかかわる事例としては、東京での仕事をやめて帰郷した時、結婚話が破談し親の看病のため大阪から実家に戻り教会中心の生活を送るようになった時、といった地域移動を伴う生活上の転機に、修行入りを促すような「神夢」をみている。②に関連しては、「あなたにはたくさんの願いがかけられている」との大坪の言葉、「白羽の矢が立っている」との末永の言葉、「お道の教師になるのが本当なのではないか」との大坪の三女の言葉など、修行入りを促す他者の言葉によって、修行入りをしているが、その背景には病気、家族関係の問題などがある。③の場合は、大坪の御理解のとりこになったとその魅力について語られているが、背景に仕事上の不如意、父の自殺と母の精神障害などの問題がある。④を挙げる者は、尊敬していた母の死と兄夫婦との人間関係の問題の中で、教会の雰囲気にひかれて修行生になった。⑤その他としては、娘が先に修行生になっていたが、娘の学院入学をきっかけとして修行入りを決意した者、夫について修行生になった者がいる。

これらは修行入りを主な要因によって分類したものだが、例えば末永の言葉、大坪の御理解の魅力、教会の雰囲気、反対する父を納得させるような神夢が複合している事例、大坪の言葉・神夢・修行生との婚約が複合している場合、合楽の教えにひかれ、他者からの修行を促す言葉とそうした時にみた神夢により、自分の使命を確認するように働いた場合もあり、他者の言葉がきっかけになった場合でも神夢が伴っていることが多い。

修行入りのきっかけとして、超自然的な神の意志を示すと解釈されている出来事を経験した者は、男女修行生とも六割に及ぶ。こうした体験をもたない者は、大坪の御理解を含む教えや教会の雰囲気から修行入りを決意している。修行生になる動機は個々人の事情による差はあるにしても、とりわけ性差に起因するものがあるとみることはできない。ただ修行入りを決意させた要因の一つとして、夫の修行入り、修行生との婚約、修行生の中に好意をもつ人がいたという理由は女性修行生のみにみられ、男性修行生にはない特徴である。

修行入りについて家族からの反対がなかったのは、男性修行生の場合一三名中八名（六二％）、女性修行生では一二名中七名（五八％）である。基本的には未婚の単身者の場合、修行入りに親が賛成するか否かは親が合楽教会の信者であるかどうかにかかっている。家族が他教会に所属している場合、他宗教の信者である場合、また本人が初代の信者である場合など、家族ぐるみの信仰にはなっていない事例では、修行入りをめぐって家族内でかなりの葛藤が生じている。

合楽教会で修行生になる以前に金光教の教師資格をすでに取得していた者は、男性修行生に三名、女性修行生に一名いるが、その内訳は、男性修行生では、教会の子弟であり他教会の修行生だった者、他教会での修行生の経験をもつ者、関係教会の子弟である者で、女性修行生では夫とともに他教会の修行生だった者である。その他の修行生は合楽教会の修行生になってから一〜二年後に教師資格を取得している。修行に入った月が翌年の学院入学の願書提出に間に合うかどうかによって一年後か二年後かは決まるが、合楽教会では修行生になったら翌年には学院に入学するのが通例である。通常は修行生になって、ある程度修行してから、修行生として今後もやっていけるかどうかの資質を判断し、また自らも「お道の教師」としてやっていきたいという願いを立てたうえでの学院行きになるが、合楽教会では修行に入るとすぐに金光教学院に入学させている。当時の合楽教会では学院で金光教のことを学習することを目的とするよりも、まず教師の資格を取得させ、のちに修行に専念させるという構図がみられるのである。(16)

次に、修行生活の実態について性差を念頭においてみてみよう。

三　修行生の生活と性別役割分担

（一）御用の中での性別役割分業

合楽教会の修行生活の中での「御用」（教会用務）は、午前五時の朝の御祈念、午後一時の昼の御祈念、午後八時の夜の御祈念を軸に組み立てられている。その中でも朝の御祈念とその時に行なう「朝の御理解」は、「合楽では朝を大切にする」という言葉にも表れているように、最も重要なものとされ、毎日新たな御理解をいかに自分のものとして咀嚼するかが、その日の取り組みと受けとめられている。

男性修行生の一般的な毎日のスケジュールは次のとおりである。午前三時三〇分起床（心中祈念に出ない場合は四時三〇分起床）、四時から五時まで広前での心中祈念、五時から御祈念と朝の御理解に出席し、その後、円生殿（一九八九年に完成した教会の屋内にある祖霊をまつる奥城）に参拝した後、六時から一斉御用に入る。八時三〇分に朝食（合楽教会では一日二食）をとったあと九時三〇分から午後一時の昼の御祈念まで御用、昼の御祈念後の午後二時から四時までは自主信行《しんぎょう》（自由時間）、四時から五時まで御用、五時から夕食および入浴（隔日）、自由時間、八時夜の御祈念、九時お下がり（結界から取次者が下がる）の後は自由時間となる。就寝は一一時〜一二時の間である。共励会を担当する場合は、午後八時〜一〇時に各地で行なわれる共励会の御用がある。共励会は昼（午後一時から三時）に行なわれることもあるが、ほとんどは信者の集合の便宜を図り夜に行なわれる。

女性修行生の場合は、午前三時三〇分起床（御神飯《ごしんぱん》御用の時は二時起床）[17]、四時心中祈念（子どもがいる場合は事情

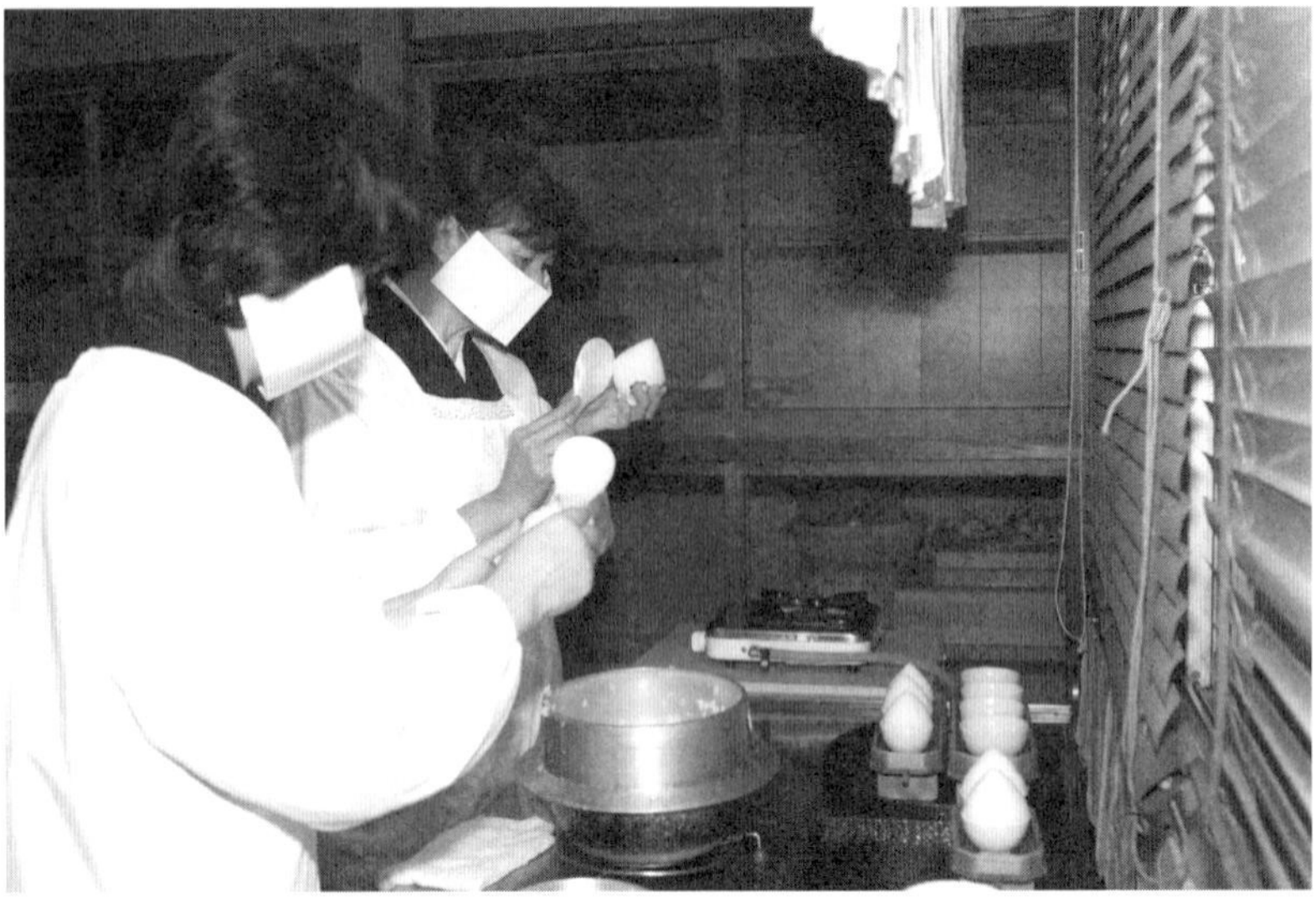

写真3　早朝の御神飯の御用。女性修行生二人が当たる。〔金光教合楽教会提供〕

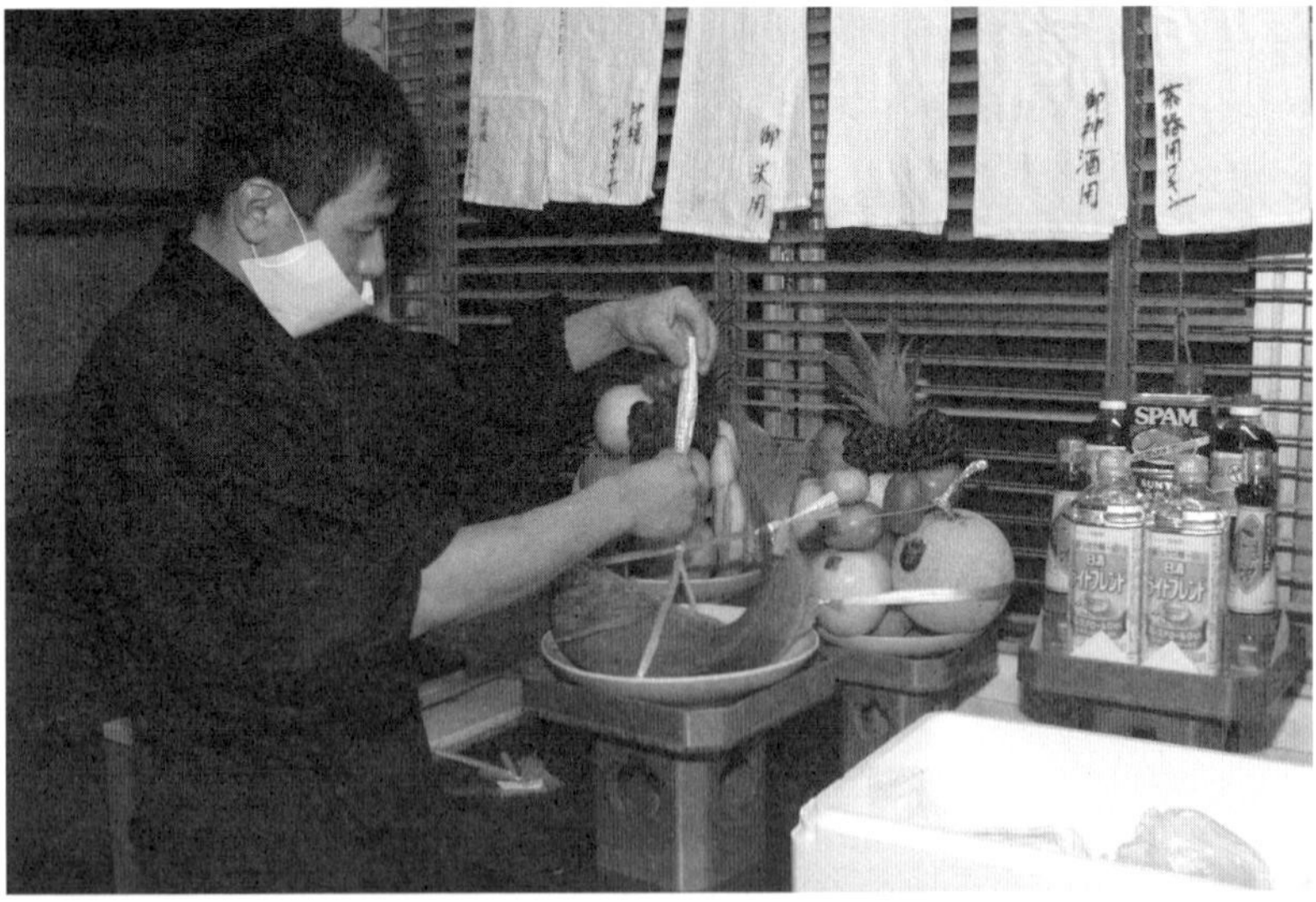

写真4　調饌を行う男性修行生〔金光教合楽教会提供〕

によって出たり出なかったり）、五時朝の御祈念と御理解、六時から七時まで自由時間（洗濯、子どもの弁当づくりなど）、七時～午後一時御用（台所）、一時から四時は自由時間（洗濯、部屋の掃除、教会の気づいたところの掃除など）、四時～八時御用（台所）、夜の御祈念後、台所の残りを片付けて九時三〇分御用終了となる。女性の場合、男性と違って、朝食、夕食は御用の合間に食べ、風呂は男性が入りおわった後、午後一〇時までの間に入浴している。

教会生活での共同部分は食事で、通常女性修行生三～四人で修行生家族五〇人分の食事をつくる。小さい子どもがいる場合には、食堂のそばにある子どもの遊戯室で、子守の御用を担当する。大坪家家族（教会長の大坪夫妻と四人の息子家族）三〇人分の炊事と洗濯は、大坪の四人の息子の妻と女性修行生二人が一〇日交代で担当する。したがって、家族の衣類の洗濯、部屋の掃除のみが各家族に任される部分で、妻が病気の場合には夫がそれを代行する。

居室は、夫婦二人の場合は新婚部屋と呼ばれる八畳間（トイレは共同）、子どものいる家族の場合はトイレつきの二部屋、独身者を含め単身者の場合は男女別に分かれた部屋で共同生活となる。

御用内容については個々人で異なり、役割分担がなされているが、そこには男女別で顕著な差がみられる。表2で教会での御用内容をみると、男性修行生の場合は一名を除いて、全員結界取次を行なっているのに対し、女性の場合は六六歳のPさん（病気のため調査不能だった二人の女性修行生を除く調査対象の女性修行生の中では最年長者）のみである。また男性修行生の場合は、表から明らかなように、教話読師[18]、祝詞《のりと》書き、調饌《ちょうせん》[19]、先唱《せんしょう》[20]、御神米《しんまい》調整[21]、などの祭事にかかわるものや、本や機関誌の編集・録音・撮影・テープ起こし、共励会参加等さまざまな御用にかかわっている。また大坪は腎臓病をわずらっており人工透析が必要だが、自宅でできる腹膜透析を始めたので、その御用をする者もいる。

他方、女性修行生の場合は、炊事、洗濯（教会の御用で使用するもの、例えば、結界・客間等の座布団カバー、風呂

の御用分担

(1993年現在)

共励会	広前掃除	炊事	掃除	洗濯	子守	その他
○			○			文書関係のほとんど
○			○			神習、運転、防災責任者
○	○					運転
○	○		○			左の結界の掃除、墨すり、文書関係
○	○		○			貸出用御理解テープのコピー
○			○			
○			○			大坪の身の回りの御用、祭場の設営
						大坪の透析御用、運転
			○			待命室御用
	○			○		風呂掃除、ゴミ焼き
○	○		○	○		文書作成
○			○			
○	○		○			
		○				大坪の透析食のみ担当
						待命室での電話応対
○						待命室での電話取次、金銭出し入れ
		(○)			○	大坪のトイレットペーパー折り
		○	○	○	○	}
		○	○			} 炊事の御用の中心
		○		○		}
		○			○	子守の御用の中心
		(○)				御神米の用紙折り
		○	○	○		炊事、掃除、洗濯など大坪家の御用
		○	○	○		炊事、掃除、洗濯など大坪家の御用
		○				

脱衣所のタオルマット、雑巾など）、そして子どものいる人は他の子ども達も含めた子守にほぼ限定され、女性の場合は男性のような御用内容の多様性はない。Oさんは第一級身体障害者で体を動かせないため待命室での電話応待の御用にあたっている。病弱で体調が悪いQさんは車椅子を使用しての子守と大坪のトイレットペーパー折り、Sさんは御神米袋折りのみを行なっているが、これらは例外である。また年配者のPさんは、炊事の御用からはずれ、結界取次、共励会、テープ起こし、祝詞の清書など男性修行生と近い役割をしている。Nさんの炊事の御用は、厳格な食事管理が必要な大坪の透析食をもっぱら担当している。

掃除は男女ともに行なうが、広前、結界といった「聖なる場所」[22]にかかわる掃除は男性修行生の担当である。男性で洗濯をし

表2　合楽教会修行生

	性別	結界	後取	その他の祭員	教話読師	祝詞	調饌	先唱	神米	編集	録音	撮影	テープ起こし
A	男	○		○	○	○	○	○		○			○
B		○					○	○				○	
C		○		○			○			○	○	○	
D		○			○	○	○	○		○			○
E		○		○			○	○			○		
F		○		○					○				
G		○		○			○						
H											○	○	
I		○								○			
J		○					○	○					
K		○		○			○	○					
L		○		○			○	○					
M		○		○	○		○	○		○			
N	女												
O													
P		○	○			○							○
Q			○										
R			○										
S			○										
T			○										
U			○										
V									○				
W			○										
X			○										
Y			○										

ているのは、一部、神前や祭事に使用する布巾などのほかは、御用というより、単身者が自分のものの洗濯をするということである。祭事に関しても女性は後取《しどり》[23]という通常女性に割り当てられる役割の祭員のみをしている。女性は、調饌も行なっていない。

修行生の衣食住の生活は基本的にお供えのお下がりで賄われるので、修行生の食事のための食材はその時々に供えられたものを用い、調味料等どうしても必要なものを外で買うくらいである。したがって「台所の御用」は、あるものをどのように生かしてつくるか、という修行の場として位置づけられている[24]。

自主信行では、自分で修行を練りだしていくことが求められているが、既婚女性の場合は、家族の衣類等の洗濯、自室の掃除に追われているのが実情である。一方、男

写真5　広前の掃除をする男性修行生〔金光教合楽教会提供〕

写真6　祭主に玉串を手渡す後取の役をする女性修行生〔金光教合楽教会提供〕

性の場合は、大坪の御理解テープを借り出してきて聞いたり、気づいたところの掃除をしたり、海外での布教が決まっている者は、その準備のためにアメリカ人の信者による御理解の英訳を読んだり、ポルトガル語で御理解をまとめたり、といったようにさまざまに時間が使われている。御用内容でも、男性修行生の場合は、外に出る御用もたくさんあり、また時間でしばられることが少なく、女性修行生が食という毎日の生活に必要不可欠なものを担当しているために時間が区切られ、時間に追われているのとは対照的である。

(二) 御用での外出、私用での外出――外社会との接点

修行生原則が一九七八（昭和五三）年に当時の修行生の自発的発意でつくられた。「朝の時間を大切にします」「自分で求めて楽をいたしません」「座行に徹します」「門外不出、お許しを頂かないかぎりは出ません」という四項目からなる。

男性修行生の御用での外出の機会をみると、毎日教会の外に出るのは一三名中二名で、その内容は、共励会への車の運転、教会の子どもの保育園への送迎、大坪の次女の送迎といった車が必要な送迎にかかわるものである。二～三日に一度出る者は五名おり、共励会をベースに、宅祭[25]、地鎮祭、親教会・関係教会などの祭典の御用、教会関係の買い物、郵便出しなどである。一週間に一度程度外出する者は四名で、共励会に宅祭、公用の買物や郵便局の用が入る。二週間に一度外出する者は一名で、大坪の透析の御用にもっぱらかかわっている者が、通院のつきそいで外出している。外にほとんど出ないのは一名で、待命室の御用（結界取次者の輔佐、信者への対応）を担当している。

他方、女性修行生の場合は、外出する頻度が最も高い者で一週間に一度、大坪の透析食の担当者が、その食材を求めてスーパーに行き、また透析食にかかわる説明がある時は久留米の病院に行くために外出する。二週間に一度外出する

者は二名で、教会家族（教会長夫妻とその息子家族）の炊事、洗濯を担当している者が、大坪家関連の買い物に出る。一ヵ月に一度程度外出する者は一名で、台所で必要な食料や洗剤などの買い物に外出する。買物関係は車の免許をもっている人が担当している。また、女性修行生の中で唯一共励会を担当している一名が、月一度共励会に外出している。ほとんど外出しない者は三名、全く外出しない者は四名いる。

男性修行生の場合は、一名を除いてほぼ週に一度は御用で外出するのに対して、女性修行生の場合は、ほとんど外出しない者と全く外出しない者で一二名中七名（五八％）を占める。また、外出の内容自体も男性の場合は共励会や祭事が主体であるが、女性は信心とは直接にはかかわらない生活必要物資の買い出しといった雑事に限定されている。「共励会は合楽の目に見えない底力」、「修行生をお育ていただけるのは共励会」といわれる外社会との接点でもあり、修行生だけの教会生活を超えて実際に信者とのコミュニケーションをはかり、自らの信心のチェック機能も果たす共励会からも女性修行生は疎外され、また教会内部でも結界取次という外社会との接点であり、また人を助けるという働きを実感する場面からも疎外されていることになる。

私用での外出は、男性修行生では二〜三日に一度が一名、一週間に一度が三名、二週間に一度が一名、二〜三ヵ月に一度が二名、半年に一度が一名、ほとんど出ない者が三名、全く出ない者は二名いる。女性修行生の場合は二〜三日に一度外出している者が二名、一週間に一度が一名、一ヵ月に一度は一名、ほとんど外出をしない者は四名、全く外出をしない者は四名である。

私用の外出では、基本的に門外不出の修行生原則の中で、自分または子どもの病院通い、保育園・学校関連のことで必要な場合のみ外出している。この時期の例外として、調査月の一ヵ月前に結婚式があったため、新婚家庭の日用品の買い物に男性修行生が外出している。合楽教会は市内から離れた所にあるので、車の運転のためか、また台所の共同作業に支障をきたさないための配慮で動きやすい方が動くためか、子どもの病院通いの付き添いは男性の役割である。保育園・学校関連の行事に参加するのは女性の役割となっている。ただし、学校よりも教会優先である。[26]

なお新聞は大坪とその長男の勝彦の部屋にあるのみで、修行生は台所に古新聞が下がってくるのを読むことがある程度である。テレビは食堂にあり、ニュース番組を見ることもあるが、当時の合楽教会では外社会の出来事は重要視されていなかった。修行生の中には大坪が合楽の本に専念してほしいと言ったことを受けて、ここ一〇年の間、合楽の本以外は読まない行《ぎょう》をしている者もいた。

四　性差からみた修行生活での困難

修行期間が一〇年を超える者が男性修行生一三名のうち一一名（八五％）、女性修行生一二人のうち八名（六七％）を占め、全体では七六％が長期の修行生である。彼らは修行生活の過程で、自らの使命を問い直したり、修行をやめようかと思うこともあった。今後の修行期間については、全員がいつまでか期限は決まっていないと認知している。しかしまた、彼らは修行生として一生教会で過ごすつもりではなく、いずれは布教者として自分の教会をもちたいと願っている。ある意味では将来への展望がみえない長期の修行への動機づけはいかにして維持されるのだろうか。また彼らは、いかなる時に修行生活の困難を感じ、それをどのように乗り越えていくのだろうか。この問題を修行生の生活実態を背景におき、性差の視点からみていくことにしたい。

（一）修行入り後経験した最も困難な出来事

男性修行生の場合、修行生になってから経験した最も困難な出来事について、「ない」と答えているのは四名（三一％）である。彼らは、全員一九九三年六月に結婚するまでは、単身の修行生だった。「ある」のは九名（六九％）いる。その内容としては、「自分は本当に神様のお役に立つのか」、「性格的に自分は教師に向かないのではないか」、「神様に向かう情熱がもてない」といった教師としての資質への疑問について言及する者が四名、少年少女会のリーダーの役割や大坪の御理解テープの保存にかかわる御用遂行上での困難が二名、修行生同士の人間関係の問題が一名、「一緒に修行に入った娘が拒食症になり入退院を繰り返し、修行生活に戻ると悪化する」、「小学生の時に子どもがキャラクター鉛筆を万引きした。修行に入って七年後に、妻が修行生活を嫌って教会から出た」といった、一緒に入った妻子にかかわる問題を挙げる者が二名いる。

他方、女性修行生の場合は、困難は「ない」というのが二名（一七％）、困難が「ある」と答えたのは一〇名（八三％）いる。「ない」と答えた者も、「その時その時自分を大きくさせてくれるための成り行き」、「人生万事塞翁が馬と思うとこれも肥やし」と述べていることから、具体的には言及されていないが人間関係の問題が全くないわけではない様子がうかがえる。人間関係の問題に言及する者は五名いるが、すべて女性修行生同士の関係である。「女性修行生との人間関係の問題は日常茶飯時だ」、「ここには対人関係しか修行はない。修行生の中にドロドロしたものがあるので、信心の稽古の材料だ。信心のない人の方が心はやさしい、理解があると思ったこともある」、「共同生活で子どものことを言われるのが苦しい」と、共同生活の中での女性修行生同士の人間関係の問題は根が深い。このような人間関係の問題に際して、修行期間が短い者は取次を受けているが、長い者は取次をせず朝の御理解の言葉で内省し、信心の材料として受けとめようとしている。御用遂行上での困難を挙げるのは二名おり、両者ともに長期にわたる病気で御用ができない辛さを述べている。修行入りした子どもにかかわる問題を挙げるのは二名いる。一緒に修行入りした娘が拒食症になったこと、息子をおいて修行に入り、あとで引き取った息子がぐれて暴走族の仲間に入って教会から家出をしたことに言及している。この他には、入院中の母を置いて修行に入ったことへの心配と心の葛藤を挙げる者、大坪の病気で自分の信心がぐらつかないようにとの危惧を挙げている者がいる。

修行生になった後、経験した困難の内容には男女で明確な差がある。男性修行生の場合、修行生同士の人間関係はさほど前面には出ておらず、自分が修行生として、そしていずれは自立した「お道の教師」となることができるかどうかという自己の性格や資質に対する内省が最も多い。男性修行生が神と向き合い自己の資質を問う場面が多いのにひきかえ、女性修行生の場合は、困難な出来事として言及する内容で最も多いのは女性修行生同士の人間関係である。先述したように、女性修行生の教会内での御用は台所での炊事がほとんどであるといっても過言ではない。このような御用内容は女性修行生の共同作業となるため一緒に過ごす時間も多く、当然女性修行生同士の関係が密にならざるをえない。毎日顔をつきあわせてやらなければならない御用内容に、女性修行生同士の「ドロドロした」人間関係を生む土壌がある。

また、「御用が十分にできない」ことにみられる内容も、男性修行生の場合は他者を意識してのことではなく、自己に向き合っているが、女性修行生の場合は病身の辛さのみならず、するべき御用ができないことから他者にかける迷惑を思い、自分を叱責する度合いが強い。女性修行生は「食」という毎日の人間生活に不可欠なものを担当しているがゆえに、人が抜けることは他の修行生の負担を増すことになり、病弱で御用ができないことは強い精神的圧迫となっている。自己の教師としての資質への問いも、女性修行生の場合は御用ができない健康状態に起因するもので、彼女たちは

写真7　台所の御用をする女性修行生〔金光教合楽教会提供〕

修行生としては不適格だと思って教会から出ようとし、また実際に出たこともあった。彼女たちの悩みには教会に対して御用ができず申し訳ないとの思いのほかに、今後、夫とともに布教に出た時に果たして自分が役に立てるのかという危惧も根底にあるように思われる。

また、子どもがある程度の年齢になるまで社会で生活し、途中で教会という世俗と分離した異なる価値観をもった場所に修行に入った場合には、自らの意志で修行を決意した本人はともかく、その人に伴って修行入りした妻子に問題が生じている。修行生同士の結婚によって、当初から教会で生活を始める場合とは異なり、適応上の多くの問題をはらんでいる。

(二)　修行生活で辛かったこと

毎日の修行生活で辛いことについての回答の内容にも男女で差がある。共通しているのは共同生活・集団生活の辛さである。「自分は適応性に欠けるため集団生活が辛かった」、「性格的に人づきあいが苦手なので、共同生活はいやだと思うこともある」と、自らの性格に起因しているととらえながらも、共同生活の辛さを訴えている。また、修行生活の辛さとして「自由がきかない。いまは乗り越えたが、自分の思いがどうしても勝手なことを考えてしまう」、「ここは自由なようでいて自由がない」、「入って二〜三年は毎日毎日同じこと。人も替わらないし、することも変わらない。外にいた時は（仕事の上で）人にああしてこうしてと指示をしていたが、修行に入って立場が逆になった」と、いったん社会に出て、ある程度継続的な就業を経験してから修行に入った者は、男女ともにそのギャップにとまどい、自由のなさを感じている。

こうしたこと以外に辛いこととして挙げられているのは、男性修行生では「朝起きるのが辛い」、「早く布教できるようにと願っているが、まだお役に立てない自分が辛い」、「共励会に大坪家の先生に代わって行く時は、以前は気負いもあったので、信者さんが力の差を感じているのがわかり辛かった」、「修行に入って一年位の間は文書関係の御用が主だった。その後そこからはずされて、二年間、一番下のトイレ掃除とかゴミの御用になったことがある。自分は中退だが大学まで行っているのにという思いもあって最初は辛かった」と、早朝の起床以外には布教、共励会、御用内容と自分のプライドとの関係を述べている。

女性修行生の場合は、「いじめがあったり、そねみがあったり、悪口を言ったり、言われたり。自分の意にそまない人がいたり」という人間関係を辛いこととして挙げるのが二名いる。また、「一日も早く布教させていただきたいと思っているのだから主人にはもっと自分の信念を貫いてほしい。ご祈念よりも勉強の方が好きなようにみえる。布教には祈念力が必要なのではないか」と夫への不満に言及している者もいる。女性修行生の場合、既婚者は夫次第で布教の可能性が左右されるので、夫のあり方についての不満が出てきたとみることができる。

修行生活で辛く感じることとして、台所での御用遂行上の問題を挙げている者が五名いる。「高校までは優等生だった。合楽に来たら家庭的なことが中心になったので、自分に女性的な仕事が身についていなくて愕然とした」と語る者がおり、病弱な人は「病弱で体がついてこない。無理しないようにしているので台所からもいい顔をされない」と自分が台所の御用ができないことに負い目を感じている。普通の体力の者でも体調のおもわしくない時に辛さを感じ、また年輩者は「炊事場の仕事をしているが体力の衰えを感じる。年をとって足が痛かったりしても、若い人はがんばっているので、辛さに耐えていく」と体調の悪い時の御用を辛いととらえている。台所での御用ができないことに対して女性修行生がこれほどまでに圧迫感を感じているのは、共同作業が必要とされる台所で、また必ず毎日やらなければならないことであるがゆえに、自らがそれを充分にできないことが他者の負担を増すことに負い目を感じているからだと思われる。

これまでみてきたように、御用遂行上の辛さに対する言及のポイントも男女で差がある。男性修行生の場合は、ある意味では裏方を女性が役割分担していることで、自己と対峙し、自らの布教者としての資質を問うことができる。女性修行生の場合は、共同作業中心の台所にはりつけられた御用内容が修行生活の辛さに大きな影響を与えている。男女で異なった自己形成のあり方は性別役割に規定された御用内容に起因しているように思われる。

(三) 修行をやめたいと思った時

プライバシーを保持しにくい集団生活で、年限も将来の見通しも立たない修行をやめたいと思ったことがある者は、男性修行生一三名中九名（六九％）、女性修行生一二名中八名（六七％）おり、そのうち実際に修行をやめて教会を出た経験がある人は男性修行生二名（二年間、三ヵ月間）、女性修行生一名（六ヵ月）いる。修行をやめようという気持ちを繰り返し何回ももつ人もおり、その時期も修行に入って一〜八年までさまざまである。

男性修行生の場合その理由は、①自己の教師としての資質についての疑問（七名）、②社会への未練（一名）、③人間関係の問題（一名）の三つに分類できる。①については、次のような時に修行をやめようかとの心の揺れを感じている。「自分は神様に触れにくいタイプ。お知らせをいただくといった感覚的なものがなく教師として不安であった。また自分のみにくさ、汚さを思い知り、教師がつとまるか不安になった時」、「腹の立った時など、自分で我情我欲をコントロールできない時」、「言い訳をしようとする気持ちがまだあり、成り行きを有り難く受けられない。人ができているのに自分はできない。自分のようなものは修行をする値打ちがないと思う時」、「自分にはつとまらない。自分に自信がもてなくなって」。これらの心の落ち込みや心の揺れに対しては、大坪の御理解や合楽関係の本を読む、神へ問いかける、取次を受けることなどによって乗り越えてはいるが、修行中には何回も自分の資質を問う場面があらわれている。[27] ②についてては、修行生になる前に社会で仕事や商売をしていた者で年齢的にも復帰可能な場合は、社会でもまだやっていけるのではないかとの思いの中で揺れ動く時期がある。③については、「人間関係の問題。食べさせてもらっているという意識から気遣い、気兼ねがあった」と述べている。

女性修行生が修行をやめたいと思った理由は、①自己の教師としての資質についての疑問（二名）、②人間関係の問題（二名）、③病気による御用遂行上の困難（二名）、④子どもとの離別と社会への未練（一名）、⑤子どもの拒食症の問題（一名）である。

①について言及する者は、「行き詰まり、自分はだめだ、教師には向かないと思った」、「自分の汚い面がみえた時、自分が教師になるなんておこがましい、資格がないと思った」ことを挙げる。②、③、④、⑤は、これまで困難な出来事、修行生活の中で辛かったこととして繰り返し出てきたものと同一である。③に分類した中に、実際に修行をやめて実家に戻った女性修行生がいる。「病気で御用ができないのと家庭の育児ができないので、教師にはなれない、不向きであると思って夫を残し実家に帰った」が、実家の母は体を悪くし長女には事故ばかり起きたので、神様の「お気づき」

だと思い教会に戻った。やめようと思って思いとどまった事例は、女性修行生の場合も広前に出て神や自分と対話する、大坪の御理解をいただく、修行に入った時のことを思い出して初心に戻るという形で解決している。

修行をやめたいと思った理由についても、男性修行生の場合は自らの教師としての資質への問いに集中しているが、女性修行生の場合は、自己の資質についての問いのほか、人間関係の問題や御用遂行上の困難などに拡散している。女性修行生で自己の資質についての問いを挙げた者は、未婚者とこれまで独身でいて最近結婚した者である。

（四）修行生同士の結婚

一九九三年七月時点で、修行生のうち夫婦で修行をしている既婚者は九組あって、単身者は死別二名、離婚一名、別居一名、そして未婚者が男性二名、女性一名いる。前述したように、修行生になる前に結婚し、外社会で結婚生活を送った者は、自分の意志で修行に入った当人はともかく、家族が教会の修行生活に適応するうえで、さまざまな問題をはらんでいた。修行生になる入口で離婚に至った者もいれば、妻が修行に随伴したものの修行生をやめて社会に出て別居した事例、子どもが精神障害や、万引き、非行に走った事例があった。

したがって、修行生が教会修行を継続していくために、修行生同士の結婚は重要な意味をもつのである。一九八〇年一二月に合楽教会では合同結婚式[28]が行なわれ九組のカップルが誕生した。大坪の三男と女性修行生、四男と大阪の教会の長女、関係教会の長男でもある修行生と女性修行生、同じく関係教会の長男でもある修行生と女性信者のカップルのほか、修行生同士では五組のカップルができた[29]。一九九三年六月にも五組の合同結婚式が行なわれ、新たに修行生同士のカップルが四組（ＩとＸ、ＥとＹ、ＬとＳ、ＭとＷ。表1参照）誕生した。もう一組は女性修行生と元修行生でもある関係教会の後継者との結婚である。

写真8　1993年に行なわれた合同結婚式〔金光教合楽教会提供〕

修行生同士の結婚は、双方が元々修行生である場合以外に、男性修行生と女性信者が共励会や教会で出会い、婚約、もしくは恋愛し、女性が修行生として入り、学院で教師資格を取得した後に結婚するというパターンがある。

修行生の九組の夫婦のうち八組は合楽教会に修行に入った後に結婚したが、この中で恋愛で大坪の許しがでたカップルが三組あるものの、それ以外は「神愛結婚」と名づけられる、いわゆる恋愛でもなく、見合いでもない結婚である。これには、神意として解釈されているところの体験や、「お夢」がかかわっていることが多い。当事者ではなく、肉親や他の信者の「お夢」の中に現われたものもある。妻側が「お夢」を得た場合は、すべて恋愛感情が伴っている。こうしたはっきりした「お夢」「お知らせ」がない場合でも、「成り行き」の中で、偶然に二人で会う機会があるといったような、何らかのかたちでこの人と結婚することが神意であると確信する働きを感じている。

結婚に際して重要視した点についての回答（複数回答）の多い順に挙げると、「信心に対する姿勢」九名（男四、女五）、「人柄」九名（男六、女三）、「愛情」三名（男二、女一）、「教会を一緒にやっていくことができそうだったこと」二名（男一、女一）、「親先生や若先生（勝彦）の意見」二名（男一、女一）、「容貌」二名（男二）、「人生観」二名（男一、女一）、「将来の願いが似ていること」一名（男一）、「健康」一名（男一）、「その他」九名（男四、女五）である。選択肢に挙げた項目の中で誰も選択しなかったものは「家柄」「学歴」「経済状態」で、世間一般の結婚では重視されるこれらの項目が、ここでは全く考慮に入れられていない。「その他」は多く選択されているが、その内容は「成り行きの中でこの人だと神意を感じた」と要約できる。男女差については、「容貌」を挙げた者は男性にはいるが、女性はないこと、「人柄」を挙げる者が男性の方が多い点が異なるが、そのほかはさして差はみられず、「成り行き」以外では「信心に対する姿勢」が最重要ポイントとなる。

最近結婚した四組のうち、三〇歳代後半すぎの年齢の者が男性二名、女性三名の計五名おり、「このまま一人で御用をするのだろうか」と思っていた矢先での結婚であった。このような修行生同士の結婚は、両者が自らの決断で修行を決意し、一組を除いて配偶者の片方が一〇年以上の修行歴をもっていることから、修行への意志の強化にプラスに作用すると思われる。しかしまた後にみるように、とくに女性においては、結婚で神と自分の間に夫が入ることによって自らが自立した信仰者であるよりも夫の意欲に従属し、良い意味でいえば夫婦単位に、悪い意味では夫に従うことに重点がおかれるゆえに、修行の意欲が削がれる危険性もはらんでいる。

五　女性修行生の自己形成モデル

（一）男女の持ち分・役割の相違

これまでみてきたように、同じく教師の資格をもつ修行生でありながら、合楽教会では男女の御用内容には明確な区別がされている。このようなあり方について修行生自身はどのように考えているのだろうか。

「男女ではその持ち分に違いがあるか」との問いには、「違う」と答えているのは男性修行生一三名中一一名（八五％）、女性修行生一二名中八名（六七％）で、「同じ」とするのは男性のうち二名（一五％）、女性の四名（三三％）である。

男性修行生は以下のように違いを述べる。まず、教会生活の中での御用の内容についてで、「男性は主に結界取次や外や表の御用。女性は台所を結界として、炊事・洗濯・育児など裏方の御用」で、「力仕事は男性の仕事、トイレ掃除は女性の役」である。祭典や神事にかかわることでは、「月例祭や大祭の時、御神前への神饌物のお盛付、内外の設営、掃除は男の役。御神飯炊とその供付の御用は女の役。祭員の中では後取をするのは女性」である。さらに相違の理由としては、体の構造、とくに産み出す力としての母性、そして育児に関連した役割・持ち分への言及がある。「産みなす働きができるのは女性だけである。そこから自ずと男と女の役割が決まってくる」、「男と女では体の構造も力も違うのだから、男は男でしかできないこと、女は女でしかできないことに従事する。これが本当の平等だ」と出産、育児、体力といった体の能力差でその役割の違いを説明する。

女性修行生の場合、男女の持ち分が「違う」と回答している者はその三分の二だが、「違う」理由として男性が挙げた出産・育児などの女性の体の能力に基づく説明は皆無である。「男は結界取次。男は神様に向かって御祈念し、女はまな板と包丁を持ち、お下がりを御物として、いただきますという心で人が助かることのできる炊事場にする」、「男はその日の朝の御理解を軸にし、常に神様に心を向けて神様を感じての御結界御用を中心とする。女は台所の裏方の御用。ここを結界として祈りをもって何事もさせていただく」と表・裏の実際の御用内容に言及する。

男性修行生の二名が男女の持ち分は「同じ」と回答している。この場合も御用の役割分担を否定するものではなく、「どこであっても教祖の広前という意識の中では同じ」と、心のもち方に言及している。また、「女性は学院を卒業して修行に入ると正奉仕で御結界に座るが、結婚、妊娠によって結界からおりる。これらの道を通らない女性は御結界にずっと座る」と結婚、妊娠という経過の中での分業を認めている。

女性修行生で男女の持ち分が「同じ」とする者は、「それぞれの持ち場・立場はあるが、どうしなければならないということはない。心行でなされているから、その時その場に適応した御用がなされればよい」、「形的には表と裏の違いがあり、男は御結界、女は台所が御結界とされている。これは常にどこにいても取次者の自覚がいるということだ」と心行（教えをもって自分の心に取り組むこと）として同じと位置づける。もう一つの理由として、「一つの仕事を女は女らしく、男は男らしくこなせばよい。御結界は男女ともに知っておくべきだ」、「布教に出たら、主人がいない時には女でも御結界につくし、何でもかんでもしなくてはならない。また、私は足が悪くて動けなかった時期があるので、その時は主人に洗濯をしてもらった」、「今ある立場、持ち場を大切に尊ぶことが基本だから、男・女の役割は入れ替わることもあると思う。また女が一人での布教の場は、男女関係なく両方がいる」と布教を意識していると思われるが、形のうえで固定的というよりも状況対応的に考えている。この点については、男女の持ち分が「違う」と認識している女性修行生でも、「主人がいない女性は御結界に座らざるをえない、それは必要あってのこと」、「臨機応変で、忙しい時は変わることもある」と、実際の御用については状況に応じて柔軟にとらえている。

このように、男女の持ち分が「違う」とする場合でも、「同じ」とする場合でも、男性が結界取次中心の表の役割、女性は炊事、洗濯、育児などの裏の役割という性別役割分担が所与のものとしてある。これは大坪（親先生）とその妻（親奥様、大坪五十枝　一九一七〜二〇〇三）を理想として行じる合楽教会のあり方から導きだされている。すなわち、「親先生が男の御用は御結界。女は台所が結界。包丁が扇子、まな板が玉串、裏は女の信心と言われる」、「男は表方の仕事、すなわち外で頭脳や技術面での仕事をしながら神様を感じ神様を現わしていく。女は裏方の仕事、すなわち炊事や洗濯や子守をしながら神様を感じ神様を現わしていく」とされ、「親先生、親奥様のあり方を理想としているので、男女の役割は自ずと自覚できるようになってくる」という。「男の役割も女の役割もそれを心行としていただいていくことだ。和賀心《わがこころ》（和《やわら》ぎ賀《よろこ》ぶ心）という到達点までの距離の違いはあるが、目指すものは一緒」と役割の形態は異なるが、心行としては同じとされるのである。

（二）表・裏の役割の性別による分担

合楽教会では男は親先生、女は親奥様がモデルであるので、女性は台所の御用をするという基本線はあるものの、かつては女性も結界取次をローテーションで行ない、時々は共励会にも参加していた。実際、女性修行生のみを対象とした一九九〇年の調査では、男性より頻度は少ないながらも女性も結界取次を行ない、共励会に参加していた。また入院中で一九九三年に調査ができなかった二人の女性修行生は、一人は結界取次と御神米調整、もう一人は結界取次と共励会にもっぱらかかわっていた。彼女たちは高齢で修行歴も長く、配偶者と離婚・死別した女性である。一九九〇年調査当時は、結界取次に魅力を感じていた女性修行生も少なくなかった。未婚だったSさん、Wさん、Xさんはいずれも三

○歳を過ぎ、当時は結婚ということはあまり念頭になく、一生未婚でも布教をしたいという願いをたてていた。離死別者の女性修行生と同様に、男性に伍していこうという意欲と取り組みがあった。また当時は、女性も炊事と洗濯と子守以外の御用も担当し、大坪の御理解のテープ起こし、テープの保存など教えに直接触れる機会が多かった。

男性は結界取次中心の表の御用（広前中心）、女性は炊事・洗濯・育児などの裏の御用（台所中心）という性別役割分担は一九九二年以降顕著になり、一九九三年により一層はっきりしたという。このように女性修行生が台所の御用に張り付けられるようになったのには二つの理由が考えられる。第一に、教会での手不足、第二に結婚である。第一の点については、一九九一年五月に一夫婦が熊本県の教会に後継者として入り、同年六月に一家族がブラジル布教に出た。翌一九九二年七月にはもう一家族がブラジル布教のため教会を離れた。そしてさらに、一九九三年六月の合同結婚式で関係教会の教会長の長男と結婚した女性修行生とその母（修行生）が転出した。このように男性修行生が三名、女性修行生が五名減少したが、新しい修行生は、一九九一年に入ったYさん（女性）のみであった（Yさんは同年金光教学院に入学し、翌一九九二年に教会に戻る）。女性がとくに手不足になったため、かつてのような自由に練りだすという修行方法や、女性の結界取次、共励会参加、テープ起こしなどの御用が中止されて、女性は裏方に振り分けられ、男女別の役割分担がはっきりした。第二の要因として、一九九三年六月に合同結婚式があり、上記のSさん、Wさん、Xさん、Yさんの四組の修行生カップルが誕生した。結婚を契機として、性別役割による表裏の御用がより一層固定化したのである。人手不足になると女性の結界取次や共励会参加という表の御用にかかわるものがまず切られていっているということに、教会側の男女の役割の認知が表れているともみえる。

しかしまた、女性が結界からはずされたことについて、ある男性修行生は以下のように述べる。「今、女性は御結界から遠ざかっている。女性すべてが裏になってから、昼夜の御祈念の時に私服で出ている人が増えた。台所の仕事の忙しさにまぎれて心を使わなくなっている。女性の結界奉仕がなくなったのは、女性に意欲がなくなったことを示すのではないか。以前はライバル意識があったが、結婚して家庭的になったのではないか。未婚者が既婚者になると違う」。たしかに、かつて未婚者は既婚者とは異なる自立への志向を示していた。すべて女性の意欲のあり方に還元するのは無理にしても、既婚者になると、夫に従い、夫の願いを願いとするという傾向があり、夫婦間の表と裏という役割分担が顕著になっているように思われる。

では、女性修行生は結界取次と台所での御用についてどのように思っているのだろうか。まず、「広前（結界取次）のことは夫に任し、裏のことは自分に任せてほしい」、「天地に陰陽があるように、男の役割と女の役割が違うのは当然。男と女を神様がつくられた以上、それには意味があるはず」と性別役割分担を肯定する者がいる。他方、「結界取次はしたことがある。月一回くらい五～六年はした。合楽では女性には台所が御結界といわれる。台所で十二分に働きをいただけば御結界と同じと言われるが、実際に御結界に座ることの魅力はある」、「今は忙しいので、組織上、女が奥、男が表という形になっている。同じ一つの仕事でも、女は女らしく、男は男らしくこなせばよい。御結界も、女らしい取次と男らしい取次の両方をもっておくべきかもしれない」と結界取次の魅力を語る者もいる。しかしまた、女性にとって台所が結界であるという言説に対して支持を表明する者は多い。「女の人は親奥様がモデル。必要なら御結界に座らせてもらうが、台所で得たものは御結界に通用する。心行で取り組んでいるので、台所で得たことを話しても助かる人はいる。親奥様との世間話でもおかげをいただける。問題によっては男の人には言いにくい問題のこともある」、「男は結界で神様に祈り、女は台所でまな板と包丁を持ったら神に祈る。外でも内でも助かる」、「形の上では違うが、台所の御用をしながらでも神様と交流できる。子守をしながらでも神様の働きを知ることができる」という。

「外見上、男女で御用分担は違うが、御用に変わりはないし、根底は一緒」であるとし、台所での炊事は「普通の料理ではなく、お下がりをいかに利用するかということ。祈りをもってする」ことで、通常の家庭の台所とは異なる意味があることに言及する。しかし、「台所はかえって難しい。我が出るといさかいもある。修行生といっても信心ができている人というわけでなく、みんな成長の過程にある」と女性修行生の共同作業の形態をとらざるをえない台所を御用の場とする困難さについて述べている者もいる。この点は先述したように、修行生活の困難や辛いこととして女性修行生同士の人間関係が挙げられていたことと関連するものである。

男性修行生が、親先生、親奥様モデルに基づいて、「男らしく、女らしく」ということを御用内容において表・裏に固定化して考える傾向があるのに対して、女性修行生の場合は、その内容は状況に応じて変化するとの考え方が強い。男性の場合は自分が裏にまわるということは念頭にもないが、女性の場合は表にまわる状況もありうることをかなり意識している。(30)

表・裏の御用内容の性別役割分担に関して、「教会の御用をするにあたって、男性は結界取次や外の御用をし、女性は家事・育児などの奥の御用をするということについてどう思うか」という質問に対する回答をみてみよう。「全くそのとおりである」は男性一三名中二名（一五％）、女性一二名中二名（一七％）、「本来はそのとおりであるが、女性もなにかあった時に夫の手代わりになれるように、結界取次や祭式の訓練をしておいた方がよい」は男性九名（六九％）、女性六名（五〇％）、「手代わりの場合だけでなく、女性も男性もかかわりなく、結界取次をするべきである」は男女とも賛同する者は全くおらず、「その他」男性二名（一五％）、女性四名（三三％）である。これまでみてきたように、表と裏の御用に関する性別役割分担は強固であるが、この回答をみると、男女かかわりなく結界取次を行なうことについての賛成はないまでも、固定的な役割の張り付けに賛成するものは少ない。「その他」の内容としては、男性の場合は「個人によって異なる。男だから女だからということはない」、「意識のもち方。男女の役割については意識していない」

と個人的なものに還元している。女性の場合は「手代わり」を選択してはいないものの「男の御用、女の御用があるが、男が外に出たら、女は御結界に座らなければならない。それは対応性」、「合楽ではそのとおりでよいと思うが、布教した時には主人がいない時は自分が代わりに御結界につかなければならない。また自分の場合、病気で炊事、洗濯などができないこともあるのでなんともいえない」、「一つの教会をやるとしたら、交代が必要。何でもできるのが現実には理想だ」、と「その他」の場合も基本的には現在の教会の修行生としての役割としては男女が表・裏の御用を分担するということでよいが、布教に出た場合には、性別役割分担に基づく御用分担は貫徹できないとみている。

女性修行生のみに質問した「裏の御用ばかりでなく、男性がするような表の御用を中心にしたいと思ったことがあるか」という問いには、「そう思ったことがある」という者が一二名中半数の六名いる。その理由としては、「女性修行生の先生が御結界にいたので、早くそうなりたいと思ったことはある」、「独身時代は結婚のことは考えなかったので、自分一人で布教するつもりだった」、「御結界は違う。自分を見つめられる。台所では忙しさにかまけ自分を見失ってしまうことがある」、「思ったこともある。けれども裏は裏なりの男性的役割もある。表と裏を比べて、裏だから低いとはいえない。高橋富枝[31]のような生き方を裏にもっていきたい」。このように、かならずしも女性修行生が裏の御用に自ら満足しているのではなく、配偶者と死別した布教希望者、最近結婚した女性修行生でかつて一人でも布教を志したことのある者は、表の修行を主にしたいと思ったこともあり、裏の御用と表の御用の対等性を自分に納得させようとしている。

（三）共感する金光教史上の女性

このような女性修行生の「秘められた」意欲は、金光教内の歴史的人物である教祖の直信《じきしん》（教祖から直接の信仰指導を受けた信者）で結界取次に従った高橋富枝（一八三九～一九二一）、直信であり金光教の別派独立に尽力し、後に教監になった佐藤範雄の妻で、夫が教団活動に奔走している間に留守を守り、結界取次に従事し「お広前先生」と呼ばれ、また妻の「後ろ祈念」の手本とされる佐藤照（一八六二〜一九四八）、教祖の妻の金光とせ（一八一九〜一八八五）の三人の女性のうち、誰の生き方が気持ちのうえでしっくりくるかとの問いに対する答えからも伺える。

高橋富枝は教祖と出会った時に、「そのほうは幼い婦人ながらも千人に一人の者である。神の取次をして万人を助けてやれ」と言われ、生涯取次に従事した。外部からの圧迫に対しても毅然とした態度をとり、厳しい表行《わぎょう》（身体を痛めつけるような苦行）もした人である。教祖の手代わりをつとめたこともあり、「この方金光大神は、肉体に取りては、一子明神（教祖の妻の金光とせの神号）と夫婦であるけれども、お道に取りては、金光大神と金照明神（高橋富枝の神号）は天地のごとく差し向かいである。その方は、諸国に女の道を開けよ」という裁伝《さいでん》（神からの知らせ）を受けている。この高橋富枝を選択した人は四名（三三％）いる。「男まさりで、本当に教祖の手足になった人。合い通じるものがある。学院から帰ってきて、親先生からも『あんたの目標は高橋富枝だろう』と言われた。教祖のためならなんでもした人」、「教祖様の心にしっかりついていった点。教祖と心と心が通じていた。つながりが深かった。男女を超えたものを感じた。親先生にとって、そういう存在でありたい」、「自分が男だったら、なんで男に生まれてこなかったのだろうと思ったことがある。神様のご都合であったことに気づいた。自分のやりたかったという思いよりも女性として生まれてきた、その役割に対して一生懸命になりたいと決心した。『裏には裏なりの男性的役割』『裏も表と同じ。だから低いとはいえない』と高橋富枝の生き方をそのまま裏にもってきたような生き方でいきたい」、「今は自分の成り行きをうけていくが、学院時代は高橋富枝が好きだった。一筋の人。興味はあった」。高橋富枝を選択する人は教祖と富枝との関係を、大坪と自分との関係に置き換えている。夫に対しての富枝（富枝の場合、夫が裏を担当したようなもの）ではない。ここには、夫を通してばかりではない信心の自立への意志が見出せる。

一方、佐藤照にひかれる人は四名（三三％）いる。佐藤照は夫の範雄が本部を根城として全国的に活動していたので、その手代わりとして教会で直接取次の御用にあたり、文字通り「お広前先生」と呼ばれた。寒暑にかかわらず起床直後に水行をとり、晩年まで五五年にわたってそれを続け、祈念一筋の一生を送った。学院教育の中では佐藤照は「後ろ祈念（夫の願いが成就するように裏で祈念）[32]」の部分が女性のあり方の模範として強調されている。合楽の女性修行生の場合は、「結界取次の方。後ろ祈念はしっくりこない」、「自分は気が強いので。佐藤照タイプだと思う」、「主人が外に出た場合は、御結界を守るなどの夫との関係」と結界取次をし、「お広前先生」と呼ばれた方に共感を覚えている。

金光とせは、教祖の修行についていけず、それを妨げた人という位置づけがあるが[33]、とせに共感を覚える人は一名（八％）だけいる。「教祖様の妻で、度重なる不幸を乗り越え主人を支えた点が共感できる」という。どの人もしっくりこないという人が三名（二五％）で、身近にいる「親奥様」がいいという。

このように、女性の七割近くが、高橋富枝や「お広前先生」として結界取次に従事した佐藤照を選択している。合楽教会の「親奥様」は教師ではないので取次者ではないが、基本的には「後ろ祈念」のありかたを実践している人と受けとめられているのに、佐藤照が「後ろ祈念」の部分では女性修行生に共感を得ていないところは興味深い。これは、女性修行生が布教に出ることを願っていることを反映するものではないだろうか。

（四）自己の性別に対する評価

ところで、自らの現在の性別に対しての問いでは、「男に生まれてよかったか」という設問では、「男でよかった」とする者が男性修行生のうち一三名中五名（三八％）、「考えたことがない」というのが八名（六二％）で、「男でなく、女のほうがよかった」というのを選択した人は皆無である。男でよかったという理由としては、「自分の使命が雑用

（子守など）に追われず遂行できる」、「男の方が生きがいがある」、「詳しく考えたことはないが、女の人は育児やらでたいへんだ」と、男性の場合はこうしたことをさして意識化している様子ではないが、男の方が信心に集中でき、生きがいがあると感じている。

他方、女性修行生においては「女でよかった」という者は一二名中五名（四二％）で、「女にしか味わえない、女しかない修行がある」、「今が充実している。神様が女として生まれさせてくれたことを感謝している」と言うのは新婚の二人である。「女として生をうけたのだから女でいい」という「成り行き」論者、「男には家族を食べさせていく力が要求される。自分はついていく方がよい」という自分の性格と女性に規定されている役割との親和性を認識している者、そして「もし男だったら主人と巡り会えなかった。けれども女でなければよかったとは思ったことがある」という、現状の配偶者との関連において性別を肯定的にとらえている者がある。

「女でなく、男ならばよかった」と明言する者は三名（二五％）いる。「とくに理由はない」とする人もいるが、「男なら一人でも布教に行ける。外国は女一人だと受け入れてくれない。台所はともかく、布教についてはただただそう思う」と配偶者と死別した女性は布教に対して女であることで直面する障害を述べる。「昔は仕事の上では男も女もないと張り合って仕事をしていた。だから『女』は邪魔だった。男にできて女にできないことはないと思っていた。修行に入った今も、本質的に男に負けたくない思いはある。が、結局、女であることはしょうがない。だから女性としてできるだけ自分の与えられた御用を全うしたい」。この人は「裏の御用を高橋富枝流に」と言った人である。

また答えを留保した三名の中も「男ならもっと違う仕事をしているのにと思ったことはある。今は身障者の娘をかかえているので、世話をできるのは自分の特権だと思う。女だから風呂やトイレの世話もできる」、「女性はすばらしいと感覚的には思うが、男になりたいと思ったこともある」、「自分の気性を考えると男性の方がよかったような気もするが、女性でもよかった」と、男性が自らの性と異なる性について考えたことがないというのとは違って、女性は自ら女性であることに関してアンビバレントな意識をもっているのが顕著である。女性は自らの女性性を配偶者との関係、布教との関係、出来事との関連で内省させられる。女性は夫婦になった場合、夫に従うものとされ、活動分野も制約され、男性が男性であることを拒否したことがないこととは対照をなしている。

（五）自己形成モデルとしての親先生・親奥様

男は男らしく、女は女らしくのモデルに、「親先生」「親奥様」がある。御用内容についての分担にもこれがモデルとして投影されているのは、これまでみたとおりである。合楽教会の信心の特質の一つに親先生信仰が強いことが挙げられる。金光教の場合、教会ごとに独自の教風がつくられているが、合楽教会は初代の教会でもあり、親先生信仰は顕著である。

信仰上で手本にしている人を三人挙げてもらった**表3**をみると、すべての人が何番目かに親先生を手本として選択している。親先生よりも上位に選ばれているのは、親神様、教祖様、三代金光様（三代教主）である。しかしながら親奥様については、手本とするのは女性のみで、親先生が男女の性差を超えた信仰者としてのモデルなのに対して、親奥様は女性だけのモデルである。

親奥様と修行生は現在ではほとんど接触する機会がないが、親先生・親奥様モデルが、修行生はもとより信者にも注入される背景には、大坪の御理解で自分たち夫婦の通ってきた道について語られることや、毎年一二月の「感謝の夕べ」で披露される少年少女会による親先生・親奥様の一代記の劇の影響がある。

男性修行生の親奥様観は、「いかなる時にも神にすがって、黙って親先生についていかれた辛抱強いお方。つつまし

表3　信仰上で手本にしている人（自由回答を分類）　実数（%）

	1番目		2番目		3番目	
	男	女	男	女	男	女
親神様	1（7.7）	0（—）	0（—）	0（—）	0（—）	0（—）
教祖様	3（23.1）	1（8.3）	0（—）	0（—）	0（—）	0（—）
三代金光様	0（—）	2（16.7）	1（7.7）	1（8.3）	0（—）	0（—）
四代金光様	0（—）	0（—）	0（—）	1（8.3）	0（—）	0（—）
親先生	9（69.2）	9（75.0）	3（23.1）	3（25.0）	1（7.7）	0（—）
親奥様	0（—）	0（—）	0（—）	2（16.7）	0（—）	6（50.0）
若先生	0（—）	0（—）	5（38.5）	5（41.7）	3（23.1）	2（16.7）
農工商の先生	0（—）	0（—）	0（—）	0（—）	2（15.4）	0（—）
末永先生	0（—）	0（—）	1（7.7）	0（—）	1（7.7）	1（8.3）
その他	0（—）	0（—）	0（—）	0（—）	0（—）	2（16.7）
無記入	0（—）	0（—）	3（23.0）	0（—）	6（46.1）	1（8.3）
計	13（100.0）	12（100.0）	13（100.0）	12（100.0）	13（100.0）	12（100.0）

注1）若先生とは大坪の長男勝彦（現、二代教会長）をさす。
　2）農工商の先生とは大坪の次男、三男、四男をさす。

く陰の御用に徹せられた女性の鑑」、「取次者の妻として最高の手本」、「信心辛抱の手本」、「すべてを受けぬく土《どろ》の信心の大家」、「親先生を陰で支えられたお方」、「親先生にハイの一言でついてこられたお方」と評される。「親奥様のようになれるような人を妻にもちたいと思った。親奥様がすばらしいということは、それだけ親先生の感化が大きく、偉大であるということだから、家内が黙ってついてきてくれるような宗教的経験の豊かな、周囲が潤うような和賀心に満ちた自分になりたい」と述べる者もいるが、親奥様のあり方は妻に求めるもので、「自分としては親先生しか見ていない」という言葉にも端的に表れているように、結局は妻が親奥様のようになれるように、自分も親先生のようになりたいという、親先生信仰に行き着く。親奥様の人柄については「無口な人」、「謙虚で控えめな人」、「大変冷たく、また人情の強いお方」、「厳しい人」、「やさしい人」と言及されている。

　親奥様は女性修行生にとって、「黙って治める権化のようなお方」、「辛抱力をいただいてそれがお徳になっておられるお方」、「教会長夫人として最高のお方」、「親奥様は親先生に黙ってつい

写真9　大坪総一郎（親先生）と五十枝（親奥様）〔金光教合楽教会提供〕

ていかれたすばらしいお方」、「親先生あって親奥様あり、親先生に掛けられた神様の願いが成就するためにひたすら祈りをされている」、「取次者の妻としての最高の鑑」と受けとめられている。

「親先生に任せて生きられての今のお姿。私もそうなれるおかげをいただきたい」と、女性修行生に「目指すは親奥様」というモデルを提供しているものの、親奥様自体が自立した存在ではなく、それは取次者の妻としての理想像である。また、親先生に黙ってついていった妻の鑑であっても、母親としての側面への言及はほとんどない。この点では、通常新宗教の女性教祖やリーダーの場合、妻よりも母であることの慈愛が、ある意味で過度に強調されることとは異なっている。親奥様は慈愛の側面よりも「情的には人情をはずそうとした冷たいお方」と述べる者もいるように、実際の教導にあたっていないためか、慈母的な部分への言及はない。現在の修行生の多くが合楽教会が大規模になってからの修行生であることにもよるのだろうが、椛目神愛会時代からのかかわりがある者でも同様である。親奥様は修行生の「母」であることよりも、親先生の「妻」としてのあり方が理想像となっているのである。

先にみたように、女性には自己形成モデルとして親先生と親奥様の両方があるが、男性の場合は親先生のみだった。修行生にとっての親奥様の意味は、親先生についていったことにある。女性は夫に親先生のようになってほしいと願い、それゆえ自分も親奥様のようになりたいと思う。男性修行生は、「男だからついていくということはしない」ので、自身の自己形成モデルとして親奥様は全く視野に入っていない。親先生のあり方を見ながら妻に親奥様のようであってほしいと願うわけである。

女性は親奥様ではなく親先生を見て、志を立てて修行に入る。女性修行生は親奥様とは異なり、教師の資格をもった取次者でもある。彼女たちは夫に従うばかりでなく、布教に出たならば夫が不在の時は自らが取次者として結界に座る覚悟をしている。女性修行生は手本として親先生、親奥様を両方挙げ、親奥様のみの人は皆無である。女性修行生との懇談の中で、「取次者としては親先生、取次者の妻としては親奥様の両方になりたい。親奥様は立場上それでよかったのだろうが、私たちは裏を守るばかりではなく、表に出なくてはならない時もある。裏も結界といわれるが、そこでいつも取次者の自覚を持てればよいが、裏にいるとスキだらけになる。流されやすい」と述べた者がいたが、この語りに両者のモデルを含んだかたちで自己形成したいとの女性修行生の気持ちが現われている。また、「親先生を理想とすると、親奥様も一体。親先生の信心の中に女性的な、女性を魅了する信心がある。女性だから親先生をいただけないというものではない。合楽は（すべてを受けぬく）土の心をいうが、土の信心は女性の本来いただくべき信心。これを親先生は修行を通られて天地と説かれたが、親先生が天なら、親奥様は地の世界と説かれながら一体となっていく。親奥様はまさしく、『黙って治める』の信心。親奥様は初めからそういう方ではなかっただろう。親先生と一緒にいることによってつちかわれてきた。親先生あっての親奥様」である。

このように親奥様のモデル性は、親先生信仰に裏づけられたもので、取次者ではない親奥様がそれ自体自立して価値のあるものではないことに特徴がある。親先生の場合は完璧性が修行生にとって信じられているが、親奥様は親先生についていったからこそ、あのように変わったという点に力点がある。修行生同士の結婚で、既婚者が増えた現在、女性は親奥様をモデルとして自己形成していく。親奥様像は、実際には接触する機会が少ないにもかかわらず、劇や書物をとおして、また御理解等教話をとおして注入される。女性修行生は親先生と親奥様双方のあり方をもつことが奨励されるが、反面御用の面で裏の女性役割に押し込められることによってジレンマが生じる。彼女らの中にかいまみえる自立への意欲が、どのように育てられるのか、またはどのようにそれを捨てる「稽古」をしていくのか興味深い点である。

六　むすび

合楽教会は金光教の中で最も修行生が多い教会だが、その修行生も「合楽でなければ育たない人が集まっている」「よそでは助からないだろうという人ばかり集めた。ここでなければ助からないというさまざまなサンプルを作っている」ともいわれるように、個性の強い人が多い。

修行生たちは将来布教したいとの願いを立てている。また、合楽教会では毎年、布教願いを出させていた。布教地をみると、海外布教への志向性が顕著にみられる。一九九三年時点では、布教先はアメリカを希望するのが夫婦三組と男性修行生一名、ブラジルが夫婦二組と女性修行生一名、オーストラリアが夫婦一組で、海外布教希望が計六組の夫婦と単身者が二名いる。国内布教では東京が母娘の一組、場所は決まっていないが国内という夫婦が一組いる。布教希望だが「神意のままに」と場所が未定の者は夫婦二組と男性修行生一名、かつては国内布教を願っていたがすべて白紙に戻し、再出発という男性修行生も一名いる。修行生の中で現段階では布教の願いを立てていないのは、男性修行生一名だけである。彼は教会での自分の役割の代替者が現われるまで、布教の願いは立てないという考えである。

合楽の修行生第一号の末永建郎・公子夫妻の布教地がブラジルだったこともあって、(34) ブラジルは合楽の中では特別な場所だが、修行生が布教希望地を主として海外においていることには、合楽教会の金光教内の位置とも関係しており、手続き関係のしばりが少ない海外は出やすいという考え方も一要因である。一九九一年から九二年にかけて、相次いで三組の夫婦修行生が布教に出たこともあって、とくに修行期間の長い者は早く布教に出たいという気持ちがあり、ライバル意識が見受けられた。具体的な布教地の希望のあるものは、ほとんどが神夢やお知らせを得ている。一九九〇年に女性修行生だけに行なった調査では、その当時未婚だった女性修行生は独自にブラジル布教やアメリカ布教の願いを立てていた。しかし彼女たちの布教希望地は結婚したとたん、自分の願いをなくして夫の布教希望地と同じになった。夫婦の場合、布教地に関しての神夢やお知らせは夫の側のみに啓示がある。中にはそれを補強するようなお知らせをその後得ている妻もいるが、多くは夫の願いを自分の願いとするあり方である。

二節でみたように、修行生になるにあたって、彼らは男女ともになんらかの召命による神の選びを含め、個々の状況の中で決断し修行入りをしている。ここには性差から解釈できるものはほとんどない。しかしながら、修行生活に入ってからは、困難として出会う出来事に男女で明確な差が生じている。男性は自らの資質を問い、自己と向き合う傾向があるのに対して、女性修行生の場合は女性修行生同士の人間関係の問題が大きく前面に現われる。体調が悪く、御用ができないことのうしろめたさと自己を責める傾向も女性の御用の性格の中に求められる。これらは男女の特質に起因するのではなく、修行生の育成の仕方が男女で全く異なることにその原因がある。男は表、女は裏という役割分担、男性は結界取次や共励会といった外社会に開かれ、「人を助ける」働きを実感することのできる場があり、また布教者としての自分に出会うことのできる機会が開かれているのに比べ、女性には台所しか場がない。「裏にいくほど助かる」、「女性は台所が結界」といわれる。そして、心行として受けとめるならば修行の場がどこでも同じという考え方は、基本的に性別役割を所与のものとして受け入れさせる基盤になる。しかしながら、合楽のような大きな教会では、台所で人が助かるという働きを実感できる場面は少なく、三節でみたように手不足の状況もあって、女性修行生の御用は時間できっちり決められ、毎日の食を含めた日常生活に不可欠なものを担当する役であるがゆえに逃れることはできない。男性修行生に許されているような自由裁量がある自主信行は、現状の中では女性修行生には難しい。それは彼女たちの資質によるのではなく、彼女らの状況が困難にしているのである。「女性修行生の間の人間関係はドロドロしたものがある」、「合楽では信心のうえでは女性修行生より男性修行生のほうが上」といわれるのは、女性修行生の置かれた状況、女性修行生の育てられ方の問題である。

親奥様モデルは、基本的に親奥様は教師ではないということが女性修行生とは異なっている。彼女たちは修行生になる入り口では男性修行生と遜色がないのに、次第に、そしてとりわけ結婚すると夫に従属していってしまう。夫を通して自分の願いを実現し、夫を通して神に触れることに方向転換する。合楽の教えの根幹にある「成り行き」という言葉は、「男に生まれたのも成り行き、女に生まれたのも成り行き」というかたちで、性別役割を受け入れさせる基盤を提供するが、実は変化のエージェントたらしめるものでもあるはずである。合楽教会での修行ではこの役割でもよいが、いずれ布教に出た時には、自らもその半分を担わなければならない。夫が不在の時は表の役割も担わなくてはならない。そしてたとえ一人になっても教会をやっていかなければならない。こうした意識は女性の中にある。彼女たちは当初は親先生信仰から入った。目標とするのは親先生であり、それに付随したかたちでの親奥様である。はじめから親奥様モデルを目指したのではないのである。

最後にここで扱った男女修行生のその後について述べ、補足としたい（属性等については表1参照）。

アメリカ布教を希望していたAさんとQさん夫妻は、一九九四年にアメリカのポートランド教会に転籍し、一九九七年にシカゴ布教所を開設した。合楽教会では体が弱かったQさんはすっかり元気になり、アメリカで仕事をもち、夫のAさんの布教を支えている。同じくアメリカ布教を希望していたHさんとUさん夫妻は、一九九八年にポートランド教会に転籍し、二〇〇〇年にシアトル教会の後継に入るが、二〇〇四年に教会を出てシアトルでアパート暮らしをして、新規布教の準備中である。同じくアメリカ布教を希望していたDさんとRさん夫妻は、二〇〇〇年に香川県の六の坪教会の後継に入り教会長となった。アメリカ布教を希望していたKさんは、元板前の腕を生かして働きながら韓国布教を志したが、現在は合楽教会で修行中である。

ブラジル布教を希望していたIさんとHさん夫妻は、一九九九年にブラジルのビリグイ教会に転籍し、一九九九年にサンパウロ市にブタンタン布教所を設立、二〇〇三年に布教所は教会に昇格し、現在教会長である。なお、妻のHさんは二〇〇五年に死去した。ブラジル布教を希望していた女性修行生のNさんは、一九九四年に息子とともにビリグイ教会に転籍、一九九五年にサンパウロ教会長が高齢のため後継に入り、現在教会長である（サンパウロ教会長は同年死去）。ブラジル布教を希望していたFさんとTさん夫妻は、現在も合楽教会で修行中である。

オーストラリア布教を希望していたLさんとSさん夫妻は、長崎県の肥前瑞穂教会の教会長が高齢で一人なので、合楽教会へ後継の願いがあって、二〇〇三年に後継に入り現在に至る。

国内布教では、東京布教を希望し、具体化しつつあったOさんPさん母娘は、一九九三年に東京都葛飾区に亀有布教所を設立、一九九五年に教会に昇格した。Oさんが教会長をつとめたが二〇〇三年に死去し、その後、Pさんが教会長になり、現在に至っている。Oさんが病気になった二〇〇一年からは、難病を抱えているPさんの世話の必要があって、合楽教会在籍教師である若夫婦（妻の方は合楽教会で修行経験がある）が亀有教会に入り、同居している。

当時布教先が未定だったCさんとVさん夫妻は、香川県の財田教会より、教会長が高齢のため合楽教会に後継の願いがあり、二〇〇三年に後継に入った。なお、かつて病弱だったVさんの体調はよくなり、日常的なことをするには全く差し障らないほどになった。布教先を白紙に戻し再出発と述べていた男性修行生のBさんは、調査当時合楽教会を出ていた妻が一九九八年に修行生に戻った後、山形県の余目教会の教会長が高齢で一人なので合楽教会に後継の願いがあって、二〇〇一年に後継に入り、教会長死亡により二〇〇三年に教会長になり、現在に至る。調査当時唯一布教の願いを立てていなかった男性修行生のGさんは、その後修行生同士で結婚し、福岡県の津屋崎教会から後継の願いがあって二〇〇二年に後継に入るが、二〇〇五年に教会を出て、翌二〇〇六年五月に教会長不在の熊本県苓北教会に後継に入った。国内布教を希望していたEさんYさん夫妻、布教先が未定だったMさんWさん夫妻と男性修行生のJさんは、現在も合楽教会で修行をしている。

二〇〇五年一一月時点で、合楽教会には三三名の修行生がいる。そのうち教師資格取得者は二一名、書生（教師資格未取得であるが、教師を志す若手の者）が九名、学院生三名である（このほか大坪家の家族が一〇名いる）。かつては修行に入ったらできるだけ早く金光教学院に入り、教師資格を取得してから合楽教会で本格的に修行に専念するほうがよいという雰囲気だったが、今日では教会で書生として、ある程度教えや実践の基礎を学んでから金光教学院に入学するようになり、そのあり方も変化している。

大坪が一九九四年に亡くなり、長男勝彦の代になって、とくに一九九八年以後、教祖の書いた『金光大神御覚書』『お知らせ事覚帳』を熟読することによって教祖理解が深まり、大坪が目指し伝えたかったものは教祖の信心であるととらえるようになり、それによって大坪への親先生信仰一筋の状況から脱皮し、教祖に信仰の原点を求めるようになった。そうした変化が国内の他教会への後継者の道を開いていっているということができる。その点では現在の修行生で海外布教の願いを立てるものは、ブラジルの教会から修行に入った子弟以外はいなくなっている。また、修行生の生活も一九九三年当時と比べてより自由度が高いものになっている。地域社会へも開かれ、また金光教の他教会との交流も活発となり、一九九二年にできた金光教の輔教制度にも合楽教会の信徒が二〇〇四年から毎年三〇余人が志願し、二〇〇六年一二月時点では一〇二名が輔教に任命されており、全国の教会の中で第一位を占める。このように合楽教会は、かつての閉鎖的な側面を和らがせ、金光教教団の中におさまりつつある。

男女による自己形成のあり方の違いは、日本社会に内在する性別役割観、金光教自体の中にあるもの、合楽教会での親先生・親奥様モデルによるもの、そして九州という土地柄によるものが重なり合っているが、実際の布教の現場では修行生時代のような役割分担のままではいかず、臨機応変に夫婦が協力しあって相互の役割を補い合っている。

著者が金光教のブラジル布教の研究をした時に、ブラジルの六教会（ビリグイ教会、ロンドニア教会、モジダスクルーゼズ教会、サンパウロ教会、ブタンタン教会）で、合楽教会修行生出身者の布教の現場を見る機会を得たが、実際の布教に際しての女性の役割は大きいものであった。修行生時代とは異なり、夫婦の共働で成り立つ教会運営に、女性たちが自立した宗教者としてかかわっている姿は、厳しい教会修行に基づくとはいえ、女性たちの秘められた意欲と力が十分発揮されていることを印象づけるものであった。

【註】

（1）取次とは人の難儀と願いを神に届け、神のおかげと願いを人に伝える業。具体的には取次者（教師）と信者の一対一の対話で、取次者が神前にも信者にも向かいうるよう、神前に対して横向きで「結界」に座り、そこで祈念が行なわれ、

「御理解」（その人に応じて教えに基づく話をすること）が示される［井上ほか1992：313］。また取次に際して供えられるお供えに対して御神米が下げられる。なお布教活動といっても、取次者は結界に座って人が参りに来るのを待つのが基本姿勢である。

（2）これまでは結界取次が即布教でもあるという位置づけだったが、社会状況が変化する中で、こうした活動形態が、布教に停滞をもたらしているという認識から、輔教制度が一九九二年六月に新設され、信者でも自宅等を集会所として信心研修等を行なうことが可能になり、積極的な布教を動機づけようという試みが開始された。なお、集会所では結界取次をすることはできない。輔教の任期は四年で、輔教研修会を受講すれば再任可能である。

（3）『天歩地歩――教師育成機関創設九〇年誌』によると、一九八〇年から四年間の統計では、教師子弟が毎年七〇％強を占め、職業従事経験者の比率は、年度によって増減はあるが、五〇％弱である。一九七四年～一九八四年の本科入学者の出身教区をみると、北九州教区が最も多い［金光教学院 1985：128-129］。

（4）親教会と出社（子教会）という、主に教会設立者の信仰授受に基づいた関係があり、これを「手続き」と呼ぶ。戦時下に制度化されたもので、現教規には制度として手続き関係は存在しない。しかし信念的関係として、慣習として残っており、現在もなお手続き教会間での交流、連帯活動が盛んである［井上順孝ほか 1990：138-139］。

（5）修行生の数については統計的な資料がないが、金光教本部教庁発行の『職員録』の在籍教師数をその手がかりとして推測したい。在籍教師とは、金光教の教師資格保持者で教会に在籍する教師である。教会長はもとより教会家族での教師資格保持者も入っており、また、教会外で生活している在籍教師もいるので、必ずしも修行生の数と合致するものではないが、目安になると考えられる。

金光教の教会数に関しては、一九四〇（昭和一五）年には一五二八教会で、それまでは増加の一途を辿っているが、その後はほぼ横這いである。同様に教師数についても一九四〇年（三五五一人）までは増加の一途であったが、その後戦時中という要因もあろうが、減少に転じ、一九四七年を底として、若干のでこぼこはあるもののほぼ横這いの状況である［金光教本部教庁 1972：折込資料］。

一九九一年時点の教会数は一六六八教会で、教師数は四三九五人である。教会の地域的分布をみると、教会数の最も多い都道府県は福岡県一九二教会で、次いで大阪府一八三教会である。在籍教師八名以上の教会は全国で一八教会あるが、そのうちの八教会が九州に所在し、さらにそのうち七教会が福岡県にある。在籍教師数の多い教会の上位五つを挙げると、福岡県の合楽教会五三名、大阪の泉尾教会三八名、福岡県の甘木教会三〇名、大阪の阿倍野教会一九名、兵庫県の福崎教会一八名である。

歴史的にみると在籍教師の数はその教会の勢いとも関連して、一九〇三（明治三六）年（別派独立後最初の『職員録』発行）では、大阪教会六五名、難波教会（大阪）三五名、東京教会一八名、小倉教会（福岡）一一名、芸備教会（広島）一〇名が目立つが、その後一九四一（昭和一六）年（選挙による最初の管長選出の年で『職員録』発行）には、玉水教会（大阪）三五名、芸備教会二三名、甘木教会二二名、大阪教会二〇名、難波教会一八名で、戦後になって昭和三〇年代には甘木教会が最も多くの修行生をかかえ、昭和四〇年代では泉尾教会、昭和五〇年代になると合楽教会が顕著な伸びを示し、昭和五〇年代後半には合楽教会が教内で最も多くの在籍教師をかかえる教会となった。

（6）現在は、仲介者による教会後継布教のケースが多くなっている。
（7）教徒は、信徒のうち、冠婚葬祭を金光教に託すことを願い出た者で、在籍教会の教会長が認定する。
（8）合楽教会にある最も古い統計資料は一九五二年時点のもので、教徒一三戸、信徒三四〇名なので決して少ない信者数ではない。合楽教会が設立された一九六七年には信者数一二〇〇名、世帯数四二八を数える。
　大坪は三代教主の「お道の教師として、おかげを頂かれたらよろしゅうございます」という言葉をたよりに、教師資格を得る前に実質的な取次活動をしたが、正式な認可を受けていないので、通常結界を向かって右に設置するが、それを左に置き、取次を行なった。現在でも合楽教会には左右に結界があり、左の結界は大坪家の人による取次の時にのみ使用されている。
（9）合楽教会の歴史的展開や金光教内の他教会との葛藤状況について詳しくは、渡辺 1994 : 8 - 16 を参照。
（10）合楽教会に、手続き関係に対する批判があった。自らの教会の働きに対する自負意識も散見できる。「本当に助かり、おかげのいただける宗教かどうかをまず見極めよ。そして師匠をえらべ」[神愛出版社 1982 : 142]、「教祖様が神上られて百年、迷信打破の宗教であるはずの金光教の中に、次第々々に様々な、金光教独自の迷信を作り出し、自らの首を締めるような窮屈な生き方を生み出してきた。例えば、その一つに手続きがある。もし、ここに二軒の八百屋があったとして、一軒は新鮮な野菜がいつでも安く手に入る。もう一軒は、高くてしなびた野菜しか置いていないとするならば、お客は自ずと前者の方へ集まるだろう。そのように助かりたい一心の信者が『守々の力によって神のヒレイが違うのぞ』と教祖様がいわれるような生き生きとして人の助かる働きのある教会に集まるのはごく自然のことではなかろうか。それを取次者自身の小さな了見で、信者を取ったの取られたの、またそういう信者に対して『道を間違えておらぬか』というような言葉で縛ってしまう傾向に現在の金光教があるとするなら残念なことである」[同上 :165 - 166]、「手続きを重んじると言う事は、いかにして親先生を金光大神として頂くかと言う事になる。そこに、生き神との直結がある訳である。金光大神との直結の道でなければならぬ。事務的な意味での手続きに終わってはならぬ。……大きな電球のところには大きな光。小さな電球なら光っても小さい。線が切れておれば真っ暗」[金光教合楽教会青年会 1982 : 7]。

(11) この合楽理念の母体は大坪の修行に原点があるが、「私の上に起きてくる様々な問題を、一切がっさい、黙って受けていこう、そのことを修行とする、いわば成り行きを尊び、成り行きを大切にすること」[合楽だより編集委員会 1977 : 6] であるとされる。「成り行きは神の働き」「この世に難儀はない、あるのは神愛のみ」として、「御事柄」として受けていくことで、天地のリズムが体得でき、理念の正しさが実証できるという。こうした合楽理念は、単に心のもち方とらえ方のみではなく、「教えハ実践できるもの、普遍妥当性を持つものでなければならぬ。同時に実生活の中に、実験・実証できるものであらねばならぬ」[同上 : 3] と「実証がある」ということが重要なポイントであると位置づけられている。

(12) 一九七八年九月に、金光教全国青年教師連盟中近畿グループ主催の「布教推進研修会」が大阪で開催され、最終日にはサンケイホールを会場にして公開講演会が行なわれた。大阪の泉尾教会長と合楽教会長という当時教勢を拡大していた教会の長が講演したもので、合楽教会の教えを九州というローカルな地域を越えて示すことになった。この講演録は

『天の心　地の心』［大坪 1979］という書物としてまとめられ、この講演や本がきっかけで他教会から合楽教会に修行生として入った者は、調査対象の修行生の中にも三名いる。また、講演会の翌年の一九七九年には新しく修行生が一二名、翌八〇年には八名入ったことからも、この講演会の影響の大きさが推察される。

(13) 九州の金光教の教会では夢を「お知らせ」として重要視する傾向があるようで、必ずしも合楽教会に限ったことではない。

(14) 新春合楽の宴でのみ教え福引は、年頭に神から各自にいただくみ教えとして受けとめられている。たとえば「於我無《おがむ》」という福引を引いたことで、「己を虚しくして神様の御用をさせていただくように」との神の声と受けとめ、修行生になった事例がある。

(15) 個別の事例については、渡辺 1994 : 22 - 38 に詳細に記載されているので、それを参照されたい。

(16) 「お道の教師」になりたいと思ったきっかけについての問いへの回答にも、「なりたいと思ったことはない。しかし、教師にならないと御用ができない。役に立つ範囲が限られる。自分がお役に立つ手段であり、あくまでも資格」ととらえる者がいる。また、「学院に行くように指示があったので」入学したという理由もある。もちろん、合楽教会の修行生や他教会の教師を見てあこがれて、学院入学即「お道の教師」という連関で考えている者もいるが、「お道の教師」ということをもっと内面的にとらえ、教師資格を取得後修行していくうちにその自覚ができてきたと認知する者もいる。「修行生になりたい」ということと「お道の教師になりたい」ということは別の次元のものとしてとらえる者も多く、「親先生のお役に立ちたい」という気持ちの方が先行している。

(17) 毎朝、神と霊（神様と御霊様）に対して供える飯。神には四つ、霊には二つ供える。

(18) 教話読師とは、祭典で講師の講話の前に、簡単な話（前講）と講師紹介をする役で、祭典後、「立教神伝」などの奉読も行なう。

(19) 調饌とは、神前に供えるものを盛り付ける作業。

(20) 先唱とは、全体の祈念が音程、速さが揃うようにリードする役。各拝詞の冒頭の句（一小節）を単独で唱え、二小節目から全員で奉唱する。

(21) 御神米とは、剣の先の形に折った紙に入れて、結界から下げ渡されるお米。祈念のこもった米が通常一〇粒ほど入っている［松村 1990 : 83］。この御神米をつくる作業を御神米調整という。

(22) 金光教は俗信を排除しているので、本来は女性のけがれの概念はないはずである。

(23) 後取とは、祭典時に、祭主が奏上する祭詞、玉串を持ち、祭主に手渡す役をいう。女性が行なう場合が多い。

(24) 修行生の衣食住の生活は基本的にお供えのお下がりで賄われる。合楽教会では修行生への現金での支給は当時一万円で、その中から修行生もお供えをする。修行生の生活は分相応ということが求められている。保育園や学校に通学している子どもの教育費として、子ども一人に対して三千円支給される。なお、信者から修行生個人へのお供えもある。

(25) 宅祭とは熱心な信者が、年に一回自宅で行なう祭のこと。

(26) 修行生の既婚者のうち、保育園を含め、学齢期の子どもがいる修行生夫婦は三組（幼児がいる夫婦はこれ以外に一組）いるが、基本的に教会優先であり、学校と教会の行事が重なった時には学校を休ませても教会行事を優先している。親の側も学校行事やPTA、授業参観には「全く行かない」のが一家族いるが、中には入学式、卒業式くらいは出たいと希望を述べる者もいた。

保育園、学校は親にとっても子どもにとっても教会以外の外気に触れる機会であるが、また世俗社会との葛藤も生じる場面である。教会生活と学校生活とのギャップから不適応を起こし、学校に行きたくないという子どももいる。いじめもある。合楽教会自体、大坪の孫（長男勝彦の長男）が中学校を中退したことが象徴的であるが、当時は基本的に学校や学問を重視していなかった。しかし、二代教会長の時代になり、現在ではその方向性は修正されている。

(27) 修行生活の中で、「選民」としての修行生の意識は、単なるエリート意識から「屑の子」の自覚を伴う新たなる「選民」意識へと転換される。

(28) 合楽教会での合同結婚式は、結婚するカップルの数がまとまった時に合同で結婚式を行なうもので、統一教会の合同結婚式にイメージされるようなものではない。合同結婚式でない場合は個別に結婚式をしている。

(29) 五組の修行生同士のカップルでは、AとQのほか、一組は一九九一年に熊本の教会の後継者となり、一組は一九九一年にブラジルのロンドニアに布教に出、さらにもう一組は一九九二年にブラジルのモジダスクルーゼズに布教に出た。もう一組は一九七九年から本部で勤務していた夫に伴った後、一九九五年に合楽教会に戻った。なお関係教会の長男は修行後一九八三年に生家の教会に戻った。

(30) 男性が裏の仕事をする場合もあるが、御用という形ではなく、家族の諸事情によるものである。洗濯・部屋の掃除や子どもの弁当づくりに関しては各家族に任せられており、また単身者の場合は、自分のものを洗濯し、単身者のうちで若い人が部屋の掃除をする。既婚者の場合、妻が病気の場合はこうしたことは夫がやらなくてはならないが、当初抵抗を感じた者もいる。男性修行生との懇談でも、男がこうしたことをやるのには当初プライドが傷つけられたという発言があったことに表れているように、裏の仕事は下位のことをするという意識がある。御用としては同じという言説はあっても、そこには序列があると思われる。

(31) 高橋富枝については瀬戸 1985：172-175、および森川 1982：78-80を参照。また、迫害下での高橋の態度や、再婚に関する教祖の指示への対応について以下のような記述がある。「内外からの迫害はひんぱんに続きました……とりわけ教祖様にご難がかかる場合があれば、一命を投げ打っても、一身に引き受けようと心に覚悟しておりました」[金光教六條院教会1981：23]、「『そのほうは養子をとれ』『自分が上に座っていて、亭主が下で御飯炊きするのもいかがかと存じます。』『夫は夫だけの力のある者を授けてやる』との仰せでありました。」[同上：55]

(32) 「妻の後ろ祈念と申すことは、亭主が広前にて氏子の願い事をお取次している時は、妻は陰ながらの心の中にて、その御祈念の成就するようにと無言で祈念することである。……この妻の後ろ祈念によって、亭主の願いが成就するかしないか知れるような、妻が後に控えている広前は、力の強いものである。亭主の取次の力の上に、妻の祈念の力が添うのであるから、いよいよ力が強くなる訳である。妻の心掛けが斯様であれば、亭主の徳は一層増す訳で、その妻も又、知らず知らずの間に、身に徳がついてくるのである。」[金光教徒社 1979：96-97]

(33) 金光とせの金光教内での位置づけは取次者ではないため神格化はされていない。とせは取次に専念する教祖に代わって生活の一切を引き受けるが、その過程で神意に添わない行動をしたとの神からの警告もあり、むしろ教祖の修行を妨げた人との位置づけもある。世俗社会との接点に立ったとせの再評価の動きがある。とせについては森川 1980 : 27 - 52 を参照。

(34) 末永建郎はブラジルのビリグイ教会の教会長だがその布教のありさまについては、日本での生活史とともに詳細に分析している、渡辺 2001a : 155 - 219 を参照のこと。また、一九九一年に合楽教会を出、ブラジルのアマゾン地域での布教をした修行生家族については、渡辺 2001b を参照。

第Ⅲ部　新霊性運動の展開

——自生会の場合——

第一章　自生会の展開過程と教えの形成

一　はじめに

民間の呪術・宗教的職能者と依頼者との関係は流動的なもので、問題解決が終われば切れる、現世利益を媒介とした一時的な関係であることが指摘されてきた［佐々木 1977 : 56］。また、このような呪術・宗教的職能者に人々は現実的な問題の解決を求めているのであり、また職能者の側でも生き方の問題にふれることは稀であるといわれる［佐々木 1972 : 50］。本章の目的は、このような民間の呪術・宗教的職能者として出発した者の中から、従来の伝統的な民間巫者による活動を超え、かつ救済宗教とも異なる特徴をもつ教えを形成し、いわゆる新霊性運動のスピリチュアル・リーダーが誕生していくプロセスを、静岡県浜松市の北田蓮華《れんぎょう》（本名北田晶子）を中心とする自生会について事例研究的に明らかにすることを目的とする。

自生会の今日に至るまでの展開過程は大きく以下のように区分される。

Ⅰ期　最初の神がかりから自生会の発足まで（成巫過程、一九七一年一月〜一九七六年八月、五年半）、Ⅱ期　第一次自生会（一九七六年九月〜一九八〇年八月、四年間）、Ⅲ期　自成会（一九八〇年九月〜一九八九年一一月、九年間）、

Ⅳ期　第二次自生会（一九九〇年一月〜現在）。

以下二節で、Ⅰ期の蓮華の成巫過程、三節でⅡ期からⅣ期にわたる自生会の展開、四節で教えの内容について述べる。

二　蓮華の成巫過程

蓮華が神がかりになったのは一九七一年一月のことである。そこでまず神がかりの背景的要因として、蓮華の宗教的傾向性をはぐくんだ生育環境と神がかりの遠因となった結婚生活について述べ、ついで、成巫過程（Ⅰ期）を四つの時期に区分して述べることとする。[1]

（一）背景的要因――出生から神がかりまで（生育環境と結婚）

晶子は一九四〇（昭和一五）年一二月に、安間朝吉（一九一五〜一九四四）と通恵（一九一八〜一九九六）の長女として浜松市砂山町で出生した。父母とも浜松市の出身で、父は薬局勤務の後、食料品店（煮物屋）を開業した。結婚後二年もたたない一九四一年に父に召集令状がきて出征することになった。その時晶子一歳、母は妊娠六ヵ月であった。父の出征後、母は食料品店の経営に当たり、子ども二人（弟健雄は一九四二年生）を育てた。母は宗教心が厚く、子どもの頃から氏神に寒参りをしたり、寺に話を聞きに行ったりしていた。一九四四年二月に父の戦死の公報が入ったが、戦死地不詳との通知であったため、母は父の生存に一縷の望みをかけ、方々の易者や霊感をもつという人など民間の呪術・宗教的職能者を訪ねた。また、再婚せず女一人で子どもを育てていく心の拠り所として宗教遍歴をした。入会はしなかったものの、ＰＬ教団の教会に朝参りをしたり、祖母が信心していた金光教の教えを聞いたりもした。母は一九五一年に、近所の人の勧めで心霊界教団[2]に入会した。また、一九六七年には、近所の心霊界信者の家が引っ越したため、そこを訪ねていた心霊界の布教師が来なくなり、宗教的な話を聞きに行く所がなくなったので、商売関係の人の紹介で天理教に入会して、名古屋の教会に四年間通ったこともある。[3]この他母は、判断に迷う時はことあるごとに、易者、霊能者、行者といった巷の呪術・宗教的職能者を訪れた。このように晶子は新宗教と民間信仰がとりまく環境の中で育ったのである。

晶子自身も子どもの頃から信心深く、神前で神々を拝むことが好きで、また信心深い母に連れられて方々の宗教を訪ねていた。一一歳の時に、医者にいっても治らなかった悪性のジンマシンが、心霊界の布教師に「あなたは恩師様（心霊界教祖、石井岩吉、号○山《れいざん》を指す）の読本（『病気の原理』）でみると汚れている、いやしい心だ」と言われ、子どもながらに思いあたることがあり、「いやしいということは感謝がないから友だちとけんかした。お父さんは死んで生きていないし、お母さんはお金をくれるがよそにいけばステレオもある」という妬み心を反省した。それからジンマシンが全く出なくなったということを体験した。

この年、お礼の意味合いもあって、心霊界の東京本部で行なわれた一週間にわたる夏期研修会に参加した。その折、○山から「あなたは上品だ」と声をかけられ、直筆の「天照皇大神」と書いてある掛軸をもらった。その時すでに、自分の霊媒としての素質を○山が見抜いていたためなのではないかと、後に自己認知している。その後中学三年の時に再度研修会に参加した。○山と直接に会ったのは一回だけであるにもかかわらず強い印象を受け、ジンマシンが治ったことから、○山は絶対であるとの確信をもったという。また心霊界では、観音術という一種の自己催眠術を行なうが、それにかかった人を見たこともあり、中学一年の頃に、自己暗示することによって、近所の行方不明の人の居場所を透視し、当てたこともある。

浜松女子商業高校を卒業後、店の手伝いのかたわら稽古事をして過ごし、一九六二（昭和三七）年に二一歳で見合い結婚をした、夫神谷某は四歳年長で、警察官であった。夫の父も戦死しており、結婚時から浜松市内八幡町で姑と同居したが、当初より姑から辛くあたられ、嫁姑の葛藤状態が続くことになった。夫は結婚一年後、静岡県金谷町に転勤になったが、月四回帰宅するとはいうものの五年の間、一度も夫のもとに行かせてはもらえなかった。姑の言いなりになる夫に不満はあったが、夫婦仲は悪くはなかった。こうしているうちに、三人の男の子が産まれた。一九六九（昭和四四）年に、夫がうっかり投げた牛乳瓶が背中にあたり、それがもとで腰のヘルニアと脊髄炎になり、次男、三男を連れて実家に一〇ヵ月間戻った。その間に、母の勧めで、病気と姑のことを聞くために、三人の易者・霊能者を訪ねた。そのうちの一人の霊能者から、病気は婚家の先祖が晶子に頼ってきているためであると言われたので、日蓮宗の寺に祈祷をしてもらいに行った。その時、自分の意志とはかかわりなく、涙がとめどもなく流れるという体験をし、霊の実在を実感したという。この時訪ねた易者の中に、神がかりの後、折にふれ相談にいったM・M（一九一九年生）がいる。M・Mは「人生相談」の看板を掲げ、依頼者に墨をふくませた筆で横に線を引かせ、それによって易と霊感両方による鑑定を行なうので、「イチボウさん」とも呼ばれている。また当時、母が天理教を信仰していたので、天理教にも行ったが、天理教にはひかれるものは何もなかったという。

（二）Ⅰ‐1期——最初の神がかりから夫との別居まで（一九七一年一月〜一九七二年）

実家から戻って半年程たった時、脊髄炎も治りきっておらず、疲れが出て風邪で寝こんだ。姑は仮病と思って、食事の時も呼んでくれないので食べることもできず、二日目に夫がくれたリンゴを食べ、三日目には自分で食べに行った。四日目にあたる一九七一（昭和四六）年一月二八日の午後四時に、起きようとしても起きられない程、お腹が重くなった。すると「おまえ、人助けをせよ」と頭の中で力強い男の声が聞こえた。「どなたですか」と尋ねると、「観音だ」という答えが返ってきた。「おまえのやっているのは従来の夫婦関係であるが、おまえの場合は、おまえが男になってやらなければならない運命だ。女が男になり、男が女になる運命もある」と夫婦のあり方と四つの組み合わせについて説かれた。(4) これまで自分の知っている宗教や道徳では考えも及ばなかったことを次から次へと言われた。また、夫や姑の考えていることも言われた（はたからみれば、自問自答のように、自分で問い、それを自分で答えるといった感じだったという）。そして「この家のものは誰も聞かないから、一軒おいて隣のＫ宅に行って説け」という指示があった。しかし、婚家は宗教嫌いで、結婚時に持っていった心霊界の『読本』は焼かれ、宗教をやったら出て行ってくれというような家だったので、「できない」と言うとお腹が軽くなった。電話で母にこのことを伝えたところ、母はＭ・Ｍにみてもらいに行き、「すばらしい神が入られた」と言われたとのことである。

晶子は自分としては神に断わったつもりでいたが、二ヵ月後の彼岸の三月二一日に、実家の仏壇にお参りして鈴をならしていた時に、「みんなの悩みを聞いてやろう」と観音が男の声で言われた。これが二度目の神がかりである。その場には母と叔母がいた。姑から充分な生活費をもらえなかったため実家から援助を受けていたので、就職したいと言ったところ、「カネ（金属）に縁があってきれいなところにある」との回答があった。この日、実家からの帰宅途中に、ミシンのセールスの募集広告を見たので、即応募し、パートタイムでセールスの仕事をやることになった。このセールス中に、「あなたはここが悪いね」と自然に口をついて言葉が出てしまい、病気や体の悪いところを当てたのが評判となって、売り上げも多く、入社後すぐ県のミシンセールスコンクールで二位になったほどであった。

実家からの援助も断り、経済的には安定し、これでよいと思っていたところ、夫から「あまり母がおまえに辛くあたるようなら一度家を出てみたらどうか」との提案があった。この頃は姑の意地悪も並ではなくなってきていた。それまで姑のことを言っても信じなかった夫だったが、姑が悪口を言っているのを偶然聞き、かわいそうだからいっぺん家を出たらどうかと言いだしたのである。また、神からも「家を出よ」と言われた。そこで、夫と合意の上で、姑にも母にも行き場所を知らせず、三人の子どもを置いて家を出た。家を出るようにとの神の指示があったとはいうものの、自分への神からの「通信」[5]が正しいものかどうかわからなかったので、最初の神がかりの際にすばらしい神が入ったと言った易者のM・Mとその妻で霊能者のN・M（一九二一年生）に、折にふれて相談した。

一九七一年一月の最初の神がかりの時に降臨したのは観音で、三月の二回目の神がかりでは、観音とともに心霊界教祖○山も降臨した。この観音は恩師観音といって、○山が信仰していた観音であった。同年七月に実家の神前で拝んでいたところ、天照皇大神が降臨し、「本当は私があなたを使うが、初めからでは信じないので、心霊界教祖や観音という身近なものを引き寄せて手先として使った」と語った。天照皇大神とともにおつきとして達磨大師（レオ先生と呼び、その後蓮華のそばに付いて指導する役割を担う）が現われた。

（三）Ⅰ-2期――別居・滝行・「お伺い」での生活（一九七二年～一九七三年五月）

別居したのは一九七二年のことである。夫より多くの給料があるので別居しても食べていかれると心強く思っていたが、別居と同時に病気になり、セールスは約一年間行なっただけでやめざるを得なくなった。食物は食べられず果汁がやっと喉をとおるだけだった。病気が治りかけた頃、神から滝に入れとの指示があった。その時に「白神大神《しらがみおおがみ》」と紙に書かせられ、これまで天照皇大神と名乗っていた神が白神という名を使った。「方々に天照皇大神があるから、天照皇大神という名だと縄張り争いをする。今度の新しい世の中のために、天照皇大神だと過去があるが、白神にはないので、こちらを使え」と指示された。

近くに滝があるとの指示だったので、一九七二（昭和四七）年八月、阿多古の滝[6]（別名、青谷の不動滝、旧天竜市、現浜松市長石）で修行をした。滝行と食事の修行であった。滝の入り方がわからないので、御獄山の行者の人（「お伺い」に来ていた人）[7]について入らせてほしいと頼んだが、その人が九字を切っている間にサッと滝に入れたという。一日五回神の言われるままに滝行をした。食事は初めの一週間はソバ粉を水で溶かしたものを食べ、二週間目からはコンニャクを塩茹でしたものを食べてもよいと言われた。次にきゅうりとジャガイモを食べる許可が出た。二一日間と当初指示されていたが、一八日間で修行がすんだ。滝に入ることは初めの一、二回は苦しいが、コツを覚えれば楽なもので、食事の修行ほど苦しいものはないということを実感した。なお、この滝に入る直前、新しい門出に際してN・Mより「蓮華《れんぎょう》」という名前をもらった。

滝修行後の一年間ほどは「お伺い」のみで生活した。「お伺い」でもらうお金は白分のものではないので、食事もご飯、味噌汁、たくあんと神の言われるままであった。この間神から自分への通信が正しいかどうか不安で、M・Mのところへ一日おきくらいに確かめにいった。白神はそれも修行であるから、「お伺い」で得た金をM・Mへの謝礼に使ってよいと言った。こうしているうちに、常に神と通信する世界におり、また神から人と交わってはいけないと言われていたので人と付き合わない状態が続いた。そのため、人に会っても感覚が違うので次第にわずらわしくなり、人間嫌いになってしまった。この頃、夫は週に一回程度訪ねて来ていたが、それを姑に密告した人がおり、それから来なくなった。

この時期、別居、天照皇大神から白神大神への神名変更、蓮華という新しい名前の獲得、滝での修行というこれまでの生活からの別離と新しい門出を象徴するような一連の出来事があった。そしてその後一年間は「お伺い」での生活、神事中心の生活、人との付き合いのない生活という世俗社会から分離した、いわば籠もりの修行であった。この時期は、M・Mとその妻のN・Mが蓮華にとって重要な他者として位置づけられる。

写真1　旗屋（どて焼き・お好み　旗屋と看板が掲げてある）〔自生会提供〕

(四) Ⅰ-3期——里の修行
(一九七三年六月～一九七五年二月)

人に会うのがいやになり、人間嫌いになっていたところ、白神から「あなたは人間という物体を持っているのだから、あくまでも人間として渡らなければならない。人間の喜びも感じないといけないから、皆に神を切ったといい、里の修行に出なさい。人間の裏の修行をしなさい」と言われた。そこで滝に入る前に書かされた「白神大神」の紙やレオ先生（達磨大師）の本体（一九七二年に「お伺い」に来ていた人からもらった犬のぬいぐるみにレオ先生の霊が入ったもの）を浜に焼きにいった。身分に貴賤のない店をつくれと言われて、一九七三（昭和四八）年六月に、居酒屋「旗屋」を市内八幡町で開店することになった。店の名も、場所や店内の備品についても神の指示があった。「旗屋」という屋号は、「人に甘えず、一人で旗を振ってがんばれ」という意味である。酒を扱う水商売を始めたので、最初は人を恐ろしく感じ、とまどいの毎日だった。二ヵ月目から順調に行きだし、一年目の開店記念日には一八〇人の常連客がついた。和気あいあいとした雰囲気で、客同士が仲良くなり、若い人同士でハイキング、ボーリング、花見などいろいろな所に遊びにいくなど、旗屋サークルもできた。店が軌道に乗ってきたところで神から「もう里の修行はやめなさい」と言われた。始めてから一年半たった一九七五年二月のことである。客に迷惑をかけてはいけないと思ったが、ちょうど客の中で店を捜している人がいたので、その人に貸した。この間、人には神とのかかわりを切ったと言ったが、神からの通信はあり、霊的に教えられていたので、時々人に教えたりはしていた。

（五）Ⅰ-4期――富士山での神秘体験と宗教的使命の自覚、心霊界での霊術研修、調整術教室の開始
（一九七五年三月～一九七六年八月）

旗屋をやめて、神事をしていても半信半疑であった。旗屋をやれと言われたかと思えば、客がついているのにやめろと指示されたり、どこかに行きたいと思ってもいけないと言われればやめたりで、自分は何のためにこのように生きているのかという疑問にぶつかり、これでは神のあやつり人形ではないかと思うようになった。また折にふれ相談に行き、自分を励ましてくれたM・Mを絶対的に信頼していたので、里の修行をすることになって、これまで自分のところに来ていた伺い人を皆M・Mに紹介した。ところが、その人たちの態度がガラッと変わり、蓮華を白い眼でみるようになってきた。聞いてみると、M・Mが「悪霊が憑いたから里の修行に出された」と悪し様に言っているという。そこでM・Mに面と向かって、「私に通信してくる霊をみてください」と言ったところ、これまでは蓮華にすばらしい霊であると言っていたのに、「あんたの霊は人間チョボチョボの霊だ」と言われた。(8) それを聞いてショックを受け、悪霊ならば皆に迷惑がかかるから捨てにいかなくてはと思い、神を捨てに富士山に行った。一九七五年八月のことであった。夜中に七合目に着いて、宿泊した明け方、夢の中で、蓮華の前世であるという慈恩大師(9)が現われ、如来と月光菩薩に仕えていた身であることを知らされた。また、心霊界教祖は前世で慈恩大師の弟子であることが示された。富士山での体験に

写真2　調整術教室〔著者撮影、1983年頃〕

よって自分の担うべき役割を自覚し、自分の小さな欲を捨て、どうせ一度は死ぬのだから、どこまでもの指示を信じついていこうと決意した。それからは、M・Mのところには、これまでの感謝という意味で、中元や歳暮の時期には挨拶に行ったが、相談することはやめた。

この富士山での神秘体験の後、人間は神の教えになかなか素直になれないが、体のことならばわかりやすいし、自らの健康は自ら守らなければならない、また「お伺い」は神の力だが、調整術（手で相手の体をほぐし、整えるもの）は自分の力で教えられるので、それを自分の生活の道にしようと思って、心霊界の東京本部に霊術（指圧に似たもので、手のひらから出る霊動による治療技術）を習いに、一ヵ月に一回一年間通った。しかし講話が中心で、霊術の方はあまり教えてくれなかったという。蓮華の教える調整術は、心霊界の霊術を基礎に蓮華なりにアレンジしたものである。蓮華は、「お伺い」は自分の力ではなく神事だが、調整術は自分の取柄なので、神に頼ることなく、自力で人の役に立つことができると思った。なお、一九七六年に、心霊界の布教師資格

（蓮華は権中講義、母は権小講義）を取得し、実家の姓に因む名の安間教会となった。

「お伺い」に加えて、調整術教室（勉強会の要素も加味）を開催するようになった。「お伺い」ではそれまで白神に伺っていたが、神のランクの最高位にある如来界に属する白神の教えは高すぎて人間にはわからないということで、如来界の下の菩薩界に属する月光菩薩が「お伺い」の回答を担当し、円芳（弘法大師、菩薩界の下の神界に属すとされる。「お伺い」の時に月光菩薩の御付をする）が控えで、魔を切るために「お伺い」に立ち会うようになった。

こうして「お伺い」、お祓い[10]（祝詞と講話）、調整術教室を行ない、そして、生活の面では旗屋時代から継続している衣類の販売で生計をたてた。

（六）成巫過程における導き手としての心霊界教祖と呪術・宗教的職能者の役割

最初の神がかりから自生会発足までの蓮華の四年間の足跡は、姑との葛藤の中での突発的な神がかり、初めての就労体験（ミシンのセールス）、別居、滝行、「お伺い」のみでの生活、里の修行、富士山での神秘体験と宗教的使命の自覚、心霊界での研修、調整術教室の開始という、一連の出来事から構成される。世俗的な社会関係では家族と離れ、宗教的には、ミシンのセールスでの霊能発現（巡り）、滝行と「お伺い」のみでの生活（籠もり）、里の修行（世俗社会との再結節）を経て[11]、富士山での神秘体験と宗教的使命の自覚に至り、蓮華が自分の力ではないと位置づける「お伺い」とともに、自分の力による調整術教室を開催するようになる。この間、心霊界教祖、観音を先駆けとして、如来界に属する最高位の神である白神（完全無欠な神で、点数でいうと千点満点であって、本来人間とは通信しないのだが、九六〇点に位を下げて人間に通信）、そのおつきとして今日に至るまで身近にいて蓮華を導き援助するレオ先生、そして「お伺い」で月光菩薩などが蓮華に通信してくることが示された。

突発的に神がかりになった蓮華が、神の指示の真偽について迷いながらも宗教者として自己形成していくにあたって、導き手として重要な役割を果たしたのは、心霊界教祖の○山、および民間の呪術・宗教的職能者であるM・Mとその妻N・Mである。

前者については、医者やさまざまな宗教を訪ねても全く治らなかった悪性のジンマシンが、心霊界の布教師から○山の言葉を伝えられただけで治癒するという、教えの正しさを立証するような奇跡的な病気治癒を経験し、幼い時に一度会っただけなのに蓮華に強い影響を与えた○山に対する信頼が醸造されていた。初期の神がかりにおいて、神は蓮華の信頼する○山やその信仰する観音を導き手として使った。富士山での神秘体験後自生会を始めるまでの一年間、月に一回東京の心霊界本部に霊術を習いに行き、布教師資格を取得した。自生会では○山を心霊界教団の呼称である「恩師様」と呼び、折にふれて指導をしていると位置づけている。[12] ○山と蓮華との関係は、蓮華にとって転回点を構成する富士山での神秘体験で、蓮華の前世とともに明確化された。蓮華は○山から影響を受けたというより縁があったととらえる。すなわち、○山は蓮華の前世の慈恩大師の弟子であり、前世の師に対する感謝で、自らを仕込む役割を演じたとみている。また、心霊界の教えの影響については、心霊界では祭神として中心に置く「天照皇大神」に「白神大神」という異なる名称をつけ、日本一国だけでなく宇宙をつかさどる神との意味づけを与えたが、同じ神を中心に据えている点、心霊界では字解といって、同じ音をもつ語に異なる字をあてはめて、教義の説明を行うが、蓮華の教えにおいてもこうした傾向がみられることなどがあげられよう。

他方、蓮華に降臨・通信する神の真偽を見分ける「審神者《さにわ》」の役割を担ったのは、呪術・宗教的職能者のM・Mとその妻N・Mである。蓮華が最初の神がかりをした時に、それを知った蓮華の母はM・Mを訪ね、彼からすばらしい神が入ったと言われた。蓮華はこの言葉を支えに、夫との別居、滝での修行、里の修行など人生上の節目で神の指示に従うべきか否かの決断に際して、M・Mに相談している。また滝行のあと一年間は神の指示によって「お伺い」のみで生計をたてたが、その時も自らの「お伺い」での解答が正しいかどうかを確かめるために二日に一度はM・Mを訪れた。また、M・Mの妻N・Mは、蓮華がM・Mのもとを頻繁に訪ねていた頃、前夫との夫婦関係の悩みをもって訪れており、その後夫と離婚してM・Mの妻になった人である。N・Mは霊能があり、蓮華に通信する白神からの通信を受けている。人とはめったに会わず、肉体をもってはいるが人間の感覚ではないというが、M・Mではわからない部分を補足する役割を担った。[13]「蓮華」と名づけたのもN・Mである。富士山での神秘体験で宗教的使命を自覚した後は、M・Mのもとに相談に行かなくなったが、蓮華は最初に自分に通信した神を認めてくれた人であり、M・Mがただの易者であったら自分自身も伸びなかったとして、いまだに恩人意識をもち、盆暮の挨拶は欠かさない。呪術・宗教的職能者のM・Mおよびその妻N・Mは、蓮華に通信する神のランクを見分け、その通信の正否を確認させ、さらに当初神からの通信の内容がわからなかった蓮華に、それを解説し教える指導者としての役割を果たしたといえよう。

三　自生会の展開

新霊性運動は緩やかなネットワークをつくるが、組織体とはなりにくいというのが一般的見解である。しかし、蓮華の成巫には信者群の形成を伴った。この点を次に考察しておこう。

蓮華は宗教的使命感を感得後、自生会という独自の会を始める。その会の名称は自生会（第一次）→自成会→自生会（第二次）とまたもとの名称に戻るが、[14]各々の時期にそれぞれの展開がみられる（適宜Ⅲ部末の年表「蓮華の生活史と自生会の展開」を参照されたい）。

（一）Ⅱ期　第一次自生会（一九七六年九月〜一九八〇年八月）

一九七五年の秋から始めた調整術教室が、勉強会中心となったのは一九七六年九月のことで、この時が自生会（自生は因の元点で、植物であるなら芽の出初めという意味）の開始年となる。はじめは「お伺い」に来ている人のうち、この人なら勉強会に来ても通じると思う人に声をかけ、六、七人で始まった。自生会をつくる以前は、蓮華のもとに来る人々を心霊界に信者として紹介していたが、故○山の教えがだんだんと曲げられてきたと感じ、自生会をつくった[15]。

一九七七年に夫から離婚話があり、離婚した。神から子どもたちのことは見守ると言われたので、蓮華は子どもを神に預けたつもりで、神の道に進む決意を新たにした。離婚と子どもたちとの別離は神についていく決意をゆるぎないものとし、以前にも増して活発な活動を始めた。それまで砂山町の実家一ヵ所で行なっていた勉強会を拡大し始めたのは、離婚後のことである。勉強会を行なう意義は、自己の宿命を知らせ、因縁を勉強して、我を捨てることにあった。それによって魂の向上を図るというものであった。一九七七年には、今までの勉強会での教えをまとめた本、『永遠《とわ》への道』[16]をつくることを神より指示され、翌一九七八年に発行された。蓮華が神谷の籍を離れた年であるので、真剣に生きなければならないという意味だととらえ、かつ、この本を作成したことで、自生会は当初意図していた心霊界教祖○山の教えを正しく伝えるという意味を超えて、白神の教え、蓮華に通信する神の教えが中心であることを確認する。○山は蓮華の指導する賢者（の霊）の一人として、如来界・菩薩界の下の神界から指導をするものとされた。

一九八〇年七月までに、勉強会を行う場所は、砂山町の実家（週一回昼夜）、八幡町のK宅（月二回）、茄子町（月一回）、浜松市民会館（月一回）、浜松青年会館（月一回）、浜北市（月二回）、磐田市（月一回）、名古屋市（月一回）の八ヵ所に及び、約百名が参加した。勉強会では、そこに集まる人々の性格により、また場所によって教えの説き方が異なるが、この中では八幡町の勉強会は青年男女が多いこともあって最も程度が高く、また蓮華が霊媒となって神の言葉を語ることも多かった。これ以外に、砂山町の実家で水土日の一二時から午後六時までの週三回を「お伺い」日とし、一日に一〇人から一五人の依頼者が訪れた。また「お伺い」日以外は、日に二〜三戸、お祓いにも行った。月一回定例のお祓いに行く家は一〇軒を数えた。不定期のお祓いは、さわりのあった時などに頼まれて行なうものである。

また、店を貸していた人が一九八〇年一月末に結婚で営業をやめたため、二月に旗屋を再開した。都市計画のために立ち退きの話もあったので、しばらくの間夜だけ開店することになった。月光菩薩から「灯をともしてゆく程度でよい」と言われたので、以前の客に知らせることもなく、欲得なしに店をやったという。第二次旗屋では奉仕で手伝いをする者も現れた。また、酒より食事中心の店になり、客同士が旗屋会をつくり、一緒に遊びに行ったり、旗屋の二階を民謡教室や書道教室に貸すなど、多くの人が出入りする場となった。客が毎日お互いの顔を見、会話を楽しむ旗屋は、人間の特徴を出す場であり、魂のきれいな人は、良い特徴を出して人に自分の良さを与える勉強をさせ、人の長所、自分の欠点に気づく場、自分をきれいにして

写真3　実家でグループ指導をする蓮華（後ろ右手に見えるのは心霊界の神前。後方の写真は心霊界教祖〇山。教えの言葉の貼り紙も見える）〔1983年頃、筆者撮影〕

いくための魂の湧き水の場所と位置づけられた。

一九八〇年七月二〇日には、自生会の卒業式兼謝恩会が行なわれた。参加者は一一三名、二〇歳代から四〇歳代が中心世代で、男性は一〇名程度であった。来賓として、白神、釈迦、月光菩薩、レオ先生が、霊媒となった蓮華の口をとおして、祝辞と心構えを述べた。今後、次の段階の自成会となるにあたっての方向づけが示されたのである。

第一次自生会では、まだ心霊界の影響は強く、蓮華に通信してくれる〇山に対する感謝という意味で、自生会の人々を集めて心霊界の春秋の大祭に参加していた。また、自生会で八ヵ所にあった勉強会のうち、蓮華の実家での勉強会だけであるが、心霊界祝詞を用い、祭式も教えていた。次の段階の自成会になってからは、祭式をすると形が意識され、拝むことが主体になってしまうということから、全く行なわないようになった。〇山が折にふれて蓮華に降臨し指導する以外は、自成会になってから心霊界色はなくなった。

（二）Ⅲ期　自成会（一九八〇年九月～一九八九年一二月）

一九八〇年九月からは、自生会は自成会と名称を変え、いろいろな場所で開いていた勉強会を統合し、月一回第一日曜の一時三〇分から四時まで、砂山町の公会堂で勉強会が行なわれるようになった。自生会で教えていたのは、何のために生きているのか、何のために死ぬのか、この世での役割といったいわば種であるが、知恵ばかりでなく、学んだことを実際の生活の中で生かす、すなわち行動する段階に入ったとして、一ランク進んだものとして自成会と名称を変えたのである。後述する教えで言及される自知・即今《そっこん》・和では、自生会が自知であるとするなら、自成会は即今の段階に至ったという意味があった。勉強会のメンバーは約百名で、毎回六〇名は参加した。勉強会では蓮華の講話、神々と賢者が蓮華に降臨しての話、自分の体は自分で守るという主旨のもとでの調整術の講習が行なわれた。講話後、質問を

写真4　自成会時の勉強会（左が蓮華、右側は審神者役の北田勝久）
〔著者撮影、1983年頃〕

受けるが、一般の質問以外に、常に質問者としての役割を担う二人の男性（後に蓮華と結婚する北田勝久と十五人会のメンバーになる小林正明、自成会発足当時二〇歳代）がいて、参加者の理解に役立つように突っ込んだ質問をすることになった。

この（第一）勉強会のほかに、「魂のきれいな人で感謝のできる人」を神の指示のもとに選んで、八幡町のK宅で、第二日曜の夜七時三〇分から九時まで第二勉強会をもっている（一九八三年に閉会）。参加者は二〇数名で男女約半々である。この会のことは第一勉強会では公表していない。第二勉強会参加者に比較的新しく勉強を始めた人が多いのは、以前からかかわって来た人のほうが、御利益信仰で神を使う人が多かったためである。また、名古屋での勉強会は自成会となってからも継続して開かれているが、一九八一年からは東京でも月に一回勉強会を開催するようになった。

一九八〇年に再開した旗屋は、自成会の展開にとって重要な役割を果たした。[17] 一九八一年二月に蓮華は、客であった北田勝久と結婚した。蓮華に影響を与えた呪術・宗教的職能者のM・Mの妻N・Mは白神からの通信を受けているが、彼女は第二勉強会に来て様子を見たうえで、北田に審神者[18]となるように指示し、その後、神からの通信として、北田と蓮華に結婚して一緒に神の道に行くようにと伝えた。

旗屋は高架線の話が具体化して一九八三年二月に閉店するが、その前年の一九八二年には旗屋の常連客だった北田勝久（一九五三年生、大卒、会社員、前世・キリストの弟子のユダ）、酒井昇治（一九四六年生、印刷業自営、前世・三河武士）、村山哲司（一九五〇年生、会社員、前世・ジンギスカン）、原田和一（一九五二年生、会社員、前世・イスラエルの求道者）、鈴木策太郎（一九四七年生、建設作業員、モンゴルの馬族の部隊長）をファイブスターズとレオ先生が名づけた。さらに一九八四年には、旗屋の客である小林正明、乾拓雄、「お伺い」を通じて知り合った河野松男、鈴木愛子、鈴木正人、前島教次、鈴木信行、毛利信子、心霊界で知り合った渡辺宗一、そして蓮華の弟の安間健雄が入り、レオ先生が各々の特徴を踏まえ、三つの五人組のグループをつくり、全体を十五人会と称した。第一グループはファイブスターズの五人、第二グループは、安間健雄（一九四二年生、大卒、会社員、前世・ソクラテス）、鈴木愛子（一九四一年生、化粧品セールスチーフ、前世・城の馬係の上級役人）、乾拓雄（一九四〇年生、大学院博士課程修了、地方公務員研究職、前世・天文学者）、鈴木正人（一九五三年生、大卒、福祉関係の地方公務員、前世・イギリスの牧師）、河野松男（一九四五年生、内装業自営、前世・室町時代の役人）の五人、第三グループは、小林正明（一九五六年生、大卒、会社員、前世・釈迦の弟子の迦葉）、前島教次（一九三四年生、大卒、歯科医院自営、前世・日本で庶民を助けた医者）、渡辺宗一（一九三八年生、板金業自営、前世・孟子）、毛利信子（一九五四年生、短大卒、保母、前世・聖徳太子の弟子）、鈴木信行（一九四八年生、会社員、前世・ロシアの政治家）の五人である。初めは北田勝久のサポート役ということでファイブスターズ（第一グループ）がつくられたが、第一グループにはない、慎重さと自負心のある人たちとして第二グループが、そして、第一グループと第二グループの調和のために第三グループがつくられた。全体を十五人会と呼び、それぞれが違った特徴をもつ一五人が協力と調和を学ぶための仲間となり、教えを伝え残すために協力しあうことになる（蓮華は後にこれらの一五人は人間の縮図であるととらえている）。これらのメンバーは蓮華が前世と今世での生き方をみて選んだ人々であるが、一五人のうち九人は第二勉強会参加者から選ばれた[19]。

自成会の九年間の間に、十五人会という今日まで会の中心を担う人材グループができたことは特筆に価する。出版物では、一九八一年には『自成会こよみ』（日めくり方式）、カセットテープ『神々のお話』、『人間としての生き方』『先祖供養と自尊』が発行され、書物は一九八三年に『神々と賢者の御話』、八五年に『幸せへの近道』、八八年に『聖ある生き方』が発行された。機関紙『自成会だより』（A5判六～一〇頁）は八五年に創刊され、月一回刊行され今日に至っている。一九八四年九月には砂山町の蓮華の実家の敷地内に神の館を建築し、独立した「お伺い」の場ができた。同年一二月に神仏の教えを残すことを目的に、十五人会を中心として㈱レオ出版所を設立した。一九八六年には十五人会とともに、浜松市の中心部から車で一時間の距離にある場所に五五〇〇坪の土地を購入し、「山の家」（後のごく楽山）を建築した。また、㈱レオ出版所は一九八九年に㈱レオ（蓮華と十五人会が出資）として発展的に解消した。㈱レオは出版事業の資金

写真5　山の家（手前に「白神様の教え　自知・即今・和」と書かれた碑が見える）〔自生会提供〕

捻出の目的で、健康器具や自然食品、衣類、化粧品、自動車保険、営繕、浄水器などを販売するレオ店を貸し店舗で開店した。

山の家では、毎月第三土曜から日曜にかけて、一泊で十五人会メンバーとその妻が集まり、勉強会を行なう。

(三) Ⅳ期　第二次自生会（一九九〇年一月〜現在）

一九九〇年一月に、自成会は元の自生会に名称を変更した。蓮華によると、「即今」という教えを行ずる段階ではなかったのがわかったので、降格し、元に戻したとのことである。

レオ店では、一九九〇年五月から女性対象の結婚準備講座のエレガント教室（教授内容は、料理、掃除、華道、茶道、着付け、友禅染、パンフラワーなど）を開始し、一一月にはペパーミント・サークル（以下、ペパーミント）という結婚前の青年の集まりが結成された[20]。彼らは十五人会を補佐する役割を果たしている。また、一九九一年一〇月には報徳会という経営者主体の会が発足した[21]。この両者とも蓮華が前世をみて選んだ人々である。ペパーミントは三ヵ月に一度、単独でもしくは十五人会と合同で山の家で一泊勉強会を行なう。報徳会も三ヵ月に一度勉強会を行なう。そして、レオ店では、十五人会構成員の妻たちが、次いで、ペパーミントの女性たちがパートで働き、実践的に生き方を学ぶ場となっている。一九九一年八月には、『気と心』が発行された。一九九六年一月には蓮華の神がかり二五周年記念講演会を開催、三ヵ月後の四月には年三回発行の機関誌『マイ・フレンド』（A5判一四〇頁前後）を創刊するに至った。

このように、拠点施設の建設、出版物・機関紙誌の発行、事業の開始など目に見える基盤が整ってきた。自生会は神々や賢者の霊と直接交流する蓮華を中心にする集団である。蓮華の役割は誰も代替することはできない。ところが、一九九六年暮に、蓮華が病気になり、四年間という長期にわたって療養することになった。この間三年間も「お伺い」

写真6　山の家での十五人会とペパーミントの合同勉強会〔自生会提供〕

が休止された。また、一九九九年に「お伺い」が再開された後も、従来の面談方式（神の館で蓮華が直接依頼者と面談し、神々へお伺いし、その回答を紙に書き、その後それを噛み砕いて説明する）から、書面でのお伺い（手紙でお伺い内容を送付し、回答を手紙で送付）に変更された。勉強会と「お伺い」が蓮華の活動の車の両輪であり、この両者がない時期が長期間にわたって継続したが、「お伺い」だけのかかわりの者は別として、この危機的出来事に遭遇しても離れる人はほとんどいなかった。二〇〇三年には山の家を「やすらぎの家」と呼び、その敷地内に観音の碑を建立し、梅園を造成し、展望台をつくり、「ごく楽山」と呼ぶようになった。二〇〇六年二月には神がかり三五年式典を挙行した。同年五月にはごく楽山の敷地内で光のパワーがある直径二間（三・六四メートル）の円形の場所を「法光の湯」と名づけ、その光のパワーを浴びることができるように整備し、建物をつくった[22]。

写真7　神がかり35周年記念式典で講演をする蓮華〔2006年2月　自生会提供〕

写真8　神がかり35周年式典で、蓮華に降臨した月光菩薩と対話する審神者役の北田勝久〔2006年2月　自生会提供〕

ここで、これまでの過程をふりかえりつつ整理するならば以下のようになる。

Ⅰ期　最初の神がかりから自生会を始めるまで（一九七一年一月～一九七六年八月、五年半）。

この時期は、以下の四期にさらに区分できる。①最初の神がかりから夫との別居まで（ミシンのセールスをしている時に霊能が評判になり、頼まれて「お伺い」を始めた時期）、②別居から里の修行まで（別居後、滝の修行を経て、「お伺い」を本格的にやり始めた時期。ただし、本人は自分に通信する神に半信半疑で、常に呪術・宗教的職能者M・Mによる確かめを必要とした）、③里の修行（旗屋）（「お伺い」を切り、水商売の中で人間のあり方の学習をした時期）、④富士山での神秘体験から、自生会を始めるまで（神を捨てようと決意した時に、逆に前世を知らされることによって宗教的使命を自覚し、神一筋に生きることを決意した時期。M・Mの影響からの脱皮。心霊界で霊術を学習。調整術教室の開始。ここまでは心霊界に所属しているという意識がある）。

Ⅱ期　第一次自生会（一九七六年九月～一九八〇年八月、四年間）。

「お伺い」に加えて勉強会を開始し、教えが形成された。教団としての心霊界から決別し、心霊界教祖は蓮華に降臨・通信する指導霊の一人として位置づけられる。旗屋を再開する。

Ⅲ期　自成会（一九八〇年九月～一九八九年一二月、九年間）。

個別的に行なっていた勉強会を一ヵ所に集めた信者集団形成の時期。十五人会という中核的信者群の出現。教えに関する出版物の刊行、機関紙の刊行、神の館、山の家という自前の拠点施設の建設、㈱レオ出版所の設立（㈱レオとして発展的に解消）。

Ⅳ期　第二次自生会（一九九〇年一月～現在）。

十五人会に加えて、青年層の集団ぺパーミント、経営者の会の報徳会が結成され、中核的信者群が重層化、機関誌

写真9　ごく楽山の観音の碑（法光にすべて身を寄せ赤子かな）〔自生会提供〕

写真10　法光の湯（光のパワーが出ているところに白い石が敷き詰めてある）〔自生会提供〕

写真11　光のパワーを浴びられるよう法光の湯の場所に作られた建物〔自生会提供〕

『マイ・フレンド』の発行、「ごく楽山」の整備。

I期は成巫過程にあたるが、そこでの時期区分は、蓮華自身の別居、離婚といった人生上の転機とも重なり合う。姑との葛藤が極限状態に達した時に、病気という心身の衰弱状態の中で神がかりとなった。これは蓮華自身が、新宗教と民間信仰の取り巻く環境において育ち、また自らも心霊界によってジンマシンが治り助けられたと認知した体験をもつことから、心理的葛藤の解決にあたって、宗教的解決に導かれたものととらえることができる。そして、最初の神がかりにおいて教えられたものは、従来の伝統的性別役割観とは異質な、それぞれの宿命に応じた夫婦関係のあり方であった。さらに、神がかりを経ることによって、蓮華には新しい世界が展開していくことになる。それはまず、これまで就職の経験をもたなかった蓮華が、セールスのパートをすることによって、外の世界を見たことである。就職もしたことがなく井の中の蛙だったので、セールスに行くことによってよその家を見、人を見る経験を得たと意味づけているが、これは自己の生活を相対化しうる視点を獲得したということでもある。その後の滝の修行についても、その時は神の言われるままで無我夢中であったが、夫と別居してすぐのことだったので、「俗的な人間的過去との訣別」であったと位置づけている。さらにまた、里の修行は「人間の裏の修行」とされるが、これまで男性といえば夫しか知らなかった蓮華に、いろいろな男性を観察する機会を与え、相対化の視点はより深まったといえる。また、婚家を出てから苦労すればする程、姑との同居の苦労を思い出して耐えていけた、姑のおかげで自分一人で生きてこられた、神は砥石だというが、この苦労は「神の道に行くのには最高の宝」であったと、否定的なものから、積極的なものへと意味づけが転化していくのである。

これらの自己の経験に対する意味づけは、普通の主婦が民間の呪術・宗教的職能者となり、さらに、富士山での神秘体験という転回点を経ることによって、教えが形成され、持続的な信者群が出現し、スピリチュアル・リーダーとなっていく過程で得られたものである。呪術・宗教的職能者と依頼者という問題解決を媒介とした一時的な関係は、Ⅱ期で教えの学習のための勉強会という定期的な集会が組織されたことによって、継続的社会関係へと脱皮することになる。現世利益を前面に押し出した既成の拝み屋の延長ではないことを理解することができそうな少数の人々を選択して始まった根まわしの段階をへて、自然発生的な数の増大に伴い、勉強会を行なう場所が拡大していった。そして、教えを通じての関係が定着してきた段階で、自生会から自成会へと切りかえることによって、人々に対して新たなる心構えを確認させるとともに、それまでは勉強会が異なれば知らなかった人々を一つに結集させ、その中核をなす信者群（蓮華は信者という名称ではなく、自分を含めて、神を信じていく同志と呼ぶ方がよいという）がみられるようになってきた。したがって、Ⅱ期の第一次自生会は、蓮華のまわりに集まる人々がいくつかの小集団を形成していった時期であったのに対し、Ⅲ期の自成会は、信者同士の横のつながりをも含めた蓮華対信者群が形成され、そして今日に至るまでコアメンバーである十五人会が結成されたということができよう。Ⅳ期の第二次自生会では、十五人会に加え、青年層のペパーミント、事業経営者等の報徳会というコアグループが重層化し、それぞれ勉強会を行なうようになった。

二〇〇六年現在では、蓮華をとりまく人々は、機関誌[23]『マイ・フレンド』（年三回発行）の購読者であるマイ・フレンド会員（正会員一四二名、準会員一二一名、計二六三名）、自生会会員（狭義。勉強会参加者、八九名）、十五人会（男一三名、女二名の計一五名）、そしてペパーミント（男一三名、女一一名の計二四名）、報徳会（男一〇名、女一名の計一一名、うち四名は十五人会のメンバーと重複）のメンバーから構成される。相互の関係は、マイ・フレンド会員の中に、自生会会員がおり、そのコアメンバーとして十五人会（年齢層五〇～六〇歳代）がある。若手の集団であるペパーミント（年齢層三〇歳代中心、結成時には結婚前の青年層を対象）はその約八〇％が、事業の経営者・従事者の報徳会メンバーの六五％が自生会会員である。十五人会、ペパーミント、報徳会は、蓮華が前世をみて良いものをもっているということで選出した人々であり、単なる年齢階層別の組織でも、職業別の組織でもないことに特徴がある。

蓮華の主導する運動は、民間巫者の活動を超え、また従来の新宗教とは異なる特質をもっている。これは一九七〇年代以降にアメリカで、それに遅れて日本でも展開してくるニューエイジ、もしくは島薗進のネーミングによる新霊性運動の色彩が強いと思われる。その点を注意しながら次に自生会の教えの内容をみてみよう。

四　自生会の教え

民間の呪術・宗教的職能者から教祖に移行する転換点は、従来、教義や世界観の形成に求められてきた［森岡 1978：247］。蓮華は富士山での神秘体験によって宗教的覚醒を得た。これは本人の使命の自覚を促した決定的な回心体験であるが、前世という観念が導入されたことがここでは重要である。輪廻転生、因縁因果を踏まえた前世―今世―来世という時間的広がりの中で、今世での役割、今世生を受けたことの意味に対する探求が深まり、現世利益のみではない生き方にかかわる教えが形成されるに至ったととらえることができよう。しかし、蓮華自身は自分で教えを編み出したのではなく、あくまでも蓮華に通信する白神や菩薩などの言われることを伝えるだけであり、したがって、自らは教祖ではなく、神々の代弁者であり、霊媒であると位置づけている。

原点となる教えの書としては、『永遠への道』がある。これは、一九七五年一二月から一九七八年二月までの勉強会における蓮華の講話の筆記録から構成される。その後、『神々と賢者の御話』、『幸せへの近道』、『聖ある生き方』、『気と心』という書物が相次いで発行された。

『神々と賢者の御話』は勉強会での蓮華の講話、神々や賢者の霊との対話（蓮華が霊媒となり、神々からの話や、審神者ほかの質問者の問いに応じて神々が語る）を収録している。

『幸せへの近道』は『永遠への道』の新版ともいうべきもので、第一編、人間としての生きる道、第二編、神々と賢者のお話、から構成される。

『聖ある生き方』は、第一部「生きる」と題して、勉強会での講話から日常生活での生き方に応用できる内容のものを掲載し、第二部は、白神、釈迦、月光菩薩、観音菩薩、レオ先生、○山からの話や質問者との会話のほか、最澄、宮本武蔵の霊を呼び出しての会話、「誠意とは」という質問に対する釈迦、月光、観音、○山の回答を収録し、第三部は蓮華の言葉から構成されている。

『気と心』は、第一部「歴史上の人物と永遠への道」と題して、徳川家康、坂本竜馬、宮本武蔵、エジソン、達磨大師（レオ先生）の霊との会話と、白神、観音によるこれらの人々の人物評から構成され、第二部は「気と心」と題し、蓮華との会話、月光菩薩との会話が収録され、第三部は「気の整理」が例題を通して語られる。この書物は十五人会の企画によるもので、他の書物が勉強会などでの神々や賢者との会話をもとにしたものであるのに対し、人間にとって理解しやすいよう、気と心にしぼって新たに「お伺い」したものを内容とする。

一九九六年以降は機関誌『マイ・フレンド』が年三回発行されているので、その後書物の出版はない。『マイ・フレンド』には、勉強会での神々や賢者の話や会話、蓮華の教え、編集部で設定したテーマについて蓮華をとおして神々に伺ったものなどが掲載されている。

これらの内容からもわかるように、蓮華が霊媒となって指導神や賢者の霊、そして、また歴史的人物の霊も自在に呼んで話をし、また質問者との会話が行なわれている。

蓮華を使う神の根本の神は白神であるが、さまざまな神々や賢者の霊が指導神として立ち現れる。以下、教えの要点を解説しておく。(24)

（一）指導神と天上界の構造

天上界（あの世）はいくつかの階層に分かれていて、人は死ぬとその心（魂）のあり方により、それにふさわしい世界に分かれていく。色（自我）が強いあり方から空、さらに無に近づくにつれ、（地獄）、幽界、霊界、神界、菩薩界、如来界へと進んでゆくことになる。如来とは、宇宙（自然）の理と一体の神々。菩薩とは、理と情を組み合わせ、自分の本来の特徴を自覚し、活かせる神々。神界とは、自分の分を全うし、さらに人の分まで知り、守ってあげられる賢者（の世界）。霊界とは、自分の特徴を十分出し切り、人に和やかな心を持たせることのできた人（の世界）。幽界とは、気を中心に、強弱に惑わされ、物事の真実、自分に対しての本当の真面目さを知らない人達（の世界）であって、大部分の人達は幽界に属する。

蓮華を通じて教えを発信する神々（菩薩以上）には、白神（如来界）、釈迦（如来界）、大日如来（如来界）、観世音菩薩（菩薩界）、普賢菩薩（菩薩界）、文殊菩薩（菩薩界）、月光菩薩（菩薩界）が、賢者達（神界）には、不動明王、達磨大師（レオ先生）、心霊界教祖〇山（恩師）、弘法大師（円芳）、慈恩大師（蓮華の前世）がいる。「お伺い」の場合は、主として月光菩薩からの通信を受け、勉強会ではこれらの神々や賢者達が蓮華に降臨して話をする。この中でもレオ先生は常に蓮華のそばにおり、指導しているとされる。こうした神々と賢者達からの通信および蓮華自身が感得したことから自生会の教えが形成されている。

（二）末法の時代と蓮華への通信

それではなぜ、神々や賢者達が蓮華に通信するのであろうか。その理由として、末法の時代に入り、神の教えが必要とされる時代の節目に来たということ、そして、蓮華が神の代弁者としての資質、性格をもっていることが挙げられる。

末法の時代が始まったということは、神々や賢者達が、繰り返し述べることで、そもそも白神が蓮華を指名し、白神の指示により神々や賢者達が蓮華に通信し、教えを伝えるようになったのは、今の世が末法の時代だという背景がある。末法の時代とは、貸し借りのない世界、因果応報の世界に入ったということを意味する［鈴木 1998：42‐43］。人と人との争いに抵抗がなくなり、それが日常茶飯事のことのように無関心になる。人間が動物的になり、生存競争にのみ力を入れ、愛のない、情のない世界に入ったということで、人類にとって、末法の世に飲まれてしまうか否かの大きな切り換えの時期となる［鈴木 1998：142］。

こうした末法の時代において、蓮華を代弁者として選んだ理由として、白神は次の理由を挙げる。「私達が、とくに私が蓮華を選んだのはどういうことかというと、まず前世、受ける姿勢というものを持っていたこと。それと今世肉体を持ちながらも、何事も自分というものに対して自信のなさ、それとともに人に迷惑をかけてはいけないという潔癖さ。それと物事に対して良くとれるという心がある。」［鈴木 1991：101］

すなわち、第一に、自分という価値判断をなくし、神々から示し申されたものに対して、我や己にとらわれる心がなく白紙で対する素直さがあること、第二に、肉体をもつと自分にこだわり押し通す癖が出がちであるが、蓮華の場合、謙虚にあくまで自分は使われ人としての自覚をもっていること、第三に、前世や人に対して魂に汚れを入れてはいけない、汚れをつくらない、すなわち迷惑をかけてはいけないという強い心をもっていること、第四に、物事を明るくとり、良い方に解釈することが挙げられている。

(三) 基本信条

それでは教えの内容に入ろう。自生会の教えの基本として、以下の文章が出版物に繰り返し掲載されており、毎回の勉強会で唱えられている。体系化されていないが、自生会のいわば根本教義、基本信条がここに含まれているとみてよいであろう。

自生会とは
一、幸せになる近道は相手を直そうとせず己を直すことだ…「運命に忠実」(自知)
一、自業を発展させることが、自分自身を幸せに導く一歩である…「事業に努力」[25](即今)
一、人間は四季のような心になれば幸せになる…[26]「人に謙虚」(和)
一、人間は不行(不幸)の方には素直になるが、幸せの方に行く行動には足踏みしてしまう。
一、人間として幸せの方に行くには、その人がある勇気を出さないといけない。
魅力ある人間の条件(月光菩薩)
一、常に人の言うことを聞く人(客観)
一、常に相手に対して控える人(謙虚)
一、常に相手に花を持たせる人(歓喜)
一、常に身支度を整える人(安心)

一、常に相手の身になり行動する人（慈悲、愛）
一、常に自分のやるべき事を行う人（責任）
一、常に相手と対等に話をする人（平等）

幸せになる道（神の道）
一、すじとけじめ（神理、当たり前のこと）
一、与えて取る（相手に与えたら取る。甘やかさない）
一、対等（相手もよし、自分もよし。お互いを尊ぶあり方）

宿命を生かすには（蓮華先生）
一、無理するな（分、人柄）
一、無駄するな（工夫、工面、思いやりの心）
一、ずるするな（精一杯の心）

神理とは、今日一日無事に過ぎればそれでよい
一、今日一日、無事に食事ができたか（感謝）
一、今日一日、無事に自分自身に忠実であったか
一、今日一日、無事に人と仲良く過ごせたか（調和）

また、機関誌の『マイ・フレンド』には、会員の信条が次のように記載されている。

神仏の教えを日常の中で学び、この世に生まれた意味を前向きにとらえ、体当たりし、一人一人が自分の特徴を出し合い、お互いに魂の向上に努力する人達の集まり。

一、常に明るく物事をとらえること
一、一日一回でも人に喜ばれることをすること
一、汚れを作らないこと（ありがとう・ごめんなさい・すみませんと素直に言えること）
一、人に迷惑をかけないこと
一、常に自分に責任を持つこと

右に紹介した自生会の基本信条およびそれに含意される信念について解説しておく。蓮華は先にふれたように、従来用いられている言葉に別の漢字をあてて、通常一般の意味とは異なる新しい意味を表現する場合がある。神理（真理）、信行（信仰）、心行（信仰）、自業（事業）、辛配（心配）、苦浪（苦労）など、文字のもつ意味を生かして使われている。勉強会では、具体的に理解しやすいようにさまざまな事例をとおして、また「お伺い」では個人の因縁に即して教えが説かれている。教えの内容は、単なる修養道徳的なものとは異なる。マイ・フレンドの信条にある「魂の向上に努力する人達の集まり」という言葉に端的に表れているように、蓮華が指導するスピリチュアルな運動は、因縁因果と前世―今世―来世の連続体の中で、人間はこの世に魂の浄化のためや魂に徳を積むために来ているととらえ、魂を向上させることを目的とするものである。

（四）自知・即今・和

魂を浄化し、磨くためには自分を生かすことが必要で、そのためには、自知、即今、和の三つの根本の教えを実行しなければならない。自知、即今、和は白神が示した基本となる教えである。[27] 自知とは、自分というもの、つまり自分の気質と性質、および現在の自分の器量、置かれた立場、環境を知ることである。自分の気質、性質、性格を区別して自覚することには意味がある。気質は、自分の魂がもともともっている特徴であり、それを活かしてゆくことが本来の生き方である。また、自分の気質に合わない環境、役割、衣服は、自分本来の特徴を消してしまい、無理が生じることになる。性質は、魂に付着したものではなく、父母の遺伝的な要因からくるものであり、その欠点を自覚することにより、克服することが可能である。性格は、生後の環境が要因であるため、さらに克服することは容易である。

即今とは、今、自分ができることは何か。今という場面において自分がどうしたらよいかに常に意識を集中し、行動していくことであり、今、今、今に体当たりしていくことを指す。また即今で行動することにより、自分というものを知ること（自知）ができる。

自知、即今ができて、初めて和という人との調和の世界に入ることができる。人と交わるにも、時に合わせ、道理にそって自分の特徴を活かし、味わっていけるのが和の世界である。

（五）生まれ変わり・因縁

それぞれ本来の特徴（素質）をもった個々の魂が、この世に何回も生まれ変わり経験を重ねる中で気質が備わり、気質をもった魂は、この世に誕生する際に父母の（遺伝的な）影響を受けて性質が備わり、育っていく環境の影響で性格を身につけて、一人の人格となる。個々の魂はこの世でその人格において経験したことを、良いことも悪いことも蓄積していく。

罪を犯した魂はいずれ償い、借りはどこかで返さなければならない。今世、清算できなければ、その魂は来世、清算させられることになる。逆に今世、良いことをした魂は、徳分として来世報われる。罪を償い、また借りを返した魂は、味わい楽しむ世界に入ることができる。生まれ変わりの中で、神の計らいにより、個々の魂に応じてそれぞれの人生が与えられる。そのような仕組みを因縁という。

(六)　魂の先祖(前世)・肉体の先祖(父母と血の因縁)

自生会においては、家の代々の単系的な先祖でも、また霊友会系諸教団にみられるような双系的先祖でもない、独自の先祖観がみられる。先祖には、肉体の先祖と魂の先祖がある。前者は、生まれながらに、親、きょうだい、子ども、親戚といった共通点（即ち計りにかけたならば同量の欠点）をもった血縁者同士が重なり合うものである。後者は、守護霊＝前世の人で、個々の因縁に基づき次から次へと受け渡していくものであり、本体一分身五の六体から成る。自生会において、先祖供養として言及されているのは魂の先祖に対するもので、性格の欠点、性質の欠点、さらには気質の欠点を克服することは、それまで続いてきた因縁（欠点・汚れの連鎖）を断ち切ることになり、魂の先祖（自分の前世の人々）が喜ぶことはもちろん、肉体の先祖も喜ばせることになり、本来の意味での先祖供養になるという。

例えば白神は次のように言っている。「あなたは父、母の因縁によってこの世に生を受けた。それと同時に前のあなたの魂があって、この世に生を受けたわけです。父、母の因縁は一時の縁です。だからあなたが、父、母の因縁以上にあなたというものを知って、あなた自身を敬うところに前世というあなたが出てくるわけです」［鈴木 1988：163］。「父と母。これはあなた方をこの世に送ってくれたことに対して非常に感謝しなければいけません。ではその感謝の仕方はどのようにすることが一番いいか。この世というものは、あくを消しに来ていることを頭に置かなければいけません。それで父母の悪いところを、恩というんですか、命を頂いたお返しとして取ってあげる。親子という甘えなく、取ってあげる。これが最高の親孝行です」［鈴木 1988：166］。このように、魂の先祖が主体であって、肉体の先祖は、単に肉体をくれているにすぎないから、たとえ子であっても精神を殺してまで親のいうとおりになる必要はない。肉体の先祖に対する魂の先祖の優越により、情のからまりがちな親、きょうだい、子といった関係をも相対化される。

(七) 宿命と結婚の組み合わせ

個々の魂が、生まれ変わる際に、因縁の成就のため、またはさらに大きく成長するために、それにふさわしい器が与えられる。その人の前世に起因し今世与えられたという意味で、それを宿命という。今世において運命は変えられるが、宿命は変えられない。

人は4・5・6、いずれかの宿命をもっている。4・5・6は、人間の浄化や成長の段階・上下を意味するものではなく、その人がその器を通して自分を活かすことが魂の成長に必要なのである。

6の人は、自主性、包容力があるが、悪くすると人に与えすぎ、甘やかしてしまう面がある。自分が甘えるとこの分は活かせないので、自分で責任をもっていくとうまくいく。

5の人は、常に人と対等、ギブアンドテイクであり、わり切りが強い。自分のやるべきことに責任をもちながら、相手とは対等の立場で、補い合い協力しあっていくとよい。

4の人は、依頼心が出やすい。ただ甘えるのではなく、常に自分は控え、相手を立てて花を持たせ、その分だけは頂けるという心でいくとよい。結婚は、4の男＋6の女、5の男＋5の女、6の男＋4の女、というように、足して10になる組み合わせが良い相性となる。

（八）対人関係

教えの中で顕著なのは対人関係のあり方についての教えである。まず、人間の幸不幸の九九％は対人関係によるという認識がある。人間は常に人との関係によって徳不徳の積み重ねをして来世にゆずっていくものだから、人生における自分の任務はまず人に対して借りをつくらないことで、人との和を勉強することが自分の因縁を浄化させることになるという。また、幸せになる道（神の道）として、すじとけじめ、与えて取る（相手に与えたら取る。甘やかさない。すなわち相手に不徳を積ませない）、対等（相手もよし、自分もよし、お互いを尊ぶあり方）ということが説かれている。対人関係で強調されているのは、人は人、自分は自分で、情のからまりのない、貸し借りのない関係である。たとえ親、きょうだい、子どもといえども、けじめをもって生活することが、この世で一番和やかであり、またそれぞれの分を生かすものであるとされる。人間は肉体をもっているがゆえに情のからまりが生じるが、まずこれから脱却することが自分と相手とが均等な対等関係に立つ前提で、天借（前世、自然）地借（今世、対人関係）をしないことが、来世幸せな立場に生まれる条件である。これは決して冷たい関係ではなく、思いやりをもって相手を生かし、また自らをも生かす、望ましい本来の人間関係であるととらえられている。

以上みてきたように、自生会の教えにおいては、現世利益は強調されていない。人のためを思い、物を生かそうとすれば御利益があるという程度で、あくまでも魂を磨くこと、魂の向上という目的に付随するものとしての位置しか与えられていない。また、地位、名誉、権力、財産などの世俗的価値は劣位に置かれ、それに対して精神的価値が優位を占める。さらに、対人関係のあり方に示されているように、血縁ではなく、魂の縁を重視するという特徴もみられる。

五　神々からの通信の特質

ここで、蓮華の成巫過程と神がかりのあり方を、シャーマニズムに関する先行研究の中に位置づけておきたい。[28] シャーマンとなる過程は、召命型のイニシエーション（成巫）と修行型のイニシエーションをとるものに大きく分けられる。召命型のシャーマンは、神（精霊）の側からの人間への働きかけ（召命）→修行→シャーマンという過程をたどり、修行型のシャーマンは人間の側から自発的に神（精霊）に働きかけ（修行して）霊能を得るのである。[29] 蓮華は、召命としての神がかりの後、滝の修行、里の修行といった神による試練を経た、まさに召命型シャーマンの成巫過程を示している。

ところで、シャーマンの特質として、超自然的存在へのかかわり方の「直接性」が指摘されてきた。これはトランスという異常心理状態の中で起こるが、このかかわり方には、脱魂と憑霊という二つの強調点がある。脱魂型のシャーマンでは、シャーマンの主体的自我は独立しており、諸精霊は使用され、シャーマンを援助する存在であって、トランスから覚めたのちに、トランス中に体験した事柄を物語ることができる。他方、憑霊型シャーマンでは、シャーマンの自我は否定され、神や精霊の宿る容器と化し、トランスに陥った時に超自然的存在が訪れてシャーマンに乗り移り、乗り移られたシャーマンは超自然的存在自身として行動し、役割を果たす。トランスから覚めた後、憑霊の間に何ごとが起こったか、また何ごとが語られたか覚えていないとされる［佐々木 1980 : 36 - 37］。

蓮華の場合、この区分からいえば、憑霊型のシャーマンとして位置づけられるが、必ずしも憑霊の理念型にあてはまらず、神がかり後の時間の経過によって、また憑霊の場面によって、そのあり方は異なっている。神がかりの初期、すなわち成巫過程のI-1期とI-2期においては、憑霊時に何を言ったかわからない状態であったが、I-4期以降では、神意を伝えている自己とそれを聞いている自己が同時に意識されている。蓮華が憑霊（降臨）状態になる場面は、①「お伺い」での憑霊、②勉強会での憑霊、③自分の勉強としての憑霊、に大別できる。①の「お伺い」では、I-4期以降、人間は神の言葉を勝手にとるという理由で、しゃべるのではなく、言葉を紙に書き、その後、蓮華自身がその人の魂の程度に合わせて説明をする[30]（「お伺い」を再開した一九九九年以後は書面での回答のみ）。神の憑依（降臨）といっても、「お伺い」では全くカラとなって、神の器に化しているとは蓮華自身も認識しておらず、心に浮かぶことを書くのであって、霊感に近いといえるかもしれない。②③の場面では、神に語らされたことをその時は覚えているが、あとで忘れてしまうのでテープをとっている。①②③の場面をとおして憑依（降臨）した神が第一人称で語るが、指導神の一人であるレオ先生や○山は憑依状態にならずとも話をすることができるという。この場合は（レオ先生が○○と言っていたというように）第三人称で語られる[31]。なお、佐々木宏幹は、憑霊＝神がかりをⓐ憑霊＝神霊の完全占拠、ⓑ憑霊＋霊感＝半ば憑霊・半ば霊感、ⓒ霊感＝目・耳・身体で感得の三つの状態に分けている［佐々木 1977：81］。これに即していうならば、蓮華の神々や賢者の霊との交信のあり方はⓑに属し、②③の場面での憑霊はⓐに近づき、①ではⓒに近づくといえるだろう。

最後に蓮華に通信する神々の性格について述べておく。例えば、中山みき、出口なお、北村サヨなど、新宗教の教祖となった女性シャーマンが代弁した神は、唯一至高の救済神であったのに対し、蓮華が代弁する神々は、さまざまな指導神にすぎず、救済は依頼者一人ひとりの責任とされる［北田 1985：60, 80］。こうした代弁者は指導伝達者であるから、救済代弁者たる教祖の称をもって呼ぶのに躊躇せざるを得ない。そこで、本章の冒頭で用いたようにスピリチュアル・リーダーと呼ぶこととしたいのである。スピリチュアル・リーダーは種々の点においてチャネラー[32]の性格を具有している。

スピリチュアル・リーダーと称しても、それが教祖より宗教的な格が低いということを含蓄するものではない。かつて人々が逃れようもない苦難に沈んでいた時代には、神は人々を苦から罪から救済する至高の存在として、礼拝祈願の対象でなければならなかった。しかし、貧病の問題が大幅に解決され（病は人間は死すべきものであるかぎり永遠のテーマではあるが、かつてのように貧困と結合して人々を八方塞がりの苦に陥れることは少なくなった）、生き方いかんによっては自らの力で苦から脱却できる時代になれば、神は苦から脱却できる生き方を示す指導神であればよく、至高絶大な威力をもつ礼拝祈願の対象である必要はない。蓮華に通信する神々は指導神であり、人間を見守る神である。また、救済神とは異なり、祈願の対象ではなく、魂の向上をめざして実践するのは自分自身であるとされる。したがって、自生会では神に対する儀礼がないことも説明できる。現代はまさにそういう時代であることを思えば、スピリチュアル・リーダーこそ、現代的教祖といってもさしつかえない。第Ⅲ部で扱うのは、第Ⅰ部、第Ⅱ部の伝統的教祖でなく、現代的教祖であることに注意を促しておきたい。

新霊性運動およびチャネリング現象についての一般論はなされているものの具体的実際についての検証がほとんどない現状に顧みて、次章では、自生会（Ⅲ期自成会）の会員を対象として実施した調査から、スピリチュアル・リーダーの実態について考察したい。

【註】

（1）成巫過程に関しては、著者が行なった聞き取り調査に加え、機関誌『マイ・フレンド』に掲載された蓮華の連載自叙伝「人間蓮華」を参照した。

（2）心霊界教団は石井岩吉（一八八四～一九五八）が一九三二（昭和七）年に設立した教団で、本部は東京都港区にある。心霊界は、人間宗教を標榜し、心の鍛錬を説く。主斎神は天照皇大神である。信者数は公称一四万八千人（一九八二年度宗教年鑑）である。

（3）蓮華の神がかりで心霊界教祖が降臨したことを契機に、蓮華の母は天理教をやめ、心霊界に戻った。

（4）これはのちに、4・5・6の宿命と夫婦の相性としてまとめられた（本書三四八～三四九頁参照）。

（5）神々、賢者との通信は、蓮華が神々や賢者たちと意識を合わせることにより、肉体の器官を介さずにするコミュニケーションである。それ以外に神や賢者自身が蓮華の肉体を器として借り（降臨し）、蓮華の口を借りて話す場合もある。

（6）その時までこの滝の存在は知らなかったが、「お伺い」に来ていた人を通じて知った。

（7）蓮華の母は佃煮屋兼八百屋を自営しており、人の出入りが多かったが、「うちの娘に神様が入った」という蓮華の母の話や、心霊界の信者を通じて評判になり、神がかりをした初期から頼まれて「お伺い」を行なっていた。別居後病気になった時でも「お伺い」はしていたという。

（8）これは蓮華のもとに人が集まることに対する、M・Mの嫉妬心によるものであったと、後に蓮華は解釈している。

（9）慈恩大師（六三二～六八二）は玄奘三蔵の弟子で、玄奘の持ち帰ったインド仏典の訳経に携わった。唯識教学を研究し、奥義をきわめ、法相宗を開いた。蓮華は慈恩大師と言われてもどのような人かわからなかったが、レオ先生から薬師寺の高田好胤の『心――いかに生きたらよいのか』を購入するように指示され、それを読んだところ、慈恩大師のことが書いてあった。

なお、蓮華はこれまで四回生まれ変わりをしているという。第一回目は日本武尊《やまとたけるのみこと》、第二回日は鳳女《ほうじょ》（三国志の時代、すなわち中国の後漢末期から三国時代にかけて群雄割拠していた時代に葡萄のなる地域の宮殿で舞踊をしていた女官）、第三回目は慈恩大師、第四回目が晶子である。

(10) お祓いは、心霊界に講習に行くようになってから始めた。大祓いの祝詞をあげ、金神よけの祝詞で魔切りをし、祭式が終わったあと、家族員の各々に対して一ヵ月の注意事項を述べ、講話をした。蓮華は講話をするために、お祓いをやった。お祓いは親しくなるのにはよいが、御利益信仰的になってはいけないという。お祓いは一九八〇年に旗屋を再開してから時間の関係でやめた。

(11) 中山みき、出口なお、北村サヨにおける成巫過程における「籠もりと巡り」に関しては、川村 1982 を参照。

(12) ○山は天上界（あの世）の構造の中では菩薩界の下の神界に属する指導神として位置づけられ、同じく神界のレオ先生よりもさらに人間に近く、その点でより人間にわかりやすく説く。

(13) 蓮華はN・Mによって、神の厳しさ、神に仕える心を学んだという。

(14) 自生→自成→自精→自聖へと進むとされた［鈴木 1988：73］。しかし、自成の段階ではないということで自生に再度戻した。

(15) 蓮華は○山の教えはすばらしいと思っていたが、○山の死後二代目となり方向が次第に異なってきていた。○山が蓮華に通信し、「二代目は息子だが、僕の教えではない、君に頼む」と言われたという。

(16) 『永遠への道』は一九七五年一一月から一九七八年二月までの砂山町の蓮華の実家での勉強会における蓮華の講話の筆記録で、参加者のノートを集めたものから成り、秩序だった構成は意図されていない。この編者は鈴木正人（一九五三年生）で、以後蓮華の本や機関誌の編集を行なっていく。

(17) この結婚の事情について、蓮華は機関誌に掲載された自叙伝の中で以下のように述べている。「白神様と通信されるN・M先生が、北田さんを呼び出し、蓮華さんと一緒になり神の道に行きなさいと言われました。晶子も同じことを言われましたが、晶子は『わたしは子供のことを考え、結婚する気はありません』と答えました。神は『北田さんと一緒にならんということは、私たちを信じないことだ』と言われ、晶子はすべて神の言われるままにかけてみようと思い、心で子供たちに『お母さんは神さまの言われるままに行く。必ずその分、神さまがあなたたちを守ってくれるだろう』とすべてをまかせました。北田さんも会社の方たちが旗屋のお客さまだったたし、また年が違い過ぎるため、大変な覚悟だろうと晶子にも思えました。北田さんの前世はユダで、今世自分の心を清めに来たそうです。そのため、『普通の結婚はできなく、神の道に行くことが一番よい』と白神さまに言われ、『今世、蓮華と共に神の道を学べば、来世は普通の因縁に戻り、普通の家庭をもてるようにしてくれる』と教えてくれました。お互いに世間の目を気にせずにいこうと話あった。……二月二十五日、蓮華四十歳、勝久二十九歳の人生のスタート、神の道を二人で歩みだしました」（『マイ・フレンド』一一号、一九九九年、八六～八八頁）。

(18) 北田勝久は審神者の役を司会者、質問役ととらえている。したがって審神者の本来の意味の、憑依・降臨した神々の真偽を問う役ではない。北田は自分が納得するまで聞くので、妥協した聞き方はしていないと述べる。その場に人々がいる場合は彼らが内容を理解するのに役立つように問い、蓮華と二人で神に伺う時には、徹底的に聞いているという。

(19) 蓮華によると、第二勉強会参加者は魂のレベルからみて一定水準をクリアする人々であったが、その中でも欲深でなく、誠意ある人を探したとのことである。

(20) ペパーミント・サークル結成の意図について蓮華は次のように述べている。

「私が神の道をやらせて頂きながら考えたことは、折角の尊い人生を育った環境の影響に振り回され、この世の強弱に左右されることが余りにも多く、その人の良さが十分に生かされていないこと、人生にとって、もっとも大切な結婚についても、情的に惰性でする人がいかに多いかということでした。結婚とは、遊びではなく、一人の人間として足りないものを、共に助け合いながら一つの形をつくり、楽しい家庭、やりがいのある家庭を作ることが、本来の姿だということを皆さんに知らせたく、お伺いに来る若い人の中から、魂が、神仏の智恵を必要とする人を見て、声をかけたグループです。

第二の人生である結婚生活の中で、環境に影響されることなく、正しいとらえ方で、お互いの気質を助け合っていくには、自分がどういう人か、自分にはどういう人が合うかという冷静さや、人を認めてあげられる優しさ、温かさが必要です。そこには、社会のせいではなく、親のせいでもなく、あくまでも自分の為に生きて行く楽しき人生があり、家庭においては人間親子、人間兄弟であり、社会ではこころよく物事を受けとめられる人間として、道理を中心に相手を見ていける力が必要です。このことを心においてこのグループをつくりました。

親子の縁は、本人の願いと関係なく、前世の、その人の品性、気質により神に図られ、その人を早く目覚めさせてくれる環境に置かれたと思いますが、結婚は、自分の努力とまじめさで自分を守り育てていけるのですから、けっして社会のせいでも人のせいにもできません。その事を自覚して、常にお互いに励ましあい、勇気づけ、男女関係なく、一人の人間同志として、さわやかに生きてほしいと願い祈っています。」（『マイ・フレンド』五号、一九九七年、八八～八九頁）。ペパーミントの活動や、メンバーと蓮華とのかかわりについては、渡辺 2006：23-30 を参照。

(21) 報徳会設立の経緯については、『マイ・フレンド』二号（一九九六年、八〇頁）の「教えと私」という記事に、以下のように述べられている。「報徳会はレオ先生からこの世の物質界を粗相なく、楽しく、多くの人と交わり、自分の良さを出し、悪さを消し、この世の真実をどのくらい、自分の肉体の中で消化して、今世はもちろん、来世の永遠の道に向かっていく善気ある人たちの集まりであると言われています。そのためには、自分の事業の発展を主体に、人との和を学び、㈱レオ（神の英知に基づく会社）の方針に対しては、自分の取柄を出し、自分たちの事業の中では味わえない自由さを感じられるような集まりです」。

(22) 山の家の敷地を購入した時点で光を発する場所があった。時間の余裕がなかったので、その整備に手をつけていなかったが、二〇〇四年から整備を始めた。二間四方の円の中に光がある。法光の湯の名称の由来は、「法光にすべて身をよせ赤子かな」という字句が刻まれている観音の碑とペアとし、天からの光であるので、それにちなんで名をつけた。法光の湯には、人間として自分を大切にし、魂の向上に努める人でないと入ることができないとのことである。

(23) 『マイ・フレンド』の正会員は毎月千円の会費をおさめ、機関誌以外にも『マイ・フレンド新聞』が配布されている。準会員は一冊千円の機関誌を購入するだけの者である。準会員には勉強会参加者はおらず、「お伺い」を主体とする関係であるとみてよいと思われる。

蓮華によれば、自生会は生まれてきたことの意味を学ぶ会であるのに対して、マイ・フレンドは教えを頭だけで理解するのではなく、人との交わりの中で「和」を学ぶことを目的としている会であるという。また、「お伺い」を易のように使われると、当たる、当たらない、損だ、得だ、終わってしまう。しかし、神は易ではないので、「お伺い」の基礎として神の心を学ばないといけないと考えている。したがって今日では、マイ・フレンド会員にならないと「お伺い」は受けない。そこで一時的に準会員として入る人はいるが、易的なとらえ方をする人は入ってもやめるとのことである。

(24) 教えについては、自生会で書物や機関誌の編集に携わっている鈴木正人氏のご教示を受けた。

(25) 「自業」とは、今世自分に与えられた課題であり、目指すべき目標を指す。「事業」とは、家庭や職場における自分の役割や立場を指す。

(26) 「四季のような心」とは、春（やわらか、おだやか）、夏（勇気をもって実行）、秋（さらっと、あっさり）、冬（厳しさ、すっきり）を指す。

(27) 神々と賢者達は、それぞれの特徴（品格）により、白神の示した「自知・即今・和」を次のような言葉で教えている。観音「時・人物金《ひとものかね》・自分」、月光菩薩「魅力ある人間の条件」、不動明王「礼と敬」、レオ先生「分相応」、○山「らしく」、蓮華「気と心」。

(28) 佐々木宏幹はシャーマニズムを以下のように定義している。「シャーマニズムとは、通常トランスのような異常心理状態において、超自然的存在（神、精霊、死霊など）と直接接触・交流し、この過程で予言、託宣、卜占、治病行為などの役割を果たす人物（シャーマン）を中心とする呪術―宗教的形態である」[佐々木 1980：41]。シャーマンと他の呪術・宗教的職能者との違いは、超自然的存在とのかかわり方の直接性にある。

(29) 佐々木宏幹 1980：108‐122 を参照。なお、佐々木雄司は、日本の巫者五六名の面接調査から、生活史における神がかりの発現様式＝成巫過程を偶発型と修行型にわけているが、前者は召命型に相当する［佐々木 1967：115］。

(30) 「お伺い」のやり方は以下のとおりである。蓮華は「お伺い」をする人の生年と名前を言い、さらに尋ねる問題を声に出して言い、ついで「月光様、円芳様お願いいたします」と言って、即回答を書き始める。月光菩薩が主に回答を担当するが、それぞれの得意分野の神に割り振ることもある。円芳（弘法大師）は蓮華が魔にのまれないように九字を切る役割である。

(31) 菩薩以上については、「○○様お伺いしてもよろしいでしょうか」とまず問うが、レオ先生と○山は意識を向けなくても、日常的に通信し指示してくれるとのことである。

(32) チャネリングとシャーマニズムは大幅に重なる現象であるが、シャーマニズム研究の第一人者の佐々木宏幹によるチャネラーとシャーマンの異同の考察から、島薗進はその明確な相違点として、以下の四つの点を挙げている。①シャーマンは概して社会の下層の出であり、十分な教育を受けていないことが多い。それに対して、チャネラーの中には学歴や社会階層が比較的高い者もかなり含まれている。②シャーマンが交流する対象は、その社会の神霊や精霊、生霊、死霊など、伝統的な超自然観の構成要素であるが、チャネラーの場合は、超社会的＝宇宙的諸存在にわたる。③シャーマンは近現代の科学的・合理的思考や世界観とは相容れないような観念や行動を示すことが少なくないが、チャネラーは最先端の科学的宇宙観や心理学、哲学の学説とも関連する知的・合理的な説明を行なう。④シャーマンは交流する対象である超人間的存在を信仰対象として崇敬し、儀礼や供犠を行なうが、チャネラーにとってソースは崇拝や信仰の対象では必ずしもなく、情報や知識を引き出すための、いわば「知的情報源」といった存在である。[島薗 1996：88-89]。

第二章　スピリチュアル・リーダーの登場

本章で使用するデータは、（第一次）自生会が自成会と名称を変えて一年経過した一九八一年九月に、自成会の会員各簿に記載された浜松市在住の一五歳以上の会員全員を対象として行なった質問紙による面接調査によって得られたものである。これに、浜松市での勉強会に参加している名古屋在住者一名（浜松で調査）、東京在住者四名（東京で調査）をつけ加え、有効票は合計一〇二票である。

それでは、どのような人々がどの時期に蓮華とかかわり自成会に定着していったのか、相互作用の成立と展開の様相を、まずは外面的な属性を中心とした側面からみておくことにする。

一　相互作用の成立と展開

自成会においては、会員と蓮華との相互作用の場は、一対一の個別的場としての「お伺い」（水土日、一二時～午後六時）と、集団的場でかつ教えの学習の場でもある「勉強会」（第一勉強会・第一日曜午後一時三〇分～四時、第二勉強会・第二日曜午後七時三〇分～九時、ただし第二は第一の参加者には公表していない）の両者を基本的な軸として成り立っている。この他に、一九八〇年一月に再開した「旗屋」が、インフォーマルな場としてある。勉強会が行なわれ

図1　初めての「お伺い」の時期別蓮華と知り合った契機

（単位は%）

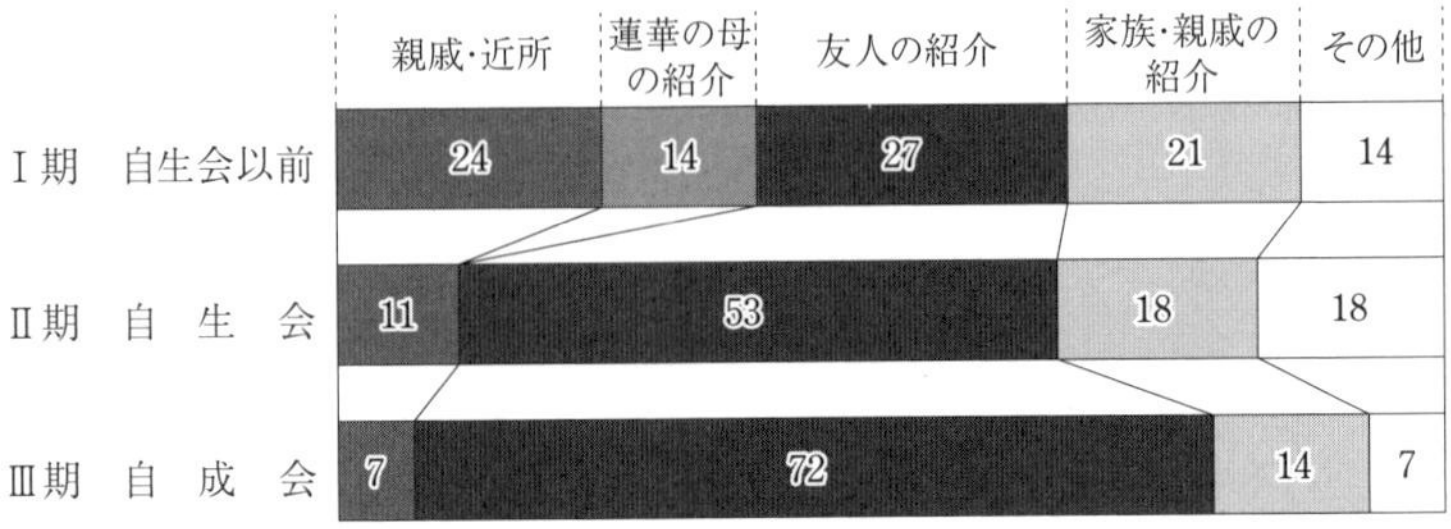

注）「お伺い」の経験のない3例を除く。

るようになったのは、自生会が発足した一九七六年九月からで、四年後の一九八〇年九月に自成会に移行する時には八ヵ所（浜松市内五ヵ所、浜北市、磐田市、名古屋市各一ヵ所）で勉強会が開かれていた。勉強会相互の間につながりはなく、参加者の蓮華との個人的な関係を媒介としていくつかの小集団が形成された段階である。自成会に至って、勉強会が一つにまとめあげられ、参加者相互の横のかかわりを含めた信者集団形成の時期に入ったといえる。

自成会会員は、程度の差こそあれ、勉強会参加の経験をもつが、一般的には、「お伺い」をきっかけとして勉強会に参加するという経路を辿っている（八名のみ勉強会から先に参加）。初めて「お伺い」をした時期では、一〇二名中、Ⅰ期（最初の神がかりから自生会を始めるまで）二九名、Ⅱ期（自生会）五六名、Ⅲ期（自成会）一四名で、勉強会参加のみで「お伺い」の経験のない者が三名いる。

初めて「お伺い」をした時期別に蓮華と知り合った契機を**図1**でみると、Ⅰ期では蓮華との関係が親戚三%、近所二一%、および蓮華の母の知人一四%といった既存の関係による者が三八%を占めるのに対し、その割合はⅡ期、Ⅲ期になると急激に減少する。他方、友人の紹介による出会いは、時期が下るにつれて順次上昇し、Ⅲ期では七二%を占める。このように、当初は蓮華とすでにかかわりをもっていた者の中から、その霊能にひかれて「お伺い」をする者が現われたが、次第に第三者を媒介とした新たな関係が成立してきたといえよう。

図2　初めての「お伺い」の時期別砂山町から居住地までの距離

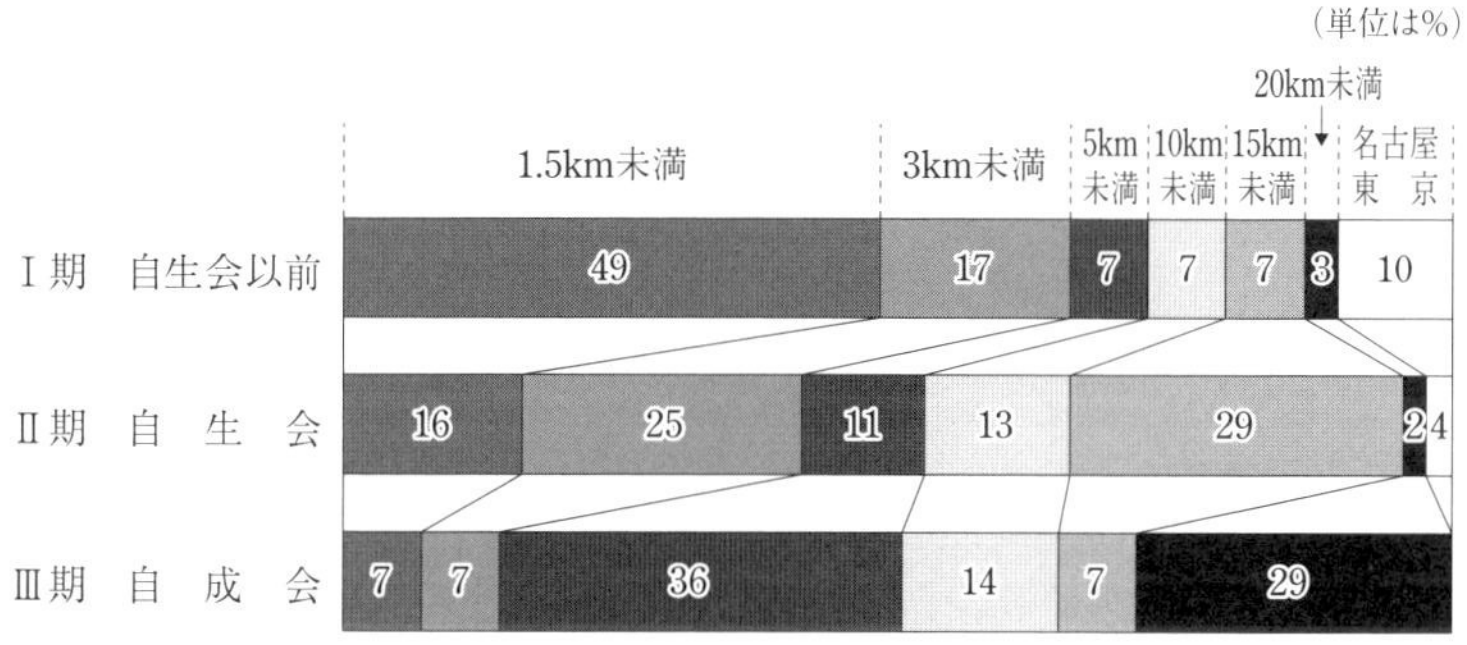

注）10km 未満　浜松市
15km 未満　浜北市、磐田市
20km 未満　袋井市、湖西市、浜松市都田町

次に、時期別に「お伺い」の依頼者の地域的広がりをみると図2のとおりである。これは「お伺い」を行なっている砂山町の蓮華の実家（浜松駅から徒歩五分）から自宅所在地までの距離別観察である。[1]一・五キロ未満がⅠ期では四九%を占めるのに対し、Ⅱ期一六%、Ⅲ期七%と漸次減少し、三キロ未満までの層を含めても、Ⅰ期六六%、Ⅱ期四一%、Ⅲ期一四%と同様の傾向がみられる。なおⅡ期では一五キロ未満の層、Ⅲ期では二〇キロ未満の層が各々二九%を占め、他の時期と比べて顕著に増大している。また、すでにⅠ期から、東京や名古屋といった遠隔地からの依頼者がいることが注目される。したがって、各々の時期におけるキー・パースンを核とした地域的広がりを考慮にいれる必要はあろうが、一般的にいって、時期が下るにつれて遠距離からの依頼者が増大したといえよう。

このように、関係性においては既存の関係から第三者を媒介としたものに、距離的には近辺から遠方に広がってきた。時期別に依頼者の属性を列記すれば次のとおりである。①件別——全体の男女比は、男二四%、女七六%だが、時期ごとの男性の占める割合は、Ⅰ期一四%、Ⅱ期二三%、Ⅲ期三六%と次第に上昇している。②年齢階層——全体としては一〇歳代から六〇歳代に及び、一〇～二〇歳代一〇%、三〇～四〇歳代五六％、五〇～六〇歳代二四％で、三〇～四〇歳代が過半数を占める。集中している年齢階層を時期別にみると、Ⅰ期五〇～六〇歳代（四八％）、Ⅱ期三〇～四〇歳代（六八％）、Ⅲ期二〇～三〇歳代（六四％）と、調査時点に近づくほど若年齢化している。③学歴――全体としては、高卒が過半数の五五％を占め、中卒以下二八％、短大卒以上一四％、高校在学中三％である。いずれの時期でもその構成比率には差がほとんどない。④主な稼得者の職業――全体としては、自営業三五％、ホワイトカラー層三九％、ブルーカラー層二四％、無職二％である。自営業が占める割合が、Ⅰ期四一％、Ⅱ期二一％、Ⅲ期一四％と、時期が下るにつれ顕著に減少していく。[2]

これらの人々の宗教的経歴を、現在の信仰、以前の信仰、話を聞きに行った宗教、他に「お伺い」に訪れた経験、家族／生家・実家の信仰者という項目を指標にして時期別にみると、**図3**を得る。この図に表れているように、宗教的な環境で育ち、宗教的な問題解決の志向をもち、入会に至らないまでも宗教（ほとんどが新宗教）の話を聞きに行くというように、かなり宗教と親和的な状況にあった人々が多い。その傾向はとりわけⅠ期に「お伺い」をとおして集まった人々に著しい。このような宗教と親和的な経歴は、すべての項目にわたってⅠ期→Ⅱ期→Ⅲ期の順で減少し、Ⅰ期とⅡ・Ⅲ期との間の差は大きい。その理由は、Ⅰ期では「お伺い」のみであったが、Ⅱ期以降勉強会が開催されたことにある。すなわちⅡ期以降は、「拝み屋」に現世利益を求めるというレベルではないかかわりを求める人々を巻き込んだとみることができよう。また、自成会以外に個人的な信仰をもつ者は一五％いるが、その三〇％強は会合参加もせず、名目のみのメンバーにすぎない。他に「お伺い」に訪れた経験（三〇％が二ヵ所以上）をもつ者の九〇％以上は、もう他所には行っていない。

これまで、初めて「お伺い」をした時期別に、蓮華とかかわってきた人々の特徴を諸々の側面からみてきた。蓮華を核とする個々の関係は、勉強会が形成されるに至って継続的な関係を基礎にした集団的な運動体に脱皮し、蓮華自身も

図3　初めての「お伺い」の時期別宗教歴

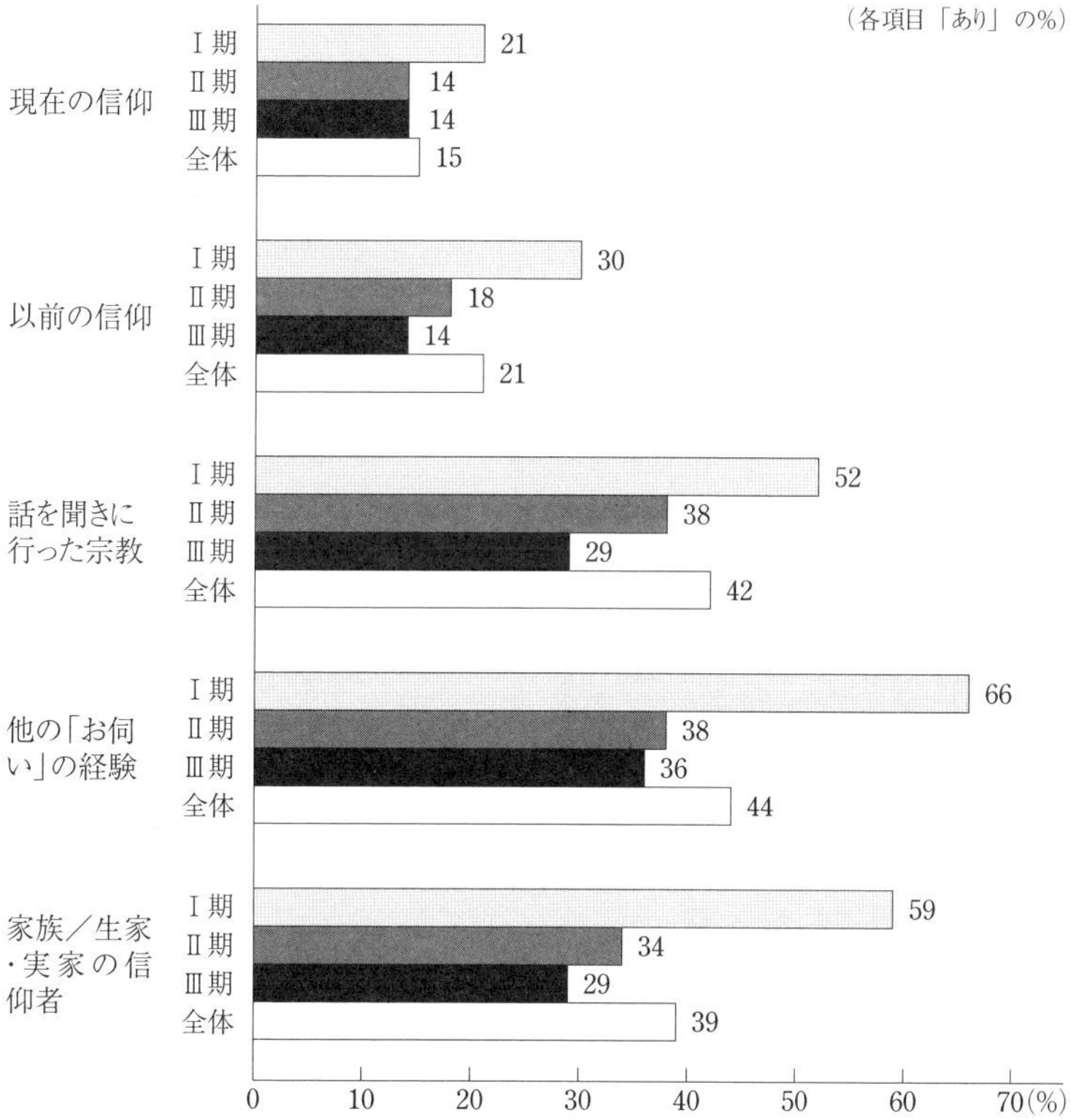

民間の巫者からスピリチュアル・リーダーへの道程を辿ることになる。

第一次自生会を前期（一九七六年九月〜七七年）、中期（一九七八年）、後期（一九七九年〜八〇年八月）の三期に分けると、調査対象者の自成会会員のうち、自生会前期からの勉強会参加者二九名、中期から二五名、後期から三〇名で、自成会になってから参加した者は一八名である。前期からの参加者の七六％は、自生会以前に「お伺い」によってすでに蓮華と接していた者である。勉強会への参加の契機は、「お伺いに来ていて勉強会の存在を知って」二三％、「お伺いに来ていて蓮華先生に参加を勧められて」二八％、「良い話を聞けるところがあると人から教えられて」三三％、「その他」一六％である。時期別にみると、自生会前期に「勉強会の存在を知って」参加した者が他の時期より一〇%程度多く、中期以降に「人から教えられて」という参加契機が増えている。また、自成会からの参加者に「先生から参加を勧められて」という理由が三九%を占めるが、これは「お伺い」のみではその回答のとらえ方を誤るという蓮華の認識の尖鋭化を反映しているということもできよう。

自生会時からの勉強会参加者八四名中、「いつも出席」四二%、「ほとんどいつも出席」三一%、「時々出席」二〇%、「めったに出席しない」六%と、定期的な参加者が七四%を占める。この参加度は中期からの者に若干の落ち込みがみられるものの、いずれの時期でもほとんど差はない。ところで、自生会時の勉強会と自成会になってからの第一勉強会との参加度のかかわりをみたものが**表1**である。自生会での勉強会の定期的参加者の六〇%強が、自成会になってからも「毎月」または「二・三ヵ月に一度」と定期的に出席しており、以前「時々」出席していた者でも六五%が定期的に出席するようになってきている。また、以前は「めったに」出席しなかった五名のうち一名が活性化し、したがって全体としては、自生会時の参加者の六二%が定着しているとみることができる。さらに、新しく自成会に加わった者の六一%が定期的参加者となっている。

　では、こうした定着と脱落を生む要因はどこに求められるだろうか。原因の一つとして考えられるのは、自生会時と自成会時の勉強

勉強会参加度　実数(%)

非該当	計
9 (50.0)	48 (47.1)
2 (11.1)	15 (14.7)
0 (—)	4 (3.9)
3 (16.7)	21 (20.6)
1 (5.5)	11 (10.8)
3 (16.7)	3 (2.9)
18 (100.0)	102 (100.0)

勉強会参加度　実数(%)

20km未満	名古屋・東京	計
2 (33.3)	2 (40.0)	48 (47.1)
2 (33.3)	2 (40.0)	15 (14.7)
1 (16.7)	0 (—)	4 (3.9)
0 (—)	1 (20.0)	21 (20.6)
0 (—)	0 (—)	11 (10.8)
1 (16.7)	0 (—)	3 (2.9)
6 (100.0)	5 (100.0)	102 (100.0)

表1　自生会での勉強会参加度別第一

第一勉強会参加度		自生会での勉強会参加度				
		いつも	ほとんどいつも	時々	めったに	全然
	毎月	19（54.3）	14（51.9）	5（29.4）	1（20.0）	0（—）
	2～3ヵ月に1度	4（11.4）	3（11.1）	6（35.3）	0（—）	0（—）
	半年に1度	2（5.7）	1（3.7）	1（5.9）	0（—）	0（—）
	めったに	5（14.3）	7（25.9）	4（23.5）	2（40.0）	0（—）
	全然	5（14.3）	2（7.4）	1（5.9）	2（40.0）	0（—）
	その他	0（—）	0（—）	0（—）	0（—）	0（—）
	計	35（100.0）	27（100.0）	17（100.0）	5（100.0）	0（—）

注1）「非該当」は自成会になってからの参加者
　2）「その他」は調査時点の1981年9月からの参加者

表2　居住地からの距離別第一

	1.5km未満	3km未満	5km未満	10km未満	15km未満
毎月	14（56.0）	10（50.0）	9（64.4）	5（45.4）	6（28.6）
2～3ヵ月に1度	3（12.0）	3（15.0）	0（—）	2（18.2）	3（14.3）
半年に1度	0（—）	2（10.0）	0（—）	0（—）	1（4.7）
めったに	7（28.0）	2（10.0）	3（21.4）	3（27.3）	5（23.8）
全然	1（4.0）	2（10.0）	1（7.1）	1（9.1）	6（28.6）
その他	0（—）	1（5.0）	1（7.1）	0（—）	0（—）
計	25（100.0）	20（100.0）	14（100.0）	11（100.0）	21（100.0）

注）「その他」は調査時点の1981年9月からの参加者

会のもち方の違いである。すなわち、自生会時には八ヵ所で行なわれていた勉強会のうち、六ヵ所では参加者の都合のよい日時・場所に蓮華が出向き、残りの一ヵ所でも一ヵ所は主婦層に都合のよい平日の午後、もう一ヵ所は勤労者に都合のよい日曜の夜に開かれていた。しかし自成会になってから、一ヵ月に一度、一定の場所・日時に参加者の方から都合を合わせる必要がでてきたのである。こうした違いから導き出されるのは時間と距離の問題である。そこで、居住地から勉強会が行われている砂山公民館までの距離と勉強会参加度とのかかわりを表2で検討しよう。浜松市内に属する一〇キロ未満までの層では、六四～六八%が定期的に参加しているが、一五キロ未満の層になるとその率は四三%に落ち込み、さらに全く参加しない者も二九%と他に比べ高い割合を占める。一五キロ以上群の事例数は多くはなく、市内居住者に比べると毎回出席する率は下がるけれども、二〇キロ未満層の六七%、さらに東京・名古屋居住者の八〇%が定期的に参加している。このように、居住地からの距離は幾分影響していようが、必ずしも遠いから出席率が下がるという性質のものではなく、参加度を規定する要因は、もっと内面にかかわる要因に求めるべきであろう。新霊性運動が継続的参加から集団形成に至りにくいといわれていることを想起する時、この検討はとくに重要とみることができる。

以上、ここまで、蓮華と弟子や信者の相互作用が「お伺い」と勉強会という二つの場面でどのように成立し展開していったかを、いわば外面からみてきた。次に、カリスマ化過程の現実化にかかわる内面に焦点をあてる。カリスマ化過程の三極的思考モデルを提唱したW・リップが主張するように、カリスマ化過程の現実化は、カリスマ自身すでに到達した象徴的超越的位相に帰依者も参加することを重要な要件とする(3)。カリスマとの具体的相互作用を基礎としつつ、カリスマを含む重要な他者との、自己自身との、そして究極的には超越的存在である神との間のシンボリックな相互作用によって、カリスマの提示する世界観＝教えを受容することが不可欠となる。そこで、勉強会への参加度を指標として信者を分類し、二節で「お伺い」における変容の諸相、三節で教えの受容による自己変革にかかわる事項を検討していくこととする。

二　「お伺い」における変容の諸相

（一）信者の分類とその特徴

勉強会は、一時的な関係性を継続的なものとし、参加者間にも相互作用の機会を与え、さらに教えの受容において大きな役割を担う。こうした「場」としての重要性の認識から、自成会会員を第二勉強会参加資格有無と第一勉強会参加度の二つの指標によって分類し、これを軸に分析を行なう。Aグループは第二勉強会参加有資格者（三四名）、BCグループは第二勉強会参加資格のない人々で、Bグループは第一勉強会定期的参加者（三八名）、Cグループは第一勉強会に定期的には参加していない者（三〇名）である。Cの外側には「お伺い」のみのかかわりをもつ信者予備群がいることはいうまでもない[4]。Aは中心的会員、Cは周辺的会員といえよう。

ここで断っておきたいのは、この二つの分類の指標には質的に異なった部分があることである。第二勉強会は一般には公開されていない勉強会であって、それへの参加資格は、前世と今世でのあり方をみて一定水準以上の人々であるという、蓮華のいわばカンによる判断で決まり、客観的な基準はない。また、第二勉強会参加有資格者は第二勉強会出席者とイコールではなく、それには全く参加したことがない者が三名含まれる。第一勉強会参加度についても、Bグループでは「毎月」出席者七四％、「二〜三ヵ月に一度」出席者二六％であるのに対して、Aグループでは「毎月」出席者五九％、「二〜三ヵ月に一度」出席者一五％とむしろBより出席率は低く、定期的に参加していない者も九名（二六％）おり、しかもそのうちの三名は全く参加したことがない。しかしながら第二勉強会では第一勉強会よりも高度な教えが

表3　グループ別 最近一年間の「お伺い」の回数

実数（%）

	A	B	C	計
15回以上	10（29.4）	6（15.8）	4（13.3）	20（19.6）
10～14回	4（11.8）	12（31.6）	3（10.0）	19（18.6）
5～9回	3（8.8）	7（18.4）	3（10.0）	13（12.7）
1～4回	14（41.2）	12（31.6）	15（50.0）	41（40.3）
0　回	3（8.8）	1（2.6）	5（16.7）	9（8.8）
計	34（100.0）	38（100.0）	30（100.0）	102（100.0）

説かれており、それに参加することができる資格の有無は軽視できない。各グループの属性についてふれておくと、性別では男性の占める割合はA四四％、B一一％、C一七％で、Aに格段に多い。年齢ではACでは三〇歳代を中心に二〇～四〇歳代を合わせて七七％を占めるが、Bはそれよりも高年齢層が多い。学歴ではAはBCよりも高学歴である。職業で自営業の占める割合は、A三五％、B四八％、C二一％である。

勉強会参加度それ自体に蓮華との接触頻度が含まれている。もう一つの重要な接触の場である「お伺い」の最近一年間の頻度を表3でみると、過去一年間に「お伺い」をしたことがない者が九％いるが、全体としては年間一～四回が四〇％を占め、A四一％、B三二％、C五〇％といずれのグループでも最頻値となる。この層以外で集中しているのは、Aでは一五回以上（二九％）、Bでは一〇～一四回（三二％）である。「お伺い」の回数五回以上になると、その割合はB＞A＞Cの順番に低くなる。なお、ABともに最も多い者は年間の「お伺い」数が五〇回を超え、Cの場合も三〇回台に上る。「お伺い」についてもABとCには回数の差があるが、Cは勉強会への参加頻度は低いので、勉強会よりも「お伺い」の場で蓮華とかかわることが多いといえる。

次に、蓮華と会う頻度を図4でみると、A＞B＞Cの順に、中心に向かうほど蓮華との相互作用の頻度は上昇する。とくに顕著なのは月五回以上がAで三八％と高率を占めることで、またその七〇％が月に一〇回以上蓮華と会っており、多い者では月二五回というのもいる。このような高い接触を可能にする場に「旗屋」がある。再開後はほとんどの客が自成会会員によって占められ、店を手伝う奉仕者も出現し、旗屋グループのボーリング大会、ソフトボール大会、旅行など、主として若い層に集う場を与え、世俗的な場ではあるが折にふれ教えをめぐる論議が行なわれている。個別的な問題に即して、神からの回答を聞く場としての「お伺い」や、教えの学習の場としての勉強会といった直接的に信念体系の受容に関連する場に加えて、「旗屋」が蓮華と仲間集団が実生活に即して教えを研鑽する場になっている。このように、Aは必ずしもBより第一勉強会の出席頻度が高いわけでも、また「お伺い」に訪れる頻度が高いわけでもないが、蓮華の身近にいて、相互作用頻度の高い人々であるといえよう。

図4　グループ別 蓮華と会う頻度

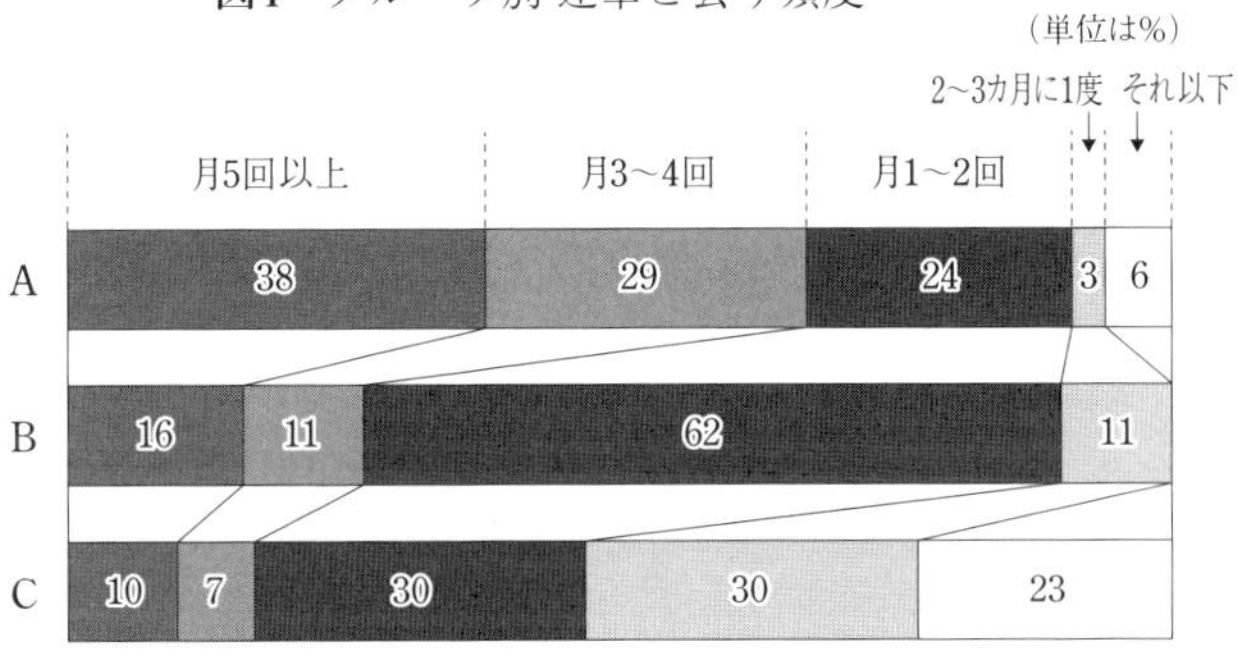

(二)「お伺い」における変容の諸相

それでは、蓮華の活動の車の両輪の一つである「お伺い」について、ABC別を軸に、自生会発足後の推移の中で蓮華の「お伺い」のあり方が変化したか、また依頼者の側で「お伺い」のとらえ方が変化したかについてみておこう。

「お伺い」の場である蓮華の実家には次のような文を書いた紙がはってある。

おうかがいに際して
本人のたましい（因縁）を害から守る為又たましいを生かす為にあるもので、
決して物欲のためではないことを確認して、心しずかにおうかがいすること。

このような文章は、「お伺い」というまさに巫者としての活動を蓮華自身が単に具体的問題解決という現世利益的レベルでとらえていないことを示している。そこで、蓮華における「お伺い」のとらえ方にどのような変化があったか、それをふまえて、勉強会に参加することにより依頼者側にどのような対応の変化が生じたのか、また、そうした変化は何に支えられているのかを、ABCの区分を軸に検討していこう。

「お伺い」での回答の変化

前述したように、蓮華は一九七一年に突発的に神がかったが、本格的な巫業に入ったのは翌七二年八月のことである（一九七三年七月〜七五年一月は里の修行のため休止）[5]。自生会がつくられる以前に「お伺い」をした経験をもつ二九名に「お伺い」での回答の仕方の変化を尋ねたところ、「わからない」と答えた者を除いた二一名のうち一六名（七六％）が、変化を認知している。変化は二つある。第一は、方法上の変化で、第二は、回答の内容の変化である。第一の方法の変化をはっきりと述べている例を引こう。「最初は神に言われたことをそのまま言うので口調にくだけたところがない。口頭で答える。その後（「旗屋」をやめた頃）は、先生が念じて神に伺い、回答を紙に書いて、それを説明してくれる。わかりやすく話してくれ、わからない時は質問できる。今はやり方は同じだが、先生自体が上の位になってきたので、ちょっと相談したいことではわずらわしてはいけない感じがする」。紙に回答を書くようになったのは、蓮華は「言いっぱなしだと人間は勝手にとるから」だとし、またある者は「信じない人への証拠を残すため」ととらえているが、蓮華自身の憑依状態のコントロールが高まり、「お伺い」の場では霊感型に近づいたことも指摘できると思われる。

次に回答の内容の変化については、「勉強会が始まってから、心のあり方や魂ということが前面に出た」、「お伺いしたことの回答だけではなく、教えのようなものに発展した」、「最初は伺ったことへの返事だったが、現在は心のもち方、人間として生きる生き方を教えてくれる」といった例にも表れているように、心のあり方、生き方に対する指示が前面

表4　グループ別 今まで「お伺い」した中での最大問題　実数（%）

	A	B	C	計
病　気	3（　9.1）	9（23.7）	6（21.4）	18（18.2）
対人関係	10（30.3）	16（42.1）	7（25.1）	33（33.2）
縁　談	2（　6.1）	3（　7.9）	3（10.7）	8（　8.1）
進　学	1（　3.0）	3（　7.9）	4（14.3）	8（　8.1）
就職・転職	4（12.1）	2（　5.3）	2（　7.1）	8（　8.1）
商売・仕事	6（18.2）	1（　2.6）	4（14.3）	11（11.1）
今のあり方、前世、今世での任務	7（21.2）	1（　2.6）	0（—）	8（　8.1）
その他	0（—）	3（　7.9）	2（　7.1）	5（　5.1）
計	33（100.0）	38（100.0）	28（100.0）	99（100.0）

注）これまでに「お伺い」の経験のないA1名、C2名を除く。

に出るようになった。それに伴って回答の仕方も「以前のように親切ではない」、「細かく言わない」、「ピッと切る」というように厳しくなり、受ける側も「甘えてはいけないという気にならせる」、「実行しないと次のお伺いにいけない」と受けとめている。したがって、現在の蓮華の「お伺い」は、初期からかかわってきた人々の言葉にあるように、勉強会の形成を契機として方法と内容の両面において変化してきたといえようし、進華における変化が勉強会の形成に至らせたともいえるだろう。

「お伺い」した中での最大問題とその回答

二側面での変化が回答に見出されたが、回答の内容で生き方や心のあり方が前面に出てきたことが、ここでの課題に関連して重要である。それでは具体的に、問題に対して蓮華がどこに原因を求め、どのような指示を行なっているかを、これまで「お伺い」した中での最大問題についてみておこう。最初の「お伺い」時の問題では、病気（二四%）、商売・仕事（一四%）、対人関係（一三%）、進学（八%）、縁談（八%）の順になるが、最も大きな問題になると、**表4**にみるように対人関係が第一位になり、次いで病気、商売・仕事となる。グループ別にみると、Aで「今のあり方、前世、今世での任務」を挙げる者がBCと比べて圧倒的に多いことと、Bで対人関係の問題が四二%に及ぶことが注目される。なお、最も大きな問題は、全体の九五%が自生会以降の「お伺い」なので、回答は教えが形成されてからのものととらえてよい。

まず、問題のはっきりしている病気について蓮華の回答を検討しよう。表5に示されているように、病気の原因としては、①肉体の酷使、②精神的なあり方、③霊的障り、の三つが認められる。またそれを治すための指示には、ⓐ民間療法（漢方薬と物理的療法としての指圧）、ⓑ自分のあり方の是正、ⓒ祓いがある。この表に即して原因と指示とのかかわりをみると、①肉体の酷使→ⓐ民間療法、②精神的なあり方→ⓑ自分のあり方の是正＋ⓐ民間療法、③霊的障り→ⓒ祓い＋ⓑ自分のあり方の是正、という関連性が見出せる。なお、原因が霊的障りにあるとされる場合は、障りを受ける原因が当事者の内部にもあるととらえられている。これにはその人がやさしいので霊に頼られる場合と（No.54）、自分に魔の入る隙がある場合（No.85）の二つがある。したがって、ただ祓ってもらえばよいというのではなく、自分の心を整理する必要があるのである。

対人関係の問題は、全体で最も高比率を占めているが、家族・親族とのかかわりが六七%、職場・友人・近所との関係が三三%である。対人関係における問題の原因は、自分のあり方と前世の因縁に大別することができる。自分のあり方に原因がある場合にも、相手の性格の指摘（前世の因縁をふまえて）とそれに合わせた対応を指示するもので、自らが下がってすべて自分に非があると受けとめる「下がる」倫理よりも、人は人というわり切りが強調されている。このようなわり切りは、「すじ」（相手もよし自分もよしという合理）と「けじめ」（自分の分、すなわち役割・立場と人との分との違いの認識）の上に立った協調（和）が、お互いを生かすものとしてとらえられていることによる。たとえ親子であってもわり切りやサラッとした関係がよいとされているのは、（第一章の教えのところで述べたように）肉体の先祖と魂の先祖（前世）は異なるという認識を関連するのだろう。親子という関係は前者であるが、蓮華は後者をより

表5　病気における原因と指示

	No.	対象者	症状	原因		指示	
A	6	本人	ぎっくり腰、指が曲がらない	1	働きすぎ	a	お腹を冷やさないようにし、温める
	10	子供	一週間熱が続く		日射病（蓮華のもとに引っ張っていく方便）	a	医者いらず（うどん粉、さつまいも、玉子の白味）を練って貼る
	21	本人	肥満		ホルモンバランスのくずれ	a	野菜、酢のものを食べ、ワカモトを飲む。動物性タンパク質を減らす
B	37	子供	知恵遅れ	2	胎教が悪い	b	子供に対する接し方の指導
	41	本人	顔面神経マヒ	1+2	仕事のやりすぎ 自分のあり方	a+b	我を捨てる。欲を捨てる。漢方薬、指圧
	42	本人		2	自分のあり方	a+b	自分勝手をやめる。ニワトコを煎じて飲む
	46	本人	胃の手術後具合が悪い	2	自分のあり方	a+b	気からきているので、気持ちを整理する。煎じ薬
	54	本人	かなしばり	3	死霊（父）の障り	b+c	寝る時にコップに水を入れ、やれることはやりますと言って、水を流しに流す。父の心配の原因をとり除く
	56	子供	交通事故（3回）		前世の因縁	a	事故の意味づけ（前世はインドの僧、自分の肉体を傷つけることが成長の大きな節目となる）、指圧
	60	本人	足痛	2	自分のあり方	b	不平不満をなくせば足の痛みもなくなる
	61	本人	胃痛	1	疲れ	a	ゆっくり休む
	71	子供	知恵遅れ	2	自分のあり方	b	親の接し方をかえ、できるだけ子供に自主的にさせる
C	81	本人	身体が痛い	1	不規則な生活 寝不足	b+c	身体を揉みほぐす。運動をする
	85	本人	食事が食べられなくなり、痩せる	2+3	死霊の障り 自分のあり方		蓮華による霊の祓い。我をなくす。自分の気持ちで人を許らない。先のことまで悩まない
	88	子供	睾丸の下がりが悪く、上がっている			a	心配ない。遺伝とか前世とかは関係ない
	92	本人				b	エビオスと中将湯をのむ
	93	本人	胃痛	2	自分のあり方	a	神経の使いすぎなので、考えてもどうにもならないことは考えない
	100	子供	ひきつけ				六神丸、砂糖湯を飲ませる

注1）原因　1肉体の酷使、2精神的なあり方、3霊的障り
　2）指示　a民間療法、b自分のあり方の是正、c祓い

重要視する。

縁談、進学、就職・転職の問題への回答は、基本的に相性というカテゴリーで一括できる。すなわち縁談は相手との、進学は学校との、就職は会社との相性としてとらえられている。相性とは、前世から今世に求めてきた気ぐせ（今世親からもらった特徴と前世からもってきた特徴）を生かすことであり、欠点を消すところ、つまり魂の浄化に役だつ人であり場所である。縁談は相手との相性の良否を問うが、前世の因縁、宿命、今のあり方の全部を含めての判断であると信じられている。自分に足りないものを補ってくれるのならば良縁とされ、それゆえ、財産・家柄等既成の価値観による判断とは全く対立するものである。進学・就職においてもとらえ方は同様である。進学の場合は依頼者が挙げたいくつかの候補について、その学校との相性を指摘するのが一般的である。就職の場合も同じだが、向いている方面を指示する場合もある。仕事・商売については商売の場所替え、始める時期、やり方、仕事への対し方等で、これらについては時期の指定等かなり具体的なものである。これは気ぐせのタイミングとしてとらえられている。また商売のやり方、仕事への対し方には心のもち方の注意が含まれる。

他と比べてAグループに顕著な「今のあり方、前世、今世での任務」の問題への回答は、人間は何度も生まれかわっているが、その中でもとくに委託を受けた前世の人の影響下にあって、それに関連して今世の任務があるというもので、さらに肉体の因縁としての父方母方の因縁を指摘するものである。次のような例がある。「江戸時代が変わる時に人を指導していた人で魂自体はきれいである。この世に人の世話をするためにおりてきた魂だから、人と会うことを仕事にして行きなさい。父方の因縁はあれもこれもやらなければならないと思う傾向があり、母方の因縁は欲が深い」。前世と今世での任務については現在、蓮華があるレベル以上と認める者にしか問うことを許していないが、生き方にかかわるこうした「お伺い」が最も重要な「お伺い」として出てくる背景を考える必要があろう。

「お伺い」の内容の変化

「お伺い」においても個別的問題への教えの具現ともいうべきものが随所に見出せることは、これまで検討してきたとおりである。このような「お伺い」への蓮華の回答の変化が依頼者の側に変容をもたらすことなしにはカリスマ化の現実化は達成しえない。「お伺い」を蓮華や彼女に通信する神と依頼者との相互作用の場としてとらえるならば、勉強会を通じての教えの学習が「お伺い」にどのような影響を与えているのかをみる必要があろう。

表6　グループ別 最近一年間の「お伺い」の内容

実数（%）

	A	B	C	計
生き方の確かめ	20（64.5）	15（40.5）	7（28.0）	42（45.2）
個別的問題	11（35.5）	20（54.1）	17（68.0）	48（51.6）
その他	0（—）	2（5.4）	1（4.0）	3（3.2）
計	31（100.0）	37（100.0）	25（100.0）	93（100.0）

注）非該当の9名を除く。

表6は、最近一年間の「お伺い」の内容をみたものである。最近一年間に「お伺い」をしたことのない九名を除くと、全体の五二%が「個別的問題」（病気・対人関係等具体的な問題）のために、四五%が「生き方の確かめ」のために「お伺い」に訪れている。後者は具体的問題に即してというよりも、ある意味でもっと抽象的なレベルで、自分の生き方が神の理にかなっているかどうか問う場として「お伺い」を位置づけている。後者の占める割合は、A（六五%）、B（四一%）、C（二八%）の順で、中心グループに近づくほどこの割合は上昇している。しかし、必ずしも初めからそうであったとはいえない。そこで、「お伺い」を始めた当初と現在とを比較して、その内容の変化をみる必要がある。

表7で「お伺いをしたことがない」、「回数が少ないので変化をいえない」という一〇名を除いて依頼者側の「お伺い」の内容の変化をみると、二つの変化の方向が見出せる。第一に、「お伺い」の内容が、現実的な悩みから自分の生き方を確かめるものへと変化したこと、第二に、問題のたびごとに「お伺い」をしていた者が、自分で考えてどうしても解

表7　グループ別「お伺い」の内容の変化　　実数（%）

	A	B	C	計
現実の悩み→生き方の確かめ	12［10］ （41.4）	5［5］ （13.9）	1［1］ （ 3.7）	18［16］ （19.6）
問題のたびに伺う→自分で考えて解決できない時、自分の考えでよいのかの確かめ	3［3］ （10.3）	5［5］ （13.9）	2［2］ （ 7.4）	10［10］ （10.9）
変化なし	14［6］ （48.3）	26［7］ （72.2）	24［4］ （88.9）	64［17］ （69.5）
計	29［19］ （100.0）	36［17］ （100.0）	27［7］ （100.0）	92［43］ （100.0）

注1）自由回答を分類
2）非該当（「回数が少ないので変化を言えない」「お伺いをしたことがない」）の10名を除く。
3）［　］内は最近一年間の「お伺い」の主な内容として「生き方の確かめ」を挙げた者の数

決できない時や自分の考え方でよいのかを確かめるために伺うという方向への変化である。第一点の変化を認める者は全体の二〇%だが、A四一%、B一四%、C四%とAとBCとの差は大きい。第二点の変化は全体の一一%で、ABC間の差はほとんどない。「お伺い」の内容の変化を自己認知している者はA五二%、B二七%、C一一%と、中心的信者に近づくにつれて増大している。こうした変化を最近一年間の主な「お伺い」の内容が「生き方の確かめ」なのかそれ以外の「個別的問題」なのかという点にかかわらせてみると、内容の変化を意識している者で「生き方の確かめ」について伺っている者の割合は、A一二名中一〇名（八七%）、B五名中五名（一〇〇%）、C一名中一名（一〇〇%）で、変化なしの場合のその比率は、A一四名中六名（四三%）、B二六名中七名（二七%）、C二四名中四名（一七%）となる。なお後者は一七名中三名を除いて、勉強会が開催されるようになった自生会以降に蓮華とかかわりをもった者である。このように、勉強会での教えの学習をとおして自己の行動や考え方の準拠枠組を得たことが、個別的問題解決の場としての性格をもつ「お伺い」を、教えの延長線上に、生き方にかかわるものとしてとらえる方向に変化させたといえる[6]。そのことは、内容の変化についてはもちろん、「生き方の確かめ」を主要な「お伺い」の内容として挙げる者の割合がA六六%、B四七%、C二六%と、段階的な差を示していること

表8　グループ別「お伺い」が当たらなかった経験　実数（%）

	A	B	C	計
たくさんある	0（—）	0（—）	0（—）	0（—）
それほどではないがある	1（3.0）	3（7.9）	2（7.1）	6（6.1）
ほとんどない	5（15.2）	6（15.8）	9（32.1）	20（20.2）
全然ない	17（51.6）	25（65.8）	10（35.7）	52（52.5）
当たる当たらないではない	8（24.2）	4（10.5）	5（17.9）	17（17.2）
まだ結論がでていない	1（3.0）	0（—）	1（3.6）	2（2.0）
わからない	1（3.0）	0（—）	1（3.6）	2（2.0）
計	33（100.0）	38（100.0）	28（100.0）	99（100.0）

注1）非該当の3名を除く。
2）「当たる当たらないではない」「まだ結論がでていない」は選択肢にはなく、「その他」から抽出

をみても明らかであろう。[7]

「お伺い」の内容の変化は、これまで検討してきたように、教えの学習の影響とみることができようが、彼らが生き方にかかわる問題を蓮華に尋ねる場合、単に生き方について良い教えを説いているというばかりでなく、蓮華が前世を見通す霊能をもち、それに基づいての今世での指示であると信じられているからであろう。そこで、経験的側面で蓮華の霊能に対する彼らの評価を確認しておく必要がある。勉強会から先に入った者は八名にすぎず、「お伺い」を契機にかかわった者が九四名（九二%）を占めるという事実をみても、霊能が第一義的に彼らをひきつけたといえそうだからである。

「お伺い」が当たらなかった経験

表8で「お伺い」が当たらなかった経験についてみると、当たらなかった経験が「たくさんある」と認知する者は全くなく（当初、御利益を求めて当たらないと思った者は去る可能性が多いので当然かもしれないが）、「それほどではないがある」が六%あるのみである。「当たらなかった」ことをどのように解釈したかをABC別に見ると、Cでは「どうしてかわからない」、「仕方ない」といったものだが、Bになると「自分の修行不足」と自らに原因を求める場合や、「はずれた時はどうしてかと思ったが、現在は長い目でみてあと

表9　グループ別 助けられた体験（内容）

実数（%）

	A	B	C	計
病気・事故	12（ 19.4）	15（ 26.3）	9（ 27.3）	36（ 23.6）
対人関係	7（ 11.3）	6（ 10.5）	5（ 15.1）	18（ 11.8）
相性	5（ 8.1）	11（ 19.3）	6（ 18.2）	22（ 14.5）
商売・仕事	6（ 9.7）	5（ 8.8）	2（ 6.1）	13（ 8.6）
生き方・性格の変化	15（ 24.2）	11（ 19.3）	5（ 15.1）	31（ 20.4）
その他	17（ 27.3）	9（ 15.8）	6（ 18.2）	32（ 21.1）
計	62（100.0）	57（100.0）	33（100.0）	152（100.0）

注1）自由回答を分類した。
　2）相性の内容は縁談、恋愛、進学、就職

あと良い方向に導いてくれるものだとわかった」と当たり外れという短絡的な観点からではない見方でみる者がある。Aでは「当時は自分の気持ちの上での欲望が先行してしまい、当たらなかったと錯覚したのではないか。時間をおいて考えるとあの時はそれでよかったとわかってくる」ととらえている。ABにおけるこのような「当たらなかった」場合の解釈は、表8で質問紙の回答の選択肢にはなかった「当たる当たらないではない」、「まだ結論がでていない」という項目を「その他」から取り出させることになった[8]。蓮華の「お伺い」は単に当たり外れということで判断されるものではないと受けとめられているのである。今まで「お伺い」した中での最大問題（表4）や「お伺い」の内容の変化（表7）でみたように、問題それ自体が即物的なレベルから精神的レベルに移行していることを示すものでもあって、例えば病気といった問題でも心のあり方を直すことが強調されていることとも対応するだろう。なお、「それほどではないがある」、「ほとんどない」と幾分なりともあると認知している者はA一八%、B二四%、C三九%と順次上昇しているが、蓮華の霊能に対する評価は概してかなり高いといえよう。

助けられた体験

「当たらなかった経験」は蓮華の霊能に対する評価を含む認知を示唆していた。

表10　グループ別 神の指示に従うと自分の損になると思われる時　実数（%）

	A	B	C	計
神の指示に従う	17（50.0）	21（55.3）	11（36.8）	49（48.0）
自分の損にならないようにする	1（2.9）	1（2.6）	4（13.3）	6（5.9）
いちがいにいえない	5（14.7）	6（15.8）	10（33.3）	21（20.6）
その他（損得は考えられない）	11（32.4）	10（26.3）	4（13.3）	25（24.5）
わからない	0（—）	0（—）	1（3.3）	1（1.0）
計	34（100.0）	38（100.0）	30（100.0）	102（100.0）

これに対して、受益感にかかわる「助けられた体験」について検討しておこう。助けられた体験が「たくさんある」と認知する者はA六五%、B四七%、C二〇%で、「それほどではないがある」まで入れるとA八五%、B八四%、C六三%となり、CBAの順に中心に近づくほど高くなる。[9] 表9でその内容（三つまでと指定したが、三つ挙がらなかったものもあるため、平均件数はA二・一件、B一・八件、C一・七件である）をみると、全体では、病気・事故（二四%）、生き方・性格（二〇%）、相性（一五%）、対人関係（一二%）、商売・仕事（九%）の順になる。ABC別にみるとAでは生き方・性格が、BCでは病気・事故が一位になり、また相性に関するものを挙げる率は、BCではAの二倍以上ある。なお生き方・性格を挙げる者の割合はCBAの順でわずかながら上昇する。内容的にAでは生き方（の変化）に圧倒的な比重があるのに比べ、BCでは性格（の変化）に力点がある。このように程度の差こそあれ、内面にかかわるものが助けられた体験として前面に出ており、蓮華が通常の巫者の域を越えることが示唆されている。しかしながら治病が全体の一位を占めることは、霊能が具体的側面でも発揮されていることを示している。

最後に、「お伺い」での指示は世間的な基準による判断と異なることもありうるので、「神の指示に従うと自分の損になると思われる時」の対応を表10でみることにしたい。まず、「自分の損にならないようにする」はABともに三%弱あるのみだが、Cになると一三%に上昇する。これに「いちがいにいえない」と答えた者を加えると、ABでは一八％であるが、Cでは半数近くの四七％に達する。他方、「神の指示に従う」と回答した者はどのグループでも一番多い。「神の指示に従う」と答えた場合の自由回答に示された理由を多い順に挙げると、次のとおりである。「損になるように思えてもそのとおりにやると得になる」（一七名）、「神を信じている。先生を信じている」（一三名）、「素直に受け取れるかどうかの神の試練」（三名）、「損得は考えられない」（三名）、「自分の判断は信じられない。神の言葉が一番正しい」（三名）などである。一番理由が集中していた「損になるように思えてもそのとおりにやると得になる」について、なぜ得になるのかという点に関しては、①今までの経験からいって結果が必ず神の方が正しいので、神に従えば結果的に悪い方に向かわず損をしない、②神は先を見通して指示を与えてくれているので、目先のことで判断できない、③たとえ物質界では損でも精神界ではプラスになる、という三つの理由が認められる。したがって、これまでの経験から類推して神の指示の正しさを信じる場合（①）、今世内部ではあるが長期的な見方でみている場合（②）、今世を超えて来世まで射程に入れて考えている場合（③）があるといえる。それゆえ、霊能に対する評価や受益感によって支えられながらも、教えの受容の影響が「損になると思われる時」の対応にもあらわれているといえるだろう。

三　教えの受容による自己変革

二節でみたように、蓮華自身における変化と対応するように、「お伺い」にみる巫者活動のとらえ方が変容している。それには蓮華の霊能に対するプラスの評価をもたらした体験を基礎としながらも、勉強会参加による教えの学習が大きな役割を果たし、この過程で蓮華は通常の巫者を超える側面をもつに至ったのである。教えを受容したことが蓮華との関係を継続させる力となるためには、教えが対象世界の認知的枠組を変えるような内的変化を人々にもたらし、絶えることのないカリスマの証しとしての磁力をもつものになる必要があろう。そこでここでは、教えの受容による自己変革の側面に焦点をあてることにする。貧困や病気の苦から大幅に解放された現代人にとっては、教えの受容による苦や罪からの脱却よりは、「より良く生きる」自己変革のほうが切実な願いとなっており、自成会の教えはそういう願いをもつ人々をひきつけている。

蓮華の説く教えは、現実を即修行の場としてとらえた、現実生活の中での生き方にかかわる実践的なものである。しかし、それは単なる生活倫理的なものではなく、今世での生き方を前世、来世とのつながりの中でとらえ、末法の世である現在において、人間らしい存在へと目覚めることを求めるものである。周縁的な価値が中心的価値へと移行することを含む既成の価値観の転換は、蓮華にとっての「状況」を構成する霊界や神という超自然的存在を信者が事実として受け入れ、そうした状況規定のもとで今世の自分を再規定していくことを含むであろう。そこで教えの前提にあるこのような超自然的存在をどの程度、またどのような契機で受け入れるようになったかの検討から始めたい。

(一) 霊界・神の存在

霊界の存在を信じる程度をみると、その存在を「信じる」者はA六八%、B八二%、C七〇%で全体では七四%に及ぶ。「信じない」という者はBに三%(一名)、Cに七%(二名)あるにすぎず、あとは「半信半疑」または「わからない」と答えた者である。また、神の存在を「信じる」者は霊界を「信じる」者よりもABでは一〇%程度多く、A七六%、B九二%、C七〇%で、全体では七九%の者が信じており、信じない者はCに三%(一名)のみである。[10] なお、霊界の存在を信じる程度と神の存在を信じる程度との間には高い相関関係がある。

霊界を信じるようになった契機を表11でみると、「連華先生の話を聞いて」がABともに四八%、Cでは三八%で、

表11　グループ別 霊界を信じるようになった契機

実数（%）

	A	B	C	計
自分で体験して	4（ 17.4）	5（ 16.1）	3（ 14.3）	12（ 16.0）
体験した人の話を聞いて	1（ 4.3）	3（ 9.7）	3（ 14.3）	7（ 9.3）
蓮華先生の話を聞いて	11（ 47.9）	15（ 48.4）	8（ 38.1）	34（ 45.4）
「お伺い」が正しかったので	2（ 8.7）	2（ 6.5）	1（ 4.8）	5（ 6.7）
なんとなく	3（ 13.0）	5（ 16.1）	2（ 9.5）	10（ 13.3）
その他	2（ 8.7）	1（ 3.2）	4（ 19.0）	7（ 9.3）
計	23（100.0）	31（100.0）	21（100.0）	75（100.0）

注）複数回答の場合は主な理由

表12　グループ別 神の存在を信じるようになった契機

実数（%）

	A	B	C	計
自分で体験して	5（ 20.0）	8（ 22.9）	2（ 9.5）	15（ 18.5）
体験した人の話を聞いて	0（ — ）	0（ — ）	0（ — ）	0（ — ）
蓮華先生の話を聞いて	6（ 24.0）	13（ 37.1）	4（ 19.0）	23（ 28.4）
「お伺い」が正しかったので	6（ 24.0）	7（ 20.0）	5（ 23.8）	18（ 22.2）
なんとなく	5（ 20.0）	6（ 17.1）	8（ 38.2）	19（ 23.5）
その他	3（ 12.0）	1（ 2.9）	2（ 9.5）	6（ 7.4）
計	25（100.0）	35（100.0）	21（100.0）	81（100.0）

注）複数回答の場合は主な理由

その他で言及された「お伺いが正しかったので」を含めると蓮華との接触をきっかけとする者が全体の半数以上を占め、その割合はABはCよりも一〇％程度多い。また「自分で体験して」と答えた者の中にも、その内容を検討すると蓮華を通じて霊と話をすることができたとか、ある出来事を蓮華によって霊によるものだと指摘された場合を含んでいる。[11]

神の存在を信じるようになった契機（表12）は、霊界と同様に蓮華との接触に起因するものが半数を占めるが、霊界を信じるようになった契機では「蓮華先生の話を聞いて」という理由が大多数であったのに対し、「お伺いが正しかったので」という理由がこれと並ぶ多数を占める。また「自分で体験して」という者は、ACのすべて、Bの六三％が蓮華との接触以降のことで、「先生の話を疑うと胃が痛くなり、心得違いを謝ると治る」、「心のあり方が悪いと体の具合が悪くなる」という例

表13　グループ別 蓮華の語る神の言葉を信じる程度　　実数（%）

	A	B	C	計
全面的に信じている	27（79.4）	29（76.3）	15（50.0）	71（69.6）
参考にしている	6（17.7）	8（21.1）	9（30.0）	23（22.5）
半信半疑	1（2.9）	1（2.6）	4（13.3）	6（5.9）
あまり信じていない	0（―）	0（―）	1（3.3）	1（1.0）
全然信じていない	0（―）	0（―）	0（―）	0（―）
非該当	0（―）	0（―）	1（3.3）	1（1.0）
計	34（100.0）	38（100.0）	30（100.0）	102（100.0）

注）「非該当」は聞いたことがない者

も含まれており、教えとの関連が見出せる。ただし「なんとなく」や「その他」（六名中五名が「子供の頃から人間を超えた存在がいると思っていた」というもの）を挙げる者は、蓮華にかかわる神というよりも、もっと一般的な神観念であると推測される。

神や霊界の存在の認知において、蓮華との接触が重要な役割を果たしていることが指摘できるが、これらについては漠然とした一般的な概念も入りこんでいると考えられるので、より直接的にこの点に探りを入れるために、蓮華が霊媒になって語る神の言葉（「お伺い」や勉強会で蓮華に降臨し、また通信する神の言葉）を信じる度合いについて次にみることにしたい[12]。表13をみると、これを「全面的に信じている」者は全体で七〇％、グループ別ではA七九％、B七六％、C五〇％とABとCとの差が目立つ。「全面的に信じているわけではないが参考にしている」までを入れると、全体では九二％、ABでは九七％にのぼり、Cでも八〇％になる。「参考にしている」以上のものについて、蓮華の語る神の言葉を信じるようになった契機を表14でみるならば、全体的に最も多いのは「お伺いが正しかった（当たった）」という理由（四四％）によるもので、とくにB（五七％）とC（五〇％）では半数以上を占める。しかしながら、蓮華の霊能に対する評価（四九％）ばかりでなく、教えの適切さ（三九％）もかなりの率で蓮華の語る神の言葉を信じるようになった契機になっていることが注目される。「霊能に対する評価」は、①「お伺い」で指示されたとお

表14　グループ別 蓮華の語る神の言葉を信じるようになった契機　実数（%）

		A	B	C	計
霊能	①お伺いが正しかった	8（24.2）	21（56.8）	12（52.2）	41（44.1）
	②神でなければわからないことを指摘された	1（3.0）	1（2.7）	0（—）	2（2.2）
	③お伺い以外で言うとおりになる	1（3.0）	2（5.4）	0（—）	3（3.2）
教え	④自分の考えと合致	10（30.4）	7（18.9）	3（13.0）	20（21.5）
	⑤自分の考えと反対	1（3.0）	0（—）	0（—）	1（1.1）
	⑥勉強会に出席するうちに納得	5（15.2）	4（10.8）	6（26.1）	15（16.1）
その他		7（21.2）	2（5.4）	2（8.7）	11（11.8）
計		33（100.0）	37（100.0）	23（100.0）	93（100.0）

注1）複数回答の場合は主な理由
2）「お伺いが正しかった」「自分の考えと合致」以外は「その他」から抽出

りに行なったら結果が良かった（指示に逆らったら結果が悪くなった場合も含む）、②神でなければわからないこと（前世、宿命など）を指摘された、③「お伺い」以外でいうとおりになる（世の中、天気、写真の光[13]）、に区分できるが、①が圧倒的に多い。また「教えの適切さ」は、④自分の考えと合致、⑤自分の考えと反対（一名のみではあるが、仕事をしてお金をもっている人が一番強いと思っていたが、それと一八〇度違うことが書かれている『永遠への道』を読んで、勉強会出席以前に信じたという例）、⑥勉強会に出席するうちにだんだんと納得した場合、がある。ABC別にみるとAではBCに比べ、霊能よりも教えの評価を契機とする者が多く、それも次第に納得してきたというより、「神の言う生き方と自分の考えが一致した」ことをその信じる核としている場合が目立っている。

神や霊界を信じる割合においてはAはBの下位になっているが、蓮華の語る神の言葉を信じる割合はAはBより若干高い。これは各グループの特徴について先述したように、AはBのように、いわゆる信心深いというより、蓮華が前世をみて選んだ人々で、勉強会や「お伺い」以外でも蓮華との接触頻度が高く、またいわば宗教というより生き方に関心のある人々であって、それがこれらの一見不規則な動きとなって表れていると思われる。

これまで超自然的存在にかかわる三つの項目について検討してきたが、

「お伺い」や勉強会をとおして自己の認知する対象世界が超自然的世界にも拡大したことは以上でみたとおりである。これらは、蓮華に降臨・通信する神に対する信頼をテコとして、自己の行為、態度、生き方を内省する視点の深化につながりうる。自成会の教えの根本にあるのは、人間はこの世に魂の浄化のため魂に徳を積むためにきているのであって、名声・権力等の世俗的な価値は神からみれば何の価値もないもので、人生の目的は魂を磨くことにあるという人間観である。魂を磨くためには、自知（自分の宿命・環境・立場を知る）、即今（今やらなければならないことを精一杯やる）、和（人に謙虚にし調和する）という三つの教えを実行する必要がある。これらの前提には、前世、今世、来世といった因縁因果のつながりが想定されていて、現在は魂の因縁（前世や宿命）や肉体の因縁の影響下にあるものの、現在のあり方によって因縁を断ち切り、運命を変化させることのできるという因縁因果観がある。そこでまず、蓮華に因縁を指摘されたことによる変化を、「前世と今世での任務」、「宿命」を手がかりにみていくことにする。

（二）前世・今世の任務、宿命

二節で言及したように、人間は何度も生まれかわってこの世に生をうけている。今世はそのうちで特定の任務をもった前世の人の影響下にあり、そのあり方によって今世での任務の内容はさまざまであるが、基本的には与える役目（人類の四％）と汚れをとる役目（同九六％）に分けられるというものである。

宿命（の形態）は本来、結婚の相性にかかわるものとして説かれたものである。人間は前世の徳分とそれに付随する性格上の癖によって、4・5・6の三つの器に分類される。これは因縁によって定まった宿命であり身巾としてとらえられている。夫婦は相補う縁であるため足して10になる縁がよいとされることは、すでに述べたところである。

宿命は「お伺い」の場でなく、通常の蓮華との会話の中で指摘されることもあるし、問えば大体において答えは得る

表15　グループ別 前世と今世での任務、宿命

実数（%）

前世	任務	宿命	A	B	C	計
○	○	○	21（61.7）	8（21.1）	8（26.7）	37（36.3）
○	○	×	4（11.8）	1（2.6）	0（—）	5（4.9）
○	×	○	4（11.8）	4（10.5）	0（—）	8（7.8）
×	○	○	3（8.9）	2（5.3）	0（—）	5（4.9）
○	×	×	0（—）	2（5.3）	3（10.0）	5（4.9）
×	○	×	0（—）	1（2.6）	0（—）	1（1.0）
×	×	○	1（2.9）	11（28.9）	9（30.0）	21（20.6）
×	×	×	1（2.9）	9（23.7）	10（33.3）	20（19.6）
計			34（100.0）	38（100.0）	30（100.0）	102（100.0）

注）○知っている、×知らない

ことができる。また前世についても、はっきりしたことは「お伺い」しないとわからないと言いながらも蓮華のカンで述べる場合や、これを問うことを直接的に目的としない別の問題についての「お伺い」の回答の中で知る場合もある。しかし、前世と今世での任務については、前述したように、これを聞いても受ける力がないと蓮華が判断した場合は、「お伺い」を依頼されても断っている。基本的にはこれらが一組になってこそ意味があり、この両者を知っていることは蓮華のその人に対する期待度を表すといえよう。表15を参照すると前世、今世での任務、宿命の三つをともに知っている者は、A六二%、B二一%、C二七%である。また個別にみると、宿命を知っている者はA八五%、B六六%、C五七%といずれにおいても半数を超えるが、前世と今世の任務の双方を知る者は、A七四%、B二四%、C二七%で、AとBCとの間には格段の差がある。

ところで、宿命を知ったことによる生き方の変化を認知している者は、全体で四二%（A四一%、B四八%、C三三%）いる。ただし、変わらないという者の中には、生き方自体は変わらないが、自分のこれまでのあり方を宿命にあてはめて納得する者も含まれる。ここでの変化は、大ざっぱにいえば、指摘された宿命の特徴に合わせるという方向をとる。とくにドラスチックな変化が起きるのは、自己が認識する性格とは全く正反対の宿命が指摘された場合である。すなわち、指摘された宿命と自己認知が類似しているか一致する場合には生き方は変わらないし、これまでの人生を顧みて納得もしようが、自分では全く認識せず、また他者によっても指摘されたことのない深層部分が、本質的なものとして浮かびあがってきた時、蓮華の霊能に対する信頼と相伴って、指導に合わせる方向に大きな変化が生じるようになる。

宿命、4・5・6各々について具体例を挙げてみよう。①4と指摘された場合――「以前自分は性格面でしっかりしていると思い、結婚は考えずに仕事に生きようと思っていたが、先生からそうではないと言われたので人に合わせるよう努力するようになった」、「強い人間だと思っていたが弱い人間と思うようになった。宿命を聞いてから無理をしなくなったので楽になった」、「もともとは自分からやりたがりやだった。4は受ける役なので、受けてお願いするしかないと思ったら、心が楽になった」、「一時は4であることが頭にこびりついて悩み、自信を持つことができなくなった。今は4であることに開き直っている」。②5と指摘された場合――「人に甘えず宿命にそってフィフティ・フィフティでやっていこうと思うようになった」、「家族に甘えていてはいけないことがわかった」、「自分は4、夫は6だと思っていた。5と5と知って自信がついた」、「以前は自分が主役のつもりでいたが、自分の枠が見え、無理をしなくなった」。③6と指摘された場合――「自分は人に指導されていく立場だと思っていたのが正反対だった。やってみればそのとおりだった」、「人に甘えてはいけないと強くなった」、「男の人のような気持ちで一切合切やるようになった。夫がいるのになぜ自分がこれほどまでにやらなければならないのかと思っていたが、これを知って不足がなくなった」。

これらの例が示すように、5の場合は自分が4と思っていた場合と6と思っていた場合とで変化の方向が異なるが、4の場合は自分が6、6の場合は自分が4と思っていた時に、とくに大きな変化が表れている。また蓮華は「宿命は前世の徳分であって、今世ではない。4・5・6はどれが一番よいというのではなくて、前からもってきた魂を知り、それをあやつるのが運命である」というが、4は最も徳分の量が少ないとされるために、それをスティグマととらえて激しい内的葛藤を経験した者もいることは前出の例に示されているとおりである。またさらにいえば、これらの例から浮かびあがるように、従来の価値観からは、6は男性役割に、4は女性役割に付随させられていたものであった。しかし、男女にかかわらず4・5・6の宿命に分けられるということは、既成の価値観からの脱皮を促すものとなる。したがって女性で6と指摘された時には、なぜ女でありながらここまでしなくてはならないのか、逆にいえば女だてらにというあり方に、宿命という枠組が与えられたならば、世俗的にみて逸脱した行動に対して聖（神）の秩序からみて正当性が付与される側面をもつのである。なお、宿命の指摘は蓮華のカンによるものであるから、このような変化を人々にもたらすこと自体、蓮華は霊媒にならずとも因縁を見通す力があるととらえられている点を確認しておく必要があろう。

前世と今世での任務については、前世および／または今世での任務を知って「変わった」と認知する者（ただし、そのほとんどが「任務」とのかかわりで変化を感じている）は全体の五一％（A五〇％、B五六％、C三六％）である。「変わらない」の中には、宿命の場合と同様に、振り返ってみて今までの人生を納得する者が含まれる。今世の任務は前世の特徴を踏まえたものであるが、その指示はかなり抽象的である。汚れを消す任務の場合は、指摘された欠点を直す方向や、「人に尽くす喜びを受けよと言われたので、細かいことで人の世話をしたり、人がいやがってやらないことでも気にならないでやることができるようになった」、「五人の（前世の）魂に委託されて生まれてきたので、今世いろいろな試練があったことがわかった」というように、任務として困難を積極的にひきうける、スティグマの積極的受容ともいうべき方向への変化が見出せる。また、「精神的に人を導く」、「人に謙虚と清楚を指導する」などの人に与える任務の者は、「情に溺れたユダは自分に似ている。そういう部分を改善しながら、できる範囲で人にお役に立てるようにと思うようになった」、「自分としては人から言われたことをするのが好きで、人の上に立つのは向いていないと思う。しかしPTAの役員になるということが起きるので、言われたように人に接しなければならないと思っている」といった、指摘された前世に現在の自分との類似点をみる場合や、自己認知と全く違う深層部分が指摘されたが、現実に人の

表16　グループ別 終末を信じる程度

実数（%）

	A	B	C	計
全面的に信じている	14（41.1）	7（18.4）	2（6.7）	23（22.5）
かなり信じている	7（20.6）	11（29.0）	9（30.0）	27（26.6）
半信半疑	4（11.8）	13（34.2）	8（26.7）	25（24.5）
ほとんど信じていない	2（5.9）	0（—）	1（3.3）	3（2.9）
全然信じていない	1（2.9）	0（—）	2（6.7）	3（2.9）
わからない	6（17.7）	7（18.4）	4（13.3）	17（16.7）
初めて聞いた	0（—）	0（—）	4（13.3）	4（3.9）
計	34（100.0）	38（100.0）	30（100.0）	102（100.0）

上に立つといった状況に立ち至ることをとおして、今世での任務を確認し、自分自身を方向づけるという変化がみられる。いずれにしても、今世での人との接触の中で自分の良さを出し、欠点をなくす努力をすることが強調されているが、これには対人関係が修行であるとの認識が反映されていると思われる。このように、宿命、前世と今世での任務を知ったことによる変化は、神や蓮華によるサンクションが眠っていた深層部分を掘りおこし、本質として登場させ、状況規定を変えることによって次なる行動を規定していくのである。(14)

(三) 終末

蓮華に最高位にある神が通信するのは、現在は末法の時代であって、終末が間近いとの認識にたっている。この終末は現在到来しつつあるものとしてとらえられている。近い将来に生起すると予言された終末に対する意識は表16のとおりで、全体の約半数が程度の差こそあれ信じている。グループ別にみると、Aで「全面的に信じている」者が四一%と高率を占めることが注目されるが、「全面的」または「かなり」信じている者の割合は、A（六二%）、B（四七%）、C（三七%）の順になる。しかし、個人的な「お伺い」では当たらなかったと考える者は少ないにもかかわらず、終末については「信じていない」と断言する者はわずかであるとはいうものの、未だ半信半疑の域を出ない者もかなりいる。しかし、終末に備えての炒米

表17　グループ別 終末のための準備

実数（%）

	A	B	C	計
すでに準備しているし、今後もするつもりである	6（17.7）	13（34.2）	5（16.7）	24（23.5）
今は準備していないが、今後はするつもりである	15（44.1）	15（39.5）	6（20.0）	36（35.3）
現在準備もしていないが、今後もするつもりはない	13（38.2）	10（26.3）	15（50.0）	38（37.3）
初めて聞いた	0（—）	0（—）	4（13.3）	4（3.9）
計	34（100.0）	38（100.0）	30（100.0）	102（100.0）

（米を炒って太陽熱で乾かして壜につめ、コルク栓をして土中に埋める）等の準備状況について表17をみると、現在の実践度はBが最も高くACの二倍の三四%の人々が行なっている。現在の準備いかんにかかわらず今後するつもりの者は、A六二%、B七四%、C三七%とB＞A＞Cの順になる。なお、現在準備を行なっている度合は、全面的に信じている者では三九%と、かなり信じている者や半信半疑の者よりも一〇%程度多いが、今後の実践と信じている度合にはほとんど差はみられない。終末を現実的なものとしてとらえるか、むしろ精神的なものにかかわるものとして象徴的レベルでとらえるかによって具体的準備への態度に差ができる部分もあろうが、Bが終末を信じている度合の割には、準備という点で敏感に反応していることが注目される。

終末論と関連したものに水晶の所持がある。一九八〇年三月に末法の時代最後の光が昇仙峡（山梨県）に降りるということで、自成会の人々がそこに行った頃に提唱された。昇仙峡付近は水晶が多く産出する土地であるが、水晶は悪を吸い出し、いざという時に魔を切り、身がわりになるといわれた。このような意味が付与された水晶の所持率を表18でみると、全体の六四%が「いつも」または「ほとんどいつも」身につけているし、「時々」身につける者まで含めると七七%となる。とりわけBの比率の高さが顕著で、その五〇%は「いつも」身につけているし、「ほとんどいつも」身につけている者まで含めると、ACでは五〇%程度なの

表18　グループ別 水晶の所持度

実数（%）

	A	B	C	計
いつも身につけている	9（26.5）	19（50.0）	8（26.7）	36（35.3）
ほとんどいつも身につけている	8（23.5）	12（31.6）	9（29.9）	29（28.4）
時々身につけている	5（14.7）	4（10.5）	5（16.7）	14（13.7）
めったに身につけない	5（14.7）	0（—）	3（10.0）	8（7.8）
全然身につけない	7（20.6）	3（7.9）	5（16.7）	15（14.7）
計	34（100.0）	38（100.0）	30（100.0）	102（100.0）

に、Bでは八二%に及ぶ。また、「めったに」または「全然」身につけない者は、A三五%、B八%、C二七%と、A＞C＞Bとなる。なお、水晶によって助けられたことがあると認知している者は、A一五%、B二九%、C一〇%で、具体的には指摘できないが、身につけることによって難が無難になったかもしれないとする者は、A一二%、B八%、C七%である。終末への準備と同様、Bは呪術的、現世利益的側面での対処率が高く、Aはこうした面でのかかわりは低い代わりに、精神的レベルで教えの受容度が高い。

(四)　教えの受容による自己変革効果

次に勉強会で教えを学習することによる自己変革効果を表19と表20でみてみよう。教えの学習によって、「人の見方や世の中に対する見方」が変わったと認知する者は、A八八%、B九五%、C七〇%で、全体で八五%に達する。また、勉強会参加による「自己の変化」については、自分で思うにせよ、他人から言われたにせよA八八%、B九〇%、C七三%と、全体の八四%が何らかの変化を認めている[15]。そのうち、自分自身で変化を感じている者は、A七九%、B八七%、C六三%となり、その各々六〇%前後は、さらに他人からも変わったと言われた経験をもっている。また、表19と表20の関連をみると、人や世の中に対する見方が変わったと認知する者の九〇%は、自己の変化を意識している。

自由回答から変化の方向を探ると、全体の三七%は人とのかかわり方、対人関係における見方の変化に言及している。それは「人は人とわり切るようになった」と一括できよう。

表19　グループ別 人に対する見方、世の中に対する見方の変化　実数（%）

	A	B	C	計
変わった	30（ 88.2）	36（ 94.8）	21（ 70.0）	87（ 85.3）
変わらない	2（ 5.9）	1（ 2.6）	6（ 20.0）	9（ 8.8）
どちらともいえない	2（ 5.9）	1（ 2.6）	3（ 10.0）	6（ 5.9）
計	34（100.0）	38（100.0）	30（100.0）	102（100.0）

表20　グループ別 勉強会参加による自己の変化　実数（%）

	A	B	C	計
自己変―他人変	15（ 44.1）	20（ 52.7）	11（ 36.6）	46（ 45.1）
自己変―他人不変	12（ 35.3）	13（ 34.2）	8（ 26.7）	33（ 32.4）
自己不変―他人変	3（ 8.8）	1（ 2.6）	3（ 10.0）	7（ 6.9）
自己不変―他人不変	4（ 11.8）	4（ 10.5）	5（ 16.7）	13（ 12.7）
わからない	0（ ― ）	0（ ― ）	3（ 10.0）	3（ 2.9）
計	34（100.0）	38（100.0）	30（100.0）	102（100.0）

注1）自己変（不変）とは、自分自身で変化を認めている（認めていない）こと
　2）他人変（不変）とは、他の人が自己の変化を認めている（認めていない）こと

このことによって「自分の気持ちを人に押しつけない」、「相手の身になって考える」、「自分と他人の分担がわかり、それによってやさしさや思いやりが出てきた」というように、自分を基準として相手に思い入れることは決して思いやりではなく、その人を生かすことでもないという認識にたつもので、わり切りや人と自分との区別という世俗的には冷たいようにみえることも決してそうではないというとらえ方の逆転が見出せる。また「明るくなった」、「感情的にならなくなった」、「我がとれて丸くなった」という性格上の変化を述べる者が三八％いるが、これは人に対するわり切りが背後にあると思われる。このように自己の変化は対人関係をめぐってとらえられ、日常生活の中で効果を発揮しているが、単に日常道徳的なものでなく、価値観の転換を前提とする側面をもつことを強調しておく必要があろう。

これまでみてきた変化は、種々のレベルがあるにしろ、蓮華の示す象徴的世界観にもとづく状況規定にかかわるものである。このような象徴的超越的位相への参入は、その媒介者である蓮華に対する見方の変化にもつながってくる。この点については

表21　グループ別 蓮華に対する区別

実数（%）

	A	B	C	計
お伺い／勉強会／個人	13（38.2）	7（18.4）	4（13.3）	24（23.5）
お伺い・勉強会／個人	6（17.6）	9（23.7）	8（26.7）	23（22.5）
お伺い／勉強会・個人	1（2.9）	10（26.3）	6（20.0）	17（16.7）
どの場面でも区別しない	14（41.3）	12（31.6）	11（36.7）	37（36.3）
その他	0（—）	0（—）	1（3.3）	1（1.0）
計	34（100.0）	38（100.0）	30（100.0）	102（100.0）

注）「その他」は勉強会以外の蓮華を知らない者

次節でみていくことにしたい。

四　巫者からスピリチュアル・リーダーへ

蓮華は自らを、「お伺い」の時には自分は無であり白紙の状態で、人間としての願いがなく神の啓示をうける器であり、その意味で神そのものとなる。勉強会時は神が降臨している時以外は、自分の知恵であるので蓮華（前世の慈恩大師＋本人）であり、個人の時は物体の特徴や欠点をもつ晶子、として区別してきたし、また折にふれて区別すべきことを強調していた[16]。この点に関して蓮華は次のように言う。「神の使いをしている時、していない時を区別しないで晶子という物体を神としてみる人がいる。晶子の時は神に従い仕える人間で、その点で他の人と対等である。また物体をもつ限りは欠点との戦いがあり、こうしたいという望みもある。自分を神と一緒にされたら神に失礼であり、申し訳ない。けれども神と離れた時でも一人の人間として通用する者になりたいと思う」。しかし、蓮華によるこの区別の強調に対して、「自分は常に蓮華先生として接しているから区別する必要はないが、蓮華になる時は区別せよというのは、神を敬え、教えを受ける時は失礼のないようにという意味である」ととらえる人もいる。

そこで、「お伺い」、勉強会という二つのいわば公的な場面と個人の場面をどのよう

表22　グループ別 蓮華に対する呼称

実数（%）

	A	B	C	計
伺・勉・普・(旗)＝先生	19*　(55.9)	28 (73.7)	13 (43.3)	60 (58.8)
伺・勉／普・(旗)　＝先生／個人名	13**　(38.2)	8 (21.1)	7 (23.3)	28 (27.5)
伺・勉・普／旗＝先生／個人名	2　(　5.9)	1 (　2.6)	0 (—)	3 (　2.9)
伺 and/or 勉／—　＝先生／—	0　(—)	1 (　2.6)	5 (16.7)	6 (　5.9)
—／普・(旗)＝—／個人名	0　(—)	0 (—)	2 (　6.7)	2 (　2.0)
伺・勉・普・(旗)＝個人名	0　(—)	0 (—)	3 (10.0)	3 (　2.9)
計	34　(100.0)	38 (100.0)	30 (100.0)	102 (100.0)

注）伺＝お伺い、勉＝勉強会、普＝ふだん、旗＝旗屋。（旗）は非該当を含む。
*　「お伺い」は非該当の１名を含む。
**　伺・勉・旗／普＝先生／個人名の１名を含む。

に区別しているかをみると表21を得る。全体としては「どの場面でも区別しない」が三六％と最も多く、次いで「お伺い、勉強会、個人の三つの場面を区別する」（二四％）、「お伺い・勉強会の時と個人の時を区別する」（二三％）、「お伺いの時と勉強会・個人の時を区別する」（一七％）の順になる。ABC別にみると、BとCには似た傾向があるが、Aは「三つの場面を区別する」者が三八％とBCに比べて二〇％も多く、これと「区別しない」者（四一％）に大別できる。他方BCでは二〇％台を占める「お伺いの時と勉強会・個人の時を区別する」者は、Aには三％しかいない。「お伺い」の時のみ聖なる存在ととらえるのが基本的に民間の巫者に対する位置づけであるとみるならば、AとBCとのとらえ方の差は大きい。ただし、個人を勉強会時の蓮華と引きつけてみるか、勉強会時も個人の延長としてとらえるのかによって異なってくる。これは「区別しない」場合、すべてを聖なる存在を具現しているとみるのか、個人的レベルでみるのかという問題ともかかわるものである。

そこで表22で「蓮華に対する呼称」を手がかりにこの点を検討してみたい。まず場面別にみると（ただし「呼んだことがない」、「行ったことがない」という非該当を除いた％）、「お伺い」、勉強会ではCの三名を除いたすべてが先生と呼ぶ。個人的な場面を「ふだん」と蓮華が経営する飲食店「旗屋」に分けると、先生と呼ぶ比率は「ふだん」ではA六二％、B七八％、C五二％、「旗屋」では

表23　蓮華と自生会以前に知りあった者の関係別呼称　　実数（%）

	先生	先生／個人名	個人名
親　戚		A 4　B 2	
近所（砂山町）	B 2	B 2	C 2
近所（八幡町）	A 2	B 1　C 1	
旗　屋	A 1	A 2	
友　人		A 4	
その他の直接的関係	A 2	B 1　C 2	
紹　介	A 4　B 5　C 1	B 1　C 3	
計	A 9　B 7　C 1	A 10　B 7　C 6	C 2

A六五％、B七八％、C四八％となる。したがって、前二者の聖的なものに直接かかわる場と、後二者の世俗的な場での呼称は一線を画するが、一方世俗的な場面においても聖なるものにかかわる者としての尊称がかなりの程度使用されていることに注目すべきであろう。ところで呼称については、すべての場面で先生と呼ぶ者（五九％）と「お伺い」や勉強会では先生、ふだんと旗屋では個人名で呼ぶ者（二八％）で全体の八六％を占め、すべての場面で個人名で呼ぶ者は三％にしかすぎない。すべての場面で先生と呼ぶ率はA五六％、B七四％、C四三％で、Bが最も高率を占める。呼称と前述した場面における区別とをクロスすると、先生と呼ぶ割合は「区別しない」者では七三％に及び、他ではいずれも五〇％程度であるのに比べて顕著に高い。ただし、そのうちすべて個人名で呼ぶ者が五％（二名）あり、これは「区別しない」といっても俗的な面にひきつけてのことと思われるので区分けして考える必要がある。

なお呼称は、蓮華をどうみるかという要因の他に接触契機による影響を考慮しなければならないと思われるので、自生会以前に蓮華と知り合った者について接触契機別にABCとの関連で呼称をみたのが表23である。これからいえることは、次のとおりである。①親戚関係にある者はABにかかわらず、公的な場面では先生と呼んでも個人的な場面では個人名で呼ぶことから脱しにくい。②近所の場合はABCの順で個人名から先生へと切りかわっていくが、結婚後に知りあった者（八幡町）

に比べ、幼少時から知っている者（砂山町）はより個人名で呼ぶ傾向がある。③旗屋の客として知り合った者、友人関係にある者は、個人的な場面では個人名で呼びがちである。[17]④その他の直接的関係で以前から知ってはいても親しくなったのは「お伺い」を契機とする者や、紹介によって始めから「お伺い」の依頼者としてかかわった者は、CBAの順で先生と呼ぶ率が上昇する。全般的にみると親戚、友人ではすべての場面で先生と呼ぶ者はいないが、それ以外はある程度のバリエーションがありながらもAに近づく程先生と呼ぶようになるといえよう。また、公的場面では先生、私的場面では個人名で呼ぶ者のうち、A七七%、B八八%、C六七%を自生会以前に知りあった人々が占めている。このように呼称は関係性によって限定される側面をもつが、たとえ親戚という血縁関係にあっても「お伺い」や勉強会においては先生と呼んで接していることはスピリチュアル・リーダーへの昇華を考えるにあたって意味深い。巫者がスピリチュアル・リーダーとなる過程には、聖にかかわる場面と日常的場面との間の差が減少することを含んでいる［島薗 1978 : 41］。このような方向への移行は呼称の区別からも看取できるが、蓮華自身が前述の三つの場面での自分を区別しながら、私的部分においても神の教えに従う一人の信者でありたいと述べている点とも関連して、彼らが蓮華の人間的側面をどのようにみているかを考察する必要があろう。

まず、蓮華のどの部分にひかれているのかをみると、全体では「お伺い」や教えにかかわる「蓮華の語る神の言葉」にひかれる者二九%、蓮華の「人柄・人間性」にひかれる者三〇%、「両方」三九%で、ABC間にあまり大きな差はないが、「両方」にひかれる者はA四七%、B四〇%、C三〇%の順になる。このように、「お伺い」や教えばかりでなく、神とこれらの人々の媒介的役割を担う蓮華の人間性にひかれる者が全体の六九%を占め、それ自体が吸引力をもつに至っている。さらに、それに人間としての理想的な、もしくは望ましい価値を体現するものとして積極的な評価が与えられたならば、「手本にしたい人」としてクローズアップされることになる。蓮華を「手本にしたい人」として挙げ

表24　グループ別 蓮華の手本にしたい点　　実数（%）

	A	B	C	計
①人間的魅力	6（ 30.0）	5（ 31.2）	2（ 22.2）	13（ 28.9）
②教えの体現	4（ 20.0）	1（ 6.3）	1（ 11.1）	6（ 13.3）
③人に対する接し方	2（ 10.0）	4（ 25.0）	5（ 55.6）	11（ 24.4）
①+②	3（ 15.0）	0（ — ）	0（ — ）	3（ 6.7）
②+③	0（ — ）	0（ — ）	0（ — ）	0（ — ）
①+③	3（ 15.0）	2（ 12.5）	0（ — ）	5（ 11.1）
すべて	2（ 10.0）	4（ 25.0）	1（ 11.1）	7（ 15.6）
計	20（100.0）	16（100.0）	9（100.0）	45（100.0）

注）自由回答の分類

ている者は四五名おり、A五九％、B四二％、C三〇％の者が指名している。手本にしたい点の自由回答を分類すると表24のとおりだが、その内容は①人間的魅力　②教えの体現　③人との接し方の三つに分けられる。①については、「大らか、陽気、明るい、楽天的」などの陽性の性格と、「清らか、心がきれい、私心がない」といった神が蓮華を霊媒として選んだことを納得させるような性質や、「行動力、実行力、バイタリティ」という行動的な側面が指摘されている。②では「物事に対して適格性がある」、「その場その場に応じて生きる」、「人をサラッととらえる」、「すじとけじめがある」といった教えを自ら体現したあり方が、③では「どの人も差別せず平等に扱う」という人との接し方が言及されている。しかし、①は蓮華の本来もつ性格であるとともに、人々が教えどおりに行なった結果もちうる望ましい性質として、また③は人は平等であるとの教えを態度で示したものとみると、すべて②にかかわってくる部分があると思われる。ABC別にみると①を挙げる者はA六〇％、B四四％、C二二％で、②はA三五％、B六％、C一一％、③はA二五％、B三八％、C五六％である。また「すべて」を手本としたいという者はACでは一〇％程度だがBでは二五％を占め（その中には「神として尊敬している」と答えた者もいる）、これまでみた区別や呼称の点からも、「お伺い」や「勉強会」以外で蓮華との接触頻度が高いAよりも、むしろBから神格化が始まっているとみることができるかもしれない。Aの存在は繰り返し言及したように、蓮華が前世をみて選んだ人であり、勉強会出席度を軸としたBCとは異なる基準によって選択された人々である。また、Aは若手で学歴が高く、男性も多い。この中から調査時点の翌年の一九八二年にはファイブスターズが選ばれ、一九八四年にはさらにAの中から四名とそれ以外から六名が選ばれて、ファイブスターズと合わせて十五人会というコアメンバーが成立した。この中には蓮華に降臨・通信する神々や賢者をさまざまな角度から「試し」、そして理屈においても納得しようとする人々が含まれているのである。

以上、民間の巫者からスピリチュアル・リーダーが誕生していく過程を、相互作用の成立と展開、「お伺い」における変容の諸相、教えの受容による自己変革について、主として量的に分析するとともに、可能なかぎり自由回答の結果を取り込んで質的に考察した。

蓮華の神々の代弁者としての能力、教えの適切さに加えて、「手本としたい」人間的魅力が備わる時、蓮華をめぐって持続的な信者集団が形成されてくる。新霊性運動については、持続的集団形成が常にみられる特性とはされていないことに鑑み、いかにして信者集団や弟子サークルが形成されたか、その分析が要請される。そこで次章以下では、信者集団や弟子サークルの形成および弟子たちの生活史からみた自己変容について、質的調査をもとに考察することにしよう。

【註】

（1）「お伺い」の場所は砂山の蓮華の実家になるまで二ヵ所変わっているが、里の修行（一九七三年六月）以前にすでに現在地で行なっていた。また、調査対象者の初めて「お伺い」をした時の居住地と現住地が異なる場合もあろうが、ここでは現住地として処理した。

（2）森岡清美は、自営業者は宗教とのかかわりが強いことを指摘している［森岡 1975 : 96］。

（3）カリスマ概念については、M・ウェーバー以来多くの人々によって論じられてきたが、W・リップは新しい視角を提出した。リップによると、これまでカリスマを心理的現象としてとらえるか、または社会の構造的局面に還元するといった二分法的な見方にとらわれて、両者のダイナミックなかかわりを特徴とするカリスマ化過程を明らかにできなかったという。リップはこうした両極的思考モデルを排して、逸脱の社会学およびシンボリック相互作用論の観点からカリスマ化過程の三極的思考モデルを提唱した。それは、第一極（カリスマ化過程が社会的起点をもつ局面）、第二極（カリスマ的個人とその帰依者がカリスマ化過程を現実化する局面）、第三極（カリスマ化過程が到達点に向かって前進する局面）により構成される。社会構造の点からみると、第一極は社会的に周縁的な位相で、第三極は社会的に中心的な位相を表わす。これらを結びつけるのが象徴的超越的位相である第二極で、この理論は相互作用的弁証法に基づく。すなわち、三極的思考モデルでは、社会から当初は逸脱したものとみなされた行為形態が、社会構造に改革を生み出し、社会にとって極めて中心的なものに変形されるターンテーブルとして、カリスマ化過程がとらえられているのである。リップは、このような周縁的な行為形態がカリスマ的となる状況の分析に際して、カリスマ化への橋わたしを可能にするものとして、自己スティグマ化の概念を導入する。自己スティグマ化とは、自らに付与されたスティグマを積極的に受け入れ、象徴的操作によるスティグマの対抗評価によって社会的判断を超越し、スティグマ→カリスマの転換を行ない、否定的な要素を肯定的な要素として提示することである。すべての結果を妥当なものとする行為の超越的正当化によって、第二極において、新しい価値と自己同一性を創造しようとするこの動機づけは、象徴的・文化的レベルばかりでなく、社会的レベルの事実として、ダイナミックな集合行動を呼びおこすことになる［Lipp 1977 : 59 - 74］。

なお、リップの論文を部分的に紹介したものとして、山折 1979 がある。リップの論文を含めてカリスマ論を検討、考察したものに、川村 1980、リップをふまえて三極的思考モデルを提唱し、カリスマ論を展開したものに、小松 1981 がある。

（4）調査時点と時期はずれるが、一九八二年五月二九日～七月二八日までの記入もれの日を除いた二〇回の「お伺い」に、延べ二四九名（一日あたり平均一二・五人）の依頼者が訪れている。そのうちで「勉強会」参加者は九八名（三九％）

である。

（5）蓮華が全く巫業のみで生計をたてていたのは一九七二年八月からの一年間（滝の修行の後、里の修行まで）にすぎず、「お伺い」（お札の額は依頼者自身に任せている）や勉強会（講話料一回二千円）で得たものは神のものとして別にし、自らの生計は衣料販売等でたてている。

（6）勉強会の位置づけ自体も、単に「良い話を聞けるところ」としてではなく、より積極的に「生きる指針を与えてくれるところ（心を磨く場、反省の場を含む）」ととらえる者の割合が、A六二%、B五三%、C二三%と中心グループに至るほど上昇している。

（7）彼らが「お伺い」をどのように位置づけているかについての自由回答を分類すると、①生きるための指針、②気が休まる、安心感を得る、③迷った時の参考、悩みの解決のためのもの、の三つに分けられる。①はA六一%、B二一%、C二五%、②はA一五%、B四〇%、C四三%、③はA二一%、B三七%、C二九%である。これらからもAはBCよりも積極的に、また精神的レベルに深くかかわるものとして「お伺い」をとらえていることがわかる。

（8）選択肢になかった「当たる当たらないではない」という項目を事後的にたてたのは、「当たる」という言葉に拒否的な反応を示し、「先生のお伺いは当たるとか当たらないとかではとらえられない」と返答した者がかなりいたからであるが、これ自体、単によく当たる霊能者というとらえ方を超えていることを示すともいえる。

（9）「蓮華先生と接してからこれまでに、神様に助けていただいた、または御利益をいただいたという体験をおもちですか」という設問に対し、ここでも「御利益」という語に否定的な反応を示す者が少なくなかった。

（10）NHKの調査（一九七八年）によると、霊界とは若干ニュアンスが異なるかもしれないが、「あの世・来世」を信じる者は九%、「神」を信じる者は三七%であり、これらと比較すると自成会会員の信じる率は双方とも顕著に高いといえよう［NHK放送世論調査所 1979：115］。

（11）これとは別の質問項目で霊体験の有無をたずねたところ、こうした体験をもつ者が全体の三五%あり、そのうちの五六%は蓮華と知り合って以降の体験である。したがって、ある場合には、蓮華によるラベリングがそれを現実化させる側面があることを指摘しておく必要があろう。

(12)「お伺い」では一般には月光菩薩（ただし因縁をみる時は白神）が通信するとされているが、「勉強会」ではこれらの神々に加えて、釈迦、観音菩薩、レオ先生、○山等々が降臨することがある。

(13)「写真の光」とは山梨県にある昇仙峡に末法の世の最後の光がおりるということで、自成会会員が昇仙峡に行った時に、目には見えなかったが写真には光が写っていたことを指す。

(14) ルフト（L.Luft）の Johari の窓について述べている青井和夫の見解が、この点を考えるにあたって参考になると思われる。すなわち個人のパーソナリティには、自己も意識しており他者からもみえる O(open) 部分、自己は意識しているが他者からはみえない H(hidden) 部分、自己には意識できないが他者にはみえている B(blind) 部分、自己にも他者にも分からない D(dark) 部分があり、これで四つの窓ができあがる。青井はBとDを無意識層（自己に対し）、HとDを潜在層（他者に対し）と名づけ、両者を合わせて「深層」と名づけている［青井 1974：251］（このうちB部分やD部分が蓮華によって指摘された場合に変化を促すととらえることができ、その程度はD部分であった時に最も激しいと思われる）。

(15) BよりAの方が教えの学習によって「人の見方や世の中に対する見方」が変わったと認知するものが少ない理由として、表14で蓮華の語る神の言葉を信じるようになった契機においても「自分の考えと合致」という答えが多いことから、蓮華が前世をみて選んだこのグループの人々はもともと類似の考え方をもっていたことが挙げられる。

(16) 調査時点以降ではあるが、一九八二年二月二四日（自成会会員で審神者の役を担う北田勝久氏との再婚の前日）に神より「蓮華菩薩」といわれ、晶子という個人が菩薩界に入ったとされるので、それ以降はあまり区別を強調していない。

(17) 立正佼成会脇祖長沼妙佼は、草創期においては「長沼さん」と呼ばれ、近所に住んでいた古参会員の一人は「おばさん」と呼ぶ癖からなかなか脱することができなかったといわれている［庭野 1976：175-176］。

第三章　信者集団と弟子サークルの形成

自生会は、神々や賢者からメッセージ（教え）を受けるチャネラー、蓮華を中心とする新霊性運動として理解できる部分が多い。運動の展開過程はそこに参加する人々と蓮華との相互関係に規定されるほか、集団内部のネットワークの様態や中心人物の移行によって影響される側面にも注目する必要がある。

第二章では第一次自生会が一ランク進んで自成会となった一年後の一九八一年九月に行った調査をもとに、とくに自成会会員と蓮華との関係に着目し、スピリチュアル・リーダーが誕生していく過程に注目して論述した。本章では、まずは一九八一年の調査結果を用いて、①自生会（自成会）へ導かれた経路、②信者集団内部での相互作用の様態をみ、さらにその三年後の一九八四年までに見出しうる、③信者の定着と脱落、④中心人物の移行、の四点に焦点をあてる。

一九八四年という年は十五人会の結成、神の館の建設、十五人会を中心に教えを残すことを目的とする㈱レオ出版所の設立などが起きた重要な年である。

一　自生会へ導かれた経路

図1は、どのような関係をとおして人々が自生会にかかわるようになったかを示したものである。個々のメンバーは

Aグループ（○、第二勉強会参加有資格者）、Bグループ（□、第一勉強会定期的参加者）、Cグループ（⬡、第一勉強会不定期的参加者）別に記号内のサンプル番号で示している。Ⅱ期の第一次自生会段階に八ヵ所で行なわれていた勉強会の中心人物をみると、浜松市内では砂山町の蓮華の実家が46（蓮華の母）、八幡町が㉔（T・K、第二勉強会の会場提供者）、茄子町が54、市民会館が46の妹、青年会館が⑧⑦で、市外では、浜北市が㉖（のちの十五人会の鈴木愛子）、磐田市が36、名古屋市が㉚（同、鈴木正人）である。市民会館、青年会館、浜北市以外は、自宅を勉強会の会場として提供していた。市民会館、青年会館、浜北市の三ヵ所は化粧品のセールスのグループで、グループの統合に役立つようにとマネージャーが意図したものだが、浜北市のみは近所の人々も巻きこむようになっていた。市民会館、青年会館

（1981年9月現在）

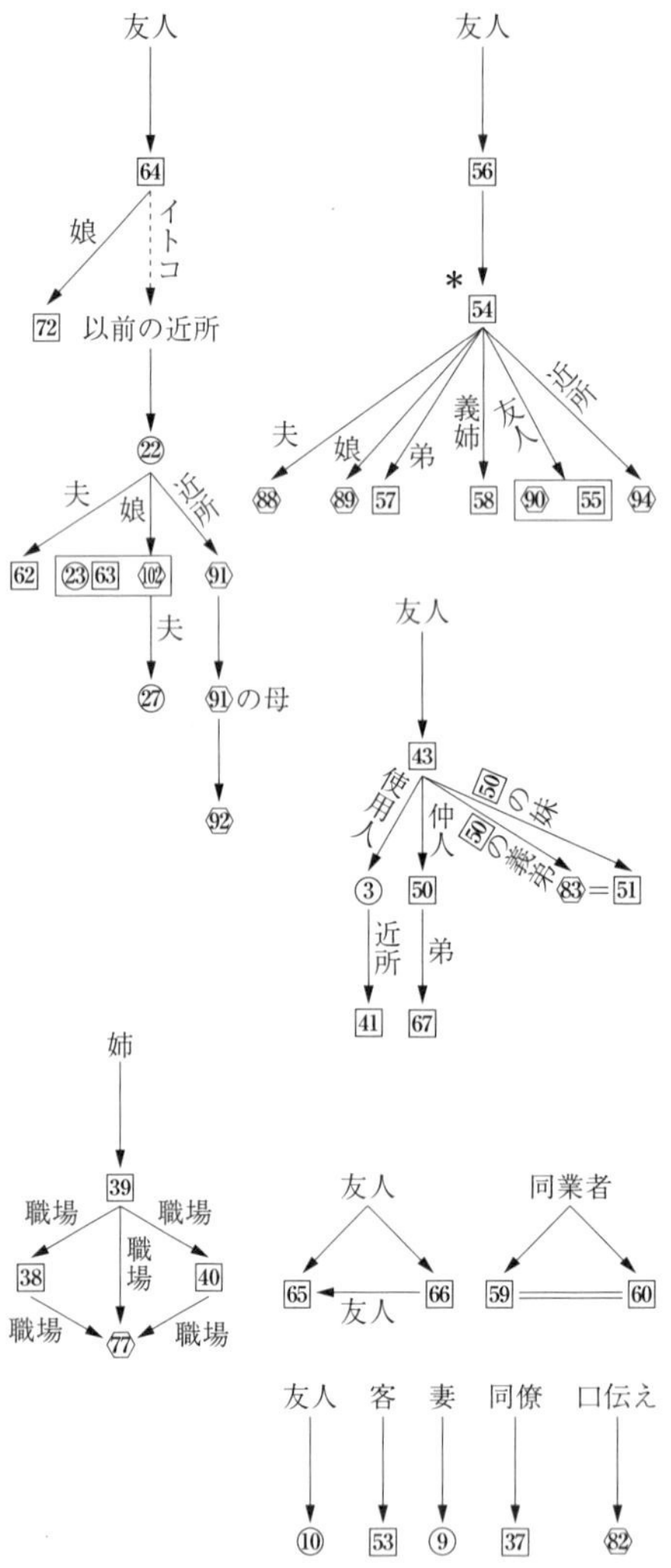

図1　自生会会員の導き系統図

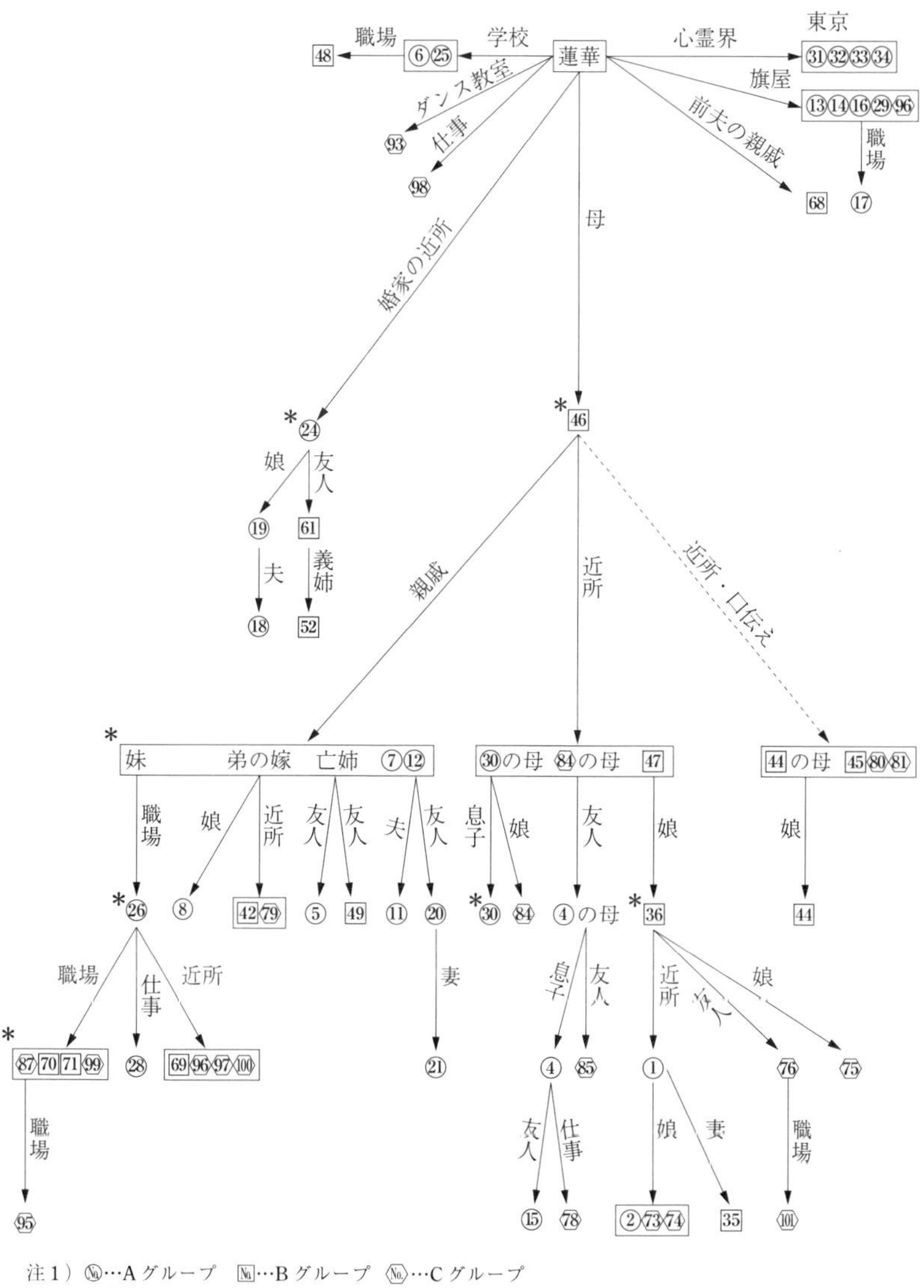

注1）Ⓝ…Aグループ　Ⓝ…Bグループ　Ⓝ…Cグループ
2）記号左肩の＊は第一次自生会時の8ヵ所での勉強会の中心人物
3）＝は夫婦を現わす

のグループは、発起人が熱心でないこともあって、Ⅲ期の自成会段階に入り、一ヵ所で勉強会を行なうようになってからは、会員名簿から抜けた者も多く、勉強会参加度も低い。

彼らのほとんどは、「お伺い」でまず蓮華に接し、その後蓮華や他の人々に勉強会への参加を勧められたり、その存在を知って勉強会に参加するという経路を辿っている。初めて「お伺い」をした時期は、第二章で述べたように、一〇二名中Ⅰ期（最初の神がかりから自生会を始めるまで）二九名、Ⅱ期（第一次自生会）五六名、Ⅲ期（自成会）一四名で、勉強会のみで「お伺い」の経験のない者が三名いる。蓮華と知り合った契機をみるとⅠ期では、蓮華とすでに近所、親戚といった関係を有していた者や、蓮華の母46の役割が大きいが、Ⅱ期Ⅲ期になるにつれ、友人の紹介が増加している。また「お伺い」場所である蓮華の実家と彼らの居住地との距離は、時期が下るにつれて遠距離化する。属性についても、男女比は一対三だが、時期が下るにつれ、男性の占める割合が増加し、年齢層も若年齢化している（本書三六〇―三六一頁参照）。

新霊性運動は一般に集団化しにくいといわれるが、蓮華が主導する運動体は、蓮華の個性や人柄もあって、人々のつながりを大切にするため、集団化の傾向が認められる。「お伺い」は基本的に蓮華対依頼者個人の関係だが、「お伺い」の順番を待つ間、茶を飲みながら依頼者同士が話し合う雰囲気がある（「お伺い」依頼者の約四〇％は自成会会員）。勉強会のほか、親しい人間関係を生み出す場がある。「旗屋」は、自成会の若い人々に集う場を提供した。固定客（ほとんど自成会会員と重複）を中心に「旗屋会」がつくられ、毎月積立をし、春秋の一泊旅行、食事会などを行なった。民謡（歌・踊り）の会も蓮華の実家を会場として行なわれ、自成会会員の一部がこれに参加している。このほか、自成会が企画する旅行もあり、親睦の機会もある。自成会や蓮華が関係するこれらの活動は、人々に仲間意識をもたせ、教えを受容するにあたっての社会的基盤を提供している。そこで次に、自成会のメンバー間および蓮華との間に、どのよう

表1　グループ別 自成会で親しい人　　実数（%）

	A	B	C	計
蓮華のみ	1(　2.9)	1(　2.6)	1(　3.3)	3(　2.9)
蓮華＋自成会での知人	1(　2.9)	0(　—　)	0(　—　)	1(　1.0)
蓮華＋自成会での知人＋以前からの知人	3(　8.8)	0(　—　)	0(　—　)	3(　2.9)
蓮華＋以前からの知人	1(　2.9)	0(　—　)	2(　6.7)	3(　2.9)
自成会での知人	9(26.5)	7(18.4)	4(13.3)	20(19.6)
自成会での知人＋以前からの知人	4(11.9)	6(15.8)	3(10.0)	13(12.7)
以前からの知人（自成会への導き手を含む）	3(　8.8)	14(36.9)	9(30.0)	26(25.6)
以前からの知人	3(　8.8)	4(10.5)	3(10.0)	10(　9.8)
なし	9(26.5)	6(15.8)	8(26.7)	23(22.6)
計	34(100.0)	38(100.0)	30(100.0)	102(100.0)

注）親しい人として３人まで挙げた者の分類。ただし、同一世帯の家族、親子、きょうだいを指示した者はそれを除外した。

なネットワークが形成されたかについて、自成会での「親しい人」、「頼りにする人」、「手本にする人」という三点を軸に検討していくことにしたい。

二　信者集団内部のネットワーク

（一）親しい人

表1は、グループ別に自成会での「親しい人」をみたものである。蓮華を別格として、自成会（第一次自生会を含む）で新たに知り合い、親しくなった人を含む割合は、全体の三六%で、C二三%、B三四%、A五〇%と順をおって上昇している。Aと比べてBCで顕著なのは、自成会への導き手に対するつながりが強いことである。これは既存の人間関係を媒介にした自成会の広まりとみることができ、彼らが「重要な他者」ともなっていることを意味している。これに対して、Aグループではそれ以外の新しい人間関係が生じていることがわかる。また、次にみる「頼りにする人」、「手本にする人」の項では蓮華に言及する者が多いが、「親しい人」では蓮華を挙げるのはA六名（一八%）、B一名（三%）、C三名

表2　グループ別 自成会で頼りにする人　実数（%）

	A	B	C	計
蓮華のみ	13（38.3）	9（23.8）	9（30.1）	31（30.5）
蓮華＋自成会での知人	3（8.8）	1（2.6）	1（3.3）	5（4.9）
蓮華＋自成会での知人＋以前からの知人	2（5.9）	1（2.6）	1（3.3）	4（3.9）
蓮華＋以前からの知人	1（2.9）	3（7.9）	2（6.7）	6（5.9）
自成会での知人	3（8.8）	2（5.3）	2（6.7）	7（6.8）
自成会での知人＋以前からの知人	2（5.9）	5（13.2）	1（3.3）	8（7.8）
以前からの知人（自成会への導き手を含む）	1（2.9）	13（34.1）	7（23.3）	21（20.6）
以前からの知人	0（—）	0（—）	0（—）	0（—）
なし	9（26.5）	4（10.5）	7（23.3）	20（19.6）
計	34（100.0）	38（100.0）	30（100.0）	102（100.0）

注）頼りにする人として3人まで挙げた者の分類。ただし、同一世帯の家族、親子、きょうだいを指示した者はそれを除外した。

（一〇%）にすぎない。Aグループでは月五回以上蓮華と会う者が三八%、月三～四回会う者が二九%という高率を占めるにもかかわらず（本書三六九頁の図4参照）、蓮華に対して親しいといっては失礼にあたるという感覚が生じているのであろう。「親しい人」として挙げられた延人数はA六六名、B七〇名、C五二名である。そのうち蓮華を除くと、Aグループに属する人が指名した六〇名中同じAに属する者四八名（八〇%）、Bグループ九名（一五%）、Cグループ三名（五%）である。Bグループでは六九名中、A二一名（三〇%）、B四一名（六〇%）、C七名（一〇%）、Cグループでは四九名中、A一八名（三七%）、B二二名（四五%）、C九名（一八%）である。AグループやBグループでCグループに属する者を指名した場合は、主に自分が自成会に導いた者であることが多いが、Aグループ内では自成会をとおして知り合い、親しくなった結果がみられ、またBグループでもBグループメンバー同士やAグループとのかかわりが深い。Cグループは勉強会に定期的には出席していない者なので、当然同一グループ内でのかかわりの程度は低いが、AやBグループに属する者とのネットワークが存在することを指摘できる。

(二) 頼りにする人

自成会で「頼りにする人」(表2) は、「親しい人」と異なり、蓮華を指名する者は全体の四五%に及ぶ。実際、Aでは一九名 (A全体の五六%、「頼りにする人」がない者を除くと八三%)、B一四名 (同三七%、四一%)、C一三名 (同四三%、五七%) と高い割合を示している。自成会で新しく「頼りにする人」を得た者は全体で二四%、A二九%、B二四%、C一七%と、「親しい人」でみられた比率よりもずっと低くなっている。BCでは「親しい人」と同様に、自成会への導き手を含む以前からの友人が「頼りにする人」としても機能している。Aでは以前からの交友関係にある者の選択率は低く、新しい相手、とりわけ蓮華に収斂にする傾向がある。「頼りにする人」として挙げられた延人数は、A四四名、B五五名、C四四名で、そのうちで蓮華の占める割合はA四三%、B二六%、C三〇%である。蓮華を除く会員間では、Aグループが Aに属する者を選んだ率は八八%、B一二%、C〇%、BグループではA二〇%、B七三%、C七%、CグループではA四二%、B四五%、C一三%となる。AとBでは各々のグループ内部での選択率が高い。「親しい人」でもいえることだが、男性の占める割合がAでは四四%、同じくB一一%で、年齢的にもAでは三〇歳代を中心に二〇~四〇歳代で七七%を占めるのに対し、Bでは五〇歳以上の年齢層が多い。会員のグループ別属性と対比する時、似かよった属性の者が選びあうことが多いという点も指摘できる。

(三) 手本にする人

「手本にする人」(表3) として、蓮華を挙げるのは、Aグループ二〇名 (五九%)、Bグループ一七名 (四五%)、Cグループ九名 (三〇%) で、自成会で新たに知り合った人に言及するのは、A一〇名 (二九%)、B一四名 (三七%)、

表3　グループ別 自成会で手本にする人

実数（%）

	A	B	C	計
蓮華のみ	16(47.1)	11(28.9)	7(23.3)	34(33.2)
蓮華＋自成会での知人	4(11.8)	6(15.8)	2(6.7)	12(11.8)
蓮華＋以前からの知人	0(—)	0(—)	0(—)	0(—)
自成会での知人	5(14.7)	7(18.4)	4(13.3)	16(15.7)
自成会での知人＋以前からの知人	1(2.9)	1(2.6)	0(—)	2(2.0)
以前からの知人（自成会への導き手を含む）	0(—)	4(10.5)	3(10.0)	7(6.9)
以前からの知人	1(2.9)	2(5.3)	1(3.3)	4(3.9)
すべての人	0(—)	2(5.3)	0(—)	2(2.0)
なし	7(20.6)	5(13.2)	13(43.4)	25(24.5)
計	34(100.0)	38(100.0)	30(100.0)	102(100.0)

注）手本にする人として3人まで挙げた者の分類

C六名（二〇％）である。ここで目立つのは、BCで自成会への導き手を含む以前からの知人に言及する者が、「親しい人」、「頼りにする人」に比べて、かなり顕著に減少していることである。「手本にする人」の延人数はA三四名、B四〇名、C二〇名だが、蓮華以外ではAは一〇〇％Aに属する者を選び、BではA七八％、B二二％、CではA九一％、B九％で、いずれのグループでもAグループに属する人を指名する者がほとんどである。

「手本にする人」として集中しているのは、蓮華四六名、最も古い信者である㉔T・K（一九八一年の調査当時五七歳）二〇名（A三名、B一四名、C三名、このうちこの項目のみの指名者一三名）、蓮華の夫の⑭北田勝久（二九歳）八名（A七名、C一名、同三名）が突出し、この他に三名によって指名されたのは、当時⑭とともに勉強会で司会の役割を担っていた⑬小林正明（二五歳）、浜北市での中心の㉖鈴木愛子（四〇歳）、蓮華の母の㊻安間通恵（六三歳）である。㉔は「親しい人」として一二名から、「頼りにする人」としても一三名から指名されており、⑭も「親しい人」として一一名、「頼りにする人」として七名から指名されている。⑬は「親しい人」として三名、「頼りにする人」として一名から、㉖は「親しい人」として七名、「頼りにする人」として七名から、㊻は「親

表4　グループ別勉強会参加者の推移

実数（%）

	A	B	C	計
定　期→定　期	17（ 50.0）	29（ 76.3）	0（ — ）	46（ 45.2）
定　期→不定期	7（ 20.6）	6（ 15.8）	0（ — ）	13（ 12.7）
定　期→不定期→定　期	1（ 2.9）	3（ 7.9）	0（ — ）	4（ 3.9）
不定期→定　期	4（ 11.8）	0（ — ）	5（ 16.7）	9（ 8.8）
不定期→定　期→不定期	0（ — ）	0（ — ）	1（ 3.3）	1（ 1.0）
不定期→不定期	5（ 14.7）	0（ — ）	24（ 80.0）	29（ 28.4）
計	34（100.0）	38（100.0）	30（100.0）	102（100.0）

しい人」として一〇名、「頼りにする人」として九名から指名されており、これらの人々、とくに㉔と⑭が一九八一年の調査時点では自成会のキー・パースンとしての位置を占めている。手本にしたい点については、蓮華の場合は、人間としての魅力、教えを体現しているさま、人に対する接し方の三項目にわたるが、㉔では蓮華や教えに一途についていく態度、⑭の場合は人間的魅力が評価されている。

三　信者の定着と脱落

一九八一年九月に自成会会員の調査を行なってから、三年後までの動きをここで確認しておきたい。先に言及したように、三年後の一九八四年は、十五人会の結成、神の館の建設、㈱レオ出版所の設立など、今日に至るまでの会の方向性を決定する重要な出来事のあった年である。蓮華はこの年を「第二の神の道への歩み」を開始した年と意味づけている。

まず、自成会での会員の定着・脱落についてみておきたい。資料としては（第一）勉強会の出欠簿（一九八〇年九月〜一九八四年三月）を用いた。**表4**は勉強会参加者についてその推移をみたものである。自成会が始まって以来、ずっと定期的に参加している者は一〇二名中四六名で、一九八一年の調査時点では定期的であったが、その後一時休んだ後また戻った者が四名、不定期から定期へと活性化した者が九名で、計五九名（五八％）が定着している。その内訳はAグループ二二名（六五％）、Bグループ三二名（八四％）、Cグループ五名（一七％）である。Aグループは前述したようにBCの分類とは異なり、当時存在した第二勉強会（一九八三年五月に閉会）参加有資格者なので、第一勉強会に定期的に参加していない者も九名含まれていた。このうちの四名が定期的に参加するようになった。彼らは⑳㉑㉙㉚だが、⑳の妻の㉑を除いて第二勉強会には定期的に参加していた。日曜日の午後行なわれる第一勉強会に出席できないのも、仕事の関係によるもので、もともと自成会から離れていたわけではない。[1] 彼ら四人のすべてが、自成会の中に「親しい人」、「頼りにする人」、「手本にする人」をもち、⑳と㉙は他者からもかなりの頻度で指名されている。本来の意味での活性化といえるのはCの五名である。㊸㊾は妻が、㊼は母がBグループに属する定期的な参加者で、㊽も息子が東京の勉強会のための会場を提供し熱心にかかわっている。㊹は㉚の姉で、第一次自生会時代には最も蓮華の身近にいた人々のうちの一人であった。彼らは家族内に定期的な参加者が存在し、ネットワークの中にも組みこまれていたことがその活性化を促したといえよう。

他方、一九八一年の調査時点では定期的に参加していながら、その後脱落した者はA七名、B六名の計一三名（一三％）いる。このうち調査後二年間は定期的に参加しながら、過去一年間についてのみ参加していないのはA三名、B三名いる。これらの過去一年間のみ参加していない者は、「お伺い」をとおして蓮華とのつながりを保っている者も多いと思われ、自成会から全く離れたというより、一時休んでいるとみた方が適切であるかもしれない。実際、一九八四年の正月に一三名中八名（残りの五名のうち一名は東京に転出、一名は東京在住者）が蓮華のもとに新年の挨拶に訪れている。

この間、自成会に新しく加わった人もいる。一九八一年一〇月から八四年三月の間に新規に六二名が勉強会に参加し、このうち一六名が定期的参加者となった。また、一九八一年五月から東京で月一回勉強会が始まったが、一九八四年時点で一一名（㉛㉝㉞を含む。彼らは東京在住者だが、浜松での勉強会にも参加）が、定期的に参加している。こうして、一九八四年段階では八六名が、いわば文字どおりの「信者」といえる人々で、この周囲には、「お伺い」を主とする人々の群が存在するものの、人数的にはさほど増加してはいない。しかし質的には、この間に蓮華に対して個人名ではなく「蓮華先生」の呼称も定着し、「お伺い」での質問内容も変化し、かなりの内的変化があるように見受けられる。

四　信者集団における中心人物の移行

蓮華と信者との相互作用によって集団が形成される際に、蓮華の身近で弟子サークルを構成する人々がこれに大きな影響を与えると考えることができる。そこで、先にキー・パースンとみた㉔と⑭など信者群の中心人物に注目すると、この三年間信者群の中で中心的役割を担った人々に移動が見出せるのである。これは、蓮華の側が自覚の変化に照応して核となる信者を選択していった過程ともとらえられる。

（一）初期の中心人物

第一次自生会時代に信者の中心的人物と目されるのは、㉔T・K（女・一九二四年生・高小卒）と㊴K・S（女・一九五二年生・短大卒）である。㉔T・Kは蓮華の婚家の一軒隣りに住み、一九七一年一月の最初の神がかりの際、「K宅に行け」と蓮華に神の指示があった者である。この時には蓮華は神の指示を断ったが、二度目の神がかり後、K宅を訪ねた。[2]この時からT・Kは蓮華の「一番初めの信者」となった。この後T・Kは迷うことがあると蓮華のもとを訪れ、夫の死後始めた会社勤めの中での人間関係の問題を「お伺い」によって乗り越えてきた。[3]勉強会には開始と同時に参加し、第一次自生会では自宅を開放して勉強会の場とし、自成会時には第二勉強会の会場として自宅を提供した。自成会開始後一年間たった一九八一年の調査時点でも、「手本にする人」として蓮華に次いで指名する者が多かったように、当時でも一目おかれていた人である。

㊹K・Sが蓮華と知り合ったのは、蓮華の母が自分の母の経営する美容院の客であった縁で、二〇歳の時恋愛問題で「お伺い」したのが始まりである。一九七二年のことで、これは蓮華が「お伺い」を開始してまもなくのことであった。一九七七年から勉強会に参加するようになり、自生会時に八ヵ所で行なわれていた勉強会のうち四ヵ所にいつも参加し、この他にも蓮華についていろいろな場所での勉強会にも参加した。日常的な側面でも蓮華と行動を共にすることが多かった。(4) 蓮華によるとK・Sは蓮華のようになりたいという気持ちをもっていたという。K・Sは結婚を機に蓮華から離れた後、再度勉強会に参加するようになった。(5)

(二) 新しい中心人物の登場

この二人は蓮華が言うように、「身近についてきた」という意味での中心人物であった。

一九七九年一二月からは、里の修行の際「旗屋」の客として知り合っていた⑭北田勝久（一九五二年生・大卒）、その同僚の⑬小林正明（一九五六年生・大卒）が八幡町のK宅で行なわれていた勉強会に参加するようになった。彼らは、「前世の因縁を活かす」ということで蓮華の方から勉強会参加を求めた人々である。北田は前世がキリストの弟子のユダ、小林は釈迦の弟子の迦葉であるとされ、人を導く「与える役目」をもっていると蓮華は位置づける。両者ともに「お伺い」からではなく勉強会から先にかかわった。彼らを（第一次）自生会に獲得したことから、現世利益ではなく、教えの側面で彼らを理論的に納得させる必要性が生じた。また彼らに問いかけられることによって、蓮華の側でも自生会を自成会に脱皮させる契機をつかんだと思われる。自成会になってからは、蓮華はこの二人に勉強会での司会や質問者の役を与えた。⑭北田はそれ以後ずっと自成会にかかわり、一九八一年に蓮華と結婚した。一方、⑬小林は一九八一年夏に東京に出、蓮華の影響から離れて自分の力を試したいと一時自成会から離れた。[6]その後、小林に代わる位置についたのは㉕H・I（女・一九三六年生・高校卒）で、前世は仏師であるという。㉕は「お伺い」の後、『永遠への道』を読んで賛同し、勉強会に参加していた。しかし、一九八二年四月以降、人間関係の問題や蓮華の期待が重荷であった等の理由で自成会から離れた。蓮華はこうした出来事の経験をとおして、いくら前世に良いものをもっていてもそれだけではいけないと考えるに至った。一九八三年から東京在住の蓮華の弟の安間健雄が定期的に浜松での勉強会に参加するようになるまで、司会役は北田が一人で担った。

（三）十五人会の結成

一九八二年にファイブスターズがつくられた。旗屋の常連でもあり、第二勉強会に参加していた五人の集団への命名である。第一章で述べたように、⑪酒井昇治、⑭北田勝久、⑱原田和一、⑳鈴木策太郎、㉙村山哲司がそれを構成するが、当時未婚だった村山を別として、酒井、原田、鈴木の妻もすべてAグループに属する自成会会員であった。彼らは自成会に関連する諸々の活動に際して、世話役となって中心的に活躍している。また一九八四年には、第二ファイブスターズとして、蓮華の弟の安間健雄（東京）、㉖鈴木愛子（浜北）、㉚鈴木正人（名古屋）、㊹の夫の河野松男、㉓の夫の乾拓雄が、第三ファイブスターズとして、㉛渡辺宗一（東京）、㊻の夫の前島教次（磐田）、毛利信子（名古屋）、鈴木信行、そしていつ戻ってきてもよいようにと⑬小林正明を入れて結成され、十五人会ができた。この構成員および彼らの妻が、蓮華に身近な弟子サークルとして、緊密な相互作用をしていく中で、自生会（白成会）の展開の方向性が規定されていく。十五人会のメンバーは㈱レオ出版所の設立（のちに㈱レオとして発展的に解消）、山の敷地の購入、山の家の建設などを共同で行なっていく。山の家ができてからは、毎月十五人会対象の勉強会が開かれ、十五人会の妻たちも参加している。また、一時期十五人会メンバーの妻たちは女人会という会をつくり、蓮華がその育成にあたった。

十五人会は現在に至るまで、自生会の中心である。彼らは仲間として密接な相互作用と協力関係にある。蓮華の教えも、十五人会の勉強会で降臨する神々と賢者との対話の中で、より具体的に教えが示されていくことになった。

T・KとK・Sという初期に身近についてきた人々が信者の中心となった時期を経て[7]、前世をみて蓮華の側から弟子サークルを選択する時期に入った。当時まだ二〇歳代の北田勝久、小林正明を勉強会の司会役に抜擢し、さらにファイブスターズを結成し、それが今日まで継続する中核的弟子サークルである十五人会という集団へと展開していった。初期の信者の中では蓮華の最初の信者であるT・Kが重要だが、彼女は中年の女性であり、観音を信仰し、霊友会の信者でもあって、民間信仰や新宗教という従来の宗教に親和的で、信心深く、仕えるということでは卓越していた。T・Kから十五人会へとその中心が次第に移行していき、自生会（自成会）が青年層（当時）を中心とする集団となり、「宗教」というものにはそれほど関心はもたないが、魂の向上や、生き方を模索している人々をとらえていくことになる。

次章では、弟子サークルの中心を担う人々についての聞き取り調査を通して、彼らの生活史から個々人の教えの受容と自己変容のあり方を明らかにし、蓮華の主導する自生会の特徴を探っていきたい。

【註】

（1）⑳鈴木策太郎、㉙村山哲司、㉚鈴木正人は、十五人会のメンバーである。

（2）神がかり後、初めて蓮華が訪ねて来た時のことをT・Kは次のように語っている。

「一九七一年三月のある日、聞きたいことがあったら聞いてくれ、と言って蓮華先生が訪ねて来た。咄嗟のことだったので、亡くなった舅・姑と実兄が成仏しているかどうか尋ねたところ、姑だけ成仏していないという答が返ってきた。それではどうしたらいいかと問うと、塔婆を建ててくれと言われた。しかし、自分は嫁の立場なので自分からは言いだせないので、さらにどのようにしたらよいかと伺った。そこで言われたとおりにしたところ、その後義妹の口から順序がついた。この時、蓮華は霊媒として姑なら姑になって話をしてくれた」。

T・Kはこれを契機として蓮華を信じるようになった。T・Kは、以前に観音を信仰し（実母が信仰）、夫と一緒に霊友会の信仰活動を行ない（夫は一九六一年に霊友会に入会し、一九七七年に死去するまで信者）、さまざまな体験もしていたので何の抵抗もなかったという。蓮華との出会いを契機に霊友会をやめた。

（3）一九八〇年の聞き取り調査では、T・Kは「お伺い」について次のように述べる。「神は先の先を見て教えてくれるのに、それを錯覚して、言われてもそうならなかったと言う人がいる。そのような人は欲で目先のみを見ているのであって、今世ダメでも来世よければ神は約束を守ったことになる。伺ってすぐ結果がでないとダメというのでなく、自分がそれを信じて行なっていって、今世ダメなら来世幸せになるという長い目で見ていかないといけない。これは『お伺い』だけの人にはわからないが、勉強会に出ているとわかってくる。」

（4）一九八〇年に行なった聞き取り調査によると、K・Sは初めは当たる、当たらないということで「お伺い」をとらえていたが、そのような視点からではなく、神の神理は正しいと思うようになったのは、蓮華に誘われて勉強会に参加するようになってからであるという。K・Sによると、第一次自生会当時の勉強会では、個々人の欠点を指摘したり、女らしさとは、といった具体的なことが教えられていた。勉強会への参加と「お伺い」、そして個人的アドバイスをとおして、K・Sは、宿命ということ、自分自身を知らなければいけないことを感じたという。K・Sはまた、神が蓮華を使った理由を自分との違いをみることで追求していった。友人のように対等につきあっていく中で、神事の場面ばかりでなく、遊んでいても相手のことばかりを考え、物でも人でも生かす、神の教えと一体化した行動を見て、神の使者であることを実感し、それに比べて自分の小ささを思ったという。

（5）一九八一年調査ではサンプル番号が示すように、勉強会に定期的には参加していなかったが、八四年には勉強会に復帰していた。

（6）「こんにちは、十五人会」という連載のインタビュー記事によれば、小林は蓮華の許を離れて東京に行ってから三年間ほど連絡を取らない時期があり、それは自分で教えと関係なくやってみたいと思ったからであるという。しかし、自分なりにやってきたことが行き詰まり、蓮華の教えにまた戻ったという経緯がある。数年後に浜松に戻った時にはすでに十五人会ができており、第三グループのメンバーとして、すでに小林の席は用意されていた（『マイ・フレンド』二五号、二〇〇四年、一〇四〜一一一頁）。

（7）T・K、K・Sともに勉強会に参加しているので、拝み信仰からは当然脱している。

第四章　弟子たちの生活史にみる自己変容

本章では、自生会の中心的メンバーの生活史によって、教えを自らの個別の人生の中でどのように受けとめ、実践しているのか、その実際の様相をみることで、自己変容の過程を明らかにしていく。

十五人会のメンバーはその配偶者も含めて、蓮華の弟子サークルを構成する。ここでは、蓮華の夫である第一グループの⑭北田勝久、蓮華の従姉妹であり、また第一グループの酒井昇治の妻である⑪酒井初枝、第二グループに属し、蓮華の本や機関誌『マイ・フレンド』の編集をしている㉚鈴木正人を取り上げることにする。北田勝久はⅢ期自成会初期の一九八四年（当時三二歳）とⅣ期第二次自生会の二〇〇六年（同五四歳）に、酒井初枝は一九八四年（同三三歳）と二〇〇四年（同五三歳）にそれぞれ約二〇年を隔て再度聞き取りを行なっている。鈴木正人の場合は二〇〇四年（同五一歳）に聞き取りを実施した。なお、出生から調査時点までの詳細な生活史をとっているが[1]、ここでは蓮華と出会う前の出来事については必要最小限にとどめ、蓮華との出会いと自己変容の過程を中心に述べ、いわゆる新霊性運動の特徴に関する資料を提示してみたい。

一　北田勝久の事例——審神者、蓮華の夫として

（一）一九八四年調査

勝久は六人きょうだいの五番目、四男として、一九五二年に岩手県盛岡市で生まれた。家業は魚屋である。田舎で埋もれたくないという気持ちがあり、大学は東京に出て英語学科で学んだ。一九七四年に総合商社のK社に就職し、浜松出張所に配属された。繊維部門の営業担当であった。

蓮華との出会い

入社後すぐ会社のそばにあった旗屋に会社の先輩に連れられて行ったのが、勝久と蓮華との出会いの初めである（この時は里の修行としての旗屋の二年目にあたる）。

「その時は気のいいおばちゃんだなというくらいじゃない。一人でよく働くなあ。行けば皆ワアワア騒いでいるし、会社の寮のそばで行きやすい場所だったし、先生の性格もあるでしょ。旗屋のおっかさん、あけっぴろげで、明るくて、自分のことではなくて人のことばかり一生懸命やって。だから毎晩行っていた。」

一九七九年一二月に蓮華から誘われ、会社の同僚だった小林正明（十五人会の第三グループ）と一緒に勉強会に参加する。

「先生に会うまでは全くの無神論者だった。神などという宗教っぽいのは大嫌いだった。最終的には自分だという信

念があり、現実がすべてだと思っていたから、あの世があったり、前世があったり、こうやればあとあと助かるとかいった非現実的なものは受けつけられない」という考えの勝久だったが、初めて出た勉強会で納得するものがあった。「その話の内容が何となくのみこめる。宗教感覚ではなく、哲学っぽい感覚で受けとめられた。哲学書は読んでいたし、自分の内面を考えるようなことは好きだった。他ではない、自分しかないという考え方が合っていたね。中学高校の時からずっと『より良く生きる』ということが常に頭の中にあった。より良くというのがどういう意味なのかということ、自分の良心に従った生き方だというように抽象的に思ったりしていた。先生の話を聞くと自分の内面を変えていかなければいけないというところなど納得できる部分が多かった。」

勝久と小林が初めて勉強会に出席した時に、蓮華は「北田さんと小林さん、この人たちはいいものを持っていますよ」と最初から二人を前面に押し出した。初めて勉強会に出てからは、話が聞きたかったのでずっと出席した。知らないうちに半分司会のようなかたちになったり、審神者《さにわ》の役割を果たすようになった。

審神者としての役割

勝久に審神者になるようにと指示したのは、第一章で言及したように蓮華に影響を与えた呪術・宗教的職能者M・Mの妻N・Mであった。

「審神者をやるようにとN・M先生が言ったけれど意味がわからなかった。先生が霊媒になって僕が聞く役でしょう。僕は疑り深いから、昔から一つのものをみるのにも、いろいろな面からみる癖があって、一回審神者をやったらそれが自分の役目だという感じになった。誰かの悩みを聞くのだけれど、それは議題であって質問者は僕なので、この人はこういう面からも聞きたいだろうということを自分で先ず考えて、そういう面を全部聞くことができるのだから、やっていくとおもしろいわけだ。一般には（お伺いでは）自動書記なので、お伺いで僕が審神者をやるのは、この人のことは白神様に聞いてあげなさいと先生が言った特定の人だけ。勉強会では、先生が霊媒状態になってお釈迦様が出てきたり、白神様が出てきたりした時に聞く役割をしている。人はどういうところに疑問をもつのかということを自分なりに考えて、みんなの代わりにそれをその場で質問して聞いていく。そういう役割というのは自分に合っていると思った。けれども、僕が聞くことによって教えが深まったということはないと思う。というのは勉強会のテープのどれを聞いても言っている内容は一つだ。自知・即今・和、魅力ある人間の条件（本書三四三～三四四頁および三四六頁を参照）、これだけだ。僕が深くしているというのは、個々の問題についていろいろな場面を想定して聞いているだけ。教えの内容は変わらないけど、深くはなってきている。それはこちらの理解度が深まったせいかもしれない。」

ここで注意しなければならないのは、勝久のサニワ活動が、従来語られてきたサニワの活動とは異なることである。伝統的なサニワは救済神の代弁者のためのサニワであって、この代弁者には時として魔が降りるから、審神（啓示が本当に霊格の高い神仏のものかどうかその真偽を判別する）の必要があった。しかし、指導神の代弁者には、そのようなことがないので、サニワは分かりにくい点を依頼者や参加者に代わって質問し、ポイントを明らかにする解説者となると考えられよう。

神と因縁

勝久はもともと、神とか因縁といったものに対しては否定的な感情を抱いていた。しかし、次第に勉強会や審神者としての役割を実践していく中で、それらを受容していく。

「因縁ということを先生にずいぶん前から言われて、最初は因縁というと抹香くさいというか、その言葉にこだわっていたけれど、今は因縁というのは本当にあるのだと思える。今ある私は、前世の私、あるいはその前の私の結果であると同時に、私の父と母、その前の人の結果であること、つまり肉体的な特徴はそうだし、性格も大体親のを受け継いでいる、そういう二つを持ち合わせているというのはよくわかる。それは人のケースをたくさんこなしてきたことと、先生の教えの中にこうした内容が入っている。先生の言うことは意外と理論的なんです。

例えばある人の例だと、その人は毎回同じような内容の問題にぶつかり、その都度似たような悩み方をしている。なぜかというと壁を破れないでいる。けれど同じような事にぶつかっても別の対応ができる人がたくさんいる。その元は何かと「お伺い」すると、あの人の前世はこうで、父方の因縁はこうで、母方の因縁はこうで、だからぶち破れないんだ。人間として本来の姿にさせてあげるだけの心、そういうものがあの人は本当にわかっていない。わからなくさせているのはあの人のもっている因縁だよ。こういうことを教えてもらうとなるほどと思う。そういう中で因縁というのはあるなと思うようになった。

神というのは、そういうのがパッと見える人。神というのが宇宙を造った方だという感覚はない。世の中、人間の世界の仕組み、魂のつながりの仕組み、そういうものが見える方が神だと思う。どうしようもない人間に、どうして神様が寄ってこなければならないのかと、昔しつこいくらい質問した。それが神の偉大なる愛であり、慈悲であると言われるのだけれど。」

蓮華との結婚

勝久は審神者の役割を果たすようになった後、白神からの通信を受けているN・Mから、蓮華と結婚するように指示され、一九八一年二月に結婚した。

「結婚は白神様の指示。でも年が一一歳離れているし、世間的にいえば新興宗教の何かのような感じもあるし、親にもあまり格好良くないし、決断するまでに半年くらい時間がかかった。けれども自分をとるのか、それとも本来の自分（前世から連なる魂）をとるのかと突き詰められた時に、教えを大事にしたいという気持ちがあったのと、先生個人の人間性がある。あれがそんじょそこらのおばちゃんでは、いくら神様がついていてもダメだよね。先生の個人的な魅力というのは、広い意味では先生のあり方、生きていく姿のすべて。狭い意味では女性としてもこの方なら結構でしょうという部分がある。女性としては非常に可愛い人です。

先生には完全降伏。そしてああいう無防備な人にはこちらが逆に競争心はもたない。スキがないから対抗しようがない。教えていることと本人の行動が合っている。いや、ちょっと合わないところがある。教えでは『人それぞれ』だと言うけれど、先生はそれぞれではない。情がありすぎる。これについては何回も神様にお伺いしていることだけれども、それは先生の一番大きな欠点だけど、だからこそこれ（神の代弁者）がやれる。『それが蓮華の良さでもあるし、欠点でもある。それをカバーするのがあんただ』と言われる。先生が直接言えないことを僕がキチッと言ってあげる。あるいは、僕が先生を立てることによって、みんなが先生に敬意を払えば先生にそういったヘンなことをさせないですむ部分がある。結婚してからはその役割は僕でなければいけないと思っている。今の生活は土曜日の午後半日だけ自由時間をもらっている。会社に行けば会社一本やり。後は先生との勉強、自成会の活動、旗屋会の活動。二人だけになっても勉強させてもらう時には『先生』と呼んでいる。ものを教えてくれる人には敬意を払うべきだと意識的に心がけたことも、自然に出ることもあるのだけれど。

なぜ自分が結婚相手に選ばれたのかという気持ちはある。先生は、あんたは砥石だよとよく言う。砥石というのは、先生と僕とは全く異質なタイプだから。先生は頭から信じてしまうし、人を疑わない。僕は人を疑るというか、物事を疑ってかかるという風に。たぶん、先生がそういう部分に対して慣れなければならない。人というのは恐いものだということをわかり、それに対応する力を持たなければならないという部分があったかもしれない。そういう題材として僕が最適だった。そこに僕が本来持っている力があるでしょう。」

輪廻転生と前世

勝久の言う「本来持っている力」というのは、前世にかかわるものである。勝久の前世はキリストの弟子のユダであるという。輪廻転生や前世については、次のように語る。

「輪廻転生はあるような気がする。魂の流れは、肉体のある時期とない時の繰り返しなのだから。霊界に関心のある時期もあったが、大体の仕組みを教えてもらえば、それ以上突っ込んで聞く気もない。勉強会に初めて行った時から、先生の言うことは間違っていないと納得した。前世だ、審神者だということについては抵抗があったにしても、先生の説く神理《しんり》は正しいという思いがある。僕の前世がユダだということは、一番初めに勉強会に参加した時に言われた。当初はユダそのものについて断片的にしか知らなかったのでピンとこなかった。けれどもだんだんそういう感じはわかってきた。僕は情にもろいけれど、疑り深いし、人を試そうとするから。

前世について先生は最近教えていない。そういうことを教えても無駄だということを先生がわかってきて、言わないようになった。それよりも現実の中でどう生きるかが先であって、前世のつながりと自分の今世での使命を知って、それを目標として生きていくといってもわからない人が多すぎる。それに前世を教えてもよいという人があらかたすんでしまった。今は申し込みがあっても受け付けていない。前世の因縁、今世の任務、肉体の因縁を聞いてピンときて、それを全うしていくには、あまりにも他のことに惑わされすぎている。」

自成会の集団のありよう

自成会では布教への意欲は高くない。むしろあるレベルに達しない人々は縁がないとみなす。また、組織的にも従来の宗教集団のような強制力はなく、自主性に任せる部分が多い。

「先生の教えは、ある意味では本当に狭い教えだ。自成会に入るのには資格がいるのだから。教えに価値があると思う人、自分の内面を変えていこうと思う人しか来られない。自分の内面に取り組んでいる人は、勉強会に自然と入ってくる。そういう人たちは教えを受けとめられるけれど、従来の宗教感覚で来ている人は（勉強会に）惰性で来ていたりする。僕は自成会には熱心な信者というのは一人もいないんじゃないかと思う。自分なりの熱心さはもっていても、会を維持しようとか、あるいは先生を本当に大事にしていこうとする人はほとんどいない。どちらかというとマイペースの生活の中から、ある部分接触してくるだけの人が多い。熱狂的なところはない。それはなぜかと言うと、秘密がない。恐さがない。恐いとしたら自分を裏切ることが一番恐い。強制力がない。自主性に任せてある部分が多い。ある部分はなるほどと思って真剣になっているけれど、本来の自分に脱皮できた人は少ない。」

生き方に影響を与えた人、ファイブスターズ

「今までの人生で僕に影響を与えた人というと先生だけだね。先生の性格もある。あんな人がいるとは思わなかった。それと教えの中身。自分でいろいろな感覚をもちあわせていたのが、だんだんとこれは無駄な感覚、これは良い感覚と選択できる教えだったから、現実の問題を聞いていく中で、なるほどと思うことはたくさんある。現実から離れた教えはない。自知・即今・和。まず自分を知りなさい。ただ、自分を知ることはそう簡単なことではない。自分を知るため

のアドバイス的なものはたくさんある。例えば、自分の感情というのはどういうことを基準としていけばよいのか。本来はどうあるべきかがわかってくると自分の目標、理想をもつことができる。やみくもに生きていくのではない。『毎日、気楽に生きていければいいんだよ』とレオ先生が言うよね。それがどういう意味をもつものかということは、断片的にいろいろな場面で教えてもらえる。

今、一番仲のよい人というと、ファイブスターズの人たち。心安いというか、話していて疲れない。自己主張が強い人たちではない。どちらかというと僕が一番強いくらいでしょう。彼らとの付き合いは、利用価値ではなく人間性にある。お互いに人を裏切れない人たち。お人よしばかりで、生きていくのに真面目。人に迷惑をかけないで生きようとしている。」

「お伺い」と勉強会

「先生の活動は、はっきり言えばお伺いが主体で、勉強会はお伺いをする姿勢を教えてあげたいというところがある。お伺いは易とか人生相談ではなく、その人のすべてが見えて一番いい方法を教えてあげるもので、ものを当てるとか、御利益信仰ではない。先生はお伺いをやめようと言うことがある。伺ってもやらないのだから神に失礼だし、受ける側も言われてやらないのだから罪つくりになってしまう。そのたびに神から『泉のように行けばいい、常に湧き出ている泉であれば飲みたい人が来ることができる』と言われる。

お伺いに来る人も勉強会に出ている人は変わった。自分の心を止揚するためのお伺いとしてとらえる。今の自分のあり方でよいかという聞き方をする人は、勉強会に参加している人が多い。人づてに聞いてお伺いに来た人は、進学、家相、事業とかの問題で、それがすめば来ない。

時々ふと思うには、人間を改革していくというか、良い方に導いていくというのは非常に大きな問題でしょう。その割には（会の）規模が小さくて神様に悪いかな、と思うことがある。中央に出て手広くやったからといって、すばらしい人材が集まるとは限らないし、長い目でこれから一〇年、二〇年という過程があるのかもしれない。僕は今でこそ立場があるから会のことを考えているが、以前は全くそんなことはなかった。今の僕は、まず先生を保護しなくてはならないと思っている。運転手ともなり、荷物運びにもなり、それが第一であって、自成会は二の次。今後も自成会はこのまま行っていいと思っている。ここに来て、心が洗われて帰る人は多いと思う。ホッとして帰る。あるいはそこで自分の生き方をチェックして帰る。勉強会では抽象的な話が多いけれど、自分なりにね。」

（二）二〇〇六年調査

勝久は、浜松営業所が閉鎖されたため、一九九九年に名古屋に転勤になって単身赴任をする。毎週末には浜松に帰り、蓮華も時々名古屋に行く。そして、二〇〇一年六月から二〇〇五年一一月までの四年五ヵ月間上海に単身赴任した。蓮華は二～三ヵ月に一度上海を訪問し、勝久も二ヵ月に一度日本に帰った。上海から帰国後も名古屋勤務である。以下、初めの聞き取りから二二年が経過した二〇〇六年のインタビューの記録である。

以前と比較しての変化

「蓮華を守っていきたい」と一九八四年に述べたことに対しては、「若い時にはちょっと思い上がりもあった。対等なものの言い方をしたが、『やらせていただく』というふうに少し謙虚になった。先生を守るのではなく、仕えさせていただく。また、やらせていただけることがあれば、やらせていただく。若い時よりも謙虚になったのは、やはり自分の

『分』を多少は理解したということと、先生の大きさをわかったということ」と言う。

教えでひかれる点は何かという問いは、次のように答える。「より良く生きること、それを精進というのか、浄化というのかは別にして、今いる自分よりもっと良い自分をつくりあげるにはどうしたらよいか、という問いがもともと根本にあった。先生の教えというのは、永遠への道を歩みながらも常に成長していく魂の存在を訴えているし、魂が成長するという意味をいろいろな方便で伝えてくれている。我々にはなかなか思い浮かばないような知恵をもらえる。先生を通じて話してくれる神々や賢者の方が素晴らしいということでもあり、先生が神々や賢者の器となり、その言葉を我々に伝えられるだけの度量をもっていることでもある。また、先生の生き方が信用できる。嘘がない。教えの内容の素晴らしさと、それを伝える先生自身の人間性、それらが相まっているわけです。」

また、勝久は蓮華に降臨、通信する神々や賢者の特徴について次のように述べる。

「白神様、この方は端的だという一語ですね。月光様だとか普賢様だとか文殊様だとかいろいろな取り柄の菩薩の方々がお出になるんですが、この方はこうだという特徴づけをするほど私は一人ひとりの方がはっきりわかりません。先生は区別できるみたいですけれど。一番お世話になっているのはレオ先生。レオ先生という方は蓮華先生の日常生活のある意味でガードマンみたいな方です。よくアドバイスしていただく。些細なことでも聞けば必ず答えてくださるし、ごく当たり前の道理の中で、相手の人間に妙な情を含まずに答えていただけるということだと思います。」

最近は、蓮華が霊媒になって神々の降臨をあおぎ、蓮華と勝久が二人で「勉強」するあり方に変化がみられる。

「昔は、例えば因縁とは何か、自知とは何か、といったテーマを先生からいただいて、『これはどなたにお伺いするのがいいでしょうか』と先生に聞き、それが月光様であったり白神様であったり、時としてお釈迦様であったりしたわけです。私なりにいろいろな質問を作っておいてお伺いし、それをテープに録音しておいて後日原稿にしたこともある。

そういうことは最近少なくなったけれど、昔はよくやっていた。最近は先生の今の生き方がどうかということを、先生を通じて白神様や菩薩の方々、大勢の方に出ていただいてお伺いすることが多い。その答えは、『蓮華はそれでいい、よくやっている、ただもう少し人に対しては手を出し過ぎないように』といったものです。神様なり賢者の方が蓮華先生を叱ったというのは一度も聞いたことがない。」

蓮華の病気と今後の自生会

蓮華は一九九六年の暮から四年間にわたり長期療養した。蓮華の病気は年齢のことも相まって、今後の自生会のゆくえについて勝久に考えさせたようである。

「自生会にしても、マイ・フレンドにしても先生がいるからやれる部分があり、先生のウエイトがずいぶん大きい。先生の教えそのものは、泉のごとく湧いていれば縁ある人が寄ってくるということだと思うんです。どこで泉のように湧いているかというと、お伺いであったり、勉強会であったり、『マイ・フレンド』という本を通じてであったり。ただ、先生という存在がなくなった時、先生からいただいたこの教えをどうしていくのかという、その役割は残るでしょうね。これは僕ということじゃなくて、皆で一緒にやっていけたらと思います。」

蓮華の病気後の変化については、勝久は以下のように観察している。

「先生の姿勢としては、神がかりになった時から今に至るまで何にも変わってないと思う。けれども、やはり人間は年をとっていくに従って体力の問題もあるし、あるいは人生の晩期の方にきているという思いもあれば、いろいろと形を変えていかなければいけないのではないかということはあると思うんです。先生はそこのところまで頭がいってなくて、従来のとおりパワフルに活動的に動いているので、周りが心配して、いろいろやらせてもらう必要があると思います。先生そのものはほとんど変わってない。ただ変わったとすれば、人間に対してなんとしてでもやってあげようというのが、だんだん人間は『人それぞれ』なのだからその人の『分』に任してあげなければいけないのではないかと、あまりいい言葉ではないけれど、人間に対する諦め感は少し出ていると思います。ただ諦めるというのは以前誰かが言われたように、明らかにして極めるということですから、先生が人間はこういうものだということをわかったというか、とことんやってみて諦めがつきかけているというのですか、昔ほどがむしゃらに人に対して期待をするということではなく、その人に任せるという心境になりつつあるような気はします。」

勝久の場合、より良く生きるという魂の向上や自分の内面への探求があり、勉強会から参加して、輪廻転生の中で成長していく魂の存在を納得した。蓮華に降臨・通信する神々と賢者の霊に問いかける審神者の役を誠実に務め、蓮華の夫として補佐の役割もある。一九八四年と二〇〇六年調査を比較すると、蓮華やその教えに対してはより謙虚になり、かつ理解が深まり、そして蓮華の病気を契機として会の今後についても考え始めた。

二　酒井初枝の事例――病気を契機とする自己変容

(一)　一九八四年調査

初枝は、十五人会の酒井昇治（一九四六年生）の妻で、蓮華とは従姉妹にあたる。父は東京出身、母は浜松出身である。初枝は一九五一年に東京で生まれ、生後まもなく浜松に移った。三歳の時に父母が離婚し、三歳から一二歳まで母の実家に預けられた。祖母がかばってくれたが、子どもながらに悲しい思いをした。中学一年の時に母（初枝が小学校一年の時再婚、義父と種違いの妹が同居）の家に引き取られたが、互いに接し方が分からず、関係がギクシャクし、初枝はその家族とは別であるとの感を深くした。また、そこは借家で二間しかなく狭いこともあり、伯母の家（蓮華の実家、その時には蓮華は婚出）に行きたいと希望し、そこで三年間暮らした。その後、家を新築したということで母の元に戻った。物心ついてから初枝が母と一緒に暮らしたのは、中学生の時に一年間、高校二年から三年間の計四年に過ぎない。高校卒業後は一年間義父の会社に勤めた後、一九七〇年、一九歳の時に同じ会社に勤めていた昇治と駆け落ちし、静岡に行き、そこで半年暮らした後、浜松に戻った。

蓮華とのかかわり（お伺いと勉強会）

夫が独立して印刷屋を始める時（一九七八年）に、一番初めのことだからと伯母である蓮華の母に勧められて、独立の時期や開業の場所について蓮華に「お伺い」をした。その後、印刷屋の仕事が順調に行きだすと夫との関係に齟齬がでてきた。本格的に勉強会に行き始めたのは一九七九年のことである。

「印刷屋を始めてある程度仕事が順調になってきたら、主人との感覚がどうしてもズレてきたんです。私は主人が一人で遊ぶのが気に入らない。こうしてほしいこともあの人はしない。かなりマイペースな人なんです。私はかなりせっかちだけれど、主人はこれが終わったらあれをやるという雰囲気の人だったから、イライラする部分がすごく多かった。なぜこの人は私がこれだけ言うのにわからないのだろう、どうして変われないのだろうと、自分の方が正しいと思い込んでいたものだから不満の塊になっていたんです。これではいけない、勉強会に出てみようかなと思ったんです。

勉強会に二〜三回行って、そこで初めて人を変えるのではなくて、自分が変わらなければ周りは何一つ変わっていかないことを教わった。自分自身の考え方というか、もって行き方によって相手の反応がうんと違ってくるのがだんだんわかったんです。勉強会に行き始めて半年くらいたった時、主人が『お前が変わってきたから勉強会に行こうかな』と言い出した。それまでは私を車で送ってきてはパチンコ屋に入って、という感じだったんです。」

この後、夫の昇治は初枝とともに熱心に勉強会に通うようになった。

生き方の変化に伴う母や夫との関係の変化

初枝は蓮華との出会い、勉強会での教えの学習によって生き方が変わったと述べる。

「その人と会ったことによって生き方が変わるような出会いというのは、先生に会ったことです。人に対する自分の受け取り方が変わって、夫婦の関係も、親子の関係も、仕事の関係も変わりました。まず、悪意にとれなくなった。それと相手に対して、すべてではないけれど、こちらが落ち着いて『すじ』からものを見ることができるようになった。精神的にも安定しました。」

初枝の一番の問題は、母親との関係であった。その言動に振り回されていたが、それではいけないとわかったのは、この勉強を始めてからだと言う。

「神は、親としてするべきことができない人に親として仕えることは、その人に不徳を積ますことになると言うんです。[2] 母に対しても振り回されるだけでなく、言うべきことは言えるようになりました。今は多分母を切っているのではないかしら。でもまだ私の中にギクシャクするものがあるから、向こうも違和感をもって、私が冷たいという言葉が出る。そう言われてみると、私は母と接する時に構えてしまうんですね。」

教えによって、世間の道徳が母子関係に求めるものとは異なる対し方が示されたが、母との関係は、まだこの時期には初枝の心にトラウマとして残っている。

他方、勉強会に参加する動機となった夫との関係は好転しているが、それでもまだ、初枝の内部に不満が伏在しているところがある。

「今は主人との間も落ち着いてきているけれど、ここに来て一回だけけんかして、主人を掃除機で殴ったことがあります。本当に別れようかと思ったけれど、その時に神からあんたにはこういう縁しかないと言われました。やはり性格が違いますからね。私は神からよく言われるように、自分が、自分がという部分がありますから、神に従ってはいきますけれど、かなり無理をしている部分がある。内心では自分を我慢させてやっていることがまだあったから、そういう部分の爆発だと思います。」

神の存在

伯母（蓮華の母）の家にいた当時、伯母は天理教を信仰していたので初枝は天理教本部にも行かされたが、拝むものとしての神に対して抵抗感があり、否定的な感情を抱いていた。しかし、勉強会に出るようになって神の存在を信じるようになる。

「お伺いだけだと結果しか聞けないから、どういう人が言ってくれて、どういう気持ちをもって言ってくれているのかということはわからないんです。けれども勉強会では、白神様にしても、月光様にしても、レオ先生にしても、生き方を教えてくれるでしょう。その人が生きてきた自分自身の生き方を教えてくれて、『すじ』というのはこういうのだよ、ポイントというのはこういうところにあるんだよと教えてくれる。白神様の神そのものの言い方と、月光様の情のある言い方と、レオ先生の打算[3]からの言い方と、言葉は違っていても行き着く先は同じなんです。先生の神というのは、拝んでいるのでは変わらない、自分を変える努力をしなければならない。何が大切かというと自分が大切だということを教えている、今までと違う神なのではないかと思います。ただ、その自分というのは自分勝手な自分ではなく、本来の自分（前世から連なる魂）という意味ですけれど。だから、自分を変える努力の価値を認めない人には、私はお伺いも勧めていないんです。勉強会に出て二、三回で、今まで自分の知っていた神と全く違うことがわかりました。

神の存在を私は信じますね。先生の神は信じています。自分たちが今まで疑いながらも神の指示に従ってやってきたのが、すべて結果はよし、よし、よし、で来て、なおかつ今までのお伺いのテープや回答が書かれた紙を見ても内容は初めから同じことなんです。毎月のお伺いで今の生き方でよいかということと、今月の注意点を聞くでしょう。今の自分のあり方がまだ自分勝手の気味があると言われるものね。言われていることはすべて一つという感じ。」

幽体離脱の体験

初枝は一九八二年八月一六日に、阿多古の滝（蓮華が滝の修行をしたところ）での滝行の後、幽体離脱の体験をした。「一番最初に滝に入った時に頭が痛くなって、気持ちが悪くなった。出た時に先生に尋ねると、『自分に思うところがあって入ったから（悪霊を）受けた。従う気があるのなら、今からあと二回は入れる。どうするか自分で決めなさい』と言われた。自問自答したけれど、私はこの道を選んだのだから先生について行くしかない。先生が入れるというなら入れるだろうと思って、入れてくださいと言って二回滝に入ったんです。二回目からはうんと楽になったけれど頭の痛いのはとれなかった。その夜一回倒れて、すぐ先生が飛んできてくれた。次の日は（体調が）よくて、その翌日の昼間にもう一度倒れた。頭を抱えて転げまわってしまうんです。その日の夜にまた倒れて、すぐ先生と北ちゃん（北田勝久）が来てくれた。救急病院に行ったら、痛み止めと鎮痛剤を打ってくれた。先生は一晩中、ずっと頭の後ろを暖めてくれて、北ちゃんと主人が足を揉んでくれた。私が鼾をかいているから、お伺いをしようかということで、先生と北ちゃんがお伺いをしてくれた。それを全部私が知っているんです。でも先生たちの目からは、私はうつぶせになって、グゥグゥ鼾をかいていたというんです。でも寝ている自分を自分が見て、周りが何をしているかすべて見えているんです。次の朝病院に行っていろいろ治療してもらったけれど、一切原因がわからなかった。半月入院して、完全に治るのに半年かかりました。

肉体から幽体が分離した体験をして、霊界はあるとはっきり思いました。肉体と魂は完全に違うことがわかりました。その時、白神様から『これであなたが自分を変えようとしなければ、いらない命ならばもっていく。今度失敗したら命はもうない』と言われました。結局、自分のあり方がなっていなかったということでしょうね。今までは自分さえ我慢すればよいという感覚で常にやってきた。いやな思いをして人にやってもらうより、自分でやった方がよいという感じで、自分にずいぶん無理をさせてきた。そんなに自分が大切でなければもらうよ、ということらしいです。私は先生の身近にいるおかげで、うんと体験させてもらっているから、やはり信じているんです。」

一九八四年の聞き取り調査では、初枝には克服しなければならないものとして、母との関係があり、その生い立ちがネガティブな色彩を帯びていた。初枝が言及する「自分さえ我慢すればよい」という感覚は、実父母との縁が薄く、家族で生活することができなかった生い立ち、また、母と暮らすようになっても母、義父、義妹の家庭への闖入者として自分を意識せざるを得なかったことが関係していると思われる。生い立ちや母との関係はこの調査で最も多く語られたことであった。母という「肉体の因縁」をいかに乗り越えるかが当時の大きなテーマであったことがうかがえる。[4]

（二）二〇〇四年調査

初枝には上記の聞き取りから二〇年後に二度目の聞き取りを行っている。そこでは実母との葛藤に関する言及は大きく後退した。三度の重病を体験して、自己変容の様相が見出せる。

幽体離脱の体験の意味づけ

上述の幽体離脱の体験は二〇年を経て、より長期的なスパンでとらえなおされている。初枝はこの体験に先立って二つの神秘体験をしている。一つは観音術という力を神からもらったこと、もう一つは砂丘での神秘体験である。

「体調を崩して水ぐらいしか飲めないという状態が一ヵ月くらい続いていた時、先生が来て、『今から中田島（砂丘）に行こう。光をもらうから』と言った。中田島の海岸の端で先生の後ろへ座って、目閉じて、パッと目を開いて前を見たら、後光がさしてるような状態になって先生がふわーっと浮かんでいく姿が見えた。」

この神秘体験の前に、初枝は観音術という力をもらっている。

「先生から観音術という、人の体を触らしてもらうと、自然とその人の悪い場所でピタッと手が止まって、治療できるという技術をいただいた。私としては、この人のここが悪いとかいう感覚は一切ないんです。その人の体に触る前に、観音様お願いしますと言うと、観音様がすっと入ってくれるのだと思う。先生が神様に体を貸すように、私は観音様に体を貸したの。この技術をいただいた時に、中田島の砂丘で先生の光を見るという体験をした。そのあとに、幽体離脱を体験した。だから今振り返ってみると、私はこういう風にできる、こういう風に感じられるという気持ちの上でのおごりがあったのではないかと思う。自分の我の強さのせいで、観音様に使っていただいていると謙虚になれなかったわけ。私ができる、という感覚だから本当に失礼なことをしたと今は思います。」

前世と因縁

初枝の語りの中で、「感謝がない」「我が強い」「頑固」「強情」という言葉が、自らの欠点に言及する場合、繰り返し出てくる。この点の理解のために、彼女の前世について語っておかなければならない。蓮華によれば初枝の前世は皇太后であるという。

「前世は皇太后だったの。みんなに仕えてもらって当たり前。だから、私がありがとうと言っても周りはありがとうと聞こえていない。上から物を言われているみたいな気持ちがしたと言われる。私にはそういう意識はないのだけれど。無意識のうちに出るというのは魂なのだと思う。だから先生にはトイレとお風呂以外は意識しなさいって言われた。印刷屋さんの奥さんが皇太后みたいにしていたら何？　となってしまう。前世の皇太后が何を学びに来たのかというと、自分で子どもを育てたことがないから家庭を味わいたい。子育てを味わいたい。それだけの目的でこの世に来ているらしい。」

蓮華の教えによると、その人を形づくるのは、前世、父母からの肉体の因縁、環境であるとされる。一九八四年の調査で初枝が語ったことは、まずその生い立ちと母との関係、預けられた母の実家での居候としての居心地の悪さ、母と暮らしたわずかな期間での母子間の葛藤だった。これは肉体の因縁、環境における阻害要因である。初枝は繰り返し、自分さえ我慢すればよい、いやな思いをして人にやってもらうより、自分でやった方がよい、と自分に無理をさせてきたと語る。また、我が強く頑固と自己分析をしている。我慢する、無理をするといったことの背景は、生育環境に起因するところが大であると思われる。我が強く頑固というのも心のバリアを示していると思われる。

教えの理解と実践のギャップについての認知

「自生会というのは、その人の人生の生き方を教えてくれる場所なんですけれど、拝み信仰と違って、すべて自分から取り組まなければいけないものなんです。例えば、拝んで誰かに頼ればいいというのではなくて、自分が直していかなければいけない、自分に挑戦していかなければいけないという勉強をさせてくれる場所なんです。初めのうちは、勉強会で言葉を一杯聞くものですから、頭の中ではわかっているつもりになる。誰かが何か質問すると、言葉で返せるようにはなるんです。けれども、この勉強というのは、実生活の中でそれを実践していって初めて身についたことになるわけです。本当は実践で一〇〇％やらなければいけないのに、三〇とか四〇とか五〇％とか半分もできていないのに、頭ではやっているつもり。だから、肉体とその時の心の状況は結構大きなギャップがありました。」

このギャップが次のような病気を生み出したと初枝はみている。

一回目の重病——癰《よう》

初枝は一九九二年に癰《よう》（悪性の腫れ物）を患って一年間の闘病生活を送り、一九九九年には心臓病になり、二〇〇〇年からは人工透析を受け始める。この三つの重病を経て心境は大きく変化した。まず、癰である。

「お伺いでこうするとよいと神が言ってくれたことであっても、過去にこだわったり、先のことを心配していたりすると、なかなか言われたところに行き着かない。しかし、やれないながらも自分はすごく頑張っている。私は我が強くて頑固なので、無理しているわけです。それが、ある日突然、こんなに頑張っているのにできない、あーもういいという気持ちになった段階で、病気になってしまった。背中に癰というのができた。一月に背中に蚊に喰われたようにポツンと赤くなって、背中を動かすと痛みがある。一週間くらいしたら、膿をもって大きなこぶくらいに腫れあがってしまった。そうしたら、膝に水がたまって象の足のように太くなり、そのうちに歩けなくなり、起きることができなくなって一年間寝たきりになった。まだ一番下の子どもが小学校一年生でした。

その時にも、『この病気は病院へ行くと死ぬかもしれない。あなたに覚悟があるなら、私が面倒見てあげる』と先生に言われて、どっちみちできない私だからこういう病気になったのだからと、先生にお任せしたんです。先生は毎日来て、アロエをすって、それを水で薄めてガーゼにぬらして背中の患部にはってくれました。膿を出してもくれました。黒くなってくさった背中の皮膚をはさみで切ってくれたこともありました。口内炎にもなって食べられなくなり、もう骨と皮で、髪の毛も全部抜けてしまいました。私の母はその姿を見て、『何かあったら絶対先生を恨むから』と言って、怒鳴りちらしたくらいだったんですけれど、私も主人も先生の言葉にかけるという気持ちでしたから、一度も病院に行かなくても一回も不安にならなかった。一年後にやっと、歩行器につかまって立てるくらいの状態になりました。」

二回目の重病——心臓病

癰が完治して六年後の一九九九年一一月、初枝は心臓に痛みを感じ、救急車で運ばれた。心臓の痛みの原因は結局つきとめられなかったが、一ヵ月弱入院した。入院前、初枝自身は神から言われるように一生懸命実践しているつもりなのに、蓮華から「感謝がない」「まだわかっていない」と繰り返し言われていた。何をやってもだめと言われ、入院中に初枝は一度蓮華と神を捨てようとした。

「今から思うと、神の教えを頭ではわかっていても行動ができていなかったから、バランスが取れていなかった。だから常に苦しい思いをしていた。それで病気になった瞬間に、もうくたびれたという気持ちになってしまった。先生に『もう私いやです。先生にしばらく近づきたくないです。放っておいてください。自分で考えて自分でやります』と言ってしまった。先生はわかるまで放っておくしか仕方がないと思ったんでしょう。入院中にだんだん自分が落ち着いてきて、あんたこれでいいの？　今生きていることで、昇ちゃん（夫）に迷惑かけてないの？　子どもが困った時に親としてちゃんと導いていく自信はあるの？　これから何か問題があった時一人で処理できるの？　先生に迷惑をかけていないの？　と自己問答を始めた。そうしたら最後に、私には神様は必要という言葉が出てきた。私だけなら好き勝手にすればいいけれど、私に関わっている人がいる。私が変なことすればその人たちに迷惑がかかる。それに対して責任をもてないと思った。それから必死で、先生に平謝りして、何度もお詫びの手紙を書いた。先生は割合簡単に、うんいいよって言ってはくれたけれど。それまでは、自分が好きで（神の）勉強を始めたわけではなく、先生の近くに呼び寄せられてそういう状況にならざるを得なかった、神様は押し付けられたものという感覚がどこかにあったのだけれど、このことで自分が神様を選んだという意識に変わったんです。」

後に初枝は、しかしまだこの段階では現在の自分の心境にはなっていないと述べている。頑張ってやっていることに疲れてしまう、そのたびに重病という気づきをもらう。初枝にとって最も大きな転機になったのは、次の病気である。

三回目の重病——糖尿病腎症腎不全

心臓の病気から半年たった二〇〇〇年四月、初枝は肺に水がたまって救急車で病院に運ばれ、次の日から人工透析が始まった。心臓病で入院した時に、糖尿病がかなり悪化し、腎機能がおちて体内に水が溜まっているので透析用のシャント（動脈と静脈をバイパスする血管に造設される動静脈ろう）を作る手術を受けたほうがよいと医者に言われたが、その時はいやで拒否した。しかし、尿の出が悪く体内に水が蓄積し、それが肺まで上がってしまったのである。そこで、一日おきに、四時間の透析を受けるようになった。

「尿が出ないものだから、血液の中に不純物も全部入ったまま全身を回っているわけで、腎臓の代わりをしてくれるのが機械なんです。だから、一日おきに血液を体外に出し、機械でそれを浄化して体の中に戻すという透析を受けないと、自分で排出する力がないのだから体の中に尿毒素が全部たまるわけです。

救急車で運ばれた時、息が止まると思うぐらいの苦しさだったのが、病院へ行って助けられて、次の日から透析が始まった。その瞬間に私は一回死んだわけです。一日おきの透析がなかったら、生きてはいけないのだから。だから本当にいただいた命だなと自分でも思うようになった。こういう生活になると人の助けがないと生きていけない。人のおかげで助かっているというのは毎日感じるようになりました。」

病気による大切なものへの気づき

「そこまでになってやっと何が大切か気づきました。大切なのは現実、今なんです。過去にこだわると言っても、今をちゃんと作っていれば、今が過去になるわけです。未来が大切と言っても、今をきちっとやれば未来に繋がるわけです。それがわかった瞬間に、人生がものすごく楽になりました。自分の身を死と隣り合わせにして初めて、スパッとわかりました。今まで先生の話を聞いてきたおかげだと思うけれど、現実を見て生きる、それを楽しむ、そういう感覚になってきました。それからは何一つ悩むことはない。病気で一日おきに透析を受けても気持ちはとっても明るいの。だって今日生きているじゃない。

病気なしで気持ちが成長していけば一番幸せなことだけど、私は強情だったもので、病気をいただかないと自分を振り返るチャンスはなかった。だから、何にも知らないままあの世に連れていかれるより、ずっと幸せだったと思っている。病気前の状態から考えると、こんなに気持ちが安らぐ毎日を暮らせるとは思ってもいなかった。今はそういう意味では、すごく安らかな気持ちだし、周りに対して感謝できる自分がいるのもありがたいと思っている。そういうのをこの世で味わえられたのは、すごく幸せだったなぁと思う。」

この病気の後、初枝の生き方について「お伺い」で言われる言葉が変化したという。

「お伺いでは今の私の生き方に対しての注意というのをよく聞くんです。この病気になる前の私に対する注意は、感謝しなさいとか、強情を直しなさいとか、いつでもほとんど一緒の言葉だった。本当に死の直前まで行って初めて自分に対して真面目になった。昔の私だったら考えられないくらい、今心が安らかでいられるから、その違いはあるだろうなと思う。

二〇年くらい前から、お伺いの紙は全部ファイルしてあるので、たまに見比べることがあるんだけれど、あ、この頃も最初に言われたことと一緒だったなぁという感じ。けれども、ここ二年くらいは神様の言葉が違う。まず、感謝しなさいという言葉が除かれた。今の自分のあり方はどうですかと聞くと、別にこれといってありません。現実にそっていくだけでいいですよ、と言われるようになった。」

夫への気持ちの変化と夫への恩返し

初枝は二〇年前のインタビューでは、夫との価値観の違いやいざこざについて語っていた。三度の重病を経験して、夫への感情や考え方は大きく変化している。尊敬する人として、蓮華とともに夫の名が挙がるまでになった。

「本当に何も言わずにコツコツやってくれる人だから、あの人は男らしいと思う。自分の現実を見ると、私は透析をやっている。その前にも癰や心臓病にもなった。私の人生にいろいろのしかかってくる問題は、ペアを組んでいる以上は主人にものしかかってくる問題でしょう。だけれど、そういうことに対して主人は絶対文句を言わない。私が病気、夫である自分が受けとめるのは当たり前、という風な取り上げ方をしてくれるから、そういう点はすごいと思う。私は今透析をしているし、自分で食べていけるだけの生活はできない。旦那さんに食べさしてもらっている。旦那だから、女房を食わせなければいけないということはない。夫婦だから当たり前ってことは絶対有り得ないわけ。そうすると、私のお返しできることは何かなと考えるよね。日常生活の家事はやっている。当たり前のことだからね。他に仕事しているわけではない。これから先、何がお返しできるかというと、例えば私がお陰様でこうやって人と接してみて、いろいろなものの考え方ができて、主人の動き方を常に見ている。すると、この動き方は良くないな、この言葉は良くないなと思うことがある。そういうことを、相手にきちっと伝えることが私のお返しだと思っている。主人が世間で恥をかかないように、という感覚で私は主人を見ている。例えば、こんなことを言ったら喧嘩になるから言うのをやめておくというのは絶対ない。喧嘩になりそうだったら、喧嘩にならないような言葉を自分が考えればいいわけでしょ。だって、お返しなのだから。だからきちっと相手に、『私はこう思いました。こういう方法がいいんじゃないんですか』ということを伝えるんです。子どもにも気づいたことがあったら、きちんと伝えるようにしています。」

初枝は、一九九二年以降三回の重病を経験し、とくに透析によって生かされている状況になり、明日があるかどうかわからない毎日に立ち至った時、大きく自己変容をとげる。初枝は病気のおかげで自分の強情という欠点を、この世で早く気づくチャンスをもらい、自分（魂）を大切にして向上への道を歩むことができたと位置づけている。

三　鈴木正人の事例――生きる意味の探求と教えの応用

鈴木正人は、四人兄弟の次男として、一九五三年に浜松市で生まれた。兄姉と弟がいる。正人は一貫して自生会の書物や機関誌マイ・フレンドの編集を担当している。妻と二人の子どもの四人家族である。正人には二〇〇四年に面接調査を行なった。

蓮華との最初の出会い

正人が初めて蓮華と会ったのは、一九七一年、高校三年生の時である。正人の家が蓮華の実家と近所だった。蓮華が神がかりをしたので一度聞いてみなさいと母親から勧められたのである。「お伺い」の内容は大学進学のことだった。その機会に、以前から興味があった宇宙のことについても質問した。

『宇宙人っているんですか』と聞いてみた。そうしたら『ちょっと僕ではお応えできない』というようなことになって白神様という霊に入れ替わった。『あなたはどういう方ですか』と尋ねると、『宇宙の真ん中近くにいます。全てのことが見渡せるところに私はいます。あなたが生きている間に、多くの人類が死ぬという出来事が起こります』と言われ、それは心に残る出来事でした。」

その後、大学に入る前に二回程「お伺い」に行ったが、一浪後、東京に行ってからは約六年間蓮華と接する機会がなかった。

人生の悩み

大学入学後、人間関係が苦手で、人と打ち解けられないこともあり、学校に通わなくなり、不登校状態となってしまう。生活が昼夜逆転し、アパートで独り酒を飲んで、家の中もどんどん散らかっていった。そして、「全てを自分でコントロールしていかなくてはならない状況におかれ、自分は何のために生き、何を目指して生きていけばよいのだろうと、急にわからなくなってしまった」のである。そして、悩みの矛先は自分のことだけでなく、宇宙や世の中のことにまで向けられる。「宇宙とは、世の中とは、どういう仕組みになっているのかといった根本的なことを知りたくなった。だから物理学や生物学、アインシュタインの相対性理論の解説書等、色々な本を読んだ。宇宙は深いものだと感じた。ぼろアパートで一人、酒を飲んでゴロゴロ。室内はグチャグチャ。頭の中ではとりとめのないことを考えていた。気分は随分暗かった」のである。

宇宙の仕組みについての問い

一九七六年に蓮華は（第一次）自生会を始め、勉強会を行なうようになる。

「僕が大学四年の時、蓮華先生が勉強会を始めた。姉は大阪の短大を卒業して浜松に戻っていたのだけれど、勉強会に出ていた姉から、何か質問があったら代わりにお伺いをしてあげるという手紙が来たので、質問事項を書いて送った。その時は、自分がどう生きていったらよいかということよりも、宇宙の仕組みや神様の存在など、空論的なことを聞いてもらった。そうしたら先生から『一度いらっしゃい』と言われ、それではもっと追求しようと、質問しに先生に会いに行きました。そこでまた空論的なことを質問したんです。その頃は、そういうことを確かめたかった。

そして蓮華先生の所に通い始めたんですが、蓮華先生は『あなたの質問には答えられません』と答えてくれなくて、そのかわりに『自分を見つめ、自分の足元を見なさい。現実を第一に歩まないといけない』と言われました。自分でも確かにその通りだと思った。この一言で納得できた。あ、これはすごいなと思った。僕の質問に答えてくれなくてもかまわなかったわけで、逆に正しい方向に導いてくれていると思ったんです。これまで生きる意味がわからなかったけれど、これまで逃避していただけとわかった。」

正人はこの言葉によって気持ちを入れなおし、モラトリアムから脱却した。一年留年して単位を取得し、大学を卒業した。

勉強会への参加と編集作業

正人は一九七八年三月に卒業して浜松に戻る。

「就職ということについてはあまり興味がなかった。けれど蓮華先生と出会って『就職活動は責任としてやるべきだ』と言われた。『飛び込みでもいいから行って自分を売り込みなさい』と言われ、嫌だと思いつつも少しはやってみた。先生には『福祉が合う』『名古屋が合う』と二つ言われた。そこで名古屋市役所をはじめ、いくつかの企業を受けた。『受かるから大丈夫』と蓮華先生から言われたので、とくに心配はしていなかった。不採用だった場合のことも、とくに考えていなかった。それよりも蓮華先生の話に興味があり、その目に見えない世界の広がりに心を奪われていたように思う。」

八月に就職するまでの四ヵ月間、アルバイトをしながら蓮華先生の勉強会に姉と一緒に毎週通った。「学生みたいに、ノートと鉛筆を持って勉強会に通った。その頃の方がずっと学生らしかったね。そこで、蓮華先生が本（『永遠への道』）を出したいということで、『よろしければ僕が編集やりますよ』と言って、勉強会でのみんなのノートを集めて、編集の仕事をやりだした。ちょうどいい時期だったんです。四月に就職していたら、そういう経験や、出会いとか全然違ってきてしまうものね。編集者は神様の言葉に手を加えて自分の訳を入れてはいけないが、段落を組んでまとめる中で教えが頭に入ってくるので、自分にとって非常に勉強になった」と言う。

正人は蓮華（や蓮華に降臨する神々）の説く教えにひかれ、人間の生きる意味や目に見えない世界の広がりに強く関心をもった。就職するまでのこの四ヵ月が正人の生き方の核を形成する重要なものとなる。

勉強会での性質の指摘

一九七八年の三月か四月頃、勉強会で「月光様に『あなたは一見優雅に見えるが芯は情熱家です』と言われた。さらに問うと、『自分が一旦こうだと思ったら、やり遂げる性質がある』と言われた。自分では全然思っていなかったことだった。これまで何か達成したとか、根気よくやることがなかったので、神様に言われて驚いた。情熱家と言われて、僕自身小さい時から特徴もなく目立たないし、ある意味で自信がなく、誰からも認められてこなかったので、神様に自分の性格について言われた時、驚くと同時に嬉しかった。自分のことを見通していて、良い面も悪い面も見えていてわかってくれる方がいる、それが神様なのだ、ということにすごく感動した。これは自分にとって衝撃的な出来事だった。生きる意味や世の中の仕組みを模索していたが、その人を生かす道や生きる目的があり、自分を生かすために生まれてきたことを教えられて、今までの考えが一八〇度転換した。」

正人はきょうだいの中でも真ん中だったので、誰からもとくに認められていない。自己評価は特徴がない、目立たない、対人関係にもたけていない、といったネガティブなものだった。したがって、それまでの自己イメージを打ち壊し、ポジティブな取柄を他者によって指摘されたことは、大きな自信ともなり、人生への取り組み方が変化していくことになる。また、やり遂げる性質ということについては、蓮華の教えを疑わずにずっとついてきていること、教えの本や機関誌の編集に一貫して携わっていることを省みて、月光菩薩からの指摘はこれを指しているのではないかと述べている。

重要な他者としての蓮華

自分の考えを転換させた蓮華の存在について以下のように語る。

「今まで蓮華先生以外で影響を受けた人はいない。以前は尊敬する人もなく、人に対して謙虚ではなかった。その意味で、心の底で自分に自信を持っていたことが、うまく人と打ち解けられなかった理由だと思う。人の機嫌を取らずに生きてきていたので、余程の人でないかぎり尊敬はできないと思っていた。しかし、蓮華先生は凄かった。出会った時から、『この方にはかなわない』と思った。そういった印象を受けたのも、話の内容以上に一生懸命話してくれる優しさがあるからだと思う。その人を導こうとして、厳しいことを言ったり、何度も言うのだということが段々わかってきた。その人を良くしてあげたいという優しさが伝わるので、この方についていきたいとの憧れを抱いた。これ程相手のことを見てくれて、時には厳しくアドバイスをしてくれる人はなかなか世の中にはいないと思う。自生会には蓮華先生の個人的な魅力で寄ってくる人も多いと思う。」

とはいえ、「当時は、自分も姉もまだ若いから、何でもかんでも先生の言うことを聞いていたわけではない。だから頭ではすごいと思っていても、人生の道を歩く中で、一つずつ先生に言われたことがどういうことか段々とわかってきた」のである。

神概念

正人は宇宙への関心から入ったが、神概念については以下のように語る。

「一神教、多神教と言うが、それはイメージの違いである。宇宙を創造した者が神様だとしたら、おそらく一人で絶対神であるが、人間が浄化された者を神といえば、何人いてもいいことになる。だから、菩薩様というのは遥か彼方の人間の先輩であると思う。どれ程の力を持っているのかわからないが、見通す力は凄いし、色々な世の中を見ながら操っているのだろうと思っている。そしてまた更に如来様のような完全に解脱した地位の高い方もいるし、宇宙もそういった世界も無限に広がっていると感じる。」

仕事の中で自分を磨く――「即今」

正人は宇宙のことや人間の生きる意味を追求してきたが、蓮華との出会いで自分の思ってもいなかった性質を神によって見出され、また、現実社会で生きる意味をとらえ、モラトリアムを脱する。大学を卒業後就職するまでの四ヵ月は、書物の編集も含め、集中して蓮華の教えにふれた時期であった。名古屋に転居してからも勉強会に出席するために毎月一回は浜松を訪れた。就職後は、学生時代に空論に悩んでいたことから脱し、自分を成長させ、変えていかなければ生きる意味がないことがわかり、本来の自分を生かすために自分を磨くことへ歩み出す。

就職後は知的障害児の支援施設、児童相談所、老人ホーム、生活保護担当など、福祉畑を歩いた。勤務先の施設では共同作業が多いので、職員一人一人の性格が出るし、自分の欠点も目につくようになる。しかし、「生きる意味を知った以上は、自分の欠点を放棄せずに克服していくべきと考えていたので、どうしても自分と直面せざるを得ない状況になった。そういった意味で、本当の苦労も始まった」のである。

「就職すると、学生時代とは違い、厳しい社会の中で人と競争したり、ぶつかったり色々な事がある。働き出すと、自分の癖や能力、欠点が出てくるし、また他人にもそれを指摘される。自分が楽をしていると、生活や仕事に結果として出てきてしまうので、自分を磨いていかなくてはならない。自分を磨くと言っても、楽しくとらえて、その時々必要な行動や気配りを無理せずにすることで、自分のこだわりや不安をなくすと、今という時に集中できるようになる。先のことや過去のことに囚われなければ、今何をしたらよいかで動けるようになる。楽で楽しく必要なことができる人間になるので、人からも認められるようになる。しかし、それまでの空論的に考えてきた頭の中だけの世界とは違い、自分を見つめて磨くということはとても大変だった。蓮華先生からお伺いで言われた注意を現実の自分に当てはめて考えていくのは、本当の勉強であると感じた。自生会に入って、自分を磨くということや生きる目的が分かり、生き方を見つけられたことはよかった。」

ここで言及されているのは、自生会の教えの「即今」にかかわることだが、正人のもう一つの課題は「和」にかかわるものである。

人との交わり――「和」

就職後も勉強会がある時には月に一回ほど名古屋から通った。仕事で疲れているので面倒だと思ったこともあるし、若い頃は人と打ち解けられない性格のために勉強会のメンバーと馴染めなかったこともあった。しかし、自生会での活動をとおして、それも克服していく。

「頭の中に自分の欠点を直していかなければならないというのがあったので、もう逃げられない。本当の自分はやはりそういうことを求めているし、どうせそこから離れられない、自分の癖を直していかなくてはならないなら、楽に直していこうと通った。蓮華先生にも、人と交わるように教えられていた。人と交わるというのは、自然に打ち解けて、楽しく会話したりということです。勉強会だけでなく、旅行等の催しがある時も先生に勧められて参加した。理屈ではなく、自分のこだわっている部分を少しずつ取り除いていくことは難しかった。だが、『今を大事にする（即今）』という教えの、先を案じず過去も捨てて、その時を大事に生きるようになって、人とも楽しく交われるようになった。職場でもこうすることによって、気持ちが軽くなった。」

前世と人に伝える任務

正人の前世は室町時代の村長、中国の油商人であったこともあるが、今世で最も特徴が出ているのがイギリスの牧師の前世である。今世の任務として、「人に施しをしていきなさい」と言われた。正人自身としては、それは教えにそって自分を大きくしていくことだと思っている。

「宗教の中にも生まれ変わりの思想があるし、自分の中では当たり前の考え方だ。前世は牧師だったと言われて、記憶もないので驚いたが、今、編集等をとおして人に伝えたいという気持ちがあるし、宗教や神にも前世から縁があったのだと思う。蓮華先生に接して、霊媒がどうこうというより『この教えを伝えているのは本当の神様で、目に見えない凄い力がある』と感じた。そう感じたのも、前世があってのことかもしれない」と述べる。

「人間は無目的で生きているわけではない。誰でも自分を生かすために生まれてきて、生きることにちゃんと意味があると言うことがわかった。自分を生かすために生まれてきたなら、自分を磨かなくてはならない。自分を変えていくとか、自分を成長させなければ生きてきた意味がない。自分を捨てたことになってしまう」と語る。

「言いたいことは色々あるんです。なぜかと言うと僕は衝撃を受けた人間だから。神というすごい存在がいることにびっくりしたところから始まって、世の中の仕組みがわかり、生きる意味がわかった以上伝えたいという気持ちがある。現に伝えて来たつもりなんです。蓮華先生との出会いによって、このような経験ができたのは、ものすごく有難い。自分としては、生きることの意味を大勢の人に知らせたい。」

以上述べたように、正人の場合、蓮華と出会う以前と以後では自己に対する評価が全く異なっている。自信がなく、対人関係が苦手で、生きる意味を模索し、それが拡大して宇宙への関心が高まって空論、空想の世界に入っていた青年が、蓮華と出会い、現実を見つめるようになり、また蓮華の語る神々や賢者の目に見えない世界の広がりに魅惑されていく。そして月光菩薩からの肯定的評価によってこれまで誰からも認められず忌避していた自己を受容し始める。そして人生の目的は自分を磨くことであるとし、職場等でさまざまな出来事とぶつかる中で自分を磨くことを始めたのである。

四　蓮華が主導する運動の特徴

（一）新霊性運動としての自生会

北田勝久、酒井初枝、鈴木正人の事例からみる蓮華の主導する運動の特徴としては以下のことが挙げられる。第一に、勝久は「宗教っぽいのは嫌い」であり、初枝は「拝むものとしての神に抵抗感」があり、正人は宗教というより宇宙の仕組みに関心があった。このように従来の宗教には抵抗のある人々を引き付けている（彼らは現在でも自生会を宗教といわれることには違和感をもっている）。第二に、自分を磨いて向上するという自己変容に重きが置かれ、輪廻転生の中で永遠への道を歩きながら成長していく魂が想定されている。第三に、自己変容のためには、神々や蓮華の指導を受けつつ、自らが日々の生活の中で実践し、自分自身で自分を変えることに主眼があり、自主性に任せて強制せず、自己変容は各々の責任とされる。したがって、大いなる救済神を礼拝することによって救済されるのではない。第四に、過去を悔やんだり、先案じしたりすることなく、現在（今）に焦点を当てること、すなわち「即今」によって、無駄な思い煩いがなくなり、「気が楽になる」「気持ちが軽くなる」「ホッとする」「気持ちが安らぐ」といったこだわらない境地に導かれる。心の状態の統御によって癒しの状態につながるといってもよいだろう。第五に、自生会にとって蓮華の存在は大きい。神々や賢者とのチャネラーとしての能力に加えて、蓮華の人柄にひかれる人が多い。第六に、「自分の内面を変えようと思う人しかこられない」「あるレベルに達しない人には縁がない」「常に湧き出ている泉であれば、飲みたい人が来ることができる」というように、布教拡大の意欲が低く、むしろある基準によって人を選別するところがある。その意味で組織の拡大成長をもたらす布教の教えがない。しかしながら、蓮華を核とする複数の単層的集団が形成されているのは、彼女の人柄によるといわねばならない。

このようにみると、蓮華が主導する運動は従来の新宗教の枠組みを越える現象であり、島薗進が救済宗教のあとに位置づけた新霊性運動の諸属性を示す。島薗によると、新霊性運動は一九七〇年代以降世界各地で大衆的な運動として展開し、個々人の「自己変容」や「霊性の覚醒」を目指すとともに、新しい人類の意識段階を形成し、霊性を尊ぶ新しい人類の文明に貢献すると考えられる運動群である［島薗 1996：51］。救済宗教が救いの体験を重視するのに対して、新霊性運動は癒しをめぐる自己変容の体験に重点がある。また、伝統的宗教と異なり、固定的な教義や教団組織や権威的な指導体系、あるいは「救い」の観念といったものをもたず、個々人の自発的な探求や実践に任せる傾向が強い。人生の最高の目標は自己の魂のレベルを向上させていくことにあるが、あくまでも主体は自分の側にあり、外なる力は自分の手助けをするにすぎない［同上：116 - 117］。また、島薗は欧米のニューエイジ運動を検討し、その信念や観念のリストを提出しているが［同上：31 - 35］、自己変容あるいは霊性的覚醒の体験による自己実現、自己変容による癒しと環境の変化、体外離脱などによる霊魂の存在の確認、輪廻転生とカルマの法則、チャネラーやシャーマンの真正性、死後の生への関心、水晶・場所などがもつ神秘力（水晶、法光の湯を想起せよ）など、蓮華の運動の軌跡には多々該当するところがある。

伊藤雅之は、新霊性運動よりはニューエイジ（運動）という用語を選択する。そして、ニューエイジの三つの構成要素として、①世界観においては、個人の意識変容を重視し、自己の内面的探求に重点をおく、②実践においては、固定的な組織に拘束されないネットワーク的なものを重視する、③担い手の意識としては、「宗教」という言葉には違和感を示すが、スピリチュアリティには関心がある、としている［伊藤 2003：12-13］。

伊藤は、ニューエイジは家族や地域共同体と分離した個人に力点があるとする。島薗も、新霊性運動の弱点は、自らを支える自前の持続的共同性をもたないことであり、その思想にはある種の寂しさと内向性の影があると指摘している。蓮華の主導する運動は、多くの点で上述の内容にあてはまるが、大きな差異もある。強制力がなく組織の複層化もないけれども、十五人会という固い結束力をもつコア集団、それに加えペパーミント、報徳会、そして勉強会、マイ・フレンドの会など、さまざまな結合のゆるやかな集団があり、親身になって面倒をみる蓮華の明るく温かな人柄もあって、仲間集団が結成されていることは注目すべき点である。

自生会はスピリチュアル・リーダーとしての蓮華によって成立し、持続してきた。それだけに長期にわたる蓮華の病気療養は、集団存続の危機であった。この状況をいかに乗り越えてきたか、以下に述べて結びに代えたい。

（二）蓮華の病気による危機への対処と克服

マイ・フレンドという会が一九九六年に発足し、同年四月より機関誌の『マイ・フレンド』が年三回、刊行されるようになった。その年の暮、一二月二七日に蓮華の体調が悪くなり、水も飲めないほどに体が衰弱し、四年間にわたる療養生活に入った。(5) その間勉強会の中止は約半年にとどまったが、「お伺い」は約三年休止された。「常に湧き出ている泉」

としての「お伺い」がなくなっても、会員のほとんどは離れることなく、かかわりを保っていった。チャネラーで会のスピリチュアル・リーダーである蓮華の役割を代替する人はいなかったのにもかかわらず、長期の危機を乗り切ってきたことは注目に値すると思われる。

これを可能にしたのは、十五人会、レオ店、そして『マイ・フレンド』誌[6]の存在であると思われる。十五人会のメンバーは病気で離れるようなつながりではない人々であり、またレオ店が継続していたことで、そこで働くペパーミントの女性たちが近くの蓮華の家に出入りしていた。こうした濃い人間的つながりに加えて、一般の会員にとって重要な役割を果たしたのは、『マイ・フレンド』である。その理由としては次のことが挙げられる。

第一に、『マイ・フレンド』は蓮華の病気にかかわらず、毎号定期的に発行された。第二に、蓮華の自叙伝「人間蓮華」は創刊号から始まったが、中断をはさみながらも継続的に掲載された。肉体的には衰弱していたが、頭のほうは支障がなかったので、実際に自分で書いたとのことである。この自叙伝は、会員に対して蓮華のこれまで歩いた人生の道筋と心の動きを順序だてて叙述し、なぜ蓮華が神仏の代弁者となったのかについて示した。蓮華が病気で表に出なくなっても、この連載、そして自叙伝の休載時には、その時々の蓮華の体調、病気の受けとめ方を含めた心の状態についての「蓮華日記」と称する報告があったことは、蓮華とのつながりを継続させることに寄与したと思われる。第三に、「教えと私」という連載記事が創刊号から掲載されていた。そこではさまざまな人が、いつごろ、どのようなきっかけで蓮華と出会ったか、教えにふれる前と今とではどのようにとらえ方が変化したかを、蓮華からのアドバイスや「お伺い」を踏まえて記述しており、読者が他者の体験談を読むことで自らの体験を吟味することを促した。第四に、一九九七年八月発行の五号からは「心に残るお伺いの言葉」と題して毎回二～三人が執筆し、自らが「お伺い」で得た印象に残る言葉を披露している。この企画は、蓮華の「お伺い」の休止期間に、これまでの「お伺い」に際して蓮華が神からの通信を受けて回答を記した紙面を見直し、噛みしめていくことに導いた。これは執筆者以外の会員にも同様な効果をもたらしたと思われる。ここで取り上げられている「心に残るお伺いの言葉」の多くは、直接的な問題解決や御利益に関するものではなく、「生き方の確かめ」に関するものであった。第五に、一九九七年一二月発行の六号からは、「自生会だよりを振り返って」と銘打って、蓮華をとおして受けた神々や賢者からの教えに関する、過去の『自生会だより』の記事が転載された。このように、『マイ・フレンド』は蓮華の病気療養中も、会員に情報を提供し、これまで勉強会や「お伺い」で得た指導や体験について再考させ、会員間の交流を保つ役割を担った。

この編集には、本章でその生活史を取り上げた鈴木正人ほか、十五人会のうち三人の男性、ペパーミントの一人の男性が携わった。また、『マイ・フレンド』にはペパーミントのページがあり、そこでは実用的な知識、ワンポイントアドバイス、旅行や見学の記録など、宗教色のない記事をのせているが、彼らが輪番で継続的に誌面づくりにかかわったことも、青年層の定着に対して重要であったと思われる。

機関誌『マイ・フレンド』の発刊は自生会にとって大きな意味をもつことになった。創刊後まもなく蓮華が病気になり、お伺いを休止することになり、その再開までには三年余の年月がかかった。この間、『マイ・フレンド』は蓮華と会員をつなぐ「教えの泉」の役割を担ったといえるが、これが可能だったのは、蓮華の説くところの教えが拝み信仰ではなく、自分自身を振り返り、生き方を点検しかつ魂の向上に向けて実践していくものだったからである。蓮華の病気にかかわらず、多くの会員はふみとどまった。のみならず蓮華の病気は、会員がこれまでの「お伺い」の回答用紙を読み直して、常に「汲めどもつきぬ教えの泉」にふれる機会を提供し、蓮華に頼っていた状況から幾分自立するという効果をもたらしたともいえよう。

一般的には新霊性運動はネットワーク型で、参加者相互の関係が弱いといわれているが、蓮華をスピリチュアル・

リーダーとする自生会は、リーダーの病気という危機的状況にあってもそれを乗り越えていった。それには、弟子サークルである十五人会、ペパーミント、機関誌『マイ・フレンド』（およびそれの編集担当の人々）の存在が大きかったと思われるが、いずれも蓮華自身が育てたものであった。それこそ前項の末尾でふれた自生会の特徴であることを確認しておきたい。

【註】

（1）出生から調査時点までの詳細な生活史については、渡辺1984、渡辺ゼミ2005を参照。

（2）幸せになる道（神の道）の一つとして、「与えて取る」が挙げられている。蓮華（蓮華を通じての神）の言葉には、例えば次のようなものがある。「『与えて取る』とは、相手との間に常に貸し借りのないやり方。（来世に対して、自分も相手に借金を残さず、又相手も自分に借金を残さないようにしてあげること。借金とは相手からもらうこと。もらうとは物、金に限らない。相手に甘えること、相手に迷惑をかけることが借金となる）」［鈴木1978：6］。「神が望む欲というものは、人に損をさせない、そしてその損をさせない条件として自分も損をしない、常に対等という言葉が結びつきます。それと物を与え、心を与えたら、それだけ与えて取るの法則（ギブアンドテイク）をやらないと相手も不徳を積むことになります」［北田1985：75］。また、「親子、兄弟といえども魂は別々なのです」［北田1985：66］ともいう。

（3）レオ先生の「打算」というのは、一般に用いられている意味とは異なっている。『幸せへの近道』の中で、レオ先生が打算について語っているところを引用しよう。「打算ということは、自分を守ることで、僕は尊いことだと思うよ。人間の言う打算は、物質的な計算で、『損だ、得だ』と言うようだけれど、僕の言う打算というのはね、魂というか、心を大切に、『これすると損だ、これすると得だ』と言うように計算していくことだからね。」［北田1985：106］

（4）二〇〇六年の電話調査で、初枝は、「自分は生い立ちから言って、人間を信じられるほうではなかった」と述べる。「母とは四年間一緒に暮らしただけで、心を開いて話せる相手ではない。家庭というのはテレビのホームドラマで見るだけで、本当の家庭と言うものを知らない」ということが、初枝にとってトラウマになっていた。そして、「一番わかってくれたのは神（先生を通じての）であって、先生を通して厳しいことを言われても、その厳しさも母の厳しさと違い、温かさを感じた」と語っている。

（5）一九九六年四月の母の死、更年期、これまで蓄積した疲労によるものであった。

（6）『マイ・フレンド』誌の内容は、時によって若干の変化はあるが、大体以下のような構成になっている。「神々と賢者のおことば」、「蓮華のひとりごと（蓮華が折りにふれて書き留めた文章）」、「教えの言葉（分相応、礼と敬、らしく、誠意とは、自知・即今・和といった教えのキーワードについての神々や賢者の言葉）」、「これまでの各地の勉強会から」、『永遠への道』より（このほか以前出版された本からの引用の場合もある）」、「人間蓮華（蓮華による自叙伝）」、「審神記」、「教えと私」、「ワンポイントアドバイス」、「ペパーミント」、「読者のページ」。一九九八年からは「心に残るお伺いの言葉」、「自生会だよりを振り返って」が継続して掲載されるようになった。短期間の企画ものとして「こんにちは！　十五人会」（十五人会のメンバーを個別に取り上げてのインタビュー）、「ペパーミントと私」、「マイ・フレンドインタビュー（二〇〇四年二六号～二九号　蓮華の幼少期から旗屋までを知る人やペパーミントの夫婦に対するインタビュー）」などが掲載されている。

年表　蓮華の生活史と自生会の展開

	西暦	元号	年齢	出来事
	1940	昭和15	0	12月15日、浜松市砂山町で安間朝吉・通恵の長女として出生
	1941	16	1	父が出征
	1942	17	2	弟健雄出生
	1944	19	4	父の戦死の公報が来る この頃から、母は心の拠り所として宗教にすがる。PL、金光教、天理教、易者を尋ねる
	1951	26	11	母、心霊界に入会 心霊界入会により、晶子の持病の蕁麻疹が一夜にして治癒 晶子、心霊界教祖より「あなたは上品だ」と声をかけられる
	1953	28	13	浜松女子商業中等科入学
	1959	34	19	浜松女子商業高校卒業
	1962	37	22	見合い結婚。夫は4歳年上の警察官。市内八幡町で姑と同居。姑（当時43歳）との葛藤開始
	1963	38	23	長男誕生 （～5年間）夫は静岡県金谷町に転勤し、単身赴任
	1964	39	24	次男誕生
	1967	42	27	三男誕生
	1969	44	29	腰のヘルニア、脊髄炎になる。次男、三男を連れて10ヵ月間実家に帰る 病気と姑のことを聞くために易者、霊能者をたずねる
Ⅰ期（成巫過程）	1971	46	31	1月28日　初めての神がかり。 恩師観音（心霊界教祖が信仰していた観音）より、夫婦の組み合わせ、あり方についての啓示がある 母が呪術・宗教的職能者のM・Mを訪ね、「すばらしい神が入られた」と言われる 3月21日　実家で仏壇にまいっている時に、二度目の神がかりを経験 7月　実家の神前で拝んでいる時に、天照皇大神から初めて通信を受ける ミシン販売のパートを開始。セールス中に体の悪いところをあて、売り上げは県下で二位になる。1年弱勤務
	1972	47	32	神から「家を出よ」と言われ、夫の了解を得て3人の子どもを置いて家を出る 別居と同時に病気になりミシンのセールスをやめる 7月　M・Mの妻のN・Mより新しい門出に際して「蓮華」という名をもらう

	西暦	元号	年齢	出来事
Ⅰ期（成巫過程）	1972	昭和47	32	8 月　滝で白神大神と書かせられる。天照皇大神から白神大神へ名称変更 滝での修行開始 「お伺い」だけでの生活開始。自分の回答が正しいか、M・Mのところへ一日おきに確かめに行く 人間嫌いになる。神からも人とは交わってはいけないと言われる
	1973	48	33	6月　神からの「里の修業をせよ」との指示で、居酒屋旗屋を開店（第 1 期～1975年2月） 里の修行は人間の裏の修行という意味づけが与えられる。この間、「お伺い」は休止
	1974	49	34	旗屋、1 年目の開店記念日には常連客180名となる
	1975	50	35	2 月　神の指示により、旗屋閉店 8 月　富士山に神を捨てに行った時に、夢で自分の前世が慈恩大師であり、如来と月光菩薩に仕えていたことを知らされ、宗教的使命を自覚する 霊術を習いに 1 ヵ月に 1 度 1 年間心霊界東京本部に通う 秋から調整術教室を開く
	1976	51	36	心霊界より布教師資格取得
Ⅱ期（第一次自生会）				9 月　自生会開始（調整術教室から勉強会のほうが中心になる）
	1977	52	37	離婚 勉強会の拡大
	1978	53	38	講話録『永遠への道』（新書判147頁）刊行
	1979	54	39	12月　北田勝久、小林正明が勉強会に参加
	1980	55	40	1 月、旗屋再開（第 2 期　～1983年11月） 勉強会を 8 カ所で開催 7 月20日　自生会の卒業式兼謝恩会開催 水土日は、砂山の実家で「お伺い」。お伺い日には、10～15人の依頼者が来訪
Ⅲ期　自成会				9 月　自生会から自成会と名称変更 各地の勉強会を統合し、月　回砂山公会堂で勉強会開催（ただし名古屋は1990年まで継続） 上記の第一勉強会のほか非公開で八幡町のK宅で第二勉強会を開催（～1983年）
	1981	56	41	2 月　北田勝久（1952～）と結婚 5 月　東京で勉強会開始（～1990） 月のうち7日は勉強会、調整術教室を開く 『自成会こよみ』（2 種）刊行

	西暦	元号	年齢	出来事
Ⅲ期　自成会	1981	昭和56	41	カセットテープ『神々のお話』『人間としての生き方』『先祖供養と自尊』刊行
	1982	57	42	ファイブスターズ結成
	1983	58	43	2月　旗屋閉店。高架線の話が具体化し、都市計画で立ち退き 4月　『神々と賢者の御話』（B6判340頁）刊行 5月　第二勉強会閉会 11月　旗屋閉店
	1984	59	44	5月　ファイブスターズを第一グループとし、それに第二、第三グループを加え、十五人会発足 9月　砂山に神の館を建てる。第二の神の道の歩み開始 12月（株）レオ出版所設立（神仏の教えを残すため）
	1985	60	45	2月　『自成会だより』（月刊、A5判10頁）創刊 5月　『幸せへの近道』（新書判166頁）刊行
Ⅳ期（第二次自生会）	1986	61	46	十五人会とともに山の土地を購入、山の家を建設
	1988	63	48	9月　『聖ある生き方』（四六判、415頁）刊行
	1989	平成1	49	聖隷病院の近くの住吉町に（株）レオ店開店
	1990	2	50	1月　自成会から自生会へ名称変更 5月（株）レオ店にてエレガント教室開始 11月　ペパーミント・サークル結成（青年層の育成） 名古屋·東京での勉強会閉会
	1991	3	51	8月　『気と心』（新書判228頁）刊行 10月　報徳会発足
	1993	5	53	離婚後はじめて三男と再会
	1994	6	54	大家の都合で店を出、（株）レオは一年間、蓮華の自宅を仮店舗として継続
	1995	7	55	和合町で（株）レオ店開店
	1996	8	56	1月28日　神がかり25周年を記念してアクトシティで講演会開催、夜はコンコルドホテルで十五人会、ペパーミントほか縁のある人が祝う 4月15日　機関誌『マイ・フレンド』創刊号発刊（年3回発行） 4月30日　連華の母、安間通恵死去 12月27日　蓮華がこれまでの疲れ、更年期、母の死が重なり、病気になる
	1997	9	57	1月　「お伺い」休止 6月　勉強会再開
	1999	11	59	10月　3年ぶりに「お伺い」再開（ただし、面談ではなく、書面での回答方式に変更）

	西暦	元号	年齢	出来事
Ⅳ期（第二次自生会）	2003	平成15	63	山の家（やすらぎの家）の敷地内に観音の碑を建立。梅園を造成。展望台完成。ごく楽山と呼ぶようになる。
	2006	18	66	2月　神がかり35周年式典をホテル・コンコルドで開催 5月　ごく楽山に「法光の湯」完成。式典を執り行う。 8月　(株)レオ店、和合町から住吉町に移転

あとがき

本書は現代日本の新宗教について執筆した論考をまとめたものである。二〇〇一年に『ブラジル日系新宗教の展開――異文化布教の課題と実践』〈東信堂〉を出版したが、本来ならば、今回の書物の方を先に出すべき性質のものであった。ブラジルで日系新宗教の調査が円滑にできたのも、日本においてフィールドワークを行い、新宗教研究の蓄積があったからこそである。前著でとりあげた日本に本部のある六教団のうちの四教団（立正佼成会、大本、霊友会、金光教）に関する研究の成果が本書に収録されている。

本書をまとめる過程で、すべての論考に改めて手を入れた。その際、ダンボール箱に詰まっていた調査資料とそれをもとに作成した資料を再点検することに努めた。まず感じたことは、若い頃は一つの論文を書くために驚くほどの作業をしていたということである。論文の中に生かしてあるもののほか、隠し味にとどまるものもある。反面、気負いすぎて、文章が難解であったり、論理構成が甘かったりしたところもあった。こうした修正に当初の予想より時間がかかり、約二年間の歳月を費やした。

本書で、旧稿を大幅に組みなおして加筆したのは第Ⅲ部である。自生会とその主宰者である北田蓮華氏とは、一九八〇年に「地域社会における宗教の機能の多角的研究――浜松市の場合を中心に」（トヨタ財団による助成、研究代表者田丸徳善）をテーマに浜松市で宗教調査を行った際に出会い、現在に至るまで調査のみならず多くの面で御交誼をいただいている。今回書物としてまとめるに際して、以前書いた論文を手直しして収録したいと伝えたところ、ラポールの点では申し分ないものと思っていたが、思いもかけないネガティブな反応に出会った。私は一九八〇年代には自生会を新宗教教団になる前の萌芽期であると位置づけ、教祖誕生と信者集団の形成という枠組で論文を執筆した。しかしながら、自生会は二〇数年を経過して教えも形成され、持続的な信者群もできてはいたが、依然として教団ライフサイクル論からみると萌芽的組織の段階のままでとどまっていたので、この点の解明を加味してまとめたいと思っていた。蓮華氏が挙げた異議は、第一に教祖という呼称に対する違和感で、自身の位置づけは霊媒であり、あくまでも神々の代弁者・伝え人であって、教えを自分であみだしたのではないこと、第二に宗教と位置づけることへの抵抗感、第三に、その後の展開があるのに一九八〇年代に執筆した四論文を中心にまとめることへの異議であった。また、蓮華氏の異議に加えて、いくつかの問題点が明らかになってきた。まず、自生会のコアメンバーの一人からは、自生会（とくに中心メンバーの十五人会）は宗教に関心がない人々が集まっているとの指摘があった。次に、教団ライフサイクルの段階を押し上げる要因には人数の拡大があるが、自生会においてはことさら布教の拡大を意図しているのではなく、蓮華氏自身は「泉のように神々の教えを伝え、その泉に飲みにくる人だけの縁」ととらえていた。さらに自生会の人々は前世から連なる魂の向上と自己変容に関心をもっていた。

このように、巫者から教祖誕生、新宗教教団発生の萌芽期というとらえ方には調査対象者の側から異議が唱えられ、再考せざるを得なくなった。これをきっかけとして内容を吟味していくと、自生会の運動は、初期においては民間の呪術・宗教的職能者や心霊界という新宗教教団の影響下にあったため、上記のようなとらえ方をしたのであるが、その後の展開を先入観ぬきで眺めると、島薗進氏のいう新霊性運動としての特徴を顕著に備えていることが明らかになった。そこで、第Ⅲ部はかつての調査結果を生かしつつ、新しいコンセプトでまとめたのである。

これまでの宗教研究の道筋を振り返ると、宗教社会学研究の先輩・同僚には折に触れて多大なご教示をいただいた。いちいち尊名を挙げないが、心からの謝意を表したい。また、インフォーマントとの良き出会いがあった。調査研究の内容が、信仰者の内面に接近するテーマであったため、人生での出来事への対処の仕方、その人の自己形成のあり方に接し、生き方としても深く学ぶところが多かった。この中には調査開始から今日に至るまでつきあいが継続している人々が何人もいる。

ここで、調査研究に際してお世話になった機関や個人の方々の名前を記し、感謝の意を表したい。調査後年月が経過したため、すでに故人になった方には本書をその墓前に捧げたいと思う。

立正佼成会中央学術研究所元所長故大島宏之氏、同現所長今井克昌氏、立正佼成会茨城教会教会長（当時）故野崎修代氏、茨城教会の皆さん。大本A支部の皆さん。天照皇大神宮教の北村義人氏ご夫妻、故北村清和氏、故中山公威氏、高川喜彦氏、音森宏三氏。霊友会の前インナートリップ研究所所長鈴木正行氏、霊友会史編纂室。妙智會教団の会長宮本丈靖氏（当時理事長）、編集部の故小林大治郎氏、宇田川茂樹氏。金光教合楽教会の二代教会長大坪勝彦氏、大坪光昭氏、渕上忠保氏、修行生の皆さん、金光図書館の金光英子氏。自生会の北田蓮華氏、北田勝久氏、鈴木正人氏、酒井初枝氏、安間健雄氏、十五人会の皆さん、ペパーミントの皆さん、自生会の皆さん。

本書をまとめるにあたって、森岡清美先生からは多くの適切なコメントをいただいた。前書の出版以来六年近くが経ち、またもや甘くなっていたことを反省するとともに、このような師と巡り会ったことを研究者として幸せに思っている。森岡先生の学問の深さに裏打ちされた厳しさ、妥協のなさによって、本書は初出の論文よりも高度になっているのではないかと思われる。私自身も先生のような研究者になれるよう、研鑽を積みたいと思う。

本書にかかわる調査研究をすすめるにあたっては、以下の研究助成金を受けた。関係各位に深謝申し上げるものである。

一九八〇（昭和五五）年度　「地域社会における宗教の機能の多角的研究――浜松市の場合を中心に」トヨタ財団（研究代表者田丸徳善、共同研究者）。

一九八〇―八一（昭和五五―五六）年度「地場産業型都市における社会階層構造の変動と住民生活の諸問題」文部省科学研究費補助金一般研究A（研究代表者山中一郎、共同研究者）

一九八一（昭和五六）年度「新宗教集団発生に関する社会学的研究――教祖誕生をめぐる諸問題」、文部省科学研究費補助金奨励研究A（研究代表者）

一九八二（昭和五七）年度「新宗教集団発生に関する社会学的研究」庭野平和財団（研究代表者）

一九八四（昭和五九）年度「新宗教教団の展開過程におけるシャーマニズム的要素の変容に関する社会学的研究」文部省科学研究費補助金奨励研究A（研究代表者）

一九八九（平成元）年度「新宗教における中高年女性信者の女性観変遷のダイナミズム」庭野平和財団（研究代表者）

一九九一―九二（平成三―四）年度「新宗教における性別役割観と女性信者の『自我』形成に関する実証的研究」文部省科学研究費補助金一般研究C（研究代表者）

本書の出版に際しては、二〇〇六年度明治学院大学学術振興基金補助金を受けた。編集の実務については、御茶の水書房の小堺章夫氏に行き届いた作業を行なっていただいた。併せて厚く御礼を申し上げる次第である。

なお、私事にわたるが、本書の執筆中に亡くなった母は、私の研究生活を支え、それに専念できる環境の保持に努めてくれた。亡き母に心からの感謝をこめて本書を捧げたいと思う。

二〇〇七年二月

渡辺　雅子

初出一覧

第Ⅰ部　新宗教への入信

第一章

「新宗教受容過程における『重要な他者』の役割——茨城県大津町立正佼成会信者の場合——」、森岡清美編『変動期の人間と宗教』未來社、一九七八年、二九—七〇頁。

第二章

「新宗教信者のライフコースと入信過程——大本の一地方支部を事例として——」、森岡清美編『近・現代における「家」の変質と宗教』、新地書房、一九八六年、一七五—二三八頁。

第三章

「救いの論理——天照皇大神宮教の場合——」、宗教社会学研究会編『宗教の意味世界』雄山閣、一九八〇年、九八—一一六頁。

第四章

「入信の動機と過程」、井上順孝・孝本貢・対馬路人・中牧弘允・西山茂編『新宗教事典』、弘文堂、一九九〇年、二〇二—二〇九頁。

第Ⅱ部　新宗教と女性の自己形成

第一章

「新宗教と銃後の女性——霊友会の会報にみる十五年戦争下の女性『解放』と呪縛——」、『明治学院論叢　社会学・社会

福祉学研究』九〇号、一九九三年、一六五―二二二頁。

第二章

「分派教団における教祖の形成過程――妙智會教団の場合――」、宗教社会学研究会編『教祖とその周辺』雄山閣、一九八七年、一一一―一三四頁。

第三章

「金光教における修行生の自己形成過程と性別役割――内棲セクト型教会の合楽教会の場合――」、『明治学院論叢　社会学・社会福祉学研究』九三号、一九九四年、一―九六頁。

第Ⅲ部　新霊性運動の展開

第一章　（二つの論文をベースに）

「新宗教集団の発生過程――浜松市の自成会における教祖誕生をめぐって――」、田丸徳善編『都市社会の宗教――浜松市における宗教変動の諸相――』東京大学宗教学研究室、一九八一年、一〇三―一二七頁。

「都市シャーマニズムの展開と機能――浜松市の自生会にみる『生き方道場』としての役割――」、『明治学院大学　社会学・社会福祉学研究』一二三号、二〇〇六年、一―三八頁。

第二章　（二つの論文を合体）

「新宗教集団における教祖の誕生過程――浜松市の自成会の事例にみる巫者から教祖への展開の諸相――」、『宗教研究』五六巻三号、一九八二年、七九―一一〇頁。

「新宗教集団発生過程におけるカリスマ化――浜松市の自成会の事例――」、『明治学院論叢　社会学・社会福祉学研究』六一号、一九八二年、一―二九頁。

第三章　（一部使用）

「新宗教集団発生の萌芽期における集団アイデンティティと信者集団の形成――浜松市の自成会を事例として――」、田

丸徳善編『続　都市社会の宗教』東京大学宗教学研究室、一九八四年、九―七三頁。

第四章　（二つの論文を用いたが、ほとんど書き下ろし）

「新宗教集団発生の萌芽期における集団アイデンティティと信者集団の形成――浜松市の自成会を事例として――」、田丸徳善編『続　都市社会の宗教』東京大学宗教学研究室、一九八四年、九―七三頁。

「都市シャーマニズムの展開と機能――浜松市の自生会にみる『生き方道場』としての役割――」、『明治学院大学　社会学・社会福祉学研究』一二三号、二〇〇六年、一―三八頁。

人名索引

あ行

か行

さ行

た行

な行

は行

ま行

や行

ら行

わ行

事項索引

注）下位概念はなるべく上位概念とともに一括提出した。

あ行

か行

さ行

た行

な行

は行

ま行

や行

ら行

わ行

参考文献

凡例

(1) 著者名（姓）のABC順に掲載し、同一著者の場合は刊行年次の早いものを先にした。

(2) 欧文の原書がある場合には、原書、(訳) の順に記載した。

(3) 筆者不詳とは、その文献に著者名が記載されておらず、不明のものを指す。

合楽だより編集委員会, 1977,『合楽理念を語る』金光教合楽教会.

明石博隆・松浦総三編, 1975,『昭和特高弾圧史 4　宗教人に対する弾圧（下）』大平出版社.

赤澤史朗, 1985,『近代日本の思想動員と宗教統制』校倉書房.

秋庭裕・川端亮, 2004,『霊能のリアリティへ——社会学、真如苑に入る』新曜社.

網野町誌編さん委員会編, 1992a,『網野町誌』上巻, 網野町役場.

網野町誌編さん委員会編, 1992b,『網野町誌』中巻, 網野町役場.

網野町役場企画室,『織物実態統計調査』1964年度版～1982年度版, 網野町役場.

青井和夫, 1974,「社会体系の深層理論」, 青井和夫（編）『社会学講座 1　理論社会学』東京大学出版会, 239 - 308.

新屋重彦, 1995,「物語としての『ほんぶしん』の癒し」, 新屋重彦・田邊信太郎・島薗進・弓山達也編『癒しと和解——現代におけるCAREの諸相』成蹊大学アジア太平洋研究センター（製作ハーベスト社）, 33 - 58.

朝日新聞社会部編, 1984,『現代の小さな神々』朝日新聞社.

粟屋憲太郎, 1977,「国民動員と抵抗」, 朝尾直弘ほか編『岩波講座　日本歴史 21　近代 8』岩波書店, 161 - 211.

Berger, P. L. 1963, *Invitation to Sociology,* Doubleday & Company Inc.（水野節夫・村山研一訳, 1979,『社会学への招待』思索社）.

Berger, P. L., and Luckman, T. 1966, *The Social Construction of Reality*, Penguin Books.（山口節郎訳, 1977,『日常世界の構成』新曜社）.

中央学術研究所編, 1979,『立正佼成会青年部員の基礎的性格と意識に関する調査研究（下）』中央学術研究所.

出口栄二, 1970,『大本教事件』三一書房.

Elder, Glen H. Jr., 1977, "Family History and the Life Course", *Journal of Family*

History, 2, 279 - 307.
藤井忠俊，1985，『国防婦人会――日の丸とカッポウ着』岩波書店.
藤井健志，1990a,「教団用語とレトリック　天照皇大神宮教」，井上順孝ほか編『新宗教事典』弘文堂，292 - 293.
藤井健志，1990b,「マスコミと新宗教　天照皇大神宮教」，井上順孝ほか編『新宗教事典』弘文堂，540 - 543.
船津衛，1976,『シンボリック相互作用論』恒星社厚生閣.
Glock, C. Y., 1973 "On the Origin and Evolution of Religious Groups," in Glock, C. Y. (ed.), *Religion in Sociological Perspective : Essays in the Empirical Study of Religion,* Wadsworth, 207 - 220.
Glock, C. Y. and Stark, R., 1965, *Religion and Society in Tension*, Rand McNally.
芳賀学，1996,「現代新宗教における体験談の変容――真如苑青年部弁論大会を事例として――」,『上智大学　社会学論集』21，1 - 23.
芳賀学・菊池裕生，2006,『仏のまなざし、読みかえられる自己――回心のミクロ社会学』ハーベスト社.
芳賀学・弓山達也，1994,『祈る ふれあう 感じる――自分探しのオデッセー』IPC.
Hill, R., 1958, "Social Stresses on the Family 1. Generic Features of Families Under Stress", *Social Casework*, 39 - 2･3, 139 - 150.
日野謙一，1982,「大本教の大正期の発展について――信徒の回心状況から――」，宗教社会学研究会編『宗教・その日常性と非日常性』雄山閣，180 - 198.
Hoffer, E., 1951, The True Believer : *Thought on the Nature of Mass Movement*, Haper and Brothers.（高根正昭訳，1969,『大衆運動』紀伊国屋書店）.
飯田剛史・芦田徹郎，1980,「新宗教の日常化――「大本」京都本苑四支部の事例――」,『ソシオロジ』25 - 2，78 - 100.
池上良正，1999,『民間巫者信仰の研究――宗教学の視点から』未來社.
猪瀬優理，2004,「信仰継承に影響を与える要因――北海道創価学会の調査票調査から――」,『現代社会学研究』17，21 - 38.
井上順孝・孝本貢・対馬路人・中牧弘允・西山茂編，1990,『新宗教事典』弘文堂.
井上順孝・孝本貢・対馬路人・中牧弘允・西山茂編，1996,『新宗教教団・人物事典』弘文堂.
井上順孝・西山茂，1990,「分派と影響関係・概説」，井上順孝ほか編『新宗教事典』弘文堂，64 - 67.

井上順孝・島薗進，1985,「回心論再考」，上田閑照・柳川啓一編『宗教学のすすめ』筑摩書房，86 - 111.

石田平，1950,「教行」,『妙智』1号.

石原邦雄，1982,「家族ストレス論――社会学からのアプローチ――」，加藤正明ほか編『講座家族精神医学 4　家族の診断と治療・家族危機』弘文堂，343 - 371.

石月静恵，1989,「愛国婦人会小史」，津田秀夫先生古稀記念会編『封建社会と近代』同朋社出版，782 - 804.

磯岡哲也，1999,『宗教的信念体系の伝播と変容』学文社.

伊藤雅之，1997,「入信の社会学――その現状と課題――」,『社会学評論』48 - 2, 30 - 48.

伊藤雅之，2003,『現代社会とスピリチュアリティー――現代人の宗教意識の社会学的探求』渓水社.

伊藤雅之・樫尾直樹・弓山達也編，2004,『スピリチュアリティの社会学――現代世界の宗教性の探求』世界思想社.

神奈川新聞社編，1986,『神は降りた――奇跡の新宗教大山祇命神示教会』神奈川新聞社.

神田文人，1986,『昭和史年表』小学館.

兼子一，1999,「信者が『世代』を語る時――『エホバの証人』の布教活動に現れたカテゴリー化実践の分析――」,『宗教と社会』5，39 - 59.

鹿野政直，1983,『戦前・「家」の思想』創文社.

鹿野政直，1989,『婦人・女性・おんな』岩波書店.

加納実紀代，1979,「“大御心”と“母心”――“靖国の母”を生み出したもの――」，加納実紀代編『女性と天皇制』思想の科学社，64 - 81.

加納実紀代，1982,「『銃後の女』への総動員」，青木やよひ編『女と戦争――女の論理からの反戦入門』オリジン出版センター.

加納実紀代，1987a,「解説　国防婦人会運動とその時代」，創価学会婦人平和委員会編『かっぽう着の銃後』第三文明社，252 - 269.

加納実紀代，1987b,『女たちの〈銃後〉』筑摩書房.

霞会館華族家系大成編輯委員会編，1996,『平成新修旧華族家系大系』上，霞会館.

川村邦光，1980,「カリスマの磁場をめぐって――カリスマ論の一考察――」，宗教社会学研究会編『宗教の意味世界』雄山閣，208 - 230.

川村邦光，1982,「スティグマとカリスマの弁証法――教祖誕生をめぐる一試論

──」,『宗教研究』253：67‐94.
川村邦光，1986,「近代日本と霊魂の行方──生活思想と仏教──」，安丸良夫編『日本人と仏教 11』春秋社，180‐219.
川村邦光・西山茂，1990,「教祖の特性」，井上順孝ほか編『新宗教事典』弘文堂，104‐110.
菊池裕生，1998,「真如苑『青年部弁論大会』にみる自己の構成と変容──新宗教研究への自己物語論的アプローチの試み──」,『宗教と社会』4，107‐128.
菊池裕生，2000,「物語られる『私』(self) と体験談の分析──真如苑『青年部弁論大会』のコンテキストに着目して──」，大谷栄一・川又俊則・菊池裕生編『構築される信念──宗教社会学のアクチュアリティを求めて』ハーベスト社，35‐57.
菊池裕生，2004,「ことばが生きられ，信仰がかたちづくられるとき──日本新宗教の事例──」，伊藤雅之・樫尾直樹・弓山達也編『スピリチュアリティの社会学──現代世界の宗教性の探求』世界思想社，143‐164.
菊池裕生・大谷栄一，2003,「社会学におけるナラティヴ・アプローチの可能性──構築される『私』と『私たち』の分析のために──」，社会学基礎研究会編『社会調査の知識社会学』(年報社会科学基礎論研究２) ハーベスト社，167‐183.
木坂順一郎，1976,「大政翼賛会の成立」，朝尾直弘ほか編『岩波講座　日本歴史20　近代７』岩波書店，270‐314.
北田蓮華，1985,『幸せへの近道』，レオ出版所.
北村義人編，1962,『神教十二講』，天照皇大神宮教.
小池文子，1984,『流れる水は海へ』いんなあとりっぷ社.
「心に花を」編纂委員会編，1967,『宮本ミツ先生法話集　心に花を』妙智會奉賛会.
「心の良薬」編纂委員会編，1970,『宮本ミツ先生法話二集　心の良薬』妙智會奉賛会.
小松秀雄，1981,「世界構成の弁証法としてのカリスマ化──カリスマ論の再検討──」,『ソシオロジ』26‐2，61‐80.
金光教合楽教会青年会15周年記念大会編集部編，1982,『信楽』神愛出版局.
金光教学院編，1985,『天歩地歩──教師養成機関創設九〇年誌』金光教学院.
金光教本部教庁，1972,『概説　金光教』金光教本部教庁.
金光教三井教会，1971,『布教六十五周年記念　三井の光』金光教三井教会.

金光教六條院教会編，1981，『高橋富枝師自叙伝』金光教六條院教会.
金光教徒社編，1979，『佐藤範雄・照　講話・教話集』金光教徒社.
小谷喜美，1958，『私の修行生活三十五年』霊友会教団.
孝本貢，1978，「民衆のなかの先祖観の一側面（一）霊友会系教団の場合」，桜井徳太郎編『日本宗教の複合的構造』弘文堂，357 - 381.
孝本貢，1980，「民衆のなかの先祖観の一側面（二）妙智会『信仰体験記』の分析」，下出積與編『日本における倫理と宗教』吉川弘文館，279 - 303.
孝本貢，2001，『現代日本における祖先祭祀』御茶の水書房.
佼成出版社編，1967，『りっしょうこうせいかい　新しい会員のために』佼成出版社.
久保継成編，1972，『小谷喜美抄　天の音楽』佛乃世界社.
工藤成性，1952，「霊友會教団」，勧学寮編『新興宗教解説』百華苑，119 - 168.
草田伊三郎，1974，『根性を直せ――現代の虚空蔵と弥勒』佛乃世界社.
教団史編纂委員会，1984，『立正佼成会史　第三巻』佼成出版社.
Lebra, T. S., 1969・70, “Logic of Salvation : The Case of a Japanese Sect in Hawaii”, *International Journal of Social Psychiatry*, 16, 45 - 53.
Lebra, T. S., 1970, Religious Conversion as a Breakthrough for Transculturation : A Japanese Sect in Hawaii, *Journal for the Scientific Study of Religion,* 9 - 3 : 181 - 196.（国際宗教研究所訳，1971，「宗教的回心と文化変容――ハワイの天照皇大神宮教の場合――」，『国際宗教ニューズ』12 - 4, 16 - 34．小給近達編，1978，『現代のエスプリ　移民特集号』136，156 - 176に再録）.
Lebra, T. S., 1972, “Millenarian Movements and Resocialization”, *American Behavioral Scientist,* 16, 195 - 217.
Lipp, W., 1977, “Charisma－Social Deviation, Leadership and Cultural Change : A Sociology of Deviance Approach”, *The Annual Review of the Social Sciences of Religion*, 1, Mouton Publishers, 39 - 77.
Lofland, J., and Stark, R., 1965, “Becoming a World-Saver : A Theory of Conversion to a Deviant Perspective,” *American Sociological Review*, 30 - 6 : 862 - 875.
Lofland, J., 1977 “Becoming a World-Saver ”Revised’, *American Behavioral Scientist,* 20 - 6, 805 - 818.
毎日新聞社編，1981，『一億人の昭和史 2 日本人 三代の女たち（中）昭和戦前編』毎日新聞社.
正岡寛司，1982，「家族への生活史的アプローチ・報告(2) ライフコース分析の農村家族研究への応用とその意味」，家族問題研究会編『家族研究年報』8,

12 - 16.
松村真治，1990,『わかるわかる　信心マップ』金光教徒社.
Mc Farland, H. N., 1967, *The Rush Hour of the Gods : A Study of New Religious Movements in Japan,* Macmillan.（内藤豊・杉本武之訳，1967,『神々のラッシュアワー——日本の新宗教運動』社会思想社）.
三國一朗，1985,『戦中用語集』岩波書店.
三品晴俊，1951,『地獄への道——霊友会の全貌を衝く』宗教タイムズ社.
宮本ミツ，1950,「挨拶」,『妙智』1 号.
宮本ミツ，1951,「挨拶」,『妙智』13号.
宮本ミツ，1977,『道』妙智會奉賛会.
宮本武保，1955,「回顧と希望」,『妙智』61号.
宮本武保編，1957,『宮本孝平遺珠と回想』妙智會.
宮本武保，1958,「所感」,『妙智』87号.
宮本武保，1964,「開教十五年の春　忍善の道行かん」,『妙智』157号.
宮本丈靖，1969a,「仏舎利奉戴　因縁とその意義」,『妙智會』221号.
宮本丈靖，1969b,「心に納めよ『教えの源』——開教二十周年，大恩師第二十五回御忌を迎えるに当たって」,『妙智會』225号.
水野泰治，1985,『新宗教創始者伝・霊友会——久保角太郎の生涯』講談社.
森秀人，1975,『蛆の乞食よ目をさませ——本物の教祖・北村サヨの生涯』，大和出版.
森川眞知子，1980,「後家としての神——一子大神の生と死——」,『金光教学』20，27 - 52.
森川眞知子，1982,「本教女性布教者についての一試論——特に初代女性教会長について——」,『金光教学』22，76 - 95.
森岡清美，1975,『現代社会の民衆と宗教』評論社.
森岡清美，1976,「近代日本における「祖先教」の登場——とくに1910年前後を中心として——」,『中央学術研究所紀要』5，24 - 45.
森岡清美，1978,「民衆宗教の教祖におけるカリスマ性」，家永三郎・小牧治編『哲学と日本社会』弘文堂，241 - 265.
森岡清美，1983,「大正昭和戦前期の新宗教における先祖祭祀」，喜多野清一編『家族・親族・村落』早稲田大学出版部，95 - 125.
森岡清美，1989,『新宗教運動の展開過程——教団ライフサイクル論の視点から』創文社.
森岡清美，1991,『決死の世代と遺書』新地書房.

村上重良，1963，『近代民衆宗教史の研究』法蔵館．

村上重良，1980，『近代日本の宗教』講談社現代新書．

村上重良，1985，『宗教の昭和史』三嶺書房．

妙智會編，1977，『大恩師　宮本孝平先生』妙智會．

妙智會編，1987，『みなもと』妙智會．

永原和子，1985，「女性統合と母性――国家が期待する母親像――」，脇田晴子編『母性を問う（下）』人文書院，192-218．

永原和子・米田佐代子，1986，『おんなの昭和史』有斐閣．

中山公威編，1975，『真の宗教と新しい時代』天照皇大神宮教．

中山正善，1930，『天理教伝道者に関する調査』天理教道友社．

縄田早苗，1978，「霊友会――法華経新教団の母体――」，縄田早苗・横山真佳・溝口敦・清水雅人『新宗教の世界Ⅱ』大蔵出版，6-81．

NHK放送世論調査所（編），1979，『日本人の意識構造』日本放送出版協会．

西山茂，1976，「宗教的信念体系の受容とその影響――山形県湯野浜地区妙智会員の事例――」，『社会科学論集』23，1-73．

西山茂，1988，「現代の宗教運動――〈霊＝術〉系新宗教の流行と『２つの近代化』」，大村英昭・西山茂編『現代人の宗教』有斐閣，169-210．

西山茂，1988，「現代宗教のゆくえ」，大村英昭・西山茂編『現代人の宗教』有斐閣，211-228．

西山茂・藤井健志，1981，「ハワイ島日系社会における天照皇大神宮教の伝播と展開」，柳川啓一・森岡清美編『ハワイ日系人社会と日本宗教――ハワイ日系人宗教調査報告書』東京大学宗教学研究室，46-67．

庭野日敬，1976，『庭野日敬自伝――道を求めて七十年』佼成出版社．

野崎修代，1988，『いのちの花咲くとき』佼成出版社．

O'Dea, T. F., 1966, *The Sociology of Religion*, Prentice-Hall.（宗像巌訳，1968，『宗教社会学』至誠堂）．

小野泰博，1978，「妙智會」，梅原正紀・小野泰博・横山真佳『新宗教の世界Ⅳ』大蔵出版，45-92．

大本七十年史編纂委員会編，1967，『大本七十年史』下巻，宗教法人大本．

大村英昭，1979，「スティグマとカリスマ――「異端の社会学」を考えるために――」，『現代社会学』6-2，講談社，117-144．

大坪総一郎，1972，『和賀心時代を創る』金光教合楽教会．

大坪総一郎，1979，『天の心　地の心』神愛出版社．

霊友会史編纂委員会編，1992，『霊友会史（一）上巻』霊友会．

霊友会史年表編集委員会編，2006,『霊友会史年表［1］』霊友会.
立正佼成会，1971,『りっしょうこうせいかい——新しい会員のために』佼成出版社.
立正佼成会茨城教会，1971,『茨城教会25年のしおり』，立正佼成会茨城教会.
Roof, W. C, 1976, "Traditional Religion in Contemporary Society : A Theory of Local-Cosmopolitan Plausibility," *American Sociological Review,* 41 - 2, 195 - 208.
佐治恵美子，1978,「軍事援護と家庭婦人——初期愛国婦人会論——」，日本女性史研究会編『女たちの近代』柏書房，116 - 143.
斉藤英一，1957a,「『師の道』を固い決定のもとに」,『妙智』76号.
斉藤英一，1957b,「茲に妙智の七周年」,『妙智』85号.
斉藤新次，1957,「トンネル人生の中で　恩師への報恩感謝」,『妙智』85号.
桜井厚，1982,「社会学における生活史研究」,『南山短期大学紀要』10, 33 - 52.
佐々木宏幹，1972,「シャーマン」，田丸徳善ほか編『儀礼の構造』佼成出版社，5 - 57.
佐々木宏幹，1977,「長崎県五島の女性祈禱師について」,『宗教学論集』8，53 - 84.
佐々木宏幹，1980,『シャーマニズム——エクスタシーと憑霊の文化』中央公論社.
佐々木雄司，1967,「我国における巫者（Shaman）の研究」,『精神神経学雑誌』69 - 5，429 - 453.
瀬戸美喜雄，1985,『金光教——金光大神の生涯と信仰』講談社.
Shibutani, T., 1961, *Society and Personality,* Prentice-Hall.
Shibutani, T., 1972, "Reference group as Perspectives", Shapiro, H. and Gliner, R.（eds.）, *Human Perspectives,* Free Press, 15 - 25.
島薗進，1978,「生神思想論」，宗教社会学研究会編『現代宗教への視角』雄山閣，38 - 51.
島薗進，1988,「新宗教の体験主義——初期霊友会の場合」，村上重良編『体系仏教と日本人10　民衆と社会』春秋社，277 - 326.
島薗進，1992,『現代救済宗教論』青弓社.
島薗進，1993,「宗教的物語としての体験談——霊友会系教団を例として——」，島薗進・鶴岡賀雄『宗教のことば——宗教思想研究の新しい地平』大明堂，118 - 145.
島薗進，1996,『精神世界のゆくえ——現代世界と新霊性運動』東京堂出版.
島薗進，2001,『ポストモダンの新宗教——現代日本の精神状況の底流』東京堂

出版.
島薗進, 2004,「社会の個人化と個人の宗教化——ポストモダン（第 2 の近代）における再聖化——」,『社会学評論』54 - 4, 431 - 448.
神愛出版社編, 1982,『一切神愛論——金光大神の信心の本質を求める』金光教合楽教会.
信仰の光社編, 1952,『妙智への道』信仰の光社.
真生会同志社編, 1975,『教祖巡教日記』真生会.
真生会立教五十周年記念式典委員会編, 1975,『真生会五十年史』真生会事務局.
塩谷政憲, 1978,「宗教集団への参加と人間変革」, 森岡清美編『変動期の人間と宗教』未來社, 99 - 131.
塩谷政憲, 1986,「宗教運動への献身をめぐる家族からの離反」, 森岡清美編『近現代における「家」の変質と宗教』新地書房, 153 - 174.
白水寛子, 1988,「資料報告　霊友会の支部・法座及び入会者数——昭和 9 年から10年まで」,『常民文化』11, 95 - 111.
杉山幸子, 2004,『新宗教とアイデンティティー——回心と癒しの宗教社会心理学』新曜社.
鈴木広, 1970,『都市的世界』誠信書房.
鈴木啓吉, 1950,「妙智會の名を揚げん」,『妙智』1 号.
鈴木正人編, 1978,『永遠への道』発行者神谷昌子.
鈴木正人編, 1983,『神々と賢者のお話』, レオ出版所.
鈴木正人編, 1988,『聖ある生き方』(株) レオ.
鈴木正人編, 1991,『気と心』(株) レオ.
鈴木裕子, 1989a,『昭和の女性史』岩波書店.
鈴木裕子, 1989b,『女性史を拓く 1　母と女』未來社.
鈴木裕子, 1989c,『女性史を拓く 2　翼賛と抵抗』未來社.
滝泰三, 1956,『神々多忙——新宗教教祖列伝』新夕刊新聞社.
丹後織物工業組合編, 1973,『丹後機業の歩み』丹後織物工業組合.
谷富夫, 1979,「集団改宗の原理と過程に関する一考察——五島キリシタン村落と大本——」,『社会学論評』119, 42 - 60.
谷富夫, 1987,「神秘から宗教へ」, 畑中幸子編『現代のこころ　宗教真光』旺文社, 107 - 116.
谷富夫, 1994,『聖なるものの持続と変容——社会学的理解をめざして』恒星社厚生閣.
天照皇大神宮教編・発行, 1951,『生書』一巻.

天照皇大神宮教編・発行, 1967,『生書』二巻.
寺田喜朗, 2000,「新宗教研究における体験談の研究史」,『東洋大学大学院紀要』36, 93-107.
塚田穂高, 2006,「『2世信者』の信仰形成の過程と教団外他者」, 川又俊則・寺田喜朗・武井順介編『ライフヒストリーの宗教社会学——紡がれる信仰と人生』ハーベスト社, 82-101.
徳田幸雄, 2005,『宗教学的回心研究——新島襄・清沢満之・内村鑑三・高山樗牛』未來社.
対馬路人, 1990,「教祖の共働者と共働の教祖」, 井上順孝ほか編『新宗教事典』弘文堂, 111-113.
鶴藤幾太編, 1954,『立正佼成会の信仰』呉竹書院.
梅津礼司, 1982,「久保角太郎の信仰遍歴に関する三つの問題」,『中央学術研究所紀要』11, 109-140.
梅津礼司, 1988,「霊友会系新宗教運動の発生——その思想的側面を中心に——」, 孝本貢編『論集日本仏教史9　大正・昭和時代』雄山閣, 163-187.
梅津礼司, 1990,「分派と影響関係・霊友会の影響」, 井上順孝ほか編『新宗教事典』弘文堂, 80-85.
渡辺媒雄, 1950,『現代日本の宗教』大東出版社.
渡辺雅子, 1977,「世界観の形成における新宗教の役割」,『現代社会の実証的研究——東京教育大学社会学教室最終論文集』東京教育大学社会学教室, 207-218.
渡辺雅子, 1978,「新宗教受容過程における『重要な他者』の役割——茨城県大津町立正佼成会信者の場合——」, 森岡清美編『変動期の人間と宗教』未來社, 29-70.
渡辺雅子, 1979,「家族危機との対応における新宗教の意義——剥奪理論の検討をとおして——」,『社会科学ジャーナル』17, 201-227.
渡辺雅子, 1980,「救いの論理——天照皇大神宮教の場合——」, 宗教社会学研究会編『宗教の意味世界』雄山閣, 98-116.
渡辺雅子, 1981,「新宗教集団の発生過程——浜松市の自成会における教祖誕生をめぐって——」, 田丸徳善編『都市社会の宗教——浜松市における宗教変動の諸相』東京大学宗教学研究室, 103-127.
渡辺雅子, 1982,「新宗教集団における教祖の誕生過程——浜松市の自成会の事例にみる巫者から教祖への展開の諸相——」『宗教研究』56-3, 79-110.
渡辺雅子, 1982,「新宗教集団発生過程におけるカリスマ化——浜松市の自成会

の事例——」，『明治学院論叢　社会学・社会福祉学研究』61，1-29.
渡辺雅子，1984，「新宗教集団発生の萌芽期における集団アイデンティティと信者集団の形成——浜松市の自成会を事例として——」，田丸徳善編『続 都市社会の宗教』東京大学宗教学研究室，9-73.
渡辺雅子，1986，「新宗教信者のライフコースと入信過程——大本の一地方支部を事例として——」，森岡清美編『近・現代における「家」の変質と宗教』新地書房，175-238.
渡辺雅子，1987，「分派教団における教祖の形成過程——妙智會教団の場合——」，宗教社会学研究会編『教祖とその周辺』雄山閣，111-134.
渡辺雅子，1987，「ちりめんの町における大本教の受容と展開」，『明治学院論叢　社会学・社会福祉学研究』74，1-27.
渡辺雅子，1990，「入信の動機と過程」，井上順孝ほか編『新宗教事典』弘文堂，202-210.
渡辺雅子，1990，「教祖の共働者と共働の教祖　妙智會」，井上順孝ほか編『新宗教事典』弘文堂，119-120.
渡辺雅子，1993，「新宗教と銃後の女性——霊友会の会報にみる十五年戦争下の女性『解放』と呪縛——」，『明治学院論叢　社会学・社会福祉学研究』90，165-221.
渡辺雅子，1994，「金光教における修行生の自己形成過程と性別役割——内棲セクト型教会の合楽教会の場合——」，『明治学院論叢　社会学・社会福祉学研究』93，1-96.
渡辺雅子，2001a，『ブラジル日系新宗教の展開——異文化布教の課題と実践』東信堂.
渡辺雅子，2001b，「金光教のアマゾン布教——ロンドニア教会の展開を中心として——」，『明治学院論叢　社会学・社会福祉学研究』109，89-161.
渡辺雅子，2003，「新宗教における世代間信仰継承——妙智會教団山形教会の事例——」，『明治学院大学社会学部附属研究所年報』33，121-135.
渡辺雅子，2006，「都市シャーマニズムの展開と機能——浜松市の自生会にみる『生き方道場』としての役割——」，『明治学院大学　社会学・社会福祉学研究』123，1-38.
渡辺雅子ゼミ，2005，『人生と転機——ライフヒストリーにみる人間の生き方——』渡辺雅子研究室.
渡辺洋三，1988，『法と社会の昭和史』岩波書店.
Weber, M., 1920, *Die Wirtschaftsethik der Weltreligionen : Vergleichende religionssozi-*

ologische Versuche, Verlag J. C. B. Mohr, 239 - 275.（林武訳，1968，「『世界宗教の経済倫理』序説」，安藤英治他訳『世界の大思想Ⅱ- 7　ウェーバー宗教・社会論集』河出書房新社，115 - 154）.

Weber, M., 1956, *Wirtschaft und Gesellschaft, Grundriss der verstehenden Soziologie*, Verlag J. C. B. Mohr.（世良晃志郎訳，1970，『支配の諸類型』創文社）.

山田歌吉，1950，「世紀の道」，『妙智』1 号.

山折哲雄，1979，「カリスマ論の動向」，『現代宗教 1　特集カリスマ』春秋社，119 - 123.

Yinger, J. M., 1961, *Sociology Looks at Religion*, Macmillan.

Yinger, J. M., 1970, *The Scientific Study of Religion*, Macmillan.

筆者不詳，1954，「常不軽様のお墓に詣でて」，『妙智』40号.

筆者不詳，1961a，「妙智の慈父ここにおわせば」，『妙智』130号.

筆者不詳，1961b，「妙智の慈父とこしえに」，『妙智』133号.

筆者不詳，1963，「釈尊と会長先生の誕生祭」，『妙智』149号.

筆者不詳，1964，「心のふるさとへ　四月十二日教祖誕生祭典」，『妙智』159号.

筆者不詳，1965，「大恩師を偲ぶ　末法の救世主としてご出現」，『妙智會』179号.

筆者不詳，1969，「霊友会五十年の歩み　その一」，『霊友界報』249号.

筆者不詳，1980 - 1981，「転機に立つ丹後織物」，『毎日新聞京都府版』（1980年 8 月26日～1981年 2 月25日に至る長期連載の特集記事）.

著者紹介

渡辺　雅子（わたなべ　まさこ）

1950年　東京都生まれ
1973年　早稲田大学第一文学部卒業
1975年　東京教育大学大学院文学研究科修士課程修了
1978年　東京都立大学大学院社会科学研究科博士課程単位取得退学
現　在　明治学院大学社会学部教授
博士（文学）
専門は宗教社会学

主要著書
『共同研究　出稼ぎ日系ブラジル人　（上）論文篇　就労と生活、（下）資料篇　体験と意識』（単編著、1995年、明石書店）
『ブラジル日系新宗教の展開――異文化布教の課題と実践』（2001年、東信堂）

現代日本新宗教論《げんだいにほんしんしゅうきょうろん》――入信過程《にゅうしんかてい》と自己形成《じこけいせい》の視点《してん》から

2007年３月30日　第１版第１刷発行

著　者　渡　辺　雅　子
発行者　橋　本　盛　作
発行所　株式会社 御茶の水書房
〒113-0033　東京都文京区本郷5-30-20
電話　03-5684-0751
組版：スタジオ・ウイング
印刷・製本　東洋経済印刷

Printed in Japan

ISBN978-4-275-00518-2　C3014